古典名著

阅读无障碍本

古典名著犹如世代相传的火种，它点亮了人类的智慧和情感。古典名著阅读无障碍本，是通过我们对古典名著的解读、注音、注释、翻译等，让广大的一般读者在阅读过程中，减少一些学习古代经典的障碍，让其在较短的时间里穿透深邃的历史时空，和古人的心灵相接、相励！

蒋重母　邓海霞　译注

岳麓書社·长沙

图书在版编目(CIP)数据

墨子/(战国)墨子著;蒋重母,邓海霞译注.—长沙:岳麓书社,2014.1(2022.10 重印)

(古典名著阅读无障碍)

ISBN 978-7-5538-0254-1

Ⅰ.①墨… Ⅱ.①墨…②蒋…③邓… Ⅲ.①墨家②《墨子》—译文③《墨子》—注释 Ⅳ.①B224

中国版本图书馆 CIP 数据核字(2013)第 307225 号

MOZI

墨子

译　　注:蒋重母　邓海霞

责任编辑:彭卫才

责任校对:舒　舍

封面设计:吴颖辉

岳麓书社出版发行

地址:湖南省长沙市爱民路 47 号

直销电话:0731-88804152　0731-88885616

邮编:410006

版次:2014 年 1 月第 1 版

印次:2022 年 10 月第 4 次印刷

开本:890mm×1240mm　1/32

印张:16.25

字数:380 千字

印数:14 001—17 000

ISBN 978-7-5538-0254-1

定价:59.80 元

承印:廊坊市博林印务有限公司

如有印装质量问题,请与本社印务部联系

电话:0731-88884129

前　言

一、《墨子》及墨子简介

《墨子》是我国先秦时代非常重要的一部著作。与上古其他大多数子部著作一样，《墨子》并非一人一时写成。一般认为，《墨子》一书并非墨子自著，而是由其弟子及后学记录整理而成，大约成书于战国后期。《汉书·艺文志》著录“《墨子》七十一卷”，《隋书·经籍志》作十五卷。今本《墨子》仅存十五卷，五十三篇，赖《道藏》收录得以保存。《墨子》一书篇幅浩大，内容庞杂，大致可以分为四个部分：第一部分是记录墨翟所创始及所宣传的主要思想的，有《天志》《明鬼》《非命》《非儒》等三十一篇；第二部分是记载墨翟本人及其弟子活动的，有《耕柱》《贵义》《公孟》《鲁问》《公输》五篇；第三部分是记载墨家所研究的防御战术及守城兵器与工具的，有《备城门》《备高临》《备水》等十一篇；第四部分是说解认识论、逻辑学和自然科学等方面专有名词和原理规则的，有《经上》《经下》《经说上》《经说下》《大取》《小取》六篇。《墨子》一书集中宣扬了墨家学派的政治文化思想，凝聚了大量墨家学者亲身参与军事实践总结出的宝贵经验，同时保存了墨家学者在认知领域的独到见解以及科技领域的众多先进成果。可以说《墨子》是中国古代一部伟大的著作，作为我们民族的精神遗产将永放光芒。

墨子，名翟（公元前475？—前396?），鲁国人，一说是宋

国人。墨子是春秋战国时期最杰出的思想家之一。据史书记载，墨翟有一套手工业生产技术，自己能制造器具，传说他曾经制造过能在天上飞一天一夜而不落下的木鸢。他的技术跟当时的著名工匠公输般（俗称鲁班）齐名。公输般善于制造攻城的器械，而墨翟善于制造守城的器械。墨翟虽是一个出身低贱的小手工艺者，但却博通古今，在《墨子》一书中，多处引用《诗经》《书经》等上古著作。《淮南子·主术训》也说："孔丘、墨翟修先圣之术，通六艺之论。"墨子曾跟随儒者学习，"学儒者之业，受孔子之术"，后来逐渐认识到儒学的弊病，终成为儒家的叛逆，并创建了与儒家相对立的墨家学派。儒学和墨学是当时诸子百家中颇具规模性和影响力的两大重要学派。人们常把孔墨和儒墨相提并论。墨子一生游学，足迹遍布天下，他曾北到齐国，西到卫国，南至楚国游说诸侯，宣扬自己的学说，并身体力行来制止战争。两千多年来一直流传着他不辞劳苦远赴楚国，制止国君出兵攻打宋国的故事。鲁迅曾根据《墨子》一书中《公输》一篇的记载，写成了著名的历史小说《非攻》，再现了墨子智慧、坚定和见义勇为的伟大传奇形象。

二、《墨子》内容简介

《墨子》一书浩繁庞杂，按内容大致可以分成三个方面：一是政治文化思想；二是军事理论和实践；三是认识论和自然科学成果。

（一）政治文化思想

墨子的政治文化思想一般总结为十大主张，即兼爱、非攻、天志、明鬼、非命、尚同、尚贤、节用、节葬、非乐。

1．兼爱、非攻的政治理想

所谓兼爱，就是平等与博爱，与儒家的"亲亲有术，尊贤有等"有差别的爱相反，墨子要求天下君臣、父子、兄弟都要在平等的基础上相互友爱，实现无差别的爱，并认为社会上出现各种恃强凌弱，互相欺侮、攻伐的现象，正是由于天下人不相爱所导致。同时，墨子也看到在春秋战国时期，大小诸侯为争夺土地、人口攻伐不断，不仅给生民带来巨大的灾难，也造成社会发展的停滞不前，可以说是百害而无一利，是天下最大的祸害。墨子认为只有实现无差别的爱，天下人都能够“兼相爱，交相利”就能够避免战争。可以说墨子从兼爱的思想中，引申出了“非攻”。“兼爱”“非攻”是墨子最著名的思想。当然，墨子的这种政治主张带有明显的理想主义色彩，墨子也清醒地认识到战争的不可避免性，弱小国家在面对强敌的进攻时，只能利用有限条件努力自保，因此墨子总结出一套行之有效的军事防御理论，来尽可能地避免战争带来的巨大伤害。“兼爱”“非攻”思想集中体现出墨家学者以天下苍生为怀，以兴利除弊为任的伟大情怀。

2. 尚同、尚贤的政治主张

墨子把“尚贤”看得很重，认为这是政事之本。墨子要求君上能尚贤使能，任用贤者而罢黜不贤不肖者。他特别反对君主任用骨肉之亲，对于贤者则不拘出身，提出“官无常贵，民无终贱”的民主主张。“尚同”则是讨论下级对上级的服从问题。墨子设想出一种大一统的模式，即百姓服从于官长的意志，官长服从于国君的意志，而国君又将这种意志统一于上天的意志，这样就可以实现上下一心，推行义政。墨子的“尚贤”和“尚同”主张是相辅相成的，“尚贤”就是要选举贤能者为官吏，选举贤能者为国君。既然国君、官吏是百姓推举出来的贤能者，那百姓就理应在公共行政上对国君、官吏有所服从。当然，墨子也强调下级不是无条件的服从，下级有责任向上级汇报真实情况，而上级只有在充分了解下情的基础上才能做出行政行为，这样就能实现上下一心，国家大治。墨子憧憬的这种“大同”是简单而又带有理想主义色彩的。

3．节用、节葬、非乐的经济思想

墨子崇尚功用，反对繁饰。“节用”是墨家学者非常强调的一种观点，他们抨击君主、贵族的奢侈浪费，认为人类所有的消费，都应该以满足自然的基本需求为限度，应杜绝一切无益于实用的浪费。墨子希望君主、贵族都应该像上古三代圣王一样，过着清廉俭朴的生活。墨子尤其反对儒家学者看重的久丧厚葬之俗，认为久丧厚葬不仅造成社会财富的减损，还给百姓身体带来伤害，不利于人口的繁育。墨子本着节约的目的反对音乐，但并非完全不能欣赏音乐，只是当时的社会生产力条件下，王公贵族们耗费人力物力来从事音乐活动，无异于从百姓口中夺食。他认为音乐虽然动听，但是会影响农民耕种，妇女纺织，大臣处理政务，上不合圣王行事的原则，下不合人民的利益，因而反对音乐。

4．天志、明鬼、非命的宗教思想

宣扬天志、鬼神是墨子思想的一大特点。墨子认为在人之外，有一个超自然的神存在，这就是“天”。“天”凌驾于万物之上，人间的君主也在它的制约之下，而且上天有自己的意志，这个意志就是“兼爱天下之百姓”。正因为“人不分幼长贵贱，皆天之臣也”，“天之爱民之厚”，所以君主如果爱天下臣民，为他们谋福利，就会得到上天的福佑。相反，违背天意就要受到上天的惩罚。除了“天”之外，墨子还坚信鬼神的存在，尤其认为它们对于人间君主或贵族会赏善罚暴。在墨子的哲学观中，在上的“天”、居中的“鬼神”和在下的“人”有一种自上而下的联系。他把“上尊天，中事鬼神，下爱人”这三者统一在一起，“爱人”“利人”就是“尊天”“事鬼神”；反过来说，“恶人”“贼人”就是“诟天”“诬鬼神”。墨子之所以承认天意和鬼神都是存在的，目的在于利用上天、鬼神对人进行有效的约束，并为其“兼爱”之说服务。当然墨子这种利用上天和鬼神来改造人间社会的设想带有原始的宗教色彩。

墨子在承认天意和鬼神存在的同时，却否定了儒家的“命定说”。认为“命定说”足以使人意志消沉，深深伤害了人类的创造性。墨子在社会生活中是一个积极向上，身体力行的人，他认为只有每个人尽力把自己的事情做好，国家才会发展，社会才会进步，因此他否定命运一说，充分肯定人在改造自然和社会中的积极能动性。

（二）军事理论和实践

墨子主张“非攻”，但也明白在“天下争于力”的春秋战国时代，大国君主们是不会轻易放弃战争的，因而只能“深谋备御”，以积极防御来制止以大攻小的侵略战争。由此墨子形成了一整套以城池防守为核心的防御理论体系，并成功地制止了楚国出兵攻打宋国的行为。墨子的防御理论包括：一是做好战前准备工作，只有在战前进行后勤、城防、军备、外交、内政等物质和精神上各个方面的充分准备，才能创造守城防御战斗中的有利条件和占据主动地位，赢得防御作战胜利；二是守城以速战为上，避免旷日持久的消耗，应积极利用地形、依托城池，正确布置兵力，顽强坚守与适时出击相结合；三是民本思想，战争中最重要的因素是人，只有军民一心，同仇敌忾才能取得战争的胜利，如何凝聚人心呢，墨子提出要公平收购百姓物资，合理安排官民职事，使人人都能各尽其能，各司其事，则天下事成。

除了理论指导之外，墨子还总结出了一整套具体的，行之有效的防御作战战术。针对当时流行的十二种攻城方法，墨子一一举出了对应的破解方法，并详细解说了各种城防工事的构筑方法、布排规制和守城器械的制作方法、使用技巧等，这些无不体现了墨家学派在当时军事科学上的领先水平。墨子防御理论在军事学史上占有重要地位，后世有关防御理论和战术的记述，也多从《墨子》中借鉴吸取。

（三）认识论和自然科学成果

墨子的认识论基本上是唯物主义的，方法论基本上是经验主义的。墨子认识世界，判定是非真伪的标准有三个，即他所谓“三表”：第一表是“上本之于古者圣王之事”，即追根溯源，总结历史经验教训；第二表是“原察百姓耳目之实”，即考察现在民众的感官经验；第三表是“发以为刑政，观其中国家百姓人民之利”，即在实践上考察其效果，有试验的意义。墨翟的方法论是比较全面的，它既注重经验，又注重实践。在《墨子》中，“三表”是时常应用的，例如在《兼爱》《非攻》等篇中，墨子常常征引上古三代圣王禹、汤、文、武的事迹，这是第一表的应用。《非命》篇以没有人见过“命”这个事实证明“命”的无有；《明鬼》篇以有人见过鬼的传说，证明鬼的存在。这是第二表的应用。其他各篇都是从“国家之富，人民之众，刑政之治”立论，从“兴天下之利，除天下之害”立论，这是第三表的应用。

墨子反对空谈理论，注重实际效果，这与他手工业主的身份，重视生产实践有关。他认为一个好的学说必须能实行，才有价值。所谓实行就是指政治上和生活中的实践。墨子注重实行、实干、实利，于是提出“名”与“取”，“名”与“实”的区别问题。从“名”得来的知识只是概念性的知识，从“取”得来的知识才是具体的知识。仅仅有一些抽象的概念，并不算有真正知识；必须有具体的感性认识才可以应用，所以“实”“取”是第一性的，“名”是第二性的。这是一种唯物主义的观点，也是墨翟认识论中光辉的一方面。

墨子对于逻辑学的发展也是有贡献的。他提出了“类”与“故”这两个逻辑概念。“类”就是归类，根据已知来类推未知，“故”就是理由或原因。墨子首先提出这两个逻辑概念，在论证自己的观点时，很注重类推方法的应用。他认为正确的预见是可能的，而预见的根据在于类推，《非攻中》说：“谋而不得，则以往知来，以见知隐。”这就是“类”的逻辑概念的功用。

墨子在先秦时期还创立了以几何学、物理学、光学为突出成就的一整套科学理论。墨子关于物理学的研究涉及力学、光学、声学等分支，给出了不少物理学概念的定义，并有不少重大的发现，总结出了一些重要的物理学定理，比如小孔成像的原理、凹面镜与凸面镜成像原理、杠杆原理等。

三、本书的整理情况

本书为《墨子》全书的全注全译本，以孙诒让的《墨子间诂》为底本，并广泛参考了古今许多研究成果，主要有张纯一的《墨子集解》，吴毓江《墨子校注》，王焕镳《墨子集诂》，方勇《墨子译注》等。正文中个别文字明显有误的，研究者也多指出，并有确切版本依据的，就改动正文，并在注中说明。如果没有确切的版本依据，则不作改动，只在注中说明“当改为某某”。

本书的注释力求简明，一般注释如下：一是难读难解的生僻字词，这类字词一般注音说解；二是通假字、异体字，这类字词一般用“犹”“通”“同”来注出本字，并说明意义；三是错讹、脱漏、衍生的字词，这类字词一般用“当为”“当作”标注出来，并写明诸家学者的校订结果；四是历史上的地名、人名。这类专有名词一般是地名标明现在所在位置，人名阐述与其相关的历史事实；五是难解的语句，这类语句一般不便在译文中详加说明，只好放在注释中串讲大意。

一般字词不特别做注。一来是这些字词反复出现，前文已经做注，后文就不再特别说明；二来这些字词的意思已在译文中有所体现，读者可以参照对应的译文来了解。一般性的常识，比如墨子常举的古代圣贤以及乱臣贼子的事例，只在第一次注解时说明，以后就不再加注。

本书的翻译以直译为主，尽量做到通俗易懂。对于特别复杂的语句，虽以直译为注，但辅之以前后语境添加字词说解，以求明白晓畅，帮助理解。

由于译注者学识有限，功力不足，虽庶竭驽钝，但质量尚有诸多缺陷，不当之处还望同行方家及读者不吝赐教。

目　录

亲 士

导读

《亲士》是《墨子》的第一篇，讲的是开明君主要亲近和任用贤德的人来治理国家，成就霸业。“士”是春秋战国时期一个特殊的阶层，是以知识分子和小生产者为主的中间力量，具有一定的道德素养和特殊才能。“亲士”就是要重视人才，这跟墨子“尚贤”的主张是一致的，即一个国家能否兴盛，关键在于统治者能否任用贤德之人。《墨子》一书以此作为开篇，可见这个命题的重要性。

墨子虽不长于雄辩，但善于摆事实，讲道理，论述层层深入。文章开篇先把贤德之人的重要性提高到国家存亡的高度，并具体举出春秋战国时期的晋文公、齐桓公、越王勾践重视人才，励精图治，成就霸业的例子来证明亲士的重要性；接着又用历史上有名的暴君夏桀和商纣亡国的例子从反面论述；最后墨子还举出比干、孟贲、西施、吴起这类因能力突出而招致杀生之祸的例子来告诫君主要有容人之心，要善于驾驭贤才。

《亲士》一篇虽不长，但说理非常深刻，对当下的社会仍有借鉴意义。现实生活中如果想成就一番大事业，就必须学会尊重人才，同时容忍人才的不完美。对于那些有特殊才能的人来说也要学会韬光养晦，以免锋芒太过，引来不必要的麻烦。

入国而不存其士[①]，则亡国矣。见贤而不急，则缓其君矣[②]。非贤无急，非士无与虑国。缓贤忘士，而能以其国存者，

未曾有也。昔者文公出走而正天下[③]，桓公去国而霸诸侯[④]，越王勾践遇吴王之丑，而尚摄中国之贤君[⑤]。三子之能达名成功于天下也，皆于其国抑而大丑也。太上无败，其次败而有以成，此之谓用民。

注释

①存：恤问，即关心的意思。 ②缓：怠慢。 ③文公：即晋文公，春秋五霸之一，曾流亡国外十九年，后回国即位，在位期间，重用贤臣，终使国家强盛。 ④桓公：即齐桓公，春秋五霸之一，曾被迫离开自己的国家，后重用管仲，成就霸业。 ⑤勾践：越国国君，曾被吴王夫差打败羞辱，后卧薪尝胆，在范蠡和文种的帮助下打败吴国而称霸。摄：通“慑”，敬畏。中国：中原地区的国家。

译文

要治理好一个国家却不知道关心体恤贤德的人，这样国家就会灭亡。见到贤德的人而不急于任用，他们就会怠慢君主。没有比任用贤德的人更急迫的事情了，如果国家没有贤德的人，就没有人和国君谋划国家大事。怠慢或遗弃贤德之人的国君还能使国家长治久安的，还不曾有过。从前，晋文公被迫逃亡在外，后来匡正天下；齐桓公被迫离开自己的国家，后来却称霸诸侯；越王勾践被吴王战败侮辱，最后还能成为威慑中原诸国的贤君。这三个国君之所以能功成名就于天下，就是因为他们都能忍辱负重。所以说最好的是从不遭受失败，其次是虽遭受失败而仍有办法成功，这都叫作善于使用人才。

吾闻之曰：“非无安居也，我无安心也；非无足财也，我无足心也。”是故君子自难而易彼[①]，众人自易而难彼。君子进不败其志，内究其情，虽杂庸民，终无怨心，彼有自信者也。是故为其所难者，必得其所欲焉；未闻为其所欲，而免其所恶者也。

注释

①自难：自己勤于做难做的事。

译文

我听说："并不是没有安定的住处，而是自己没有安定的心；并不是没有足够的财产，而是贪婪的心无法满足。"所以君子总是让自己做困难的事情，而让别人做容易的事情，而一般的人却总是自己做容易的事情，而让别人做困难的事情。君子在仕途顺利时不改变他的志向，在不得志时也保持同样的心志；即使杂处于平庸的众人之间，君子也终究没有抱怨不满的心。君子是有着自信的人。所以说，凡事能从难处做起的，就一定能达到自己的愿望；从来没有听说过只做自己想做的事情，而能够避免所厌恶的后果的。

是故偪臣伤君[①]，谄下伤上。君必有弗弗之臣[②]，上必有詻詻之下[③]，分议者延延[④]，而支苟者詻詻[⑤]，焉可以长生保国。臣下重其爵位而不言，近臣则喑[⑥]，远臣则吟[⑦]，怨结于民心。谄谀在侧，善议障塞，则国危矣。桀纣不以其无天下之士邪[⑧]？杀其身而丧天下，故曰：归国宝[⑨]，不若献贤而进士。

注释

①偪（bī）：同"嬖"，佞臣。 ②弗（bì）：同"拂"，违背。 ③詻（è）：同"谔"，争辩。 ④分议：不同的意见。延延：长时间的辩论。 ⑤支苟：疑"交苛"二字形误，指相互责备。 ⑥喑（yīn）：沉默不语。 ⑦吟：沉吟的意思。 ⑧桀

纣：历史上有名的两个暴君，分别为夏桀和商纣。 ⑨归：同“馈”，馈赠。

译文

所以佞臣会伤害君主，谄媚的下属也会伤害君主。君主必须有敢于矫正君主过失的臣子，君主必须有敢于直言的下属。分辩议事的人敢于长时间争论，互相责难的人互不退让，这样才可以保住民生，保卫国家。如果臣子都只关心自己的爵禄而不敢对国家大事发表意见，离君主近的大臣们就闭口不说话，离君主远的大臣就沉默哀叹，这样下去怨恨的情绪就会郁结在老百姓的心中。阿谀奉承的小人围在君主的身边，好的建议都被他们阻挡，那国家就危险了。桀、纣不正是因为他们不重视天下之士吗？结果被杀而失天下。所以说：赠送国宝，不如推荐贤德之人。

今有五锥，此其铦[①]，铦者必先挫。有五刀，此其错，错者必先靡[②]。是以甘井近竭，招木近伐[③]，灵龟近灼[④]，神蛇近暴[⑤]。是故比干之殪[⑥]，其抗也；孟贲之杀[⑦]，其勇也；西施之沉[⑧]，其美也；吴起之裂[⑨]，其事也。故彼人者，寡不死其所长，故曰：太盛难守也。

注释

①铦（xīan）：锋利。 ②靡：消磨。 ③招木：高大的树木。 ④灵龟近灼：古人用烧灼龟甲来占卜吉凶。 ⑤神蛇近暴：古人常通过暴晒蛇来祈雨。 ⑥比干之殪（yì）：比干，商纣的叔父，因为敢于直谏而被剖心。殪：死。 ⑦孟贲之杀：孟贲，战国时卫国的大力士，后为秦武王所杀。 ⑧西施之沉：西施，越国美女，被勾践送往吴国实施美人计，后被杀。沉：沉江。 ⑨吴起：战国时期的军事家，被车裂而死。

译文

现在有五把锥子，其中一把最锋利，那么这一把必先被折断。有五把刀，其中一把磨得最快，那么这一把必先被损坏。所以甜的水井最容易先用完，高大的树木最容易被砍伐，灵验的宝龟最先被火烧灼占卜，神异的蛇最先被曝晒求雨。因此，比干之死，是因为他性格太直；孟贲被杀，是因为他以勇力逞强；西施被沉江，是因为她长得太美丽；吴起被车裂，是因为他建立了大功。这些人很少不是死于他们的优点。所以说：太盛了就难以长久。

故虽有贤君，不爱无功之臣；虽有慈父，不爱无益之子。是故不胜其任而处其位，非此位之人也；不胜其爵而处其禄，非此禄之主也。良弓难张，然可以及高入深；良马难乘，然可以任重致远；良才难令，然可以致君见尊①。是故江河不恶小谷之满己也，故能大。圣人者，事无辞也，物无违也，故能为天下器。是故江河之水，非一源之水也；千镒之裘②，非一狐之白也。夫恶有同方不取而取同而已者乎？盖非兼王之道也！是故天地不昭昭③，大水不潦潦④，大火不燎燎⑤，王德不尧尧者⑥，乃千人之长也。其直如矢，其平如砥⑦，不足以覆万物。是故溪狭者速涸，逝浅者速竭，墝埆者其地不育⑧。王者淳泽⑨，不出宫中，则不能流国矣。

注释

①见：表示被动。 ②镒（yì），古代计量单位，二十两或二十四两黄金为一镒。 ③昭昭：明亮的样子。 ④潦潦：水大的样子 ⑤燎燎：火大的样子。 ⑥尧尧：道德高尚的样子。 ⑦其直如矢，其平如砥：出自《诗经·小雅·大东》：“周道如

砥，其直如矢。”砥：磨刀石。 ⑧垸埆（qiāoquè）：土地坚硬而瘠薄。 ⑨淳：厚。泽：恩泽。

译文

因此，即使有贤德的君主，他也不喜欢没有功劳的臣子；即使是慈爱的父亲，他也不爱没有作为的儿子。因此，凡是不能胜任他的工作而占据工作位置的，就是不应占据那个位置的人；凡是不能胜任他的爵位而享受这一俸禄待遇的，他就是不当享有这种俸禄待遇的人。好的弓不容易张开，但可以射得很高没得很深；好的马不容易乘坐，但可以背负很重的东西而且跑得很远；好的人才不容易驾驭，但可以使国君受人爱戴。所以，长江黄河不会嫌弃小的河谷来灌注到它里面，这样才能使水量增大。圣人勇于担当事物和责任，又能接受他人的意见，所以能成为治理天下的英才。所以长江黄河里的水，不是从同一水源流下的；价值千金的裘皮大衣，不是由一只狐狸腋下的毛集成的。怎么会有不用同道的人而只用与自己意思相同的人的道理呢？这不是统一天下之道。所以大地不以昭昭为光明，大水不以潦潦为阔大，大火不以燎燎为旺盛，君王不以自己品德高尚而自矜，这样才能做千万人的首领。像箭一样直，像磨刀石一样平，那就不能覆载万物了。所以狭小的溪流干得快，水少的川泽枯得早，坚硬而单薄的土地不生长物产。做君王的人深恩厚泽只限于王宫之中，就不能惠及全国。

修身

导读

本篇主要讨论品德修养与人格问题，强调品行是为人治国的根本，君子必须以品德修养为重。

文章开篇先举出“作战”“守丧”“求学”的例子，指出内容重于形式，作战靠的是勇气而非阵列，守丧表现的是哀痛之情而非单纯仪式，学习学的是德行而非简单知识。这些都是用来接引下文提出的国君治理天下的方法应该是明察左右亲信并延揽远方人才。认为国君只有招揽贤德之人，才能影响左右，不论远近，皆无毁谤诋誉之言，无杀人害命之心。这样小人自然就会无所依附，国家大治，君子的道德修养也就日益完备。

接着，文章论述了具体的修养方法，提出“君子之道”应包括“贫则见廉，富则见义，生则见爱，死则见哀”。这些原则必须发自于内心，并且严格遵守，才能够实现道德的真正完备。当然能够真正达到君子之道的或许只有圣人，所以文章最后提出一些切实可行的修身标准，如“明察是非”“讲究信用”“勿求虚名，注重实际”等。

本篇提出的这些道德修养的基本原则和具体方法可谓精辟，时至今日仍言之凿凿，“吾日三省乎吾身”，一个人要想在社会上自足自立，只有不断地提高自身修养，才能完成功业，成就美名。

君子战虽有陈①，而勇为本焉；丧虽有礼，而哀为本焉；

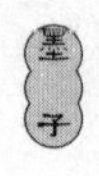

士虽有学，而行为本焉[②]。是故置本不安者[③]，无务丰末[④]；近者不亲，无务来远；亲戚不附，无务外交；事无终始，无务多业；举物而暗[⑤]，无务博闻。

注释

①陈：同“阵”。 ②行：德性。 ③置：立；本，根本。 ④务：追求。末：细枝末节。 ⑤暗：不明事理。

译文

君子打仗虽然讲究阵势，但必以勇敢为根本；办丧事虽讲究礼仪，但必以哀痛为根本；做官虽讲究学问才识，但必以德行为本。所以根基不牢靠的，就不要期望枝节的繁茂；身边的人都不能亲近，就不要希望招徕远方的老百姓；亲戚都不能使之归附，就不要说对外交往了；做一件事情有始无终，就不必说从事多种事情；举一件事物都弄不明白，就不必追求广博的见闻。

是故先王之治天下也，必察迩来远。君子察迩修身也，修身见毁而反之身者也。此以怨省而行修矣。谮慝之言[①]，无入之耳；批扞之声[②]，无出之口；杀伤人之孩[③]，无存之心，虽有诋讦之民[④]，无所依矣。故君子力事日强，愿欲日逾，设壮日盛[⑤]。

注释

①谮慝（zèntè）之言：污蔑毁谤的话。 ②批扞（hàn）之声：诋毁的话。 ③孩（gāi）：毕沅云，“当读如根荄之荄。”意思是草根，苗头。 ④诋讦（jié）：攻击别人的隐私。 ⑤设壮：疑作“饰状”（毕沅说），指勤行之道。

译文

所以先王治理天下，必定要认真考察周围的人而吸引远方的人。君子能明察周围的人，周围的人也就能修养自己的品德了。君子如果不能修养自己的品行而受人非议，那就应当自我反省，因而减少别人的怨言而修养了自己的品德。谗害诽谤的话不听，攻击他人的话不说，伤害别人的想法没有，这样，即使遇到好诋毁、攻击别人的人，也就无从依附了。所以君子本身的力量就一天比一天强大，志向一天比一天高远，庄重的品行一天比一天完善。

君子之道也：贫则见廉，富则见义，生则见爱，死则见哀；四行者不可虚假，反之身者也。藏于心者，无以竭爱；动于身者，无以竭恭；出于口者，无以竭驯[1]。畅之四支[2]，接之肌肤[3]，华发隳颠而犹弗舍者[4]，其唯圣人乎！

注释

①驯：通“训”，指典雅的语言。　②四支：四肢。　③接：达到。　④隳颠（huīdiān）：指秃顶。

译文

君子之道应该是：贫穷的时候要表现出廉洁，富贵的时候表现出恩义，对活着的人表示出慈爱，对死了的人表示出哀痛。这四种品行不能是虚假的，必须是发自内心的。凡是存在于内心的都是无穷的慈爱；行动于身体的都是无比的恭敬；谈说于嘴上的都是无比典雅之言。能够让这些品行畅达于四肢和肌肤，直到白发秃顶的时候仍不肯放弃的，大概只有圣人吧！

志不强者智不达；言不信者行不果；据财不能以分人者[1]，

不足与友；守道不笃，遍物不博[②]，辩是非不察者[③]，不足与游。本不固者末必几，雄而不修者其后必惰[④]，原浊者流不清，行不信者名必耗[⑤]。名不徒生而誉不自长。功成名遂，名誉不可虚假，反之身者也。

注释

①据：占据，拥有。 ②遍：通"辨"，辨别。 ③辩：通"辨"，分辨。 ④雄：勇敢霸道。惰：通"堕"，堕落，失败。 ⑤耗：消耗，失败。

译文

意志不坚强的智慧一定不高；说话不讲信用的行动一定没有结果；有财富而不肯分给他人的不值得交往；遵守道义不坚定，辨别事物不博大，分辨是非不清楚的，不值得和他交往。根基不牢靠的，必然危及枝节。光凭勇敢而不注重品行修养的，将来注定失败。源头就浑浊的河流必然水不清澈，做事言而无信的人名声必然受到损害，名声不会平白无故的就有，也不会自己增长。只有有了功劳以后才会有名声，名誉不可以虚假，必须从自身去寻求。

务言而缓行，虽辩必不听；多力而伐功，虽劳必不图。慧者心辩而不繁说[①]，多力而不伐功[②]，此以名誉扬天下。言无务为多而务为智，无务为文而务为察。故彼智无察[③]，在身而情[④]，反其路者也。善无主于心者不留，行莫辩于身者不立；名不可简而成也[⑤]，誉不可巧而立也[⑥]，君子以身戴行者也[⑦]。思利寻焉[⑧]，忘名忽焉[⑨]，可以为士于天下者，未尝有也。

注释

①心辩：心中明白。繁：多。 ②伐功：夸耀自己的功劳。 ③彼：借为“非”。 ④情：为“惰”，形近而误。 ⑤简：怠慢。 ⑥巧：虚假不实。 ⑦戴：同“载”。 ⑧寻：重。 ⑨忽：短暂。

译文

只会说好话而行动迟缓的，虽然能言善辩，但没有人会听信。出力很多却喜欢自夸功劳的，虽然劳苦仍然不可取。聪明的人心里什么都明白而不多说，努力作事而不夸耀自己的功劳，因此能扬名于天下。说话不在于多而在于富有智慧，不在于文采而在于事理明白清晰。所以如果既没有智慧又不能明察，加上自身又懒惰，那就必然背离正道了。善如果不是内心生出的就不能长久保留，行为不是从自身加以辨别审查的就不能立足；名望不会轻而易举形成，声誉也不能靠投机取巧获得，君子必须是言行一致，身体力行的。以谋求利益为重，保持名节之心短暂而很快忘却，这样却能够成为天下贤士的人，还不曾有过。

所染

导读

染丝本来是生活中常见的一件事情，但在伟大的思想家墨子看来，简单的生活场景中蕴含着深刻的哲学道理，染丝所表现出“染于苍则苍，染于黄则黄”的现象，极其类似于人性中“近朱者赤，近墨者黑”的不确定性。无论天子、诸侯、大夫、还是士人都必须正确地选择自己的亲信和朋友，以得到良好的熏陶和积极的影响。影响的好坏不仅关系到个人身家性命的安危，也关系到事业的成败，国家的兴亡，对此不能不谨慎。

这篇文章最大的特点就是例证丰富，墨子举了十九组例证，涉及五十七位历史人物，其中既有亲近贤士而成就美名的圣明君主舜、禹、汤、武等，也有与之对比的宠幸小人，残忍无道的暴君桀、纣、幽、厉等。墨子通过大量的事实告诉人们：所处环境是多么的重要，只有亲近贤者，远离小人，保持人性的积极变化才是个人之幸，国家之幸。这与墨子的“尚贤”主张是一贯的。

墨子提出的“非独染丝然也，国亦有染”和“非独国有染也，士亦有染”，对于今天的国家社会仍然有着积极意义，一个国家如果能够长久地保持良好的社会风貌，尽量消除不良的社会风气，必将有助于全体国民素质的提高。同时社会中的个体如果能够人人注重道德修养，努力摒弃不良习惯，必将促进整个社会的和谐和国家的长治久安。

子墨子言见染丝者而叹曰①：染于苍则苍②，染于黄则黄。

所入者变[3]，其色亦变；五入必而已则为五色矣[4]。故染不可不慎也！

注释

①言：发语词，无义。 ②苍：青色。 ③所入者：指加入的颜料。 ④必：通“毕”，完毕。

译文

墨子曾经看见人染丝而感叹说：“丝染了青颜料就变成青色，染了黄颜料就变成黄色。染料不同，丝的颜色也跟着变化。经过五次之后，就变为五种颜色了。所以染丝这件事是不可不谨慎的。”

非独染丝然也，国亦有染。舜染于许由、伯阳[1]，禹染于皋陶、伯益[2]，汤染于伊尹、仲虺[3]，武王染于太公、周公[4]。此四王者所染当，故王天下，立为天子，功名蔽天地[5]。举天下之仁义显人，必称此四王者。

注释

①舜：上古传说中的圣明君王。许由：传说为唐尧时的隐士，尧要让位给他，他不肯接受。伯阳：传说是舜的七友之一，贤人，帮助尧治国。 ②禹：夏禹，夏朝的第一个皇帝。皋陶：禹的接班人，早死，未即位。伯益：禹的贤臣，曾帮助大禹治水。 ③汤：商汤，商朝的第一代贤君。伊尹：汤的得力大臣。仲虺（huǐ）：汤的左相。 ④太公：即姜太公，是辅佐武王取得天下的重要人物。周公：即周武王的弟弟姬旦，中国历史上有名的贤臣。 ⑤蔽：盖。

译文

不仅染丝是这样的，国家也会有所染。舜被许由、伯阳所影响，禹被皋陶、伯益所影响，汤被伊尹、仲虺所影响，武王被太公、周公所影响。这四位君王因为所受影响正确，所以能称王于天下，立为天子，功劳盖世，名扬天下，凡是提起天下著名的仁义之人，必定要说这四位君王。

夏桀染于干辛、推哆[①]，殷纣染于崇侯、恶来[②]，厉王染于厉公长父、荣夷终[③]，幽王染于傅公夷、蔡公穀[④]。此四王者所染不当，故国残身死，为天下僇[⑤]。举天下不义辱人，必称此四王者。

注释

①夏桀：夏朝的最后一个皇帝，昏庸无道。干辛：桀手下的奸臣。推哆（chǐ）：桀手下的力士。　②殷纣：即商纣王，商朝的最后一个皇帝，历史上有名的昏君。崇侯：即崇侯虎，纣王手下的佞臣。恶来：纣王手下的力士。　③厉王：西周的暴君。厉公长父：周厉王朝中奸臣。荣夷：厉王的宠臣，曾以利诱惑厉王。　④幽王：即周幽王，是西周最后一位君王，实行暴政，身死国亡。傅公夷：不详。蔡公穀：周朝的卿士。　⑤僇（lù）：侮辱。

译文

夏桀被干辛、推哆所影响，殷纣被崇侯、恶来所影响，周厉王被厉公长父、荣夷终所影响，周幽王被傅公夷、蔡公穀所影响。这四位君王因为所受影响不正确，结果身死国亡，被天下人所耻笑。凡是提起天下不义可耻之人，必定要列出这四位君王。

齐桓染于管仲、鲍叔[1]，晋文染于舅犯、高偃[2]，楚庄染于孙叔、沈尹[3]，吴阖闾染于伍员、文义[4]，越勾践染于范蠡、大夫种[5]。此五君者所染当，故霸诸侯，功名传于后世。

注释

①齐桓：齐桓公，春秋五霸之一。管仲：齐桓公时候的贤臣，被尊称为仲父。鲍叔：鲍叔牙，齐国的贤臣，推举管仲为相。 ②晋文：即晋文公，春秋五霸之一。舅犯：狐偃，字子犯，所以称为舅犯，帮助文公夺取政权。高偃：郭偃，即晋国大夫卜偃。 ③楚庄：即楚庄王，春秋五霸之一。孙叔：孙叔敖，楚国有名的贤相。沈尹：即沈尹茎，曾向楚庄王推荐孙叔敖。 ④阖闾（hélǘ）：吴国有名的国君。伍员：名员，字子胥，吴国的大夫。文义：春秋时吴国的大夫。 ⑤越勾践：越国国君，曾兵败受辱，后卧薪尝胆复国。范蠡：越国大臣，助勾践复国。大夫种：即文种，辅佐勾践复国。

译文

齐桓公被管仲、鲍叔牙所影响；晋文公被舅犯、高偃所影响；楚庄王被孙叔敖、沈尹茎所影响；吴王阖闾被伍员、文义所影响；越王句践被范蠡、文种所影响。这五位君主因为所受影响正确，所以能称霸诸侯，功名流传后代。

范吉射染于长柳朔、王胜[1]，中行寅染于藉秦、高强[2]，吴夫差染于王孙雒、太宰嚭[3]，智伯摇染于智国、张武[4]，中山尚染于魏义、偃长[5]，宋康染于唐鞅、佃不礼[6]。此六君者所染不当，故国家残亡，身为刑戮，宗庙破灭，绝无后类，君臣离散，民人流亡。举天下之贪暴苛扰者，必称此六君也。

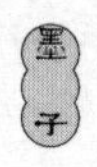

注释

①范吉射：春秋后期晋国范氏的首领，后被灭亡。长柳朔：范吉射的家臣。王胜：也是范吉射的家臣。 ②中行寅：春秋后期晋国中行氏的首领，后被灭亡。藉秦、高强：都是中行寅的家臣。 ③夫差：吴国有名的国君，后为越国勾践所败，自杀身亡。王孙雒：吴国的大臣。太宰嚭（pǐ）：就是伯嚭。太宰是官名，因收受贿赂而给了越国复仇机会。 ④智伯摇：即智襄子，春秋后期晋国的首领，掌握晋国大权，后被韩、赵、魏三家所灭。智国：即智伯国，智氏家族的人。张武：即张武子，智襄子的家臣，导致了智氏的灭亡。 ⑤中山尚：春秋时期鲜虞国君。魏义、偃长：都是中山尚的臣子，其事迹不可考。 ⑥宋康：春秋时宋国末代国君，后被齐国所灭。唐鞅：宋康王的相，让康王滥杀无辜，后来自己被康王所杀。佃不礼：宋国臣子。

译文

范吉射被长柳朔、王胜所影响，中行寅被籍秦、高强所影响，吴王夫差被王孙雒、太宰嚭所影响，知伯摇被知国、张武所影响，中山尚被魏义、偃长所影响，宋康王被唐鞅、佃不礼所影响。这六位君主因为所受影响不正确，所以国破家亡，自身遭到杀戮，宗庙被毁灭，子孙也灭绝了，君臣离散，百姓逃亡。凡是提起天下贪暴苛刻的人，必定举出这六位君主。

凡君之所以安者，何也？以其行理也。行理性于染当[①]。故善为君者，劳于论人[②]，而佚于治官[③]；不能为君者，伤形费神，愁心劳意，然国逾危，身逾辱。此六君者，非不重其国、爱其身也，以不知要故也[④]。不知要者，所染不当也。

注释

①性：当为“生”。 ②论，选择。 ③佚：同“逸”。 ④要：要领。

译文

大凡人君之所以能够安定，是什么原因呢？是因为他们做事合情理。而做事合情理是因为他们得到的影响正确。所以善于做国君的，要用心致力于选拔人才，这就就可以轻松地管理官吏。不善于做国君的，费心费力，然而国家更危险，自己也受屈辱。上述这六位国君，并不是不重视他们的国家、不爱惜他们的身体，而是因为他们不知道治国的要领。所谓不知道治国要领，就是所受到的影响不得当。

非独国有染也，士亦有染。其友皆好仁义，淳谨畏令，则家日益，身日安，名日荣，处官得其理矣，则段干木、禽子、傅说之徒是也[①]。其友皆好矜奋[②]，创作比周[③]，则家日损，身日危，名日辱，处官失其理矣，则子西、易牙、竖刁之徒是也[④]。诗曰：“必择所堪[⑤]，必谨所堪”者，此之谓也。

注释

①段干木：子夏的学生，以品行高洁著称。禽子：禽滑釐，墨子最有名的学生。傅说（yuè）：传说为殷高宗的贤臣，本是版筑的奴隶，后被举为大臣。 ②矜奋：夸耀，骄傲。 ③创作：胡作非为。比周：结党营私。 ④子西：春秋时楚国令尹公子申，他曾任用白公胜，白公胜叛乱时，他反被杀。易牙、竖刁：都是齐桓公的佞臣，桓公死后便作乱。 ⑤堪：当读为“湛”，浸染之意。“必择所堪，必谨所堪”一句，今本《诗经》未见，疑为逸诗。

译文

不仅国家有染，士也有受人熏染的问题。一个人如果所结交的朋友都爱好仁义，性格淳朴谨慎，遵纪守法，那么他的家族就会日益兴盛，身体日益安康，名声也就日益光耀，在自己的官位上从事政治也合于正道了，如段干木、禽子、傅说等人就属于这一类人。一个人如果所结交的朋友都不安分守己，妄自尊大又结党营私，那么他的家道就日益衰落，身体日益危险，名声日益下降，做官办事也不得其道，如子西、易牙、竖刁等人就属于此类人。《诗经》上说："必须选择好所要用的染料，必须谨慎地来对待侵染"，正是这个意思。

法 仪

导读

法仪即法度、准则之意。墨子认为，天子、诸侯治理天下、国家必须以“天”为法，以天意为规。而所谓天意，实际就是墨家学派所主张的兼爱兼利原则。

文章开篇从百工的生产实践谈起，指出法度规则的重要性，由此引出治国也应有法。但是具体应该以什么为法度呢，墨子先举出人们最为常见的父母、师尊、国君三者为标准，然而父母、师尊、国君也有仁爱者，也有暴虐者，所以不足为法。接着墨子论述了唯有以“天”为法。墨子所认为的“天”的概念不仅仅是自然意义上的天地万物，而是一种普遍存在的宇宙自然法则，即天道。天之大德在生，它无私地给予了世间万物生命并提供给它们营养使其存活。天希望人们互爱互利，而不是相恶相贼。所以以“天”为法度就是要爱人利人。最后墨子又以古代圣王禹汤文武和暴君桀纣幽厉的不同结果为正反两方面的例子来说明“爱人利人”就能得到福佑，“恶人贼人”就会带来祸患。

整篇文章论证严密，特别是结尾两句“爱人利人以得福者，有矣！恶人贼人以得祸者，亦有矣”，看似平淡，却表现出墨子对历史上作恶而得祸者的遗憾，以及对今天不知借鉴仍在作恶者的痛惜，悲天悯人的情怀溢于纸上，至今读来仍觉肠热。

子墨子曰：天下从事者，不可以无法仪①；无法仪而其事能成者，无有也。虽至士之为将相者，皆有法；虽至百工从事者[②]，亦皆有法。百工为方以矩[③]，为圆以规[④]，直以绳[⑤]，正以县[⑥]。无巧工、不巧工，皆以此五者为法。巧者能中之，不巧者虽不能中，放依以从事[⑦]，犹逾己。故百工从事，皆有法所度。

注释

①法仪：法度。 ②百工：各种行业。 ③矩：古代画方形的工具。 ④规：圆规，用来画圆的工具。 ⑤绳：绳墨，古代用来画直线的工具。 ⑥县：通“悬”，用绳子悬一重物以测定垂直的工具。 ⑦放：通“仿”，仿照。依：依照。

译文

墨子说：天底下所有办事的人，不能没有法度；没有法度而能把事情做好的，是从来没有的。即便是士人作了将相，他做事也必须有法度。即使是从事于各种行业的工匠，也都要有他们的法度。工匠们用矩画成方形，用圆规画圆形，用绳墨来画成直线，用吊着绳子的悬锤来定好偏正。不论是有技巧的高级工匠，还是没技巧的一般工匠，都要以这五种工具为法则。有技巧的工匠能符合这五者的标准，一般工匠可能做不到这样水平，但只要拿着工具，仿效着这五者去做，还是要胜过原来自身的水平。所以工匠们制造物件时，都要有法则可遵循。

今大者治天下，其次治大国，而无法所度，此不若百工辩也[①]，然则奚以为治法而可？当皆法其父母，奚若[②]？天下之为父母者众，而仁者寡。若皆法其父母，此法不仁也。法不仁，不可以为法。当皆法其学[③]，奚若？天下之为学者众，而仁者寡。若皆法其学，此法不仁也。法不仁，不可以为法。当皆法其君，奚若？天下之为君者众，而仁者寡。若皆法其君，此法不仁也。法不仁，不可以为法。故父母、学、君三者，莫可以为治法。

注释

①辩：通“辨”，辨别。 ②当：通“倘”，倘若，下同。奚若：怎么样。 ③学：指自己的师长。

译文

现在大到如治理天下，其次如治理大的国家，却没有法度来衡量，这就是不如工匠们能明辨事理了。然而用什么作为治理国家的法则呢？如果以自己的父母作为法则怎么样？天下做父母的虽然很多，但能够仁爱的却少。假如人人都以自己的父母为法则，这实在是效法不仁。效法不仁，这自然是不可以的。假若以自己的师长为法怎么样？天下做师长的很多，但仁爱的也少。倘若人人都以自己的师长为法则，这实在是效法不仁。效法不仁，这自然也是不可以的。如果以自己的国君为法则怎么样？天下做国君的很多，但仁爱的少。假如人人都以自己的国君为法则，这实在是效法不仁。效法不仁，这自然是不可以的。所以父母、师长和国君三者，都不能作为治理国家的法则。

然则奚以为治法而可？故曰：莫若法天。天之行广而无私[①]，其施厚而不德[②]，其明久而不衰，故圣王法之。既以天为法，动作有为，必度于天[③]。天之所欲则为之，天所不欲则止。然而天何欲何恶者也？天必欲人之相爱相利，而不欲人之相恶相贼也[④]。奚以知天之欲人之相爱相利，而不欲人之相恶相贼也？以其兼而爱之[⑤]，兼而利之也。奚以知天兼而爱之、兼而利之也？以其兼而有之、兼而食之也。

注释

①行：道的意思。 ②施：给予恩德。不德：不自以为功德。 ③度：取法，取度。 ④恶：厌恶。贼：残害。 ⑤兼：全部。

译文

那么拿什么来作为治理天下的法则才可以呢？所以说，不如以天作为法则。天的运行广大而没有私心，它的恩惠很深却不自以为功劳，它的光耀明亮而且长久不衰，所以圣王以它作为法则。既然以天作为法则，行动做事就必须取法于天。天所希望的就去做，天所不希望的就应停止。那么上天希望的是什么，厌恶的又是什么呢？天所希望的一定是人们互相友爱互相给予帮助，而不希望人们相互厌恶和相互残害。怎么知道天希望人们相爱相利，而不希望人们相厌相残呢？这是因为上天对所有人都友爱，对所有人都给予利益的的缘故。怎么样知道上天爱所有人和帮助所有人呢？因为所有的人都是天的子民，上天给予全部人食物。

今天下无大小国，皆天之邑也。人无幼长贵贱，皆天之臣也。此以莫不犓牛羊①，豢犬猪②，絜为酒醴粢盛③，以敬事天。此不为兼而有之、兼而食之邪？天苟兼而有食之，夫奚说以不欲人之相爱相利也？故曰：爱人利人者，天必福之；恶人贼人者④，天必祸之。曰：杀不辜者，得不祥焉。夫奚说人为其相杀而天与祸乎⑤？是以知天欲人相爱相利，而不欲人相恶相贼也。

注释

①犓：用草料喂养牲口，疑逸“牛”一字。 ②豢(huàn)：以谷物养牲口。 ③絜(jié)：通“洁”，酒醴(lǐ)粢(zī)盛：代指祭品。醴：甜酒。粢：祭祀用的谷物。盛：放在祭器中的祭品。 ④恶：厌恶。贼：残害。 ⑤天与祸：当做“天不与祸”。

译文

现在天下不论大国小国，都是天的封地；人不论长幼贵贱，都是天的子民。因此没有人不喂养牛羊、圈养猪狗，洁净地准备好酒食和祭品，用来祭祀天地。这难道不是全部拥有和供给人食物？天既然全部拥有和供给人食物，如何能说天不要人相爱相利呢？所以说：“爱人利人的人，天必定给他降福；相厌相残的人，天必定给他祸害。所以说：杀害无辜的人，会得到不祥后果。为什么说人相互残杀，天就降祸呢？这是因为知道天希望人们互相友爱互相帮助，而不希望人相互厌恶和相互残害。”

昔之圣王禹汤文武[①]，兼爱天下之百姓，率以尊天事鬼。其利人多，故天福之，使立为天子，天下诸侯，皆宾事之[②]。暴王桀纣幽厉[③]，兼恶天下之百姓，率以诟天侮鬼[④]。其贼人多，故天祸之，使遂失其国家，身死为僇于天下[⑤]。后世子孙毁之，至今不息。故为不善以得祸者，桀纣幽厉是也。爱人利人以得福者，禹汤文武是也。爱人利人以得福者，有矣！恶人贼人以得祸者，亦有矣！

注释

①禹汤文武：夏禹、商汤、周文王、周武王是夏商周三代的四位开国贤君。 ②宾：尊敬。 ③桀纣幽厉：夏桀、商纣、周

幽王、周厉王，是夏商周三代的四个暴君。 ④诟：咒骂。⑤遂：通“坠”，失掉。

译文

以前的圣明君主禹、汤、周文王、周武王，对天下百姓全都爱护，带领他们尊敬上天，侍奉鬼神。他们给人带来的好外多，所以天降福给他们，使他们成为天子。天下的诸侯，都恭敬地听从他们。暴虐的君王桀、纣、周幽王、周厉王，厌恶、憎恨天下的百姓，带领他们咒骂上天，侮辱鬼神。他们残害的人多，所以天降祸给他们，使他们灭亡了国家，身死还要被天下人骂。后代子孙责骂他们，至今不休。所以做坏事而得祸的，桀、纣、周幽王、周厉王就是这类；爱人利人而得福的，禹、汤、周文王、周武王就是这类。爱人利人而得福祉的情况有。厌恶人残害人而得灾祸的情况也有。

七 患

导读

本篇可以分为两大部分，第一部分分析了给国家造成危亡的七种祸患，即专治宫室、四邻不和、滥用民力、君主专断、军务不备、大臣不忠、国库空虚、赏罚不明。如果这七种祸患存在于国家，就会导致国家的倾覆。

第二部分则具体论述了国家防治祸患的根本在于增加生产和节省财用，重点论述了粮食生产和储备，并举出上古圣明君主虽然也遭遇水旱之灾和饥馑之年，但百姓仍免于饥饿冻馁之苦的例子来说明国家储备的重要性。最后墨子对当时统治者竭尽民力和府库之财以追求享乐生活的做法提出了严正警告。

也有的学者认为，这篇文章应该是两篇合成的，一篇为“七患”，一篇为“国备”，两者之间没有必然的联系。我们认为第一部分论述“七患”是为后文论述“国备”张本，并非没有关系，要消除造成国家倾覆的七重祸患，就必须要有所防备，这种防备不仅包括心理上的，也包括政策上的、以及物质上的储备，只有有备才能防患于未然。整篇文章的论证是非常清晰明白的，至于重点论述的“五谷”部分更是说明在中国古代社会，粮食是国家的根本，是远古社会农业文明的典型表现。

子墨子曰：国有七患。七患者何？城郭沟池不可守而治宫室[①]，一患也；边国至境[②]，四邻莫救，二患也；先尽民力无用之功，赏赐无能之人，民力尽于无用，财宝虚于待客，三患也；仕者持禄，游者爱佼[③]，君修法讨臣[④]，臣慑而不敢拂[⑤]，四患也；君自以为圣智而不问事，自以为安强而无守备，四邻谋之不知戒，五患也；所信者不忠，所忠者不信，六患也；畜种菽粟不足以食之[⑥]，大臣不足以事之，赏赐不能喜，诛罚不能威，七患也。以七患居国，必无社稷[⑦]；以七患守城，敌至国倾。七患之所当，国必有殃。

注释

①城：城墙。郭：外城。沟池：护城河。 ②边：疑为“敌”。 ③佼：美。一说通“交”（王念孙说）。 ④讨：讨伐。 ⑤慑：害怕。拂：违背。 ⑥菽：豆类。粟：小米。 ⑦无社稷：指国家灭亡。

译文

墨子说：国家有七种祸患。这七种祸患是什么呢？城墙和护城河不足以守御国家而去修造什么宫室，这是第一种祸患；敌人来犯，周边国家都不愿来救援，这是第二种祸患；把老百姓的物力财力都消耗在无用的事情上，把钱财都赏赐给那些没有才能的人，民力因做无用的事情而消耗殆尽，财物因款待宾客而空乏，这是第三种祸患；做官的人只求保住俸禄，游学的人只顾结交朋友，国君修订法律就是来讨伐诛杀臣下，臣下畏惧害怕而不敢违背国君的意思，这是第四种祸患；国君自以为圣明而有智慧，从而不过问国事，自以为安稳强大，从而不作防御准备，周围国家在图谋攻打，却不知戒备，这是第五种祸患；所信任的人不忠实，而忠实的人却不被信任，这是第六种祸患；种植和储备的粮食不够吃，大臣对于国家大事不能够胜任，赏赐不能让人欢喜，责罚不能让人害怕，这是第七种祸患。治国若存在这七种祸患，必定国家不保；守城若存在这七种祸患，敌人来进犯，国都必定毁灭。七种祸患存在于哪个国家，哪个国家就有祸殃。

凡五谷者，民之所仰也[①]，君之所以为养也。故民无仰，则君无养；民无食，则不可事[②]。故食不可不务也，地不可不力也，用不可不节也。五谷尽收[③]，则五味尽御于主[④]，不尽收则不尽御。一谷不收谓之馑[⑤]，二谷不收谓之旱，三谷不收谓之凶[⑥]，四谷不收谓之馈[⑦]，五谷不收谓之饥[⑧]。

注释

①仰：依靠，依赖。 ②事：疑为“使”。 ③尽收：全收、丰收。 ④御：食物进入口称“御”。 ⑤馑：饥荒。 ⑥凶：庄稼收成不好。 ⑦馈：通“匮”，匮乏，收成不好。 ⑧饥：谷不熟为饥，指饥荒，五谷没有收成。

译文

五谷是人民赖以生活的物资，也是国君用以养活自己的物质。所以如果人民失去赖以生存的物资，那么国君也就没人供养；人民一旦没有食物，国君就不能役使他们去做事了。所以粮食生产不能不加紧，田地不能不尽力耕作，财用不可不节约使用。五谷全部丰收，国君就可享用各种食物。若不能够全部丰收，国君就不能尽情享受。一种谷物不收叫做馑，两种谷物无收叫做旱，三种谷物不收叫做凶，四种谷物不收叫做匮，五种谷物都不收叫做饥。

岁馑，则仕者大夫以下皆损禄五分之一[①]；旱，则损五分之二；凶，则损五分之三；馈，则损五分之四；饥，则尽无禄，禀食而已矣[②]。故凶饥存乎国[③]，人君彻鼎食五分之五[④]，大夫彻县[⑤]，士不入学，君朝之衣不革制[⑥]；诸侯之客，四邻之使，雍食而不盛[⑦]；彻骖騑[⑧]，涂不芸[⑨]，马不食粟，婢妾不衣帛，此告不足之至也[⑩]。

注释

①损：减少。 ②禀食：只领够吃的食物而没有多余的俸禄。 ③存：存在，产生。 ④彻：去掉。五分之五：疑作“五分之三”。 ⑤彻县：停止奏乐。县：通“悬”，指悬挂的乐器。 ⑥革制：更改制作新的衣服。 ⑦雍：当作“饔”，指招待外国使臣的饭菜。 ⑧骖騑（cānfēi）：古代四马拉一车，中间两匹叫“服”，两边两匹叫“骖”或“騑”。 ⑨涂：通“途”，指道路。芸：锄草，这里指修理平整道路。 ⑩至：极点。

译文

遇到馑年，所有官员自大夫以下都减去俸禄的五分之一；旱年，减去俸禄的五分之二；凶年，减去俸禄的五分之三；匮年，减去俸禄的五分之四；饥年，就要免去全部俸禄，只供给少量的粮食吃。所以一个国家遇到凶饥之年，国君就要撤掉鼎食的五分之三，大夫不听音乐，读书人不去上学读书，国君的朝服不再更换新的；诸侯的客人、邻国的使者，不用丰盛的饮食来招待，四匹马的车子要撤掉边上两匹，道路不加修理平整，马不用粮食来喂养，婢妾不穿丝绸的衣服，这些都表示国家已十分贫穷了。

今有负其子而汲者[①]，队其子于井中[②]，其母必从而道之。今岁凶，民饥，道饿[③]，重其子此疚于队[④]，其可无察邪！故时年岁善[⑤]，则民仁且良；时年岁凶，则民吝且恶。夫民何常此之有！为者疾[⑥]，食者众，则岁无丰。故曰：财不足则反之时[⑦]，食不足则反之用。故先民以时生财[⑧]，固本而用财[⑨]，则财足。

注释

①负：背着。汲：打水。 ②队：通“坠”。 ③道饿：指道路上有饿死的人。 ④重其子此疚于队：疑作“此疚重于队其子”。疚：忧愁，苦闷。 ⑤善：相对于“凶”年，指收成好。 ⑥疾：指少。 ⑦反：反省。时：农时。 ⑧先：优先，引导。 ⑨本：指农业，古代以农业为本。

译文

现在假如有一个人背着孩子到井边打水，却把孩子掉到井里，那么这位母亲必定想方设法先把孩子从井中拉出。现在遇到饥荒之年，路上有饿死的人，这种惨痛比孩子掉入井中更加严重，怎么能不明察这种局面呢？遇到年成好的时候，老百姓就仁义驯良；遇到年成不好的凶灾之年，老百姓就吝啬凶狠；民众的性情哪有一定呢！做工的人少，而吃饭的人多，就不可能有丰年。所以说：财用不足就要反省注重农时，粮食不足就注意节约使用。因此，古代贤君引导百姓按照农时优先发展农业，巩固农业基础，节省使用财物，那么财用自然也就充足了。

故虽上世之圣王，岂能使五谷常收而旱水不至哉[①]！然而无冻饿之民者，何也？其力时急而自养俭也[②]。故《夏书》曰：“禹七年水[③]。”《殷书》曰：“汤五年旱。”此其离凶饿甚矣[④]，然而民不冻饿者，何也？其生财密[⑤]，其用之节也。故仓无备粟，不可以待凶饥；库无备兵[⑥]，虽有义不能征无义；城郭不备全，不可以自守；心无备虑，不可以应卒[⑦]，是若庆忌无去之心不能轻出[⑧]。

注释

①旱：旱灾。水：水灾。 ②力：力争。 ③《夏书》：夏代记录诏告的文书。下文的《殷书》同。 ④离：通“罹”，遭受。 ⑤密：财用足。 ⑥兵：指兵器。 ⑦卒：通“猝”，这里指突发事件。 ⑧庆忌：吴王僚之子，阖闾篡位，出奔卫国，后被阖闾派出的刺客要离骗出卫国而杀死。

译文

所以，即使是上古的英明君主，又怎能保证五谷永远丰收，水旱之灾没有呢！但那时却从无受冻挨饿的老百姓，这是为什么呢？这是因为他们努力按照农时耕种而自己使用的财物节俭。《夏书》说：“禹时有七年的大水灾。”《殷书》说：“汤时有五年的旱灾。”那时遭受的灾难够大的了，然而老百姓却没有受冻挨饿，这是什么原因呢？因为他们生产的物资多，而使用却很节俭。所以，粮仓中如果没有储备的粮食，就不能防备凶年饥荒；兵库中没有备用的武器，即使自己出于正义的目的也不能去讨伐不道义的国家；城墙修建的如果不完备，不可以自我防御；心中没有戒备之心，就不能应付突然的变故。这就好像庆忌没有戒备要离的心思，就不可轻易出走一样。

夫桀无待汤之备[①]，故放；纣无待武之备，故杀。桀、纣贵为天子，富有天下，然而皆灭亡于百里之君者[②]，何也？有富贵而不为备也。故备者，国之重也[③]。食者，国之宝也；兵者，国之爪也[④]；城者，所以自守也；此三者，国之具也。

注释

①待：御敌。 ②百里之君：指小国的国君。 ③重：重要的事情。 ④爪：爪牙。

译文

夏桀没有防御商汤的准备，因此被商汤放逐；殷纣没有防御周武王的准备，因此被杀。桀和纣虽贵为天子，富有天下，然而都被方圆百里的小国之君消灭，这是为什么呢？是因为他们虽然尊贵，却不做好防备。所以防备是国家最重要的事情。粮食是国家的宝贝，兵器是国家的爪牙，城郭是用来守卫本土的：这三者是维持国家必备的东西。

故曰：以其极赏[①]，以赐无功；虚其府库，以备车马、衣裘、奇怪[②]；苦其役徒，以治宫室观乐[③]；死又厚为棺椁[④]，多为衣裘。生时治台榭，死又修坟墓。故民苦于外，府库单于内[⑤]，上不厌其乐[⑥]，下不堪其苦。故国离寇敌则伤[⑦]，民见凶饥则亡[⑧]，此皆备不具之罪也。且夫食者，圣人之所宝也。故《周书》曰：“国无三年之食者，国非其国也；家无三年之食者，子非其子也。”此之谓国备。

注释

①极赏：指最高规格的奖赏。 ②奇怪：珍稀的玩物。 ③观乐：指可供观玩之物。 ④棺椁（guǒ）：棺材外的套棺。 ⑤单：通“殚”，用尽。 ⑥厌：通“餍”，满足。 ⑦离：通“罹”，遭受。 ⑧见：遭受。

译文

所以说：拿最高规格的奖赏赐给没有功劳的人；耗尽国库中的储备，用来置备车马、衣裘和稀奇古怪好玩的东西；役使士卒和奴隶受尽苦难，去建造宫室和观赏游乐的地方；死后又准备厚重的棺椁，放很多衣服。活着时修造台榭，死后又修建坟墓。因此，在外老百姓受苦，在内国库耗尽，上面的人不满足他的享受，下面的老百姓不堪忍受其苦难。所以，国家一遇到敌人就会损伤很大，人民一遇到凶饥之年就会死亡很多，这都是平时不做好防备的罪过。再说，粮食也是圣人认为最宝贵的东西。《周书》说："国家若不储备够三年吃的粮食，国家就不能称其为一个国家了；家庭若不储备够三年吃的粮食，子女将不是这一家的子女了。"这就叫做国家的根本储备。

辞过

导读

本篇主要通过宫室、服装、饮食、舟车、蓄私五个方面的古今对照，批判当时统治者的奢侈生活。篇题所谓辞过，即要求时君改掉这五方面的过失。本篇的主旨与《节用》篇基本相同，因此也有研究者认为此篇与《节用》上、中篇内容相近，主张将此篇视为《节用》的下篇。

本篇具体可分五个部分，每一个部分都有一个分论点。第一部分是宫室，宫室的实用价值是满足人的居住需要，而不是费财劳力地追求亭台楼阁；第二部分是服装，服装的实用价值在于冬季保暖，夏季蔽体，而不是穷奢极欲地炫耀精致华美；第三部分是饮食，饮食以满足人的基本需要为要务，而不是毫无节制地追求口腹之欲；第四部分是舟车，舟车的作用在于给人提供方便，而不是雕饰刻镂，极尽装饰之能事；第五部分是蓄私，国君蓄养姬妾本是正常之道，但过分拘禁宫女，使得男女失时，人口减少，就于国不利了。墨子在这五部分中由衷地赞美上古圣主为民造福，而大胆批评当世之君骄奢淫逸的种种行为，体现了他朴素实用的人生态度与社会理想，和敢于直言、为民请命的胆略，不能不让人时至今日仍敬佩不已。

子墨子曰："古之民，未知为宫室时，就陵阜而居[①]，穴而处，下润湿伤民[②]，故圣王作为宫室。为宫室之法，曰：'室高足以辟润湿[③]，边足以圉风寒[④]，上足以待雪霜雨露，宫墙之高，足以别男女之礼。’谨此则止[⑤]。凡费财劳力，不加利者，不为也。役[⑥]，修其城郭，则民劳而不伤，以其常正[⑦]，收其租税，则民费而不病。民所苦者非此也，苦于厚作敛于百姓。是故圣王作为宫室，便于生，不以为观乐也；作为衣服带履便于身，不以为辟怪也[⑧]。故节于身，诲于民，是以天下之民可得而治，财用可得而足。

注释

①就：依傍。陵阜：山丘高地。 ②下润湿：地下潮湿。 ③辟：避免。 ④边：四周。圉：抵御。 ⑤谨：通“仅”。 ⑥役：上当有“以其常”三字。 ⑦正：通“征”。 ⑧辟怪：特殊的癖好。

译文

墨子说：“古代的老百姓还不知道盖宫室房屋的时候，就靠近山陵居住，住在洞穴里，地下潮湿，伤害老百姓身体，所以圣王就开始建筑宫室。建筑宫室的原则是：地基的高度足以免于湿润的伤害，四边足以抵御风寒侵袭，屋顶足以防备霜雪雨露降下，宫墙的高度足以使男女有别，仅此而已。凡属劳民伤财而不增加财富的事，是不会做的。按常规分派劳役，修理城墙，那么老百姓就虽然辛苦但不至受其害；照常规征收租税，那么老百姓虽然费了些钱物但还不至于困苦。因为老百姓所疾苦的并不是这些，而是苦于对老百姓的横征暴敛。所以圣明的君主开始制造宫室，只是为了方便生活，而不是为了观赏游乐；开始创制衣服鞋帽，只是为了服务于身体，而不是为了奇怪的服装爱好。所以，圣明的君主自身节俭，以身作则地教导百姓，因而天下的老百姓得到治理，财用得以充足。

当今之主，其为宫室，则与此异矣。必厚作敛于百姓，暴夺民衣食之财，以为宫室台榭曲直之望[①]，青黄刻镂之饰[②]。为宫室若此，故左右皆法象之[③]，是以其财不足以待凶饥[④]、振孤寡[⑤]，故国贫而民难治也。君实欲天下之治，而恶其乱也，当为宫室[⑥]，不可不节。

注释

①望：景观。 ②青黄：指彩色。 ③法象：学习模仿。 ④凶饥：收成不好的年节。 ⑤振：救济。 ⑥当：通“倘”，倘若的意思。

译文

现在的君主，修造宫室却与原来的圣明君王不同：他们必定要向老百姓横征暴敛，强夺老百姓的衣食财物用来营造宫室，修造曲折的亭台楼阁景观，追求华丽色彩雕刻的装饰效果。营造宫室如此穷奢极欲，身边的臣子也都跟着效仿这种做法，因此国家的财富被浪费掉而不能应付收成不好的年节，救济孤寡的老百姓，所以造成国家穷困而难以治理。国君若真是希望天下得到治理，而不愿混乱，那么营造宫室就不可不节约。

古之民，未知为衣服时，衣皮带茭[①]，冬则不轻而温，夏则不轻而清[②]。圣王以为不中人之情，故作，诲妇人[③]，治丝麻，梱布绢[④]，以为民衣。为衣服之法，冬则练帛之中[⑤]，足以为轻且暖；夏则絺绤之中[⑥]，足以为轻且清，谨此则止。故圣人之为衣服，适身体，和肌肤，而足矣，非荣耳目而观愚民也[⑦]。当是之时，坚车良马不知贵也，刻镂文采，不知喜也，何则？其所道之然。故民衣食之财，家足以待旱水凶饥者[⑧]，何也？得其所以自养之情，而不感于外也。是以其民俭而易治，其君用财节而易赡也[9]。府库实满，足以待不然[10]；兵革不顿，士民不劳，足以征不服。故霸王之业，可行于天下矣。

注释

①带：佩戴。茭（jīao）：草绳。 ②清（qìng）：凉快。 ③诲：教育。 ④梱（kǔn）：捆束，编织的意思。 ⑤练帛：白色的熟绢。中：中衣。 ⑥絺（chī）：细葛布。绤（xì）：粗葛布。 ⑦荣：这里指感觉华美。观：被观看。 ⑧家：根据上下文，当属衍文。 ⑨赡：富足，充足。 ⑩不然：这里指突然事件或变故。

译文

上古的老百姓不知道做衣服的时候，穿着兽皮，系着草绳，冬天既不轻便又不暖和，夏天既不轻便又不凉爽。圣明君主觉得这样做不符合人情，所以就开始教女人生产丝麻、编织布匹，用它们来制作衣服。制造衣服的法则是：冬天穿白色的丝绸制作的中衣，只求轻便而温暖，夏天穿粗细葛制的中衣，只求轻便而凉爽，仅此而已。所以圣明君主制作衣服只求身体需要、肌肤舒适就够了，并不是夸耀漂亮的颜色和样式、用来让老百姓观赏的。那时候，坚固的车子和优良的马匹没有人知道贵重，雕刻文采没有人知道欣赏，为什么呢？这是圣明君主教导的结果。所以老百姓的衣服财物，家中储备足以防患水旱之灾以及收成不好的年节，为什么呢？因为他们懂得供养自己的事实，而且不被外界所诱惑，所以民众俭朴而容易治理，国君财物使用有节制而且容易富足。国库充实，足以应付非常的变故：兵器甲胄不坏，士民不劳苦，足以征伐不顺从的臣子，所以可以在天下实现霸王事业。

当今之主，其为衣服，则与此异矣，冬则轻煗[1]，夏则轻清，皆已具矣，必厚作敛于百姓，暴夺民衣食之财，以为锦绣文采靡曼之衣[②]，铸金以为钩[③]，珠玉以为珮[④]。女工作文采[⑤]，男工作刻镂[⑥]，以为身服，此非云益煗之情也[⑦]。单财劳力[⑧]，毕归之于无用也，以此观之，其为衣服非为身体，皆为观好[⑨]，是以其民淫僻而难治，其君奢侈而难谏也。夫以奢侈之君，御好淫僻之民，欲国无乱，不可得也。君实欲天下之治而恶其乱，当为衣服，不可不节。

注释

①煗（nuǎn）：同“暖”。　②锦：有彩色花纹的丝织品。绣：刺绣品，引申为华美漂亮。靡：细。曼：柔美，细长。③钩：带钩，衣服的装饰品。　④珮：系在衣服上作装饰用的玉。　⑤作文采：从事刺绣等类的工作。　⑥刻镂：雕刻。⑦云：“有”的意思。益：增加。煗，同“暖”。情：实际情况。⑧单：通“殚”，用尽的意思。　⑨观：外观。好：好看。

译文

现在的君主，他们制造衣服却与此不同：冬天的衣服体积轻而暖和，夏天的衣服轻薄而凉爽，这些都已经具备了，他们还一定要向百姓横征暴敛，强夺民众的衣食财物，用来缝制华美秀丽的衣服，拿黄金作成衣带钩，拿珠玉作成佩饰，女工忙于刺绣编织，男工忙于雕刻纹饰，都用来穿在身上。这并非真的增加了实用价值。耗尽钱财，浪费了民力，都只是为了无用的事，由此看来，他们制作衣服，不是为身体保暖，而是为了观赏好看。因此他们的老百姓邪恶不正而且难以治理，国君奢侈而且难以听别人意见。以奢侈的国君来统治喜好奢侈邪恶的老百姓，希望国家不乱，那是不可能的。国君若真希望天下能治理好而不希望混乱，制作衣服时就不可不节俭。

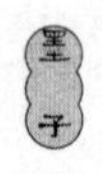

古之民未知为饮食时，素食而分处[①]，故圣人作，诲男耕稼树艺，以为民食。其为食也，足以增气充虚，强体适腹而已矣。故其用财节，其自养俭，民富国治。今则不然，厚作敛于百姓，以为美食刍豢[②]，蒸炙鱼鳖，大国累百器[③]，小国累十器，前方丈，目不能遍视，手不能遍操[④]，口不能遍味。冬则冻冰，夏则饰饐[⑤]。人君为饮食如此，故左右象之，是以富贵者奢侈，孤寡者冻馁[⑥]，虽欲无乱，不可得也。君实欲天下治而恶其乱，当为食饮不可不节。

注释

①素食：一说索食（王闿运说），寻找食物。分处，分别居住。 ②刍（chú）豢（huàn）：家禽家畜。 ③累：积累。器：器皿。 ④操：拿着，握在手里。 ⑤饰饐（yì）：指食物变质。 ⑥冻馁（něi）：挨饿受冻。

译文

上古的人民不知道制作饮食时，只吃素食而且各自分开居住，所以圣人起来教男人们耕稼栽种的技术，以供给老百姓作粮食。作饮食的原则是：只求补充身体损耗，增加能量、强壮身体，填饱肚子就够了。所以他们使用的财物节省，自己供养自己俭朴，因而民众富足，国家安定。现在却不是这样，国君向老百姓厚敛钱财，用来享受美味鸡鸭牛羊，蒸烤鱼鳖，大国之君集有上百样的菜，小国之君也有上十样的菜，摆在前面一丈见方，眼不能看全，手不能够全，嘴也不能尝全，冬天食物都结冰了，夏天食物腐烂变质，国君这样讲究饮食，左右大臣也都效仿他。因此富贵的人奢侈，孤寡的人冻饿。这样一来，即使不希望国家混乱，也做不到了。国君若真希望天下治理好而不希望国家混乱，饮食就不能不节省。

古之民未知为舟车时，重任不移[①]，远道不至，故圣王作，为舟车，以便民之事。其为舟车也，全固轻利[②]，可以任重致远，其为用财少，而为利多，是以民乐而利之。故法令不急而行，民不劳而上足用，故民归之[③]。当今之主，其为舟车，与此异矣，全固轻利皆已具，必厚作敛于百姓，以饰舟车。饰车以文采，饰舟以刻镂。女子废其纺织而修文采[④]，故民寒；男子离其耕稼而修刻镂，故民饥。人君为舟车若此，故左右象之，是以其民饥寒并至，故为奸邪。奸邪多则刑罚深，刑罚深则国乱[⑤]。君实欲天下之治而恶其乱，当为舟车不可不节。

注释

①重任：重的东西。 ②全：整个。 ③归：依附。 ④修文采：从事刺绣等工作。 ⑤深：深重。

译文

古代的老百姓不知道制造车船时，重的东西搬不动，远的地方去不了，所以圣明君王开始制造车船，用来方便老百姓的生活。他们制作舟船只为了追求坚固轻便，可以运输重物、行走远路，费用钱财少，而收益很大，所以老百姓喜欢而且从中受益。所以法令不用催促而可役使老百姓，老百姓不用辛苦为上者就可以财用充足，所以老百姓都会归顺国君。现在的君主制造车船则与此不同。车船已经很坚固轻便了，他们还要向百姓横征暴敛，用以装饰车船。在车上画文彩，在船上加雕刻。女子废弃纺织而去描绘文彩，所以民众受寒；男子离开农业生产而去从事雕刻，所以民众挨饿。国君这样制造舟车，左右大臣都会跟着模仿，所以民众受饿挨冻，不得已而作些奸邪的事情。奸邪的事情一多，刑罚必然就会繁重。刑罚一繁重，国家就混乱了。国君如果真的希望天下治理好而远离混乱，制造车船就不可不节省。

凡回于天地之间[①]，包于四海之内，天壤之情[②]，阴阳之和[③]，莫不有也，虽至圣不能更也[④]。何以知其然？圣人有传：天地也，则曰上下；四时也，则曰阴阳；人情也[⑤]，则曰男女；禽兽也，则曰牡牝雄雌也[⑥]。真天壤之情，虽有先王不能更也。虽上世至圣，必蓄私[⑦]，不以伤行，故民无怨。宫无拘女[⑧]，故天下无寡夫。内无拘女，外无寡夫，故天下之民众。当今之君，其蓄私也，大国拘女累千，小国累百，是以天下之男多寡无妻，女多拘无夫，男女失时[⑩]，故民少。君实欲民之众而恶其寡，当蓄私不可不节。

注释

①回：旋转，流转。　②天壤：天地。　③阴阳：古代学者对事物对立两面的哲学概括。和：调和，协调。　④至：最高，最伟大。　⑤人情：人的性别。　⑥牡牝（pìn）：雄性的兽类称“牡”，雌性的兽类称“牝”。雄雌：雌性的鸟类称“雌”，雄性的鸟类称“雄”。　⑦蓄私：指蓄养姬妾。　⑧拘女：被强迫留在宫中的女子。　⑨寡夫：指没有妻子的男子。　⑩失时：该婚嫁而错过婚嫁的时机。

译文

凡流转于天地之间，包容于四海之内的，天地万物的禀赋，是阴阳的调和，没有不是这样的，即使至高无上的君主也不能改变。何以知道这样呢？圣人传下的书说：天地称作上下，四时称作阴阳，人类分为男女，走兽飞鸟分为牝牡雌雄。这是真正的天地之道，哪怕先世贤王也不能更改。即使上代至高无上的君王，一定也都养有私人的侍妾，但这不伤害品行，所以民众无怨言。宫中没有被拘禁的女子，所以天下没有娶不到妻子的男子。宫内没有被拘禁的妇女，宫外就没有娶不到妻子的男人，因而天下人口众多。现在的国君养侍妾，大国拘禁女子多达数千，小国多达数百，所以天下男子很多没有妻子，女子多遭拘禁而没有丈夫。男女到了该婚育的时候而不能结婚生育，百姓人口就会减少。国君如果真想人口增多而不希望减少，养侍妾就不可不节制。

凡此五者，圣人之所俭节也，小人之所淫佚也[①]。俭节则昌，淫佚则亡，此五者不可不节。夫妇节而天地和，风雨节而五谷孰[②]，衣服节而肌肤和。

注释

①小人：指道德低下的人。淫：奢侈过度。佚：放荡。②孰：熟。

译文

以上所说的这五种，都是圣人奉行节俭，而小人奉行奢侈淫佚的。勤俭节约的就会昌盛，骄奢淫佚的就亡国，这五者不可不节制。夫妇之间有节制，天地就会和顺；风雨调顺那么五谷就会丰登；衣服节制那么身体肌肤就会舒适。

三辩

导读

本篇名为“三辩”，意思是反复辩论的意思，通过墨子与程繁对音乐的反复讨论，强调圣人治理天下重在事功，反对追求音乐享受，对批判当时统治者追求享乐生活有现实意义。因此也有的学者认为本篇的内容同《非乐》，怀疑为其遗漏之文。

本篇全文是以程繁与墨子的对话展开的，首先程繁的发问很犀利，就墨子的“圣王不为乐”展开批驳，肯定了音乐是生活中必不可少的，是繁重劳动之余的重要调节方式。但墨子避其锋芒，并不回答有无的问题，而是反复论述古代圣明君主越重视音乐，则治国功绩越寡少来证明音乐于治国无益。当然程繁抓住了墨子论辩的逻辑矛盾再次来肯定圣人也创作音乐，似乎把墨子逼入了绝境，但墨子仍然很从容，用一个巧妙的比喻就完成了反击，实质上逃避了问题，但在表面上却赢得了胜利，体现了墨子高超的论辩技艺。

程繁问于子墨子曰[①]：“夫子曰，‘圣王不为乐。’昔诸侯倦于听治[②]，息于钟鼓之乐；士大夫倦于听治，息于竽瑟之乐[③]；农夫春耕、夏耘、秋敛、冬藏，息于聆缶之乐[④]。今夫子曰，‘圣王不为乐’，此譬之犹马驾而不税[⑤]，弓张而不弛，无乃非有血气者之所不能至邪！”

注释

①程繁：《公孟》篇做程子，兼治儒墨之学。 ②倦：疲倦，厌倦。听治：处理政务。 ③竽：一种像笙的乐器。瑟：一种弦乐器，有二十五弦。 ④聆：当为“瓴”（líng），像瓶子的一种容器。缶（fǒu）：瓦盆，可以击打作乐。 ⑤税：通“脱”，解脱。

译文

程繁问墨子说：“先生曾经说过，‘圣王不创作音乐。’以前的诸侯处理政务太劳累了，就听钟鼓一类的音乐来进行休息；士大夫处理政务太累了，就听竽瑟一类的音乐来进行休息；农夫春天耕种、夏天除草、秋天收获、冬天储藏，也要听瓦盆土缶之乐来休息，现在先生说，‘圣王不创作音乐。’这好比马套上车后就不再卸下，不许它休息，弓拉开后就不再放松，这恐怕不是有血气的人所能做到的吧！”

子墨子曰：“昔者尧舜有第期者[①]，且以为礼，且以为乐。汤放桀于大水[②]，环天下自立以为王[③]，事成功立，无大后患，因先王之乐，又自作乐，命曰《护》[④]，又修《九招》[⑤]。武王胜殷杀纣，环天下自立以为王，事成功立，无大后患，因先王之乐，又自作乐，命曰《象》[⑥]。周成王因先王之乐，又自作乐，命曰《驺虞》[⑦]。周成王之治天下也，不若武王；武王之治天下也，不若成汤；成汤之治天下也，不若尧舜。故其乐逾繁者，其治逾寡。自此观之，乐非所以治天下也。”

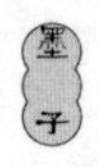

注释

①第期：传说中尧舜时期作乐的人，于史无征。 ②大水：地名。 ③环天下：经营天下。 ④《护》：商汤命令伊尹制作的音乐。 ⑤《九招》：即九韶，古代乐曲，相传是舜制作的。 ⑥《象》：是周武王伐商时制作的乐曲。 ⑦《驺（zōu）虞》：古代乐曲，是周成王时候的乐曲。

译文

墨子说："以前尧舜有第期这样的人为国家草创礼仪，定制音乐。后来汤把桀放逐到大水这个地方，统一天下，自立为王，大功告成，没有大的祸患，于是就承袭先王的音乐而自作新乐，取名为《护》，又创作了《九招》之乐。周武王战胜殷商，杀死纣王，统一天下，自立为王，大功告成没有了大的祸患，于是承袭先王的音乐而制作了新乐，取名为《象》。周成王继承先王的音乐，又自己制作新乐，取名为《驺虞》。周成王治理天下不如武王；周武王治理天下不如成汤；成汤治理天下不如尧舜。所以音乐越繁杂的国王，他治理国家的功绩就越少。由此看来，音乐不是可以用来治理天下的。"

程繁曰："子曰，'圣王无乐。'此亦乐已，若之何其谓圣王无乐也?"子墨子曰："圣王之命也[1]，多寡之[2]。食之利也，以知饥而食之者，智也。因为无智矣[3]。今圣有乐而少，此亦无也。"

注释

①命：制作的教令。 ②多寡之：多了就要消减的意思。③因：当为"固"。

译文

程繁说："先生说，'圣王没有音乐。'但这些都是音乐，怎么能说圣王没有音乐呢?"墨子说："圣王的教令，凡是太多的东西就要消减它。饮食对于人来说是有利的，但是仅仅是因为知道饥饿而吃的就算是智慧，那也就无所谓智慧了。当今的圣明君主虽然也有音乐，但却很少，这也等于说没有音乐。"

尚贤上

导读

《尚贤》分上、中、下三篇，内容一致而文字繁简不同，可能是墨家后学中流传的三种不同记录本子。本篇为上篇，主要探讨尚贤与政治的关系。墨子提出尚贤是“为政之本”，治国的根本措施就在于“尚贤使能”，主张统治者打破血统界限，从各阶层中选拔真才实学之人，“举义不辟贫贱”，“举义不辟亲疏”，“虽在农与工肆之人，有能则举之”，并且给予他们地位和权力：“高予之爵，重予之禄，任之以事，断予之令”。如果能坚持做到“以德就列，以官服事，以劳殿赏，量功而分禄”，这样就会美名远扬，天下大治。墨家特别提出的“农与工肆之人”是当时手工业者这一阶层要求参加政权的反映。

与儒家“贵贵亲亲”的思想直接对立的是，墨家主张将那些尸位素餐的贵族老爷统统撤免，“无能则下之”，“官无常贵，民无终贱”，这对当时广大平民阶级争取政治权力的斗争无疑有着现实意义和理论指导意义，直到今天仍然闪烁着自由平等的时代精神。

子墨子言曰[①]：“今者王公大人为政于国家者皆欲国家之富，人民之众，刑政之治。然而不得富而得贫，不得众而得寡，不得治而得乱，则是本失其所欲[②]，得其所恶。是其故何也?”子墨子言曰：“是在王公大人为政于国家者，不能以尚贤事能为政也。是故国有贤良之士众，则国家之治厚[③]；贤良之士寡，则国家之治薄[4]。故大人之务，将在于众贤而已[5]。”

注释

①子墨子：墨子的弟子、门生对自己老师墨翟的尊称。②本：完全。 ③治厚：治理的功劳大。 ④治薄：治理的功劳小。 ⑤将：应当。

译文

墨子说：“现在王公大人们治理国家，都希望国家富强，人口众多，刑法和政治合理，然而结果却是国家没有富强反而贫困，人口没有增多反而减少，刑法和政治没有得到治理反而更加混乱，真的是完全失去所希望的，而得到所厌恶的，这是什么原因呢？”墨子说：“这是因为王公大人们治理国家的时候不能做到尊重和使用贤能之人。所以在一个国家中，如果贤良的人多，那么国家的治理功绩就大；如果贤良的人少，那么国家的治理功绩就小。所以王公大人们的首要任务，将是如何使贤人增多。”

曰：“然则众贤之术将奈何哉？”子墨子言曰：“譬若欲众其国之善射御之士者，必将富之、贵之、敬之、誉之，然后国之善射御之士，将可得而众也。况又有贤良之士，厚乎德行，辩乎言谈，博乎道术者乎！此固国家之珍而社稷之佐也，亦必且富之、贵之、敬之、誉之、然后国之良士，亦将可得而众也。”

译文

有人问：“那么，让贤人变多的方法是什么呢？”墨子说：“比如要让一个国家善于射箭、骑马的人变多，就必须使这些人先富裕，并且使他们地位高，尊敬他们，赞美他们，然后国家善于射箭、骑马的人就增多了。还有那些德行高尚，言谈机辩，道术高明的贤良之士呢！他们确实是国家的珍宝、社稷的栋梁呀！也必须使他们先富裕，使他们地位高，尊敬他们，赞誉他们，这之后国家的栋梁之才也就可以增多了。"

是故古者圣王之为政也，言曰："不义不富，不义不贵，不义不亲，不义不近。"是以国之富贵人闻之，皆退而谋曰："始我所恃者[①]，富贵也。今上举义不辟贫贱[②]，然则我不可不为义。"亲者闻之，亦退而谋曰："始我所恃者，亲也。今上举义不辟疏，然则我不可不为义。"近者闻之，亦退而谋曰："始我所恃者，近也。今上举义不辟远，然则我不可不为义。"远者闻之，亦退而谋曰："我始以远为无恃，今上举义不辟远，然则我不可不为义。"逮至远鄙郊外之臣、门庭庶子[③]、国中之众、四鄙之萌人闻之[④]，皆竞为义。是其故何也？曰：上之所以使下者，一物也[⑤]；下之所以事上者，一术也[⑥]。譬之富者，有高墙深宫，墙立既谨，上为凿一门。有盗人入，阖其自入而求之[⑦]，盗其无自出。是其故何也？则上得要也。

注释

①恃：凭借。 ②举义：选拔义士。辟：通"避"。 ③逮：到，及。鄙：远地。郊：城外百里内为郊。门庭：宫中。庶子：此指诸侯之同族与卿大夫之子。 ④萌人：民人，老百姓。⑤一物：指"尚贤"，这一种方法。 ⑥一术：指："为义"这一条道路。 ⑦阖：关闭。

译文

所以古时圣王治国，说道："不义的人不让富裕，不义的人不让显贵，不义的人不对他们亲密，不义的人不和他们接近。"所以国中富贵的人听到了，都退下来议论说："当初我所依靠的是富贵，现在朝中选拔义士而不避贫贱的人，那我就不能不做仁义的事了。”亲信的人听到了，也退回来议论说：“当初我所倚仗的是朝廷的亲信，现在朝中选拔义士而不避关系远近，那我就不能做不仁义的事了。”处在国君身边的人听到了，也退回来议论说：“当初我所依靠的是与朝廷接近，现在朝中选拔义士而不避远方的人，那我就不能做不仁义的事了。”远处的人听了，也退回来议论说：“当初我以为与上面太疏远而无所依靠，现在上面选拔义士而不避远方的人，那我就不能做不仁义的事了。”一直到边远郊区的臣子，宫庭内部的保卫人员、城中的民众、四方的农民听到，都争先为义，这是什么原故呢？这是因为君主用来驱使臣下的就是“尚贤”这一种方法，臣下用来侍奉君上的也是“为义”这一条道路。这好比富人有高墙深院，墙已经立好了，仅只在上面开一个门，有盗贼进来了，关掉他进入的那个门来捉拿，盗贼就无从逃离了。这是什么原因呢？这是因为掌握了要领。

故古者圣王之为政，列德而尚贤①。虽在农与工肆之人②，有能则举之。高予之爵，重予之禄③，任之以事，断予之令④。曰：爵位不高，则民弗敬；蓄禄不厚，则民不信；政令不断，则民不畏。举三者授之贤者，非为贤赐也，欲其事之成。故当是时，以德就列，以官服事，以劳殿赏⑤，量功而分禄。故官无常贵而民无终贱。有能则举之，无能则下之。举公义，辟私怨⑥，此若言之谓也⑦。

注释

①列：行列，位次。德：贤德之人。 ②肆：作坊。 ③高予之爵，重予之禄：给予他高等级的爵位，给予他丰厚的俸禄。

④断予之令：给予他决断事务的权力。 ⑤以劳殿赏：根据功劳来定他的赏赐。 ⑥辟：去除。 ⑦此若：同义复语，意思是“这”。

译文

所以古代的贤明君主治理政治，任用有道德的人，尊重贤能的人，即使是从事农业生产或手工业、经商的人，有能力的就选拔他，给予他高级的爵位，丰厚的俸禄，给他任务，给予他决断事务的权力。这就是说，如果爵位不高，者百姓就不会对他敬重；俸禄不厚，老百姓就不会对他信任；如果权力不大，老百姓就对他不畏惧。拿这三种东西给贤人，并不是给贤人赏赐，而是要把事情办成功。所以在这时，根据德行来任用官员，根据官职来授与权力，根据功劳来决定赏赐。根据各人的业绩而给予俸禄，所以做官的不会永远富贵，老百姓也不会永远贫贱。有能力的就举用，没有能力的就罢免。以正义来推举人才，避开个人私怨，说的就是这个意思。

故古者尧举舜于服泽之阳[①]，授之政，天下平。禹举益于阴方之中[②]，授之政，九州成[③]。汤举伊尹于庖厨之中[④]，授之政，其谋得[⑤]。文王举闳夭、泰颠于罝罔之中[⑥]，授之政，西土服。故当是时，虽在于厚禄尊位之臣，莫不敬惧而施[⑦]；虽在农与工肆之人，莫不竞劝而尚意。故士者，所以为辅相承嗣也。故得士则谋不困，体不劳，名立而功成，美章而恶不生[⑧]，则由得士也。是故子墨子言曰：“得意，贤士不可不举；不得意，贤士不可不举。尚欲祖述尧舜禹汤之道，将不可以不尚贤。夫尚贤者，政之本也。”

注释

①服泽：古代地名，不详。阳：山之南，水之北叫阳。②益：伯益，帮助大禹治水有功，被推举为继承人。阴方：古代地名，不详。 ③九州成：统一天下。 ④伊尹：名伊，尹是官名，汤的大臣，帮助汤灭了夏朝，传说本来是厨师。庖厨：厨房。 ⑤谋：谋略。 ⑥闳夭、泰颠：都是文王的大臣。罝（jū居）：捕兽的网。 ⑦施：当为“惕”，警惕。 ⑧章：通“彰”，彰显。

译文

所以古时候尧在服泽之阳把舜提拔出来，给予他做事的权力，结果天下大治；禹从阴方之中把伯益提拔出来，给予他权力，结果天下统一；汤从厨房里把伊尹提拔出来，给予他权力，结果计谋得行；文王从狩猎者中间把闳夭、泰颠提拔出来，授予他政事，结果征服了西部国家。在这些时候，即使处在高官厚禄的大臣们，也没有人敢不敬畏害怕而警惕的，即使处在农业与手工、经商者地位的，也没有人不争相勉励而崇尚正义的。所以贤德的人是用来作为辅佐国君和接替大臣的人选的。因此，国家得到了贤德的人，计谋就不会匮乏，身体就不会辛苦，美名就可以立起而功业大成，美好的东西更加彰显，邪恶的东西不会产生。这都是因为得到了贤德的人。所以墨子说道：“得意的时候不可以不任用贤士，失意的时候也不可以不任用贤士。如果想继承尧舜禹汤的大道，就不能不尊重贤德的人。尊重贤德的人是政治的根本所在。”

尚贤中

导读

本篇所阐述的主旨和上篇《尚贤上》相同，只是篇幅更长，论述更详细。本文开篇即阐明国家要由尊贵而又贤德的人来治理，贤德的人理应受到君主的尊重，成为国家的治国之本。接着强调选拔人才的标准要不拘一格，不管是什么样的人，只要有才能就要提拔他，根据他的能力来给予一定的职务和社会地位。这样才能使天下的老百姓信服并实现国家大治。另外为了说明尚贤的重要性，篇中还举出许多例子和经典语录，比如大禹、后稷、皋陶这些正面的例子，还有夏桀、殷纣、周幽王、周厉王这些反面的例子，这些例子旨在说明尚贤与不尚贤的不同结果。那些经典的名言警句也增添了文章的深度和文采。最后作者还告诫现在的君王要做到真正尚贤，就要在大事上明了，在小事上不要太计较，“明小物而不明大物”不是真正的圣王之道。本篇文章说理透彻，结构清晰，例证充分，引经据典精当，是全书中极为优秀的篇章。

子墨子言曰：“今王公大人之君人民[①]、主社稷、治国家，欲修保而勿失[②]，故不察尚贤为政之本也[③]！何以知尚贤之为政本也？曰：自贵且智者[④]，为政乎愚且贱者，则治，自愚贱者，为政乎贵且智者，则乱。是以知尚贤之为政本也。

注释

①君：动词，统治。 ②修：长久。保：保持。 ③故：一说为“胡”，为什么的意思。 ④自：由。

译文

墨子说：现在王公大人们统治百姓，主持社稷，治理国家，希望永久保持而不失去江山，却怎么也看不出崇尚贤能是为政的根本呢！怎样知道崇尚贤能是为政的根本呢？答道：由高贵而聪明的人去治理蠢笨而卑贱的人，那么，国家就能治理好；由蠢笨而卑贱的人去治理高贵而聪明的人，那么，国家就会混乱。因此知道崇尚贤能是为政的根本。

故古者圣王甚尊尚贤而任使能[①]，不党父兄[②]，不偏富贵，不嬖颜色[③]。贤者举而上之，富而贵之，以为官长；不肖者抑而废之[④]，贫而贱之，以为徒役[⑤]。是以民皆劝其赏，畏其罚，相率而为贤者，以贤者众而不肖者寡，此谓进贤。然后圣人听其言，迹其行[⑥]，察其所能而慎予官，此谓事能。故可使治国者，使治国；可使长官者，使长官；可使治邑者，使治邑。凡所使治国家、官府、邑里，此皆国之贤者也。

注释

①能：有才能的人。 ②党：偏袒。 ③嬖（bì）：宠爱。颜色：指美貌的女子。 ④不肖：不贤的人。抑：打击。⑤徒：被罚服劳役的人。役：仆人，供人驱使的人。 ⑥迹：观察。

译文

所以古代的圣明君王都很尊崇贤人而且能任用有能力的人，不偏袒父辈兄长，不偏向富贵的人，不宠爱美貌的女人。凡是贤德之人便选拔上来使其处于高位，给他富贵，让他做高级官长；凡是不贤德的人便免去他的职位，使他贫贱，让他做奴仆。于是老百姓相互劝戒而害怕受罚，争相做贤人，所以贤人多而不贤德的人少，这便叫进贤。随后圣人听从贤人的建议，观察他的行为，察看他的能力而慎重地给他官位，这便叫事能。因此，可以用来治国的人，就让他治国；可以让他做官长的，就让他做官长；可以让他治理一县的，就让他治理一县。凡是派去治理国家、官府、县里的，都是国家的贤人。

贤者之治国也，蚤朝晏退[①]，听狱治政，是以国家治而刑法正。贤者之长官也，夜寝夙兴[②]，收敛关市、山林、泽梁之利，以实官府，是以官府实而财不散。贤者之治邑也，蚤出莫入[③]，耕稼树艺、聚菽粟[④]，是以菽粟多而民足乎食。故国家治则刑法正，官府实则万民富。上有以絜为酒醴粢盛[⑤]，以祭祀天、鬼，外有以为皮币[⑥]，与四邻诸侯交接，内有以食饥息劳[⑦]，将养其万民，外有以怀天下之贤人。是故上者天鬼富之，外者诸侯与之，内者万民亲之，贤人归之。以此谋事则得，举事则成，入守则固，出诛则强。故唯昔三代圣王尧、舜、禹、汤、文、武之所以王天下，正诸侯者，此亦其法已。

注释

①蚤：通“早”。晏：晚，迟。 ②夙：早上。兴：起床。 ③莫：通“暮”，黄昏。 ④菽（shū）：豆类的总称。粟：这里代指各种谷类。 ⑤絜（jié）：通“洁”。酒醴（lǐ）粢（zī）盛：代指祭品。醴：甜酒。粢：祭祀用的谷物。盛：放在祭器中的祭品。 ⑥皮：皮毛制品。币：丝织品。两者代指用作礼物的毛皮制品和丝织品。 ⑦食饥息劳：使动用法，使饥饿的人吃

饱，使疲劳的人得到休息。

译文

贤人治理国家，很早上朝而很晚退朝，审听刑狱，处理政务，所以国家治理得好而且刑法严正。贤德的长官们，晚睡觉早起床，征收口岸、市场、山林、川泽的税收，用来充实官家的府库，所以国库充实而财物使用不尽。贤人治理大小城市，早上班晚回来，翻地耕田，努力种植，积攒各种豆类谷物，所以粮食多而人民食用充足。因此国家治理得好而且刑法严正，国库充实而且老百姓富足。对上就能够用洁净的酒肉食物去祭祀上帝鬼神；对外就能够制造用来作为礼物赠送的皮毛制品和丝织品，与四邻诸侯交往，对内可以使饥饿的人得到食物，疲劳的人得到休息，让众多的百姓休养生息，对外可以招徕天下的贤人。所以上边则天帝鬼神赐给他财富，外边诸侯各国与他结交友好，里边则老百姓亲附，有才能的人归顺。因此谋事有收获，做事能成功，对内防守坚固，对外出征强大。所以从前三代圣王尧、舜、禹、汤、文、武用以统一天下，诸侯尊他们为长的法则，就在于此。

既曰若法[①]，未知所以行之术，则事犹若未成。是以必为置三本[②]。何谓三本？曰：爵位不高，则民不敬也；蓄禄不厚，则民不信也；政令不断，则民不畏也。故古圣王高予之爵，重予之禄，任之以事，断予之令。夫岂为其臣赐哉？欲其事之成也。《诗》曰："告女忧恤，诲女予爵，孰能执热，鲜不用濯？"[③]则此语古者国君诸侯之不可以不执善，承嗣辅佐也。譬之犹执热之有濯也[④]，将休其手焉[⑤]。古者圣王唯毋得贤人而使之，般爵以贵之[⑥]，裂地以封之，终身不厌[⑦]。贤人唯毋得明君而事之，竭四肢之力，以任君之事，终身不倦。若有美善则归之上。是以美善在上，而所怨谤在下；宁乐在君，忧戚在臣。故古者圣王之为政若此。

注释

①曰：当为“有”。若：“此”的意思。 ②三本：三项基本措施。 ③《诗》：《诗经》。告女忧恤四句：来自《诗经·桑柔》，“告尔忧恤，诲尔予爵，孰能执热，逝不以濯？” ④执：拿着。濯：用冷水冲洗浸泡。 ⑤休：休息。 ⑥般：“颁”之假借字，即颁发，赐予。 ⑦厌：嫌弃。

译文

既然有这样的法则，但是如果不了解用来推行这一法则的具体方法，那么事情仍然不会成功。所以要立下三项根本措施。什么叫三个根本呢？那就是：如果贤德的人爵位不高，老百姓就会不尊敬他；如果贤人的俸禄不多，老百姓就不会信服他；如果贤人权力不大，老百姓就会不惧怕他。所以古代圣王给贤人很高的爵位，很厚的俸禄，很实际的任务，给予能决断的权力。这些难道仅仅是赏赐给臣下的吗？其实为的是他能把事情办成功呀！《诗经》说：“告诉你要抚恤他人，教导你如何赐予爵位，这好比刚拿过了火热的东西，谁不需要用冷水洗洗手呢？”这就是说古代的国君诸侯不可不亲善那些继承人和辅佐大臣，就如同拿了热的东西后要用冷水洗洗一样，以使自己的手得到休息。古代的圣王得到贤人并且会利用他，赐予贤人爵位使他显贵，分割土地给他做封邑，终身都不厌弃他。至于贤人，要事奉贤明的君主，竭尽全力来分担国君的工作，并且终身不以为疲劳厌倦。如果有了美好的功德，就把这些归功于国君。所以功德归于君主而怨恨诽谤由臣子承担；安宁喜乐归于国君，而忧患由臣下承担。古代的圣王大概就是这样处理政务。

今王公大人亦欲效人，以尚贤使能为政，高予之爵而禄不从也。夫高爵而无禄，民不信也，曰："此非中实爱我也[①]，假藉而用我也[②]。"夫假藉之，民将岂能亲其上哉？故先王言曰："贪于政者[③]，不能分人以事；厚于货者[④]，不能分人以禄。"事则不与，禄则不分，请问天下之贤人将何自至乎王公大人之侧哉？若苟贤者不至乎王公大人之侧[⑤]，则此不肖者在左右也。不肖者在左右，则其所誉不当贤[⑥]，而所罚不当暴。王公大人尊此[⑦]，以为政乎国家，则赏亦必不当贤，而罚亦必不当暴。若苟赏不当贤而罚不当暴，则是为贤者不劝，而为暴者不沮矣[⑧]。是以入则不慈孝父母，出则不长弟乡里[⑨]。居处无节，出入无度，男女无别。使治官府则盗窃，守城则倍畔[⑩]，君有难则不死，出亡则不从。使断狱则不中[⑪]，分财则不均。与谋事不得，举事不成，入守不固，出诛不强。故虽昔者三代暴王桀纣幽厉之所以失措其国家[⑫]，倾覆其社稷者，已此故也[⑬]。何则？皆以明小物而不明大物也[⑭]。

注释

①中实：发自内心真实的。 ②假藉：假借，利用。③政：权力。 ④厚：看重，以为厚。 ⑤若苟：如果，假设；侧：旁边。 ⑥当：恰当，适当。 ⑦尊：通"遵"，遵循。⑧沮：阻止，劝止。 ⑨长弟：即"长悌"，爱护幼弟，尊敬兄长。 ⑩倍畔：即"背叛"。 ⑪不中：不公正。 ⑫失措：使国家失措，陷于覆灭。 ⑬已：同"以"。 ⑭小物：小的事情。

译文

现在王公大臣们也想效仿古人来治理政治，尊敬贤德的人，任用有才干的人，给他们很高的爵位，但俸禄却不能随着增加。爵位虽然高却没有相应的俸禄，民众是不会相信的，说："这不是发自真心的爱我，只不过是假借虚名来利用我罢了。”既然这样被假借利用，老百姓怎能亲附君主呢？所以先王说：“对权位贪婪的人，不能把政事分给别人；对财货太重视的人，不能把俸禄分给别人。”政事既不让人参与，俸禄又不分给别人，请问天底下的贤德之人，怎么会来到王公大臣们的身边呢？如果贤人都不来到王公大人的旁边，那么就有不贤德的人来到左右了。不贤的人在左右，则他们所称赞的不会是真正贤德的人，所惩罚的也不会是真正的暴乱之徒。王公大人如果听从这些人来治理国家，那么所赏赐的也一定不会是真正贤德的人，所罚的也一定不会是真正的暴乱之徒。如果所赏赐的不是真正贤德的人，所惩罚的不是真正的暴乱之徒，那么真正的贤德之人就得不到勉励，而真正作恶的人也就得不到阻止了。所以在家不知道孝敬父母，出外不懂得爱护乡里后辈，敬重前辈。生活没有节制，出入没有限制，男女没有区别，这样的人使他治理官府就会偷窃，使他守城就会背叛，君主有难他不会献身，出亡也不肯追随。使他判案则不公正，分财则不平均，和他谋事则不得当，让他办事不会成功，让他守城不会坚固，让他征伐不会有力。所以像从前三代的暴君桀、纣、幽、厉等之所以使他们的国家失措，社稷倾覆，就是这个原因。为什么呢？都是因为他们只明白小事情而不明白大事情的道理。

今王公大人有一衣裳不能制也，必藉良工[①]；有一牛羊不能杀也，必藉良宰[②]。故当若之二物者[③]，王公大人未知以尚贤使能为政也。逮至其国家之乱[④]，社稷之危，则不知使能以治之。亲戚则使之，无故富贵、面目佼好则使之[⑤]。夫无故富贵、面目佼好则使之，岂必智且有慧哉？若使之治国家，则此使不智慧者治国家也。国家之乱，既可得而知已。

注释

①藉：凭借。良工：手艺高超的工匠。　②良宰：技艺高超的屠宰工。　③之：这样。　④逮：等到。　⑤佼（jiǎo）：通“姣”，指面目好看。

译文

现在的王公大人，做不好一件衣裳，必定要借助好的师傅；杀不了一只牛羊，必定要借助好的屠夫。所以遇着上面这两种事情，王公大人也未尝不知道以尊重贤德的人和使用有能力的人为重。而一旦国家遭乱，社稷倾危，就不知道尊重贤德的人和使用有能力的人。凡是有亲戚关系的人就任用，无缘无故得到富贵，脸长得美丽的人就任用。那些无缘无故得到富贵，面目生得美丽的人就任用，难道他们都很有智慧吗？如果让他们治理国家，那就是让不聪明的人治理国家呀！国家的混乱也就可想而知了。

且夫王公大人有所爱其色而使[①]，其心不察其知[②]，而与其爱。是故不能治百人者，使处乎千人之官[③]；不能治千人者，使处乎万人之官，此其故何也？曰：处若官者[④]，爵高而禄厚，故爱其色而使之焉！夫不能治千人者，使处乎万人之官，则此官什倍也[⑤]。夫治之法将日至者也，日以治之，日不什修[⑥]，知以治之[⑦]，知不什益[⑧]。而予官什倍，则此治一而弃其九矣。虽日夜相接，以治若官，官犹若[⑨]不治。此其故何也？则王公大人不明乎以尚贤使能为政也。故以尚贤使能为政而治者，夫若言之谓也；以下贤为政而乱者[⑩]，若吾言之谓也；今王公大人中实将欲治其国家，欲修保而勿失，故不察尚贤为政之本也？

注释

①且夫：发语词。 ②知：智慧，能力。 ③处：担任。④若：这样。 ⑤什倍：十倍。 ⑥什修：十倍地延长。⑦知：同上，智力，才能。 ⑧什益：十倍地增加。 ⑨犹若：仍然像这样。 ⑩下贤：放弃贤德的人。

译文

再说王公大人因爱慕一个人的美貌而任用他，心中并不知道他的智慧能力而对给他宠爱有加，所以能力不足以治理百人的人，竟让他做一个治理千人的官；不能治理千人的，竟让他做一个治理万人的官。这是为什么呢？回答说：做这种官的人，爵位高而俸禄厚，只因爱慕他的美色而给他这个职位。不能治理千人的，却让他做治理万人的官，这是给予的官位超过他能力的十倍了。治理国家的原则是，每天都必须努力。一天的时间不能延长十倍，而其治理国家的智慧才能也不能增加十倍，却给予超过他能力十倍的官职，这样一来，他就只能管理其中的一份而放弃其他九份了。即使日夜不停地处理公务，公务仍然办不好。这是什么原因呢？是王公大人不明白尊重贤德，任用有才能的人的缘故呀！所以，因尊重贤德，任用有才能的人为政而实现国家大治的，所说的就是上面这样的话。因放弃贤德，不使用有才能的人为政而混乱的，也像我所说的一样。现在的王公大人，心中如果真正想治理好国家，为什么不能明察尊重贤德是治理政治的根本呢？

且以尚贤为政之本者，亦岂独子墨子之言哉？此圣王之道，先王之书，《距年》之言也①。《传》曰："求圣君哲人，以裨辅而身。②"《汤誓》曰③："聿求元圣④，与之戮力同心⑤，以治天下。”则此言圣之不失以尚贤使能为政也。

注释

①《距年》：古代书名，不详。 ②《传》：古代书名，不详。裨（bì）：弥补，帮助。辅：辅助，协助。而：你。③《汤誓》：《尚书》篇名，但今本《尚书》无此几句。 ④聿（yù）：发语词。元：至尊至大。 ⑤戮（lù）力：同心协力。

译文

再说以尊重贤人、任用有能力者作为政治的根本，难道只是墨子这样说的吗？这本来就是圣王的道理，先王的书，《距年》的话。《传》：“求圣明的君王和贤德的哲人，以辅助你。”《汤誓》说：“寻求到至尊至大之圣人，和他同心协力，来治理天下。”这些都说明圣人不曾放弃以尊重贤德和使用有才能的人来治理国家。

故古者圣王唯能审以尚贤使能为政[①]，无异物杂焉[②]，天下皆得其利。古者舜耕历山[③]，陶河濒[④]，渔雷泽[⑤]。尧得之服泽之阳[⑥]，举以为天子，与接天下之政[⑦]，治天下之民。伊挚，有莘氏女之私臣[⑧]，亲为庖人。汤得之，举以为己相，与接天下之政，治天下之民。傅说被褐带索，庸筑乎傅岩[⑨]。武丁得之，举以为三公，与接天下之政，治天下之民。此何故始贱卒而贵[⑩]，始贫卒而富？则王公大人明乎以尚贤使能为政，是以民无饥而不得食，寒而不得衣，劳而不得息，乱而不得治者。故古圣王以审以尚贤使能为政，而取法于天。虽天亦不辩贫富、贵贱、远迩[⑪]、亲疏，贤者举而尚之，不肖者抑而废之。然则富贵为贤以得其赏者谁也？曰：若昔者三代圣王尧、舜、禹、汤、文、武者是也。所以得其赏何也？曰：其为政乎天下也，兼而爱之，从而利之；又率天下之万民，以尚尊天事鬼，爱利万民。是故天、鬼赏之，立为天子，以为民父母。万民从而誉之“圣王”，至今不已。则此富贵为贤以得其赏者也。

注释

①审：审视，谨慎。 ②异物：别的事情。杂：掺入。③历山：古代地名，不详。 ④陶：做陶器。河：黄河。濒：水边。 ⑤渔：打渔。雷泽：古代地名，不详。 ⑥服泽：古代地名，不详。阳：山之南，水之北叫阳。 ⑦接：接手，掌管。⑧伊挚（zhì）：即伊尹，名伊，尹是官名，汤的大臣，帮助汤灭了夏朝，传说本来是厨师。庖厨：厨房。有莘（shēn）氏：古国名。 ⑨傅说（yuè）：传说为殷高宗的贤臣，本是版筑的奴隶，后被举为大臣。被：披着。褐：粗布衣服。索：大绳子。庸：通“佣”。筑：筑墙。傅岩：古代地名，不详。 ⑩卒：最后。⑪迩（ěr）：近。

译文

所以古代圣王只因能谨慎地尊重贤德的人和使用有才能的人来治理国家政事，而不使其他事情掺杂在内，因此天下人都得他的好处。古时舜在历山耕地，在黄河边制作陶器，在雷泽捕鱼，尧帝在服泽之阳找到他，选拔他为天子，并且让他来掌管天下的政事，治理天下的人民。伊尹本来是有莘氏女儿的陪嫁私臣，身为厨子，汤得到他，任用他为宰相，让他掌管天下的政事，治理天下的人民。傅说身穿粗布衣，系着绳索，在傅岩那里被雇佣修筑土墙，武丁得到他，任用他为三公，让他掌管天下的政事，治理天下的人民。他们为什么一开始卑贱而后来尊贵，一开始贫穷而后来有财富呢？是因为王公大人们懂得以尊重贤德的人和使用有才能的人来治理国家大政。所以老百姓没有饥饿不得食，寒冷不得衣，劳作不得息，混乱不得治的。所以古时的圣王能审慎地以尊重贤德的人和使用有才能的人来治理国家大政，而且取法于天。只有天不分贫富贵贱，远近亲疏，凡是贤德的人就选拔而重用他，不贤的人就压制而远离他。既然这样，那么那些富贵而行使仁政的人，又有哪些人得到上天的赏赐呢？回答说：像从前的圣王尧、舜、禹、汤、文、武等都是。他们又怎样得到赏赐呢？回答说：他们治理天下，能够互相友爱，互相帮助，又率领天下的老百姓都崇尚尊敬上天，祀奉鬼神，爱护并使百姓得利。所以天地鬼神会赏赐他们，立他们为天子，做百姓的父母，百姓从而称赞他们为“圣王”，至今不息。这就是虽然身处富贵，仍然尊重贤德之人而得到赏赐的。

然则富贵为暴以得其罚者谁也？曰：若昔者三代暴王桀、纣、幽、厉者是也。何以知其然也？曰：其为政乎天下也，兼而憎之[①]，从而贼之[②]，又率天下之民以诟天侮鬼[③]，贼傲万民[④]。是故天、鬼罚之，使身死而为刑戮，子孙离散，室家丧灭，绝无后嗣。万民从而非之曰“暴王”，至今不已。则此富贵为暴而以得其罚者也。

注释

①憎：互相憎恨。 ②贼：互相残害。 ③诟：咒骂。侮：羞辱，不敬。 ④贼傲：残害怠慢。

译文

那么富贵而行为残暴从而得到惩罚的又有哪些人呢？回答说：像从前三代的暴君桀、纣、幽、厉就是。怎么知道呢？回答说：他们统治天下的时候，使天下人互相仇恨，互相残害，又率领天下的老百姓咒骂上天，侮辱不敬鬼神，残害怠慢百姓。所以上天鬼神给他们惩罚，使他们被刑戮，子孙离散，家族宗室毁灭，没有后代，万民从而称呼他们为“暴王”，到现在还没有停息。这就是虽然身处富贵而行为暴虐从而得到惩罚的例子。

然则亲而不善以得其罚者谁也？曰：若昔者伯鲧[①]，帝之元子[②]，废帝之德庸[③]，既乃刑之于羽之郊[④]，乃热照无有及也[⑤]，帝亦不爱。则此亲而不善以得其罚者也。

注释

①伯鲧（gǔn）：传说为原始时代的部落首领，奉尧的命令治水，后因治水失败被杀。 ②帝：指颛项（zhuānxū）。元子：长子。元：开始，第一。 ③庸：功劳。 ④既：不久。羽之郊：羽山的郊外。羽：古代地名，不详。 ⑤乃热照无有及也：指日月之光照不到的地方。

译文

那么，那些亲近但是行为不善，从而得到惩罚的又有谁呢？回答说：像从前的伯鲧，是帝颛项的长子，却败坏了帝的功德，不久就被放逐于羽山之郊，那是日月都照不到的地方，帝也不爱他。这就是亲近的人行为不善从而得到惩罚的。

然则天之所使能者谁也？曰：若昔者禹、稷、皋陶是也[①]。何以知其然也？先王之书《吕刑》道之[②]，曰：“皇帝清问下民[③]，有辞有苗[④]。曰：‘群后之肆在下[⑤]，明明不常[⑥]，鳏寡不盖[⑦]。德威维威[⑧]，德明维明[⑨]’。乃名三后[⑩]，恤功于民[⑪]：伯夷降典[⑫]，哲民维刑[⑬]；禹平水土[⑭]，主名山川[⑮]；稷隆播种[⑯]，农殖嘉谷[⑰]。三后成功，维假于民[⑱]。”则此言三圣人者，谨其言，慎其行，精其思虑；索天下之隐事遗利，以上事天，则天乡其德[19]；下施之万民，万民被其利，终身无已。故先王之言曰："此道也，大用之天下则不窕[20]，小用则不困，修用之则万民被其利，终身无已。"

注释

①皋陶：禹的接班人，早死，未即位。稷：后稷，尧舜时候的农官，善于耕种。 ②《吕刑》：《尚书》的篇名。 ③清：谨慎，明白的。 ④有：衬词，无义。辞：讼词。苗：古代苗族，也称三苗。 ⑤肆：逮，及。 ⑥明明：明显有道德才能的人。 ⑦盖："盍"之隶变，假借为"害"。 ⑧威：威严。 ⑨明：明察。 ⑩名：命令。 ⑪恤：体恤。功：工作，劳作。 ⑫伯夷：舜的臣子。降典：制作法则、制度。 ⑬刑：刑法。 ⑭平：治理。 ⑮名：命名。 ⑯隆：通"降"。 ⑰农：勉励。 ⑱假：通"嘏"，受福之意。 ⑲乡：通"享"。 ⑳窕(tiǎo)：有空隙，不充实。

译文

那么，天所使用的有才能的人有谁呢？回答说：像从前禹、后稷、皋陶就是。如何知道这样呢？先王的《尚书》中《吕刑》说："尧帝明白地询问老百姓，老百姓都说三苗作乱。帝尧说：'各位君主以及在下执事的人，凡是明显有道德才能的人即可使用，即使鳏寡孤独的人也没有关系。只有崇高品德的威严才是真正的威严，只有崇高品德的明察才是真正的明察。'于是命令伯夷、大禹、后稷三位君主，忧虑体恤老百姓的生活工作：伯益制定法律典章制度，使老百姓效仿哲人；大禹治理山川水土，给山川命名称；后稷教老百姓播种，让人民努力耕种粮食。这三位君主的成功，都使人民得到好处。"这说的是三位圣人，谨言慎行，认真考虑，去追求天下没有被发现的事物和被遗忘的利益。以此向上供奉于天，天享用他的美德；以此向下恩泽于老百姓，老百姓都蒙受他的好处，终生都不会停止。所以先王的话说：“这种道术，用到治理天下这大处来说就不会疏漏缺损；用到小处来说，也不会阻塞。长久使用，则老百姓受到其好处，终身都不会停止。”

《周颂》道之曰[①]：“圣人之德，若天之高，若地之普，其有昭于天下也；若地之固，若山之承[②]，不坼不崩[③]；若日之光，若月之明，与天地同常[④]。”则此言圣人之德章明博大，埴固以修久也[⑤]。故圣人之德，盖总乎天地者也。

注释

①《周颂》：今本《诗经》的《周颂》部分无此文，疑为佚文。 ②承：承受，包容。 ③坼（chè）：分裂，裂开。崩：倒塌、崩裂。 ④常：长久保持。 ⑤埴：制作陶器用的土。修久：久远。

译文

《周颂》曾说过：“圣人的德行，就像天一样高远，像地一样广大，光明而普照于天下；像大地一样坚固，像山一样承载包容，不分裂，不崩塌；像日一样光明，像月一样明朗，与天地一样长存。”这说的就是圣人的德行彰显博大，坚固而长久。所以圣人的美德，总合了天地的美德。

今王公大人欲王天下、正诸侯，夫无德义，将何以哉？其说将必挟震威强[①]。今王公大人将焉取挟震威强哉？倾者民之死也！民生为甚欲，死为甚憎。所欲不得，而所憎屡至。自古及今，未有尝能有以此王天下、正诸侯者也。今大人欲王天下、正诸侯，将欲使意得乎天下，名成乎后世，故不察尚贤为政之本也[②]？此圣人之厚行也。

注释

①挟：靠着，仗着。 ②故：与“胡”同。

译文

现在的王公大人们想要统治天下，成为众诸侯的头领，没有德行义气，那依靠什么呢？他们说必然要依靠武力和强权。现在的王公大人们将从使用武力和强权中得到什么呢？它必然把百姓引上倾覆死亡之路。百姓都十分爱惜自己的生命，对死都十分憎恨。他们得不到自己所希望的，而常常得到所厌恶的。从古到今，绝对没有人以这种方式统一天下、称霸诸侯。现在王公大人想要统一天下，称霸诸侯，使自己的意愿实行于天下，成名于后世，为什么不看到尊重贤德之人这一为政的根本呢？这是圣人崇高的品行所在。

尚贤下

导读

本篇所阐述的主旨与前两篇《尚贤上》和《尚贤中》基本相同，只是文辞错乱难以解释之处更多。

本文开篇即以古今为政者的做法不同来对比，引出古代先王正是因为能尊重贤德之士才实现了国家的长治久安。接着强调现在的君主只知道在小事情上任用贤人，而在大事情上则任人唯亲，以貌取人以及仅凭个人爱好来给予毫无功劳的人大富大贵，这样做的结果只能是使饥者不得食，寒者不得衣，乱者不得治，国家不安，政局不稳。最后墨子反复申明那些真正懂得尊重贤良之士的君主，能够充分发挥贤德之士的优秀品质，使国家内部政治和谐，外部邻国归附，甚至日月所照，舟车所及，雨露所渐，粒食所养这些地方也无不得到贤人的劝誉教导，从而实现真正的国家大治，这些观点正体现了墨家理想中的社会政治管理方式，对我们现在建设和谐社会仍然有着积极意义。

子墨子言曰：天下之王公大人皆欲其国家之富也，人民之众也，刑法之治也。然而不识以尚贤为政其国家百姓，王公大人本失尚贤为政之本也。若苟王公大人本失尚贤为政之本也，则不能毋举物示之[①]乎？今若有一诸侯于此，为政其国家也，曰："凡我国能射御之士[②]，我将赏贵之；不能射御之士，我将罪贱之[③]。"问于若国之士，孰喜孰惧？我以为必能射御之士喜，不能射御之士惧。我赏因而诱之矣[④]，曰："凡我国之忠信之士，我将赏贵之；不忠信之士，我将罪贱之。”问于若国之士，孰喜孰惧？我以为必忠信之士喜，不忠不信之士惧。今惟毋以尚贤为政其国家百姓，使国为善者劝，为暴者沮[5]。大以为政于天下[6]，使天下之为善者劝，为暴者沮。然昔吾所以贵尧舜禹汤文武之道者，何故以哉？以其唯毋临众发政而治民[7]，使天下之为善者可而劝也[8]，为暴者可而沮也。然则此尚贤者也，与尧舜禹汤文武之道同矣。

注释

①毋：不。 ②射御：射箭骑马。 ③贱之：使之贱。④赏：当作“尝”，指尝试。诱：诱导。 ⑤沮：止。 ⑥大：扩大。 ⑦临众：直面民众。 ⑧可而：可以。

译文

墨子说：天下的王公大人都希望自己的国家富强，人口众多，政局安定。但却不知道把尊重贤德作为国家统治百姓的根本原则。王公大人们从来就不知道尊重贤德是政治的根本。如果王公大人现在还不知道尊重贤德这一治理国家政治的根本，我们就不能举出事例来开导他吗？现在假定有这样一个诸侯，在他的国家治理政治，说道：“凡是我国能射箭和驾车的人，我都要奖赏和尊重他；不能射箭和驾车的人，我都将治罪和看不起他。”试问这个国家的士人，谁高兴谁害怕呢？我想一定是那些善于射箭驾车的人高兴，不善于射箭驾车的人害怕。我顺着这一假设进一步推说：“凡是我国忠诚的人，我都将奖赏和尊重他；不忠诚的人，我都将治罪和轻视他。”试问这个国家的士人，谁会高兴谁会害怕呢？我认为必定是忠诚的人高兴，不忠诚的人害怕。现在对自己的国家人民采取尊重贤德的政治，使一国为善的人都受到鼓励，行暴的人都得到劝阻，扩大到行使政治于天下，使天下为善的人都受到鼓励，行暴的人都得到劝阻。我以前所以看重尧、舜、禹、汤、文、武之道，是什么缘故呢？是因为他们如果面对百姓公开发布政令来治理人民，使天下为善的人都可以受到鼓励，行暴的人都可以得到劝阻。这就是尚贤，它和尧、舜、禹、汤、文、武之道是相同的。

而今天下之士君子，居处言语皆尚贤[①]，逮至其临众发政而治民，莫知尚贤而使能[②]。我以此知天下之士君子，明于小而不明于大也。何以知其然乎？今王公大人有一牛羊之财不能杀[③]，必索良宰；有一衣裳之财不能制，必索良工。当王公大人之于此也，虽有骨肉之亲、无故富贵、面目美好者，实知其不能也，不使之也。是何故？恐其败财也。当王公大人之于此也，则不失尚贤而使能。王公大人有一罢马不能治[④]，必索良医；有一危弓不能张，必索良工。当王公大人之于此也，虽有骨肉之亲、无故富贵、面目美好者，实知其不能也，必不使。是何故？恐其败财也。当王公大人之于此也，则不失尚贤而使能。逮至其国家则不然，王公大人骨肉之亲、无故富贵、面目美好者则举之。则王公大人之亲其国家也，不若亲其一危弓、罢马、衣裳、牛羊之财与？我以此知天下之士君子，皆明于小而不明于大也。此譬犹喑者而使为行人[⑤]，聋者而使为乐师。

注释

①处：居住。 ②莫：没有人。 ③财：财物。 ④罢(pí)：瘦弱。 ⑤喑：口不能言。行人：外交使者。

译文

而当今天下的士人君子们，平时居住言谈都知道尚贤，而一到他们面对百姓发布政令以治理人民的时候，就不知道尚贤使能了。我由此知道天下的士君子们，只懂得小的道理而不懂得大的道理。

怎么知道这样呢？现在的王公大人们不会杀一只牛羊，必定去找好的屠夫；不会做一件衣裳，必定去找好的工匠。王公大人此时，那些骨肉至亲，无缘无故得到富贵的人，以及长相美丽的人，如果确实知道他们没有能力，都不会让他去做。为什么呢？因为担心自己的财物损失。王公大人此时，尚不失为一个尚贤使能的人。王公大人有一匹病马不能医治，必定要找好的兽医，有一张坏弓拉不开，必定要找好的工匠。王公大人此时，虽然有骨肉至亲，和无缘无故得到富贵的人，以及长相美丽的人，如果确实知道他们没有能力，不会使他去做。为什么呢？因为担心自己的财物损失。王公大人此时，尚不失为一个尚贤使能的人。但一到他治理国家就不这样了。王公大人的骨肉至亲，无缘无故富贵的人以及长相美丽的人，就举用他。如此看来，难道王公大人爱他自己的国家，还不如爱他的一张坏弓、一匹病马、一件衣裳、一只牛羊？我因此知道天下的士人君子只看到小的地方，没有看到大的地方。这就好像让一个哑巴去充当外交使节，让一个聋子去充当乐师一样。

是故古之圣王之治天下也，其所富，其所贵，未必王公大人骨肉之亲、无故富贵、面目美好者也。是故昔者舜耕于历山，陶于河濒，渔于雷泽，灰于常阳[①]。尧得之服泽之阳[②]，立为天子，使接天下之政，而治天下之民。昔伊尹为莘氏女师仆[③]，使为庖人。汤得而举之，立为三公，使接天下之政，治天下之民。昔者傅说居北海之洲，圜土之上[④]，衣褐带索[⑤]，庸筑于傅岩之城。武丁得而举之，立为三公，使之接天下之政，而治天下之民。是故昔者尧之举舜也，汤之举伊尹也，武丁之举傅说也，岂以为骨肉之亲、无故富贵、面目美好者哉？惟法其言，用其谋，行其道，上可而利天，中可而利鬼，下可而利人，是故推而上之[⑥]。

注释

①灰：烧制石灰。常阳：古代地名，不详。 ②服泽之阳：古代地名，不详。阳：山之南，水之北叫阳。 ③师仆：私人奴仆。 ④北海之洲：古代地名，不详。圜（yuán）土：牢狱。⑤衣：穿。褐：粗布服装。 ⑥推：推举。

译文

所以古代圣王治理天下，他所富所贵的，也未必是王公大人的骨肉之亲和无故富贵的，以及长相美丽的人。所以，从前舜在历山下耕田，在河滨制做陶器，在雷泽打捞捕鱼，在常阳烧制石灰。尧在服泽之地得到他，立他为天子，让他管理天下的政事，治理天下的百姓。从前伊尹是有莘氏女的私臣，让他作厨师，汤得到并任用他，立他为三公，让他接管天下的政事，治理天下的百姓。从前傅说住在北海之洲的牢房中，穿着粗布衣服，系着绳子，像佣人一样在傅岩筑城，武丁得到并任用他，立他为三公，使他接管天下的政事，治理天下的百姓。由此看来，从前尧任用舜，汤任用伊尹，武丁任用傅说，难道是因为他们是骨肉之亲、无缘无故富贵的人以及长相美丽的人吗？那只是按照他们的话去做，采用他们的方略，实行他们的主张，从而上可以有利于天，中可以有利于鬼，下可有利于人，所以把他们选拔推举上来。

古者圣王既审尚贤[①]，欲以为政，故书之竹帛，琢之槃盂[②]，传以遗后世子孙。于先王之书《吕刑》之书然[③]，王曰：“於！[④]来！有国有士[⑤]，告女讼刑[⑥]。在今而安百姓[⑦]，女何择言人[⑧]？何敬不刑？[⑨]何度不及[⑩]？”能择人而敬为刑，尧舜禹汤文武之道可及也。是何也？则以尚贤及之。于先王之书、竖年之言然[⑪]，曰：“晞夫圣武知人[⑫]，以屏辅而身[⑬]。”此言先王之治天下也，必选择贤者，以为其群属辅佐。

注释

①审：审慎，慎重。 ②书：书写。竹：竹简。帛：丝帛。琢：雕刻。槃（pán）：盛水的盘子。盂：盛食物的罐子。③《吕刑》：《尚书》的篇名。 ④於（wū）：叹词。 ⑤有：衬词，无义。国：拥有国家的诸侯王。士：拥有土地的卿士。⑥女：通“汝”。讼刑：刑狱和诉讼。 ⑦而：你。安：安抚。⑧言：根据上下文，当为“否”。 ⑨敬：严肃，敬重。刑：刑法。 ⑩度：考虑。 ⑪竖年：指老年人。 ⑫晞：当为“希”，希求。夫：衬词，无义。 ⑬屏辅：辅助，辅佐。而：你。身：自己。

译文

古时的圣王既已审慎明白了尚贤的道理，就想以此作为为政根本，所以把它写在竹简和丝帛上，雕刻在盛水的盘子和盛食物的盂上，代代相传而遗留给后世子孙。在先王留下的书《吕刑》中这样记载到，王说：“呵！来！有国家的诸侯王和有领土的卿士们，告诉你们刑狱和诉讼之道。现在你们要安抚老百姓，你们不使用贤德的人，还有什么人可以选择的呢？不敬重刑罚，还有什么可慎重的呢？还有什么考虑，不能达到呢？”能选择人才而且敬重叫作典型，尧、舜、禹、汤、文、武之道就可以达到了。这是什么原因呢？因为可以通过尊重贤德而达到。在先王之书和老年人的话中这样说到：“寻求圣德的人、勇武的人、智慧的人，来辅佐你自身。”这就是说先王要治理天下，一定要选择贤德和有才能的人，做他的大臣和下属来辅佐。

曰：今也天下之士君子，皆欲富贵而恶贫贱，曰：然女何为而得富贵而辟贫贱[①]？莫若为贤[②]，为贤之道将奈何？曰：有力者疾以助人[③]，有财者勉以分人[④]，有道者劝以教人[⑤]。若此，则饥者得食，寒者得衣，乱者得治。若饥则得食，寒则得衣，乱则得治，此安生生[⑥]。

注释

①辟：通“避”，避免。 ②莫若：不如。 ③疾：快速。 ④勉：用力，尽力。 ⑤劝：教育劝勉。 ⑥安：于是。生生：众生生存。

译文

现在天下的士君子们，都希望能够得到富贵而避开贫贱。试问，你怎么做才能得到富贵而避开贫贱呢？不如去做贤德的人。那做贤德的人的道理又是怎样的呢？回答说：有力气的人要赶快帮助别人，有钱财的人要努力分给别人用，有道德修养的人要努力教育劝勉别人。如此，饥饿的人就可以得到食物，寒冷的人就可以得到衣物，混乱的就可以得到治理。如果饥饿的人可以得到食物，寒冷的人可以得到衣物，混乱的社会可以得到治理，这就可以使人人各安其生。

今王公大人，其所富，其所贵，皆王公大人骨肉之亲、无故富贵、面目美好者也。今王公大人骨肉之亲、无故富贵、面目美好者，焉故必知哉[①]？若不知，使治其国家，则其国家之乱，可得而知也。今天下之士君子皆欲富贵而恶贫贱，然女何为而得富贵而辟贫贱哉？曰：莫若为王公大人骨肉之亲、无故富贵、面目美好者。王公大人骨肉之亲、无故富贵、面目美好者，此非可学能者也。使不知辩[②]，德行之厚，若禹汤文武，不加得也；王公大人骨肉之亲，躄[③]、喑[④]、聋，暴为桀纣，不加失也[⑤]。是故以赏不当贤，罚不当暴。其所赏者，已无故矣；其所罚者，亦无罪。是以使百姓皆攸心解体[⑥]，沮以为善；垂其股肱之力[⑦]，而不相劳来也[⑧]；腐臭余财，而不相分资也；隐慝良道，而不相教诲也。若此则饥者不得食，寒者不得衣，乱者不得治。推而上之以[⑨]。

注释

①焉：难道。故：本来。知：有智慧，同“智”。 ②使：假使。辩：通“辨”，分辨。 ③躄（bì）：两腿瘸。 ④喑（yīn）：哑巴，不能说话。 ⑤失：失去。 ⑥攸：疑为“散”字之误。 ⑦垂：“堕”之借字。一说当作“舍”（孙诒让说）。股：大腿。肱（gōng）：手臂。 ⑧劳来：勤快。《尔雅·释诂》：“劳来，勤也。” ⑨推而上之以：此句为衍文。

译文

现在的王公大人，他所富和所贵的，必定都是王公大人们的骨肉之亲、无缘无故富贵的人以及长相美丽的人，这样的人一定会聪明吗？如果不聪明，就让他们治理国家，那么国家的混乱也就可想而知了。现在天下的士君子们，都希望富贵而厌恶贫贱，可是你们要怎么样才能得到富贵而避免贫贱呢？回答是：最好就是做王公大人的骨肉之亲、无缘无故富贵的人以及长相美丽的人。然而王公大人的骨肉之亲、无缘无故富贵的人以及长相美丽的人，并不是学而得到的。假使不分别的话，即使德行醇厚如禹、汤、文、武，也不会得到任用；而王公大人的骨肉之亲，即使是跛子、哑巴、聋子、乃至暴虐得像桀纣这样的人，也不会加以嫌弃。因此，奖励的不是贤人，惩罚的也不是暴乱的人。他所赏的人是没有功劳的人，所罚的也是没有罪恶的人。所以使老百姓人心涣散，阻止他们的善行；闲置他们四肢的体力，而不相互勉励帮助；使多余的财物腐烂变质，而不相互帮助；隐藏自己好的学问，而不相互教导。如此，饥饿的人得不到食物，寒冷的人得不到衣服，混乱的状况得不到治理。

是故昔者尧有舜，舜有禹，禹有皋陶，汤有小臣[①]，武王有闳夭、泰颠、南宫括、散宜生[②]，而天下和，庶民阜[③]。是以近者安之，远者归之。日月之所照，舟车之所及，雨露之所渐[④]，粒食之所养，得此莫不劝誉。且今天下之王公大人士君子，中实将欲为仁义，求为上士[⑤]，上欲中圣王之道[⑥]，下欲中国家百姓之利，故尚贤之为说，而不可不察此者也。尚贤者，天鬼百姓之利而政事之本也。

注释

①小臣：指伊尹，名伊，尹是官名，汤的大臣，帮助汤灭了夏朝，传说本来是厨师。 ②闳夭、泰颠、南宫括、散宜生：都是文王的大臣。 ③阜：肥沃，富裕。 ④渐：渍。 ⑤上士：指道德高尚的人。 ⑥中：符合。

译文

所以从前尧有舜，舜有禹，禹有皋陶，汤有伊尹，武王有闳夭、泰颠、南宫括、散宜生这些大臣，从而使天下太平，人民富足。因此，近处的人得以安其居，远处的人前来归附。凡是日月所照、舟车所至、雨露所滋润、谷食所养活的人们，得到这些贤德的人，无不相互劝勉和鼓励。假如现今天下的王公大人及士君子，心中真的想行仁义之事，要求做到品德高尚的人，对上就是想符合圣王的道，对下则想符合国家与老百姓的利益，那就不可不认真考虑尊重贤德的人这一说法了。总之，尊重贤德的人是天帝、鬼神、百姓的利益所在，也是政事的根本。

尚同上

导读

《尚同》分上、中、下三篇，此篇为上篇。墨子主张人们的意见应当统一于上级，并最终统一于天，这样就不会天下混乱，同时主张应当选择“仁人”“贤者”来担任各级领导，这样就会百姓归顺，天下大治。这种思想在本质上与《尚贤》说基本一致，都是对当时贵族统治的批判。

本文开篇既指出古代言语异声，意见纷杂，难以统一，而生出许多事端，这就需要杰出的统治者来统一大家的意愿，意见统一了国家才会安定。接着指出古代的国君要想统一国家的意见，就要让贤德的人来做诸侯国国君，诸侯国君要选择贤德的人来做长官，长官要选择贤德的人来做里长、乡长，这样一级一级的统一百姓的意志。当然下级也不是无原则的听从上级的意见，对于恶言恶行，下级要向上级规劝进谏；善言善行，下级要注意查访，并向上级举荐。最后本文指出国君的意志也不是最后的裁定者，最高意志是“天”，即抽象意义上的“天道”。只有符合天道，天才不会降临灾祸。所以墨子虽然主张意志的高度统一，但这种统一又是与“尚贤”和“天志”的主张相辅相成的，构成墨家理想中国家治理的理论体系。

子墨子言曰：古者民始生，未有刑政之时[①]，盖其语，人异义。是以一人则一义，二人则二义，十人则十义。其人兹众[②]，其所谓义者亦兹众。是以人是其义，以非人之义[③]，故

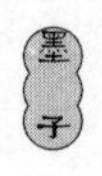

交相非也。是以内者父子兄弟作怨恶[4]，离散不能相和合[5]；天下之百姓，皆以水火毒药相亏害[6]。至有余力，不能以相劳[7]；腐朽余财[8]，不以相分；隐匿良道，不以相教，天下之乱，若禽兽然。

注释

①刑政：刑法政治。 ②兹：通“滋”，更加。 ③是：肯定。非：否定。 ④作：开始。 ⑤和合：和睦团结。 ⑥亏害：损害。 ⑦相劳：互相帮助。 ⑧腐朽：腐臭。

译文

墨子说：古代的时候人类才刚刚诞生，也还没有刑法政治，只能靠言语表达意见，因此人们的意见也不统一。所以一人就有一种意见，两人就有两种意见，十人就有十种意见。人越是多，不同的意见也就越多。每个人都以为自己的意见对，而别人的意见错，因而相互攻击。所以在家庭内部父子兄弟常因意见不同而相互抱怨憎恨，使得一家人相互离散而不能和平相处。天下的百姓，都用水火毒药相互残害，以致有力量的人不能帮助别人；财产多的人宁愿让财物腐烂，也不愿分给别人；有好的知识也自己隐藏起来，不肯教给别人，以致天下混乱，大家像禽兽一样。

夫明虖天下之所以乱者[1]，生于无政长[2]，是故选天下之贤可者，立以为天子。天子立，以其力为未足，又选择天下之贤可者，置立之以为三公[3]。天子、三公既以立，以天下为博大，远国异土之民，是非利害之辩[4]，不可一二而明知[5]，故画分万国[6]，立诸侯国君。诸侯国君既已立，以其力为未足，又选择其国之贤可者，置立之以为正长[7]。

注释

①虖：通“乎”。 ②政长：行政长官。 ③三公：古代辅佐帝王的最高长官。 ④辩：分辨。 ⑤一二：当为“一一”。 ⑥画分：划分。 ⑦正长：当为“政长”。

译文

明白了天下所以大乱的原因，是由于没有行政长官，所以就要选择有才能的人，立为天子。立了天子以后，如果认为他的力量还不够强大，就要选择天下有才有德的人，把他们立为三公。天子、三公都已经立了，又认为天下地域广大，他们对于远方他国的老百姓以及是非利害的辨别，还不能一一清楚，所以又把天下划分为很多小的国家，然后设立诸侯国君。诸侯国君已经确立了，又认为他们的力量还不够强大，又在他们国内为他们选择一些有才能的人，把他们立为行政长官。

正长既已具，天子发政于天下之百姓，言曰：“闻善而不善[①]，皆以告其上。上之所是，必皆是之；所非，必皆非之。上有过则规谏之，下有善则傍荐之[②]。上同而不下比者[③]，此上之所赏而下之所誉也。意若闻善而不善[④]，不以告其上；上之所是弗能是，上之所非弗能非；上有过弗规谏，下有善弗傍荐；下比不能上同者，此上之所罚而百姓所毁也。”上以此为赏罚，明察以审信。

注释

①而：或者。 ②傍：与“访”通（孙诒让说）。 ③比：勾结。 ④意若：如果，假如。

译文

已经设立行政长官之后，天子就要向天下的老百姓发布政令，说道："你们听到善或者不善的行为，都要报告给上级。上级认为是对的，大家就必须认为是对的；上级认为是错的，大家就必须认为是错的。上级有过错，大家就应该规劝进谏，下面有了好人好事，就应当查访推荐给国君。是非与上级保持一致，而不与下级勾结，这是上级所赞赏，而下级所称誉的。假如听到善或者不善的行为，却不向上级报告；上级认为对的，也不认为对，上级认为错的，也不认为错；上级有过失不能劝阻，下级有善行也不去查访推荐给上级；与下属勾结而不与上级保持一致，这是上级所要惩罚，也是百姓所要非议的。"上级根据这些方面来行使奖赏惩罚，就必须十分慎重、可信。

是故里长者①，里之仁人也。里长发政里之百姓，言曰："闻善而不善，必以告其乡长②。乡长之所是，必皆是之；乡长之所非，必皆非之。去若不善言③，学乡长之善言；去若不善行，学乡长之善行。"则乡何说以乱哉？察乡之所治者何也？乡长唯能壹同乡之义④，是以乡治也。乡长者，乡之仁人也。乡长发政乡之百姓，言曰："闻善而不善者⑤，必以告国君。国君之所是，必皆是之；国君之所非，必皆非之。去若不善言，学国君之善言；去若不善行，学国君之善行。"则国何说以乱哉？察国之所以治者何也？国君唯能壹同国之义，是以国治也。

注释

①里长：古代二十五家一里，设有里长。　②乡长：古代一万二千户为一乡，设有乡长。　③去：去除。若：你的。

④壹：统一。　⑤者：衍文。

译文

所以里长就是这一里之内的仁人。里长对里中的老百姓发布政令，说道："听到善或者不善的言行，必须报告给乡长。乡长认为对的，大家都必须认为对；乡长认为错的，大家都必须认为错。抛弃你们不好的言论，学习乡长好的言论；抛弃你们不好的行为，学习乡长的好行为。"那么，乡里怎么还会混乱呢？考察那些得到治理的乡，原因是什么呢？是由于乡长能够统一全乡的意见，所以乡里就治理好了。乡长是一乡的仁人。乡长对乡中的老百姓发布政令，说道："听到善或者不善的言行，必须把它报告给国君。国君认为是对的，大家都必须认为对；国君认为是错的，大家都必须认为错。抛弃你们不好的言论，学习国君好的言论；抛弃你们不好的行为，学习国君的好行为。"那么，国内还怎么会混乱呢？我们考察那些得到治理的国家，原因是什么呢？是因为国君能统一国中的意见。所以国内就治理好了。

国君者，国之仁人也。国君发政国之百姓，言曰："闻善而不善，必以告天子。天子之所是，皆是之；天子之所非，皆非之。去若不善言，学天子之善言；去若不善行，学天子之善行。"则天下何说以乱哉？察天下之所以治者何也？天子唯能壹同天下之义，是以天下治也。天下之百姓皆上同于天子，而不上同于天，则菑犹未去也[①]。今若天飘风苦雨，溱溱而至者[②]，此天之所以罚百姓之不上同于天者也。是故子墨子言曰："古者圣王为五刑[③]，请以治其民[④]。譬若丝缕之有纪[⑤]，罔罟之有纲[⑥]，所连收天下之百姓不尚同其上者也[⑦]。"

注释

①菑（zāi）：同“灾”。 ②飘：旋风。苦雨：连日不停为患的大雨。溱溱（zhēn）：雨下得大的样子。 ③五刑：古代的五种酷刑。 ④请：通“诚”（孙诒让说），确实。 ⑤丝缕：麻线，丝线。纪：丝的头绪。 ⑥罔罟（wǎnggǔ）：捕鱼的网。纲：渔网上的总绳子。 ⑦所：下文脱“以”字（俞樾说）。

译文

国君是一个国家的仁人。国君向国中的老百姓发布政令，说道：“听到善或者不善的行为，必须报告给天子。天子认为是对的，大家都必须认为对；天子认为是错的，大家都必须认为错。抛弃你们不好的言论，学习天子好的言论，抛弃你们不好的行为，学习天子的好行为。”那么，还怎么能说天下会混乱呢？我们考察天下治理得好的国家，原因是什么呢？是因为天子能够统一天下的意见，所以天下就治理好了。天下老百姓都和天子保持一致，而不与天保持一致，那么灾祸仍然不能彻底根除。现在假如刮大风，并且下很长时间的大雨，大雨瓢泼而至，连绵不绝，这就是上天对那些不与上天保持一致的老百姓的惩罚。所以墨子说：“古代圣王制定五种刑法，确实是用它来治理老百姓的，这就好比丝线有丝头的总束、渔网有提拉的总绳子是一样，这些都是用来约束那些不与上级保持意见一致的老百姓的。”

尚同中

导读

本篇与前篇《尚同上》的主旨基本相同但又有所发展，论述更为详尽。前篇指出古代国君的意志也不是最后的裁定者，最高意志是“天”，即抽象意义上的“天道”，只有符合天道，天才不会降临灾祸。本篇既详细论述了“天道”是统一天下意志的最高标准，古代的君主正是明白这个道理，才敬奉鬼神，任人唯贤，使上天赐福于人民，人民顺服国君，天下大治。那些不明白这个道理的国君，不敬奉鬼神，用刑法和杀戮来压制百姓，任人唯亲，导致上下离心，国家不安。因此墨子认为天下百姓和国君只有高度统一于抽象的“天道”，才能使万邦来朝，万民归顺，实现墨家“国家富强、人口繁盛、行政规范、社稷安稳”的政治理想。

子墨子曰：方今之时，复古之民始生①，未有正长之时，盖其语曰，天下之人异义，是以一人一义，十人十义，百人百义。其人数兹众，其所谓义者亦兹众。是以人是其义，而非人之义，故相交非也②。内之父子兄弟作怨仇，皆有离散之心，不能相和合。至乎舍余力③，不以相劳；隐匿良道，不以相教；腐朽余财，不以相分。天下之乱也，至如禽兽然。无君臣上下长幼之节④、父子兄弟之礼，是以天下乱焉。

注释

①复：返到，上溯。 ②相交：同“交相”，相互。 ③至乎：至于。舍：舍弃。 ④节：礼节。

译文

墨子说：从现在回溯到古代人类刚刚诞生，还没有行政长官的时候，那时的说法是，“天下各人的意见都各不相同。”所以一人有一种意见，十人有十种意见，百人有百种意见。人数越多，意见也就越多。所以每人都认为自己的意见对，而认为别人的意见错，因而相互攻击。在家内父子兄弟相互埋怨憎恨，都有离开分散的心，不能和睦相处。以致有能力的人不愿意帮助别人；有好道术的人隐藏起来，不愿意教给别人；有钱物的人宁肯让多余的财物腐烂，也不愿意分给别人，因此天下混乱，就像禽兽一般。没有君臣上下长幼的区别，没有父子兄弟之间的礼节，因此天下大乱。

明乎民之无正长以一同天下之义，而天下乱也，是故选择天下贤良、圣知、辩慧之人，立以为天子，使从事乎一同天下之义。天子既以立矣[①]，以为唯其耳目之请[②]，不能独一同天下之义，是故选择天下赞阅贤良、圣知、辩慧之人[③]，置以为三公，与从事乎一同天下之义。天子三公既已立矣，以为天下博大，山林远土之民，不可得而一也[④]。是故靡分天下[⑤]，设以为万诸侯国君，使从事乎一同其国之义。国君既已立矣，又以为唯其耳目之请，不能一同其国之义，是故择其国之贤者，置以为左右将军大夫，以远至乎乡里之长[⑥]，与从事乎一同其国之义。

注释

①以：已经。 ②请：通“情”。 ③赞阅：考察，稽查。 ④一：统一。 ⑤靡分：划分，分散。 ⑥远：及、达到。

译文

明白了老百姓没有行政长官来统一天下的意见，天下就会大乱的道理，所以人们就选择天下有德、圣明而且有辩才的人来推举他成为天子，让他做统一天下意见的工作。天子确立了以后，认为只仅仅依靠自己的耳闻目见，还不能独自统一天下的意见，所以又选择考察天下有德、聪明而又有辩才的人，推举为三公，参与统一天下意见的工作。天子、三公已经确立了，又因为天下地域广阔，远方山野的老百姓，还不可能统一，所以就划分天下，设立了数以万计的诸侯，让他们从事统一本国意见的工作。国君既然已确立了，又因单靠他一人的耳朵和眼睛，还不能统一全国的意见，所以又在他们国内选择一些贤人，立为国君左右的将军、大夫，以及远至乡野的乡长，也让他们参加从事统一国内意见的工作。

天子、诸侯之君、民之正长，既已定矣，天子为发政施教，曰：“凡闻见善者，必以告其上；闻见不善者，亦必以告其上。上之所是，必亦是之；上之所非，必亦非之。己有善[①]，傍荐之；上有过，规谏之。尚同义其上[②]，而毋有下比之心。上得则赏之，万民闻则誉之。意若闻见善，不以告其上；闻见不善，亦不以告其上。上之所是不能是，上之所非不能非。己有善，不能傍荐之；上有过，不能规谏之。下比而非其上者，上得则诛罚之，万民闻则非毁之。”故古者圣王之为刑政赏誉也，甚明察以审信。是以举天下之人[③]，皆欲得上之赏誉而畏上之毁罚。

注释

①己：自己。 ②义：当作“乎”（孙诒让说）。 ③举：全部。

译文

天子、诸侯国王、民众的行政长官既然已经确立，天子就发布政令，说：“凡听到或看到善的言行，必须报告给上级；凡听到或看到不善的言行，也必须报告给上级。上级认为是对的，必须也认为是对的；上级认为是错的，也必须认为是错的。自己有好的言论行为，就要举荐献给上级；上级有过失，就要加以规劝进谏。与上级意见一致，而不要有与下级勾结的私心。这样，上级得知就会赏赐他，老百姓听见了就会赞美他。假如听到或看到善的言行，而不报告给上级；凡听到或看到不善的言行，也不报告给上级。上级认为对的，不肯说对，上级认为错的，不肯说错。自己有好的言行，不能举荐献给上级；上级有过失，也不能规劝进谏。与下级勾结而诋毁上级。凡这种人，上级得知就要惩罚他，百姓听见了就要非议他。”所以古代圣王制定刑法赏誉的制度，都非常明确、可靠。因此凡是天下的老百姓，都希望得到上级的赏赐赞扬，而害怕上级的责难与惩罚。

是故里长顺天子政而一同其里之义。里长既同其里之义[①]，率其里之万民，以尚同乎乡长，曰：“凡里之万民，皆尚同乎乡长而不敢下比，乡长之所是，必亦是之；乡长之所非，必亦非之。去而不善言[②]，学乡长之善言；去而不善行，学乡长之善行。”乡长固乡之贤者也。举乡人以法乡长，夫乡何说而不治哉？察乡长之所以治乡者，何故之以也？曰：唯以其能一同其乡之义，是以乡治。

注释

①同：统一。 ②而：你，你的。

译文

所以里长要听从天子的政令，统一他所在的那个里的意见。这个里意见一致了，又要率领里内的老百姓与乡长意见保持一致，说："凡里内的老百姓，都应该与乡长意见一致，而不应该与下级勾结。乡长认为是对的，大家都必须认为对；乡长认为错的，大家也都必须认为错。抛弃你们不好的言论，学习乡长好的言论；抛弃你们不好的行为，学习乡长好的行为。"乡长本是乡内的有德之人。如果全乡人都能效仿乡长，还能说乡内会治不好吗？考察之所以能把乡里治好，是什么原因呢？回答是：因为他能使全乡意见一致，所以乡内就治理好了。

乡长治其乡而乡既已治矣，有率其乡万民[①]，以尚同乎国君，曰："凡乡之万民，皆上同乎国君而不敢下比。国君之所是，必亦是之；国君之所非，必亦非之。去而不善言，学国君之善言；去而不善行，学国君之善行。"国君固国之贤者也，举国人以法国君，夫国何说而不治哉？察国君之所以治国而国治者，何故之以也？曰：唯以其能一同其国之义，是以国治。国君治其国而国既已治矣，有率其国之万民以尚同乎天子，曰："凡国之万民，上同乎天子而不敢下比。天子之所是，必亦是之；天子之所非，必亦非之。去而不善言，学天子之善言；去而不善行，学天子之善行。"天子者，固天下之仁人也，举天下之万民以法天子，夫天下何说而不治哉？察天子之所以治天下者，何故之以也？曰：唯以其能一同天下之义，是以天下治。

注释

①有：又。

译文

乡长治理本乡，而乡内已经治理好了，又率领本乡内的老百姓，和国君的意见保持一致，说："凡是乡里的老百姓，都应上与国君意见保持一致，而不可与下面勾结。国君认为是对的，大家也必须认为是对的；国君认为错的，大家也必须认为是错的。抛弃你们不好的言论，学习国君好的言论；抛弃你们不好的行为，学习国君好的行为。"国君本是一国之中的有德之人，如果国中所有的人都能学习国君，那么还能说这一国会治不好吗？考察国君之所以能把一国治好，是什么原因呢？回答说："只因为他能统一全国的意见，所以国内就治理好了。"国君治理本国，而国内已经治理好了，又率领本国内的老百姓，与天子意见保持一致，说："凡是国内的老百姓，都应该同天子保持意见一致，而不可与下面勾结。天子认为是对的，大家也必须认为是对的；天子认为是错的，大家也必须认为是错的。抛弃你们不好的言论，学习天子好的言论；抛弃你们不好的行为，学习天子好的行为。"天子本是天下最爱人的人，如果全天下的老百姓都能学习天子，那么还能说天下会治理不好吗？考察天子之所以能把天下治理好，是什么原因呢？回答说："是因为他能统一天下人的意见，所以天下就治理好了。

夫既尚同乎天子，而未上同乎天者，则天灾将犹未止也。故当若天降寒热不节[①]，雪霜雨露不时，五谷不孰[②]，六畜不遂[③]，疾灾戾疫，飘风苦雨，荐臻而至者[④]，此天之降罚也，将以罚下人之不尚同乎天者也。故古者圣王、明天鬼之所欲，而辟天鬼之所憎，以求兴天下之害⑤，是以率天下之万民，齐戒沐浴⑥，洁为酒醴粢盛，以祭祀天鬼。其事鬼神也，酒醴粢盛不敢不蠲洁⑦，牺牲不敢不腯肥⑧，珪璧币帛不敢不中度量⑨，春秋祭祀不敢失时几⑩，听狱不敢不中，分财不敢不均，居处不敢怠慢。曰：其为正长若此，是故上者天鬼有厚乎其为正长也⑪，下者万民有便利乎其为政长也。天鬼之所深厚而能强从事焉，则天鬼之福可得也。万民之所便利而能强从事焉，则万民之亲可得也。其为政若此，是以谋事得，举事成，入守固，出诛胜者，何故之以也？曰：唯以尚同为政者也。故古者圣王之为政若此。

注释

①当若：通“倘若”，如果的意思。 ②孰：通“熟”。③遂：顺利成长。 ④荐臻：联绵词，“重沓”“接连”之意。⑤以求兴天下之害：此句当为：“以求兴天下之利，除天下之害。” ⑥齐：通“斋”。 ⑦蠲（juān）：通“涓”，干净，清洁。 ⑧牺牲：供祭祀用的毛色一致的猪、牛、羊三牲。腯（tú）：肥胖。 ⑨珪：上尖下方的玉器。璧：中间有孔的玉器。币：用作礼物的丝织品。帛：丝织品的总称。度：量长短的工具。量：量容积的工具。 ⑩几：时期（俞樾说）。 ⑪厚：深厚。

译文

虽然已经做到跟天子保持意见一致，但是还没能做到与天道保持一致，那么灾还是不会停止。假如遇到气候寒热不调，雪霜雨露降得不是时候，五谷不熟，六畜不顺利生长，疾病灾难温疫流行，暴风苦雨等等，一而再，再而三的降临，这都是上天降下的惩罚，用以惩罚那些不愿与天道保持一致的人们。所以古代的圣王知道天帝鬼神们所喜欢的是什么，从而能避免天帝鬼神所憎恶的东西，以求兴天下之利，除天下之害，所以率领天下的老百姓，斋戒沐浴，预备了洁净而丰盛的好酒好菜，来祭祀天帝鬼神们。他们对鬼神的祭祀，酒饭不敢不洁净丰盛；牺牲不敢不肥壮硕大；珪璧币帛不敢不合乎度量标准；春秋两个季节的祭祀，不敢错过时间；审理官司，不敢不公正；分配财物，不敢不均匀；待人处事不敢怠慢。这是说：像他这样做行政长官，天帝鬼神在上优厚地对待他，老百姓在下拥护他。天帝鬼神优厚地对待他，他又能努力办事，那么他就可以得到天帝鬼神的保佑祝福了；老百姓拥护他，他又能努力办事，那么他就可以得到老百姓的爱戴了。他以此治理国家政事，所以谋事成功，做事顺利，守城防御牢固，出战都能胜利。这是什么原因呢？回答是：只是因为他在治理政事上能够统一意见。所以古代圣王治理国家是这样的。

今天下之人曰：“方今之时，天下之正长犹未废乎天下也，而天下之所以乱者，何故之以也？”子墨子曰：“方今之时之以正长①，则本与古者异矣。譬之若有苗之以五刑然②。昔者圣王制为五刑以治天下，逮至有苗之制五刑③，以乱天下，则此岂刑不善哉？用刑则不善也。是以先王之书《吕刑》之道曰：‘苗民否用练④，折则刑⑤，唯作五杀之刑，曰法。’则此言善用刑者以治民，不善用刑者以为五杀。则此岂刑不善哉？用刑则不善，故遂以为五杀。是以先王之书《术令》之道曰⑥：‘唯口出好兴戎。⑦’则此言善用口者出好，不善用口者以为谗贼寇戎⑧，则此岂口不善哉？用口则不善也，故遂以为谗贼寇戎。”

注释

①以：犹“为”。 ②以：用，指制定。有苗：古代苗民。五刑：五种刑法。 ③逮至：等到。 ④否用练：指不服从命令。 ⑤折：通“制”，制定。 ⑥《术令》：《尚书》的篇名。 ⑦出：产生，发生。好：好事。兴戎：引起战争。 ⑧谗：谗言，说别人坏话。贼：杀害。寇：盗贼。戎：战争。

译文

现在天下的人都说：“今天，天下的各种行政长官并未废除，而造成天下混乱的原因在哪里呢？”墨子说：“现在天下的行政长官，根本就和古代的不一样，就好像苗民制订了五刑那样。古代圣王制定的五刑，用来治理天下；等到苗民制定五刑的时候，却用来扰乱天下。这难道就是刑法不好吗？是刑法使用得不当。所以先王的书《吕刑》上这样说：‘苗民不服从政令，就制定了刑法。他们作了五种意在杀人的刑罚，也叫作法。’这说的是善于用刑罚可以治理百姓，不善于用刑罚就变成五种杀人方法了。这难道是刑法不好吗？是刑法使用得不当，所以就变成了五种杀人方法。所以先王的书《术令》记载说：‘人的口舌，可以产生好事，也可以产生战争。’这说的就是善用口才的，可以产生好事；不善用口才的，就可以产生谗言、杀戮、盗贼和战争。这难道是口不好吗？是由于不善用语言，所以就变成谗言、杀戮、盗贼和战争。”

故古者之置正长也，将以治民也。譬之若丝缕之有纪，而罔罟之有纲也。将以运役天下淫暴而一同其义也[①]。是以先王之书《相年》之道曰[②]：“夫建国设都[③]，乃作后王君公[④]，否用泰也[⑤]。轻大夫师长[⑥]，否用佚也[⑦]。维辩使治天均[⑧]。”则此语古者上帝鬼神之建设国都立正长也，非高其爵，厚其禄，富贵佚而错之也[9]。将以为万民兴利除害，富贵贫寡[10]，安危治乱也。故古者圣王之为若此。

注释

①运役：约束，收服。 ②《相年》：古代书名，具体内容不详。 ③设：设立。 ④后王：指天子。君公：指诸侯。⑤泰：骄奢。 ⑥轻：当作“卿”（毕沅说）。 ⑦佚：放纵。⑧辩：通“辨”分辨。均：平均。 ⑨错：通“措”安置，安排。 ⑩贫寡：当为“众寡”，意思是将钱财分给穷人。

译文

所以古时候设置行政长官，是用来治理老百姓的。就好像丝线有线头、渔网有总绳子，他们是用来收服天下淫暴的人并使之与上级保持一致的。所以先王的书《相年》说过：“建立国家，设立都城，设立天子诸侯，不是让他骄奢淫佚的；而设置卿大夫师长这些官职，也不是叫他们放纵游乐的，而是让他们分担职责，按公平的道理治理老百姓。”这说的就是古代天帝鬼神建设国都，设置官长，并不是为了提高他们的爵位，增加他们的俸禄，使他过富贵奢侈的生活，而是让他给老百姓谋取好处，除掉祸害，使贫穷的人有钱物，使人口少的人口增多，使危险的安定，混乱的得到治理。所以古代圣王的作为都是这样的。

今王公大人之为刑政则反此：政以为便譬、宗于父兄故旧，以为左右，置以为正长。民知上置正长之非正以治民也，是以皆比周隐匿[1]，而莫肯尚同其上。是故上下不同义。若苟上下不同义，赏誉不足以劝善，而刑罚不足以沮暴。何以知其然也？曰：上唯毋立而为政乎国家[2]，为民正长，曰：“人可赏，吾将赏之。”若苟上下不同义，上之所赏，则众之所非。曰：人众与处，于众得非，则是虽使得上之赏，未足以劝乎！上唯毋立而为政乎国家，为民正长，曰：“人可罚，吾将罚之。”若苟上下不同义，上之所罚，则众之所誉。曰：人众与处，于众得誉，则是虽使得上之罚，未足以沮乎！若立而为政乎国家，为民正长，赏誉不足以劝善，而刑罚不沮暴，则是不与乡吾本言“民始生未有正长之时”同乎[3]？若有正长与无正长之时同，则此非所以治民一众之道[4]。

注释

①比：勾结。周：结合。　②毋：语气词。立：指处于统治地位。　③乡：通“向”。　④一众：统一民众。

译文

现在的王公大臣行使权力却与此相反：将宠幸的弄臣、家族父兄或世交旧友，安置在身边，立为行政长官。于是老百姓知道天子设立行政长官并不是为了治理大家，所以大家都结党营私，隐藏好的道术，不肯与上级意见一致。因此，上级与下级对于事情的看法不同。假如上级与下级意见不一致，那么奖赏不能勉励人向善，惩罚也不能阻止暴行。怎么知道会这样呢？回答说：假如处在上位、管理着国家、作为老百姓行政长官的人说：“这个人可以赏，我将赏他。”如果上级和下级意见不一致，上面所赏的人，却是大家所非议的人，说到：大家与他相处，大家都认为他不好。那么，这人即使得到上级的赏，也就不能起劝勉作用了！假如处在上位，管理着国家，作为人民行政长官的人说：“这个人可以罚，我要罚他。”如果上级和下级意见不一致，上面所罚的人，正是大家所赞誉的人，说道：我们大家与他相处，大家都说他好。那么，这人即使得到惩罚，也不能阻止不善了！假如处在上位、管理着国家、作为人民行政长官的人奖赏不能劝善，而刑罚又不能阻止暴行，那不是与我前面说过的“人民刚产生，没有长官之时”的情况一样了吗？如果有行政长官与没有行政长官的时候一样，那么这就不是用来治理百姓、统一大家的办法了。

故古者圣王唯而审以尚同[①]，以为正长，是故上下情请为通[②]。上有隐事遗利，下得而利之；下有蓄怨积害，上得而除之。是以数千万里之外，有为善者，其室人未遍知，乡里未遍闻，天子得而赏之；数千万里之外，有为不善者，其室人未遍知，乡里未遍闻，天子得而罚之。是以举天下之人，皆恐惧振动惕慄[③]，不敢为淫暴，曰：“天子之视听也神！”先王之言曰：“非神也。夫唯能使人之耳目助己视听，使人之吻助己言谈[④]，使人之心助己思虑，使人之股肱助己动作。”助之视听者众，则其所闻见者远矣；助之言谈者众，则其德音之所抚循者博矣[⑤]，助之思虑者众，则其谈谋度速得矣[⑥]；助之动作者众，即其举事速成矣。故古者圣人之所以济事成功，垂名于后世者，无他故异物焉，曰：唯能以尚同为政者也。

注释

①而：当为“能”。 ②请：诚。 ③惕慄：警惕恐惧。④吻：口唇。 ⑤德音：天子美好的诏令。抚循：安抚，安慰。⑥谋：谋划。度：衡量，揣度。

译文

所以古代的圣王，因为能够审慎地统一大家的意见，立为行政长官，所以上下情况就沟通了。上级如果有隐蔽而遗忘的利益，下面的人能够随时发现，使他得到好处；下面若有隐蔽的仇怨和危害，上面也能够随时消除掉。所以远在数千万里之外，如果有人做了好事，他的家人未必完全知道，他的同乡也未必完全听到，天子就已知道并赏赐他；远在数千万里之外，如果有人做了坏事，他的家人未必完全知道，他的同乡也未必完全听到，天子就已知道并惩罚了他。所以所有天下的人，都十分害怕和震动，不敢做淫乱暴虐的事。说："天子的视听好像神一样。"先王说过这样的话："不是神，只是能够使他人的耳目帮助自己看听；使他人的口唇帮助自己谈论，使他人的心帮助自己思考，使他人的四肢帮助自己动作。"帮助他看听的人多，那么他的所见所闻就扩大了；帮助他谈论的人多，那么他的声音所安抚的范围就广阔了；帮助他思考的人多，那么谋划很快就能实行了；帮助他动作的人多，那么他所做的事情很快也就能成功了。所以古代的圣人能够把事情办好、功成名就，没有别的原因，只是因为他能够统一大家意见来行使政事。

是以先王之书《周颂》之道之曰[①]："载来见彼王，聿求厥章[②]。"则此语古者国君诸侯之以春秋来朝聘天子之廷[③]，受天子之严教，退而治国，政之所加，莫敢不宾[④]。当此之时，本无有敢纷天子之教者[⑤]。《诗》曰："我马维骆[⑥]，六辔沃若[⑦]，载驰载驱[⑧]，周爰咨度[⑨]。"又曰："我马维骐[⑩]，六辔若丝，载驰载驱，周爰咨谋[⑪]。"即此语也。古者国君诸侯之闻见善与不善也，皆驰驱以告天子。是以赏当贤，罚当暴，不杀不辜，不失有罪，则此尚同之功也。是故子墨子曰："今天下之王公大人士君子，请将欲富其国家[⑫]，众其人民，治其刑狱，定其社稷，当若尚同之不可不察，此之本也[⑬]。"

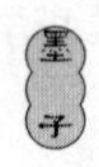

注释

①《周颂》：《诗经》中《颂》的一部分。②载：开始。聿：句首语气词，无义。厥：那个。章：典章制度。③朝聘：诸侯定期朝见天子。④宾：服从。⑤纷：扰乱。⑥骆：白色黑鬃的马。⑦辔：马缰绳。沃若：颜色鲜艳的样子。⑧载：动词词头，无义。⑨周：周遍的。爰：句首语气词。咨度：咨询，揣度。⑩骐（qí）：毛色青黑的马。⑪咨谋：咨询，谋划。⑫请：通"诚"。⑬之：通"其"。

译文

所以先王的书《周颂》上曾这样说过："刚开始来见君王的时候，寻求的是各种典章制度。"这说的是古代的诸侯国君要在每年的春秋两季，到天子的朝廷来朝见，接受天子严厉的教导，然后回去治理他们的国家，因此政令所到之处，没有人敢不服。在那个时候，根本没有人敢扰乱天子的教导。《诗经》上说："我的马是黑色鬃毛的白马，六条马缰绳柔美又光滑，在路上或快或慢地跑，所到之处多方地询访查问。"又说："我的马是青黑色毛片的，六条马缰绳像丝一般光滑，在路上或快或慢地跑，所到之处询问谋划。"说的就是这个意思。古代的国君诸侯听见或看到好与坏的事情，都跑去报告天子。所以赏的都是好人，罚的都是暴乱的人，不杀害无辜，也不放过有罪，这就是大家一致带来的功效。所以墨子说："现在天下的王公大人士君子们，如果真想使国家富有，人口众多，政治治理，国家安定，就不可不考察意见保持一致，因为这是为政的根本。"

尚同下

导读

此篇与前两篇的主旨相同，旨在说明国家要想治理得好，必须一级一级统一意见，才能达成共识，处理政务，管理国家。

文章首先指出在人类的早期，由于意见的不统一，各人有各人的道理，导致百姓是非观念不明，从而使国家混乱，难以治理。进而指出，贤明的天子是天道的选择，但是他的能力也有不足，必须依靠下级的三公、诸侯国国王、卿宰、乡长、家君等。各个级别的官员应该统一下级的意见，使下级能积极反映情况，辨别是非，奖罚分明，这样就能实现各个层级范围内的治理，从而实现天下的治理。文章反复强调尚同是国家治理的根本原则，只有统一意志，统一是非标准，才能使政治得到根本治理。

子墨子言曰："知者之事①，必计国家百姓所以治者而为之，必计国家百姓之所以乱者而辟之②。"然计国家百姓之所以治者，何也？上之为政，得下之情则治，不得下之情则乱。何以知其然也？上之为政，得下之情，则是明于民之善非也。若苟明于民之善非也，则得善人而赏之，得暴人而罚之也。善人赏而暴人罚，则国必治。上之为政也，不得下之情，则是不明于民之善非也，若苟不明于民之善非，则是不得善人而赏之，不得暴人而罚之。善人不赏而暴人不罚，为政若此，国众必乱③。故赏不得下之情，而不可不察者也。

注释

①知：通“智”。 ②辟：通“避”。 ③国众：疑为“国家”。

译文

墨子说道：“智者做事，必须先考虑国家百姓所以治理的原因才行事，也必须考虑国家百姓之所以混乱的原因而事先避免。”然而考虑国家百姓得到治理的原因是什么呢？身居高位的人施政，能得到下面的实情则治理，不能得到下面的实情则混乱。怎么知道是这样呢？居高位的人施政，得到了下边实情，这就对百姓的善与不善很清楚。假如清楚百姓的善与不善，那么发现行善的人就奖赏他，发现暴乱的人就惩罚他。行善的人受赏而暴乱的人受罚，那么国家就必然治理。如果自居高位的施政，不能得到下面的实情，这就是对百姓的善与不善不清楚。假如不清楚百姓的善于不善，这就不能发现行善的人而赏赐他，不能发现暴乱的人而惩罚他。行善的人得不到赏赐而暴乱的人得不到惩罚，像这样施政，国家百姓就必定混乱。所以赏罚若得不到下面的实情，就不可不慎重考察情况。

然计得下之情，将奈何可？故子墨子曰：“唯能以尚同一义为政，然后可矣！”何以知尚同一义之可而为政于天下也[①]？然胡不审稽古之治为政之说乎[②]？古者天之始生民，未有正长也，百姓为人[③]。若苟百姓为人，是一人一义，十人十义，百人百义，千人千义。逮至人之众，不可胜计也；则其所谓义者，亦不可胜计。此皆是其义，而非人之义，是以厚者有斗，而薄者有争。是故天下之欲同一天下之义也，是故选择贤者，立为天子。天子以其知力为未足独治天下[④]，是以选择其次[⑤]，立为三公。三公又以其知力为未足独左右天子也[6]，是以分国建诸侯[7]。诸侯又以其知力为未足独治其四境之内也，是以选择其次，立为卿之宰[8]。卿之宰又以其知力为未足独左右其君也，是以选择其次，立而为乡长、家君[9]。是故古者天子之立三公、诸侯、卿之宰、乡长、家君，非特富贵游佚而择之也[10]，将使助治乱刑政也。故古者建国设都，乃立后王君公，奉以卿士师长[11]，此非欲用说也[12]，唯辩而使助治天明也[13]。

注释

①可而：可以。 ②审：审查。稽：考证。 ③为人：疑为“为主”，指各为其主。 ④知力：智力。 ⑤其次：低一等级的贤德的人。 ⑥左右：辅佐。 ⑦分国：分封诸侯国。 ⑧之：和。 ⑨家君：诸侯国大夫家的总管称家君。 ⑩游佚：游戏玩乐。 ⑪奉：送。 ⑫说：通“悦”，高兴。 ⑬辩：通“辨”，分别，辨别。

译文

然而应该考虑如何才能获知下情呢？所以墨子说：“只有能先统一意见再施政，才可以。”如何知道向上统一意见，才可以向天下施政呢？为什么不仔细考察古代施政时的情况呢？古代上天开始养育老百姓，还没有行政长官的时候，百姓人人自己说了算。如果百姓人人自己说了算，一个人有一种意见，十个人有十种意见，一百个人有一百种意见，一千人有一千种意见。及至人数多得不可胜数，那么他们所谓的意见也就多得不可胜数。这样人人都认为自己的意见正确，而认为别人的意见不正确，因此严重的发生斗殴，轻微的发生争吵。所以上天希望统一天下的意见，因此就选择贤德的人立为天子。天子认为他的智力不足以单独治理天下，就选择次于他的贤人立为三公。三公又认为自己的智力不足以单独辅佐天子，所以就分封建立诸侯国；诸侯们又认为自己的智力不足以单独治理国家四境，因此又选择次于他的贤德的人，立为卿与宰；卿、宰又认为自己的智力不足以单独辅佐他的君主，因此选择次于他的贤德的人，立为乡长、家君。所以古时天子设立三公、诸侯、卿、宰、乡长，家君，不只是让他们富贵逸乐而选择他们，而是要他们协助自己治理国家。所以古时建国立都，就设立了帝王君主，又辅佐以卿士师长，这不是想用来取悦自己喜欢的人，而是把职责分开，使他们帮助天子来圣明地来治理政治。

今此何为人上而不能治其下[①]？为人下而不能事其上？则是上下相贼也。何故以然？则义不同也。若苟义不同者有党[②]，上以若人为善[③]，将赏之，若人唯使得上之赏而辟百姓之毁[④]；是以为善者必未可使劝，见有赏也。上以若人为暴，将罚之，若人唯使得上之罚，而怀百姓之誉[⑤]，是以为暴者必未可使沮，见有罚也。故计上之赏誉，不足以劝善；计其毁罚，不足以沮暴。此何故以然？则义不同也。

注释

①此何：这是为什么。　②党：偏袒。　③若人：这个人。④辟：上疑脱“不”字。　⑤怀：拥有。

译文

现在为什么身居高位的人不能治理他的下属，居人之下的下属不能事奉他的上级？这是因为上下级相互残害。为什么会这样？这是因为各人的意见不同。假如意见不同的双方各有偏私，上级认为这个人行善，就赏赐他。这个人虽然得到了上级的赏赐，却免不了百姓的非议，因此，行善的人未必因此而得到勉励，虽然人们看到赏赐。上级认为这个人行暴，将惩罚他，这个人虽然得到了上司的惩罚，却拥有老百姓的赞誉，因此，未必可以阻止行暴的人，虽然人们看到了惩罚。所以考虑决议上级的赏赐赞誉，不足以勉励人们行善，评议上级的非议惩诫，不足以阻止暴行。这是什么原故呢？这是因为各人意见不同。

然则欲同一天下之义，将奈何可？故子墨子言曰：然胡不赏使家君[①]？试用家君发宪布令其家[②]，曰："若见爱利家者，必以告；若见恶贼家者，亦必以告。"若见爱利家以告，亦犹爱利家者也，上得且赏之，众闻则誉之；若见恶贼家不以告，亦犹恶贼家者也，上得且罚之，众闻则非之。是以遍若家之人[③]，皆欲得其长上之赏誉[④]，辟其毁罚。是以善言之，不善言之；家君得善人而赏之，得暴人而罚之。善人之赏，而暴人之罚，则家必治矣。然计若家之所以治者，何也？唯以尚同一义为政故也。

注释

①赏：通"尝"。 ②宪：规章制度。 ③遍：周遍，全部。 ④长上：长官，上级。

译文

既然如此，那么想统一天下各个人的意见，该怎么办呢？所以墨子说道：为何不试着使用家君，让他对他的下属发布政令说："你们见到爱护和有利于家族的人，必须把它报告给我，你们见到憎恨和危害家族的人也必须把它报告给我。你们见到爱护和有利于家族的言行报告给我，也和爱护和有利家族的人一样，上面得知了将要赏赐他，大家听到了将要赞誉他。你们见到了憎害和危害家族的言行却不拿来报告，也和憎害和危害家族的人一样，上面得知了将要惩罚他，大家听到了将要非议他。”所以这个家所有的人，都希望得到家君的赏赐和赞誉，而避免非议和惩罚。所以，见了好的都来报告，见了不好的也都来报告。家君得到善人而赏赐他，抓到暴乱的人而惩罚他。善人得到赏赐而暴乱的人得到惩罚，那么家族就会治理得很好。然而这一家族治理得好的原因是什么呢？只是因为能用向上统一意见的原则来治理政治罢了。

家既已治，国之道尽此已邪？则未也。国之为家数也甚多，此皆是其家，而非人之家，是以厚者有乱，而薄者有争。故又使家君总其家之义①，以尚同于国君，国君亦为发宪布令于国之众，曰：“若见爱利国者，必以告；若见恶贼国者，亦必以告。”若见爱利国以告者，亦犹爱利国者也，上得且赏之，众闻则誉之；若见恶贼国不以告者，亦犹恶贼国者也，上得且罚之，众闻则非之。是以遍若国之人，皆欲得其长上之赏誉，避其毁罚。是以民见善者言之，见不善者言之；国君得善人而赏之，得暴人而罚之。善人赏而暴人罚，则国必治矣。然计若国之所以治者何也？唯能以尚同一义为政故也。

注释

①总：统一。

译文

家既然已经治好了，难道治国的办法全都在此了吗？那还没有。国家之中的家的数量还很多，它们都认为自己的家族对而别人的家族不对，所以严重的就发生动乱，轻微的就发生争执。所以又使家君总其家族的意见，用来统一于国君。国君也对国中的老百姓发布政令说：“你们看到爱护和有利于国家的人必定拿它来报告，你们看到憎恶和残害国家的人也必定拿它来报告。你们看到爱护和有利于国家的言行把它上报了，也和爱护和有利国家的人一样。上面知道了将赏赐，大家听到了将赞誉。你们看到了憎恶和残害国家的人却不拿来上报，也和憎恶和残害国家的人一样。上面知道了将惩罚，大家听到了将非议。”所以这个国家所有的人，都希望得到上级的赏赐赞誉，避免他的非议和惩罚。所以人民见到好的言行都来报告，见到不好的言行也都来报告。国君得到行善的人赏赐，得到暴乱的人惩罚。行善的人得到奖赏而暴乱的人得到惩罚，那么国家必然治理得好。然而考虑决议这一国治理好的原因是什么呢？只是能用向上统一意见的原则来治理国家政治罢了。

国既已治矣，天下之道尽此已邪？则未也。天下之为国数也甚多，此皆是其国，而非人之国，是以厚者有战，而薄者有争。故又使国君选其国之义[①]，以尚同于天子。天子亦为发宪布令于天下之众，曰：“若见爱利天下者，必以告；若见恶贼天下者，亦以告。”若见爱利天下以告者，亦犹爱利天下者也，上得则赏之，众闻则誉之；若见恶贼天下不以告者，亦犹恶贼天下者也，上得且罚之，众闻则非之。是以遍天下之人，皆欲得其长上之赏誉，避其毁罚，是以见善、不善者告之。天子得善人而赏之，得暴人而罚之，善人赏而暴人罚，天下必治矣。然计天下之所以治者，何也？唯而以尚同一义为政故也[②]。

注释

①选：根据上下文，当为“总”。 ②而：通“能”。

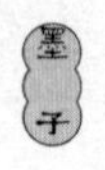

译文

国家已经治理了，治理天下的办法都在这里了吗？那还没有。天下国家很多，这些国家都认为自己的国家对而别人的国家不对，所以严重的就发生战争，轻微的就发生争执。因此又使国君汇总各自国家的意见，用来同天子保持一致。天子也对天下的老百姓发布政令说："你们看到爱护和有利于天下的人必定拿来报告，你们看到憎恶和残害天下的人也必定拿来报告。你们看到爱护和有利于天下的人而拿来报告的，也和爱护和有利于天下的人是一样。上面知道了将赏赐，大家听到了将赞誉。你们看到了憎恶和残害天下的人而不拿来上报的，也和憎恶和残害天下的人是一样。上面知道了将惩罚，大家听到了将非议。"所以天下所有的人都希望得到上级的赏赐赞誉，避免他的非议和惩罚，所以看到好的人都来报告，看到不好的人也都来报告。天子得到善人就赏赐，得到暴乱的人就惩罚，天下必定治理了。然而考虑天下治理好的原因是什么呢？只是因为上级能够统一意志来治理政治罢了。

天下既已治，天子又总天下之义，以尚同于天。故当尚同之为说也[①]，尚用之天子[②]，可以治天下矣；中用之诸侯，可而治其国矣；小用之家君，可而治其家矣。是故大用之治天下不窕[③]，小用之治一国一家而不横者，若道之谓也。故曰：治天下之国，若治一家；使天下之民，若使一夫[④]。意独子墨子有此[⑤]，而先王无此？其有邪，则亦然也。圣王皆以尚同为政，故天下治。何以知其然也？于先王之书也《大誓》之言然[⑥]，曰："小人见奸巧，乃闻不言也，发罪钧。"此言见淫辟不以告者[⑦]，其罪亦犹淫辟者也。

注释

①说：主张。 ②尚用：根据上下文，疑为“上用”。③窕：不满。 ④一夫：一个人。 ⑤意：通“抑”，表示反问，难道。 ⑥《大誓》：即《泰誓》，《尚书》的篇名。 ⑦淫辟：奸佞淫邪。

译文

天下既然已经治理了，天子又统一天下的意见，用来上同于天道。所以当尚同作为一种主张的时候，对上用于天子，可以用来治理天下；中间用于诸侯，可以用来治理他的国家；小的用于一个家族，可以用来治理他的家族。所以大用，治理天下不会不足，小用，治理一国一家而不会受阻，说的就是这个道理。所以说：治理天下，就像治理一个家族，驱使现在天下的老百姓就像驱使一个人。难道只有墨子有这个主张，而先王没有这个主张吗？先王也是这样的。圣王都用尚同的原则来治理政事，所以天下治理。如何知道这些呢？在先王的书《大誓》里这样说过：“小人看到奸巧的事，虽然知道却不说，他的罪行与奸巧者相同。”这说的就是看到淫邪的事不拿来报告的，他的罪行也和淫邪者一样。

故古之圣王治天下也，其所差论以自左右羽翼者皆良[①]，外为之人，助之视听者众。故与人谋事，先人得之；与人举事，先人成之；光誉令闻[②]，先人发之。唯信身而从事，故利若此。古者有语焉，曰：“一目之视也，不若二目之视也；一耳之听也，不若二耳之听也；一手之操也，不若二手之强也。”夫唯能信身而从事，故利若此。是故古之圣王之治天下也，千里之外，有贤人焉，其乡里之人皆未之均闻见也[③]，圣王得而赏之。千里之内[④]，有暴人焉，其乡里未之均闻见也，圣王得而罚之。故唯毋以圣王为聪耳明目与？岂能一视而通见千里之外哉？一听而通闻千里之外哉？圣王不往而视也，不就而听也[⑤]，然而使天下之为寇乱盗贼者，周流天下无所重足者[⑥]，何也？其以尚同为政善也[⑦]。

注释

①差论：选择。 ②光：通“广”，广泛。令：美好。③均：全部。 ④千里之内：据上下文，疑应为千里之外。⑤就：靠近。 ⑥重足：重叠双足。 ⑦善：当作“故”，指原因。

译文

所以古代的圣王治理天下，他所选择作为自己左右辅佐的人，都是贤德淑良的人。在外边做事的人，帮助他察看和打听的人很多。所以和大家一起谋划事情的时候，他要比别人考虑得周到；和大家一起办事，他要比别人先成功，他的广泛的荣誉和美好的名声要比别人先传扬出去。正是因为他相信这些道理，所以有这么多的利益。古时候有这样的话，说：“一只眼睛所看到的，不如两只眼睛所看到的；一只耳朵听到的，不如两只耳朵听到的；一只手所拿的，不如两只手那么强。”正是因为真诚地相信，所以才如此顺利。所以古代圣王治理天下，千里之外的地方有个贤德的人，那一乡里的人还未全都听到或见到，圣王已经听到而给以赏赐了。千里之外的地方有一个暴乱的人，那一乡里的人还未全部听到或见到，圣王已经听到而给以惩罚了，所以认为圣王是耳聪目明吧？难道张眼一看就到达千里之外吗？倾耳一听就到达千里之外吗？圣王不会亲自前去看，不会靠近去听。然而让天下做乱做贼的人走遍天下无处容身的原因，是什么呢？那是因为以尚同为治政的原则。

是故子墨子曰："凡使民尚同者，爱民不疾[①]，民无可使，曰：必疾爱而使之，致信而持之[②]，富贵以道其前[③]，明罚以率其后[④]。为政若此，唯欲毋与我同，将不可得也。"

注释

①疾：深刻。 ②致信：表达。持：控制。 ③道：通"导"。 ④率：通"律"，标准，规格。

译文

所以墨子说："凡是想使老百姓统一意志的，如果爱老百姓不深，老百姓就不可命令。就是说：必须切实深深地爱护他们才能驱使百姓，表达诚信之心才能拥有他们。用富贵在前面引导他们，用严明的惩罚在后面约束他们。像这样施政，即使要想人民不与国君保持一致，也是办不到的。"

是以子墨子曰："今天下王公大人士君子，中情将欲为仁义[①]，求为上士，上欲中圣王之道，下欲中国家百姓之利，故当尚同之说而不可不察[②]。尚同，为政之本而治要也。"

注释

①情：即"诚"。 ②当：面对。

译文

所以墨子说："现在天下的王公大人、士君子们，如果心中确实将行仁义，追求做道德高尚的志士，对上要符合圣明君主的道术，对下要符合国家百姓的利益，因此对尚同这一主张不可不加以审慎的考察。尚同是施政的根本和统治的关键。"

兼爱上

导读

《兼爱》共分上、中、下三篇，本篇是上篇，虽然篇幅较短，但说理已非常明确。

兼爱是墨家学派最有代表性的理论之一。所谓兼爱，其本质是要求人们爱别人如同爱自己，能够推己及人，彼此之间不要存在血缘与等级差别的观念，互相友爱，互相争取利益，从而实现整个社会的和谐发展。文章首先指出人间的混乱和争斗正是由于人们的不相爱，人人自爱以亏人。接着论述人们若互相友爱，互相为别人争取利益，就会小到家庭父慈子孝，大到国家彼此尊重，互不攻伐。最后墨子反复强调只有通过“兼相爱，交相利”才能达到社会安定的状态。墨子的兼爱理论代表了当时自由民和小手工业者要求打破阶级界限，反抗贵族等级观念的进步意义，但同时也带有强烈的理想色彩。

圣人以治天下为事者也，必知乱之所自起，焉能治之[①]；不知乱之所自起，则不能治。譬之如医之攻人之疾者然[②]，必知疾之所自起，焉能攻之；不知疾之所自起，则弗能攻。治乱者何独不然？必知乱之所自起，焉能治之；不知乱之所自起，则弗能治。

注释

①焉：乃。 ②攻：治。

译文

圣人是以治理天下为工作事业的人，必须知道混乱是从哪里产生，才能对它进行治理。如果不知道混乱从哪里产生，就不能进行治理。这就好比医生给人治病一样，必须知道疾病是从哪里产生的，才能进行医治。如果不知道疾病产生的根源，就不能医治。治理混乱又何尝不是这样？必须知道混乱是从哪里产生的，才能进行治理。如果不知道混乱从哪里产生，就不能治理。

圣人以治天下为事者也，不可不察乱之所自起。当察乱何自起[①]？起不相爱。臣子之不孝君父，所谓乱也。子自爱，不爱父，故亏父而自利[②]；弟自爱，不爱兄，故亏兄而自利；臣自爱，不爱君，故亏君而自利，此所谓乱也。虽父之不慈子[③]，兄之不慈弟，君之不慈臣，此亦天下之所谓乱也。父自爱也，不爱子，故亏子而自利；兄自爱也，不爱弟，故亏弟而自利；君自爱也，不爱臣，故亏臣而自利。是何也？皆起不相爱。

注释

①当：读为“尝”。 ②亏：损害。 ③慈：慈爱。

译文

圣人是以治理天下为工作事业的人，不可不考察混乱从哪里产生。试着考察混乱从哪里产生呢？起于人与人不相爱。臣下与儿子不孝敬国君和父亲，就是所谓混乱。儿子爱自己而不爱父亲，因而损害父亲的利益来自利；弟弟爱自己而不爱兄长，因而损害兄长的利益以自利；臣下爱自己而不爱君主，因而损害君主的利益来自利，这就是所谓混乱。反过来，即使父亲不疼爱儿子，兄长不爱护弟弟，君主不友爱臣下，这也是所谓混乱。父亲爱自己而不爱儿子，所以损害儿子的利益来自利；兄长爱自己而不爱弟弟，所以损害弟弟的利益来自利；君主爱自己而不爱臣子，所以损害臣子的利益来自利。这是为什么呢？都是起于不相爱。

虽至天下之为盗贼者亦然[①]。盗爱其室，不爱其异室，故窃异室以利其室。贼爱其身，不爱人，故贼人以利其身。此何也？皆起不相爱。虽至大夫之相乱家[②]，诸侯之相攻国者，亦然。大夫各爱其家，不爱异家，故乱异家以利其家。诸侯各爱其国，不爱异国，故攻异国以利其国。天下之乱物，具此而已矣[③]。察此何自起？皆起不相爱。

注释

①盗：小偷。贼：强盗。 ②家：大夫的封地叫家。 ③具：全部。

译文

即使在天底下做盗贼的人，也是这样。盗贼只爱自己的家，不爱别人的家，所以盗窃别人的家来有利于自己的家；盗贼只爱惜自己的身体，不爱惜别人的身体，所以残害别人来有利于自己。这是什么原因呢？都起于不相爱。即使大夫们相互侵扰封地，诸侯相互攻伐封国，也是这样。大夫各自爱他自己的家族，不爱别人的家族，所以侵扰别人的封地以有利于他自己的家族；诸侯各自爱他自己的国家，不爱别的国家，所以攻伐别的国家以利于他自己的国家。天下混乱的事，全部都在这里了。仔细观察它从哪里产生呢？都起于不相爱。

若使天下兼相爱[①]，爱人若爱其身，犹有不孝者乎？视父兄与君若其身，恶施不孝[②]？犹有不慈者乎？视弟子与臣若其身，恶施不慈？故不孝不慈亡有[③]。犹有盗贼乎？故视人之室若其室，谁窃？视人身若其身，谁贼？故盗贼亡有。犹有大夫之相乱家，诸侯之相攻国者乎？视人家若其家，谁乱？视人国若其国，谁攻？故大夫之相乱家，诸侯之相攻国者亡有。若使天下兼相爱，国与国不相攻，家与家不相乱，盗贼无有，君臣父子皆能孝慈，若此，则天下治。故圣人以治天下为事者，恶得不禁恶而劝爱？故天下兼相爱则治，交相恶则乱。故子墨子曰："不可以不劝爱人者，此也。"

注释

①兼相爱：全部相亲相爱。 ②恶（wū）：何。 ③亡：通"无"。

译文

假若天下都能相亲相爱，爱别人就像爱自己，还能有不孝的人吗？看待父亲、兄弟和君主像自己一样，怎么会做出不孝顺的事呢？还会有不慈爱的吗？对待弟弟、儿子与臣子就像对待自己一样，怎么会做出不慈爱的事情呢？所以不孝顺不慈爱都没有了。还有盗贼吗？对待别人的家像对待自己的家一样，谁还会盗窃？对待别人就像对待自己一样，谁还会害人？所以盗贼没有了。还有大夫相互侵扰封地，诸侯相互攻伐封国的吗？对待别人的家族就像对待自己的家族，谁会侵犯？对待别人的封国就像对待自己的封国，谁会攻伐？所以大夫相互侵扰封地，诸侯相互攻伐封国，都没有了。假若全天下的人都相亲相爱，国家与国家不相互攻伐，家族与家族不相互侵扰，盗贼也没有了，君臣父子之间都能孝顺慈爱，像这样，天下也就治理了。所以圣人既然是以治理天下为事业和工作的人，怎么能不制止相互仇恨而鼓励相互友爱呢？因此全天下的人相亲相爱就会治理好，相互怨恨就会混乱。所以墨子说："不能不鼓励爱别人"，道理就在此。

兼爱中

导读

《兼爱》共分上、中、下三篇，本篇是中篇，篇幅较长，说理较上篇更为详尽。

文章首先指出当今社会存在着各种问题，比如诸侯国之间战争不断，家族与家族之间篡夺杀戮，小民和小民之间争斗伤害，这些都是因为人们不“兼相爱，交相利”。接着墨子论述到如果大家都能做到“兼相爱，交相利”，则诸侯国之间的战争可免，家族之间的篡夺杀戮可免，小民之间也不再彼此争斗伤害，天下太平，君主施恩臣下，臣子效忠国君，父慈子孝，兄弟相爱。虽然当今之人明白“兼相爱，交相利”的好处，但是却以困难为由拒不实行。为了劝勉当今之人打消顾虑，实行“兼相爱，交相利”的治国原则，墨子举出上古的圣王大禹、文王、武王的例子来证明只要君主有决心推行“兼相爱，交相利”的治国原则，就不是什么“挈泰山越河济”的不可为行为。最后墨子推出结论：“兼相爱，交相利”是圣王之法，天下至道，不可不察。整篇文章语言质朴无华，结构严谨明晰，论述逻辑性强，例证详实有力，是论辩说理类文章中的佳作。

子墨子言曰：“仁人之所以为事者[①]，必兴天下之利，除去天下之害，以此为事者也。”然则天下之利何也？天下之害何也？子墨子言曰：“今若国之与国之相攻，家之与家之相篡[②]，人之与人之相贼[③]，君臣不惠忠，父子不慈孝，兄弟不和调[④]，此则天下之害也。”

注释

①事：国家大事，政事。 ②篡：篡夺杀戮。 ③贼：伤害。 ④和调：和睦协调。

译文

墨子说：“仁人处理国家事务的原则，一定是为天下寻求利益，消除灾害，以此为原则来处理事务。”既然如此，那么天下的利益是什么，而天下的灾害又是什么呢？墨子说：“现在比如国与国之间相互发动战争，家族与家族之间相互篡夺杀戮，人与人之间相互残害，君臣之间不相互恩惠、忠诚，父子之间不相互慈爱、孝敬，兄弟之间不相互友爱、和谐，这些都是天下的灾害呀。”

然则崇此害亦何用生哉[①]？以不相爱生邪？子墨子言：“以不相爱生。”今诸侯独知爱其国，不爱人之国，是以不惮举其国[②]，以攻人之国。今家主独知爱其家，而不爱人之家，是以不惮举其家，以篡人之家。今人独知爱其身，不爱人之身，是以不惮举其身，以贼人之身。是故诸侯不相爱，则必野战[③]；家主不相爱，则必相篡；人与人不相爱，则必相贼；君臣不相爱，则不惠忠；父子不相爱，则不慈孝；兄弟不相爱，则不和调。天下之人皆不相爱，强必执弱[④]，富必侮贫，贵必敖贱[⑤]，诈必欺愚[⑥]。凡天下祸篡怨恨，其所以起者，以不相爱生也。是以行者非之[⑦]。

注释

①崇：为“察”字之误。 ②惮：害怕。 ③野战：战于郊野。 ④执：侮辱。 ⑤敖：通“傲”。 ⑥诈：狡诈的人。

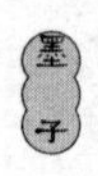

⑦行：为“仁”字之误。

译文

既然如此，那么考察这些灾害又是如何产生的呢？是因为不相爱产生的吗？墨子说：“是因为不相爱产生的。”现在的诸侯们只知道爱自己的国家，而不爱别人的国家，所以毫无顾忌地发动自己国家的兵力，去攻打别人的国家。现在的家族家长们只知道爱自己的家族，而不爱别人的家族，因而毫无顾忌地发动他自己家族的力量，去掠夺伤害别人的家族。现在的人只知道爱自己，而不爱别人，因而毫无顾忌地运用自身的力量去残害别人。所以诸侯不相爱，就必然在郊野发生战争；家族家长不相爱，就必然相互争夺；人与人不相爱，就必然相互残杀；君与臣不相爱，就必然不惠不忠；父与子不相爱，就必然不慈不孝；兄与弟不相爱，就必然不友不和。天下的人都不相爱，强大的人就必然会控制欺凌弱小的人，富足的人就必然欺辱贫困的人，尊贵的就必然看不起卑贱的人，狡猾的人就必然欺骗蠢笨的人。但凡天下祸患、篡夺、埋怨、愤恨产生的原因，都是因不相爱而产生的。所以仁德的人认为不相爱是不对。

既以非之[①]，何以易之？子墨子言曰：“以兼相爱、交相利之法易之。”然则兼相爱、交相利之法将奈何哉？子墨子言：视人之国，若视其国；视人之家，若视其家；视人之身，若视其身。是故诸侯相爱，则不野战；家主相爱，则不相篡；人与人相爱，则不相贼；君臣相爱，则惠忠；父子相爱，则慈孝；兄弟相爱，则和调。天下之人皆相爱，强不执弱，众不劫寡[②]，富不侮贫，贵不敖贱，诈不欺愚。凡天下祸篡怨恨，可使毋起者，以相爱生也。是以仁者誉之[③]。

注释

①以：通“已”。 ②劫：劫掠，胁迫。 ③之：指“兼相爱、交相利”之法。

译文

既已认为不相爱是不对的，那用什么办法去改变它呢？墨子说道：“用人们全都互相友爱、交互得利的方法去改变它。”既然这样，那么人们全都互相友爱、交互得利应该怎么做呢？墨子说道：“对待别人国家就像对待自己的国家一样，对待别人的家族就像对待自己的家族一样，对待别人的身体就像对待自己的身体一样。”所以诸侯之间互相友爱，就不会在野外发生战争；家族家长之间互相友爱，就不会发生争夺；人与人之间互相友爱就不会相互残杀；君臣之间互相友爱，就会君赐恩惠、臣下效忠；父子之间相互友爱，就会父亲慈爱、儿女孝敬；兄弟之间相互友爱，就会相互友好、和谐。天下的人都相互友爱，强大的人就不会掌控弱小的人，人多的就不会强迫人少的，富足的人就不会欺侮贫困的人，尊贵的人就不会看不起卑贱的人，狡诈的人就不会欺骗愚笨的人。但凡天下的祸患、掠夺、埋怨、愤恨可以不使它产生的原因，就是因为互相友爱。所以仁者称赞它。

然而今天下之士君子曰：“然！乃若兼则善矣[1]；虽然，天下之难物于故也[2]。”子墨子言曰：“天下之士君子，特不识其利[3]、辩其故也[4]。今若夫攻城野战[5]，杀身为名，此天下百姓之所皆难也。苟君说之[6]，则士众能为之。况于兼相爱、交相利，则与此异！夫爱人者，人必从而爱之；利人者，人必从而利之；恶人者，人必从而恶之；害人者，人必从而害之。此何难之有？特上弗以为政[7]、士不以为行故也。”

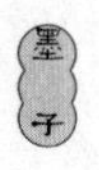

注释

①乃若：那么。 ②物：事情。于：为“迂”之假借字，迂故：迂回曲折的事情（孙诒让说）。 ③特：只是。 ④辩：通“辨”。 ⑤若夫：句首语气词。 ⑥说：通“悦”。 ⑦弗：不。

译文

然而现在天下的士君子们说：“对！兼爱虽然是好的。即便如此，它也是天下最难办而迂腐的一件事。”墨子说道：“天下的士君子们，只是还不能辨明兼爱的好处，辨明兼爱的原因。现在比如说攻城野战，为成名而杀身的，这些对天下的百姓来说是很难的。但假如君主喜欢，那么大家就能做到。而兼相爱、交相利与这相比，则是完全不同的。凡是爱别人的人，别人也会跟着爱他；有利于别人的人，别人也会跟着有利于他；憎恶别人的人，别人也会跟着憎恶他；损害别人的人，别人也会跟着损害他。实行兼爱有什么困难呢？只是由于身居高位的人不愿意把它用在政治上，士人们不愿意把它实行起来的缘故罢了。”

昔者晋文公好士之恶衣[①]，故文公之臣，皆牂羊之裘[②]，韦以带剑[③]，练帛之冠[④]，入以见于君，出以践于朝[⑤]。是其故何也？君说之，故臣为之也。昔者楚灵王好士细要[⑥]，故灵王之臣，皆以一饭为节[⑦]，胁息然后带[⑧]，扶墙然后起。比期年[⑨]，朝有黧黑之色[⑩]。是其故何也？君说之，故臣能之也。昔越王勾践好士之勇，教驯其臣[⑪]，和合之，焚舟失火，试其士曰：“越国之宝尽在此！”越王亲自鼓其士而进之，士闻鼓音，破碎乱行[⑫]，蹈火而死者，左右百人有余，越王击金而退之。是故子墨子言曰：“乃若夫少食、恶衣、杀身而为名，此天下百姓之所皆难也。若苟君说之，则众能为之；况兼相爱、交相利，与此异矣！夫爱人者，人亦从而爱之；利人者，人亦从而利之；恶人者，人亦从而恶之；害人者，人亦从而害之。此何难之有焉？特上不以为政，而士不以为行故也。

注释

①好（hào）：喜爱。恶衣：破旧的衣服。②牂（zāng）羊：母羊。③韦：熟牛皮。④练：白色的熟绢。⑤践：踩。⑥细要：细腰。⑦为节：作为节制的方法。⑧胁息：屏气。带：束腰带。⑨比：等到。期（jī）年：一年。⑩朝：朝臣。黧（lí）黑：因饥饿而面色发黑。⑪教驯：教养、训练。⑫碎：疑为“阵”字之误。

译文

从前晋文公喜欢臣子们穿破旧的衣服，所以文公的臣子们都穿着母羊皮缝的裘衣，围着熟牛皮带挂佩剑，头戴白色熟绢制作的帽子，这身打扮就可以进来参见君主，往来于朝廷之上。这是什么原因呢？因为君主喜欢这样做，所以臣子就跟着这样做。从前楚灵王喜欢腰细的人，所以灵王的臣子们就一天只吃一顿饭来节食，收着气然后才能系上腰带，扶着墙然后才站得起来。等到一年之后，朝廷上的大臣们脸都变黑色了。这是什么原因呢？是因为君主喜欢这样做，所以臣下就能做到这些。从前越王勾践喜爱勇猛的士兵，训练他的臣下时，先把他们集合起来，然后放火烧船，考验他的士兵们说：“越国的财宝全在这条船里。”越王亲自敲鼓。将士们听到鼓声，争先恐后，打乱了顺序，被火烧死的人，就达一百多人。越王于是鸣金让他们退下。所以墨子说道：“像少吃饭、穿破旧的衣服、杀身成名，这些都是天下老百姓难以做到的事。但是假如君主喜欢它，那么大家就能做到。何况兼相爱、交相利是与此不同的好事。爱别人的人，别人也会跟着爱他；有利于别人的人，别人也会接着有利于他；憎恶别人的人，别人也会跟着憎恶他；损害别人的人，别人也跟着损害他。兼爱有什么难实行的呢？只是身居高位的人不愿意把它实行于政治中，而士人们也不愿意把它实行起来的原因呀。”

然而今天下之士君子曰：“然！乃若兼则善矣；虽然，不可行之物也①。譬若挈太山越河、济也②。”子墨子言：“是非其譬也③。夫挈太山而越河、济，可谓毕劫有力矣④。自古及今，未有能行之者也；况乎兼相爱、交相利，则与此异，古者圣王行之。”何以知其然？古者禹治天下，西为西河、渔窦⑤，以泄渠、孙、皇之水⑥。北为防、原、泒⑦，注后之邸、嘑池之窦⑧，洒为底柱⑨，凿为龙门⑩，以利燕、代、胡、貉与西河之民⑪。东方漏之陆⑫，防孟诸之泽⑬，洒为九浍⑭，以楗东土之水⑮，以利冀州之民⑯。南为江、汉、淮、汝⑰，东流之注五湖之处⑱，以利荆、楚、干、越与南夷之民⑲。此言禹之事⑳，吾今行兼矣。

注释

①物：事情。 ②挈：举。太山：泰山。越：跨越。河：黄河。济：济水。 ③是：这。 ④毕劫：非常强劲有力。 ⑤西河：在山西和陕西之间的一段黄河。渔窦：古代水名，疑为龙门。 ⑥泄：排泄。渠、孙、皇：都是古代的水名。 ⑦防：堤防。原、泒（gū）：古代的水名。 ⑧注：注入。后之邸：古代地名。嘑（hū）池：滹沱河。窦：大河。 ⑨洒：分流。底柱：砥柱山。 ⑩凿：开通。 ⑪燕、代：古代北方国名。胡、貉（hé）：古代北方部族名。 ⑫东方漏之陆：“方”为“为”之误，“之”为“大”之误（孙诒让说）。漏：疏导。 ⑬防：拦

截。孟诸之泽：古代的湖泊名，在今河南商丘附近。 ⑭九浍(kuài)：九条河流。 ⑮楗（jiàn)：门限，这里指限制。 ⑯冀州：古代九州之一，在黄河中下游。 ⑰江：长江。汉：汉水。淮：淮河。汝：汝水。 ⑱五湖：泛指太湖流域的众多湖泊。⑲荆、楚：楚国。干、越：吴越。南夷：南方。 ⑳事：事迹。

译文

然而现在天下的士人君子们说："对！兼爱虽然是好事。但是即便如此，也不可能把它实行到国家政务中，这就像要举起泰山越过黄河、济水一样。"墨子说道："这说法不对。举起泰山和越过黄河、济水，可以说是非常强劲有力的事了，但从古到今，没有人能做得到。而兼相爱，交相利则是完全不同的可行的事。古时的圣王曾做到过。"如何知道这些呢？古时大禹治理天下的水患，在西边疏通了西河、渔窦，用来排泄渠水、孙水和皇水；在北边修筑了原水、泒水的堤坝，使它们能注入后之邸和滹沱河，在黄河中的底柱山分流，凿开龙门以有利于燕、代、胡、貉与西河地区的人民。在东边打通大陆的迂水，拦入孟诸泽，分为九条河，以此阻挡东土的洪水，用来有利于冀州的人们。在南边疏通长江、汉水、淮河、汝水，使它们东流到大海，以此来灌注五湖之地，以利于荆楚、吴越和南夷的人们。这是大禹的事迹，我们现在要用这种精神来实行兼爱。

昔者文王之治西土，若日若月，乍光于四方[①]，于西土。不为大国侮小国，不为众庶侮鳏寡，不为暴势夺穑人黍、稷、狗、彘[②]。天屑临文王慈[③]，是以老而无子者，有所得终其寿；连独无兄弟者[④]，有所杂于生人之间[⑤]；少失其父母者，有所放依而长。此文王之事，则吾今行兼矣。昔者武王将事泰山[⑥]，隧传曰[7]："泰山，有道曾孙周王有事[8]。大事既获[9]，仁人尚作[10]，以祇商、夏[11]、蛮夷丑貉[12]。虽有周亲[13]，不若仁人。万方有罪[14]，维予一人。"此言武王之事，吾今行兼矣。

注释

①乍：古通"作"。②暴势：强暴的势力。穑人：农民。黍、稷：粮食。狗、彘（zhì）：家畜。③屑：眷顾。临：视察。④连独："连"为"矜"的假借字，穷苦孤独的意思。⑤杂：杂入，混集。⑥将：行。事：祭祀。⑦隧：疑为"遂"字之误。传：祝词。⑧曾孙：天子祭祀时候的谦称。有事：行此祭祀。⑨既：既然。获：成功。⑩尚：辅佐。作：起。⑪祇（zhèn）：拯救。商、夏：华夏中原。⑫蛮夷丑貉：泛指中原以外的民族。⑬周亲：至亲。⑭万方：四方百姓。

译文

周文王治理西土一带的时候，像太阳、月亮一样，光辉照耀四方和西周大地。他不凭借大国而欺负小国，不靠着人多而欺侮鳏寡孤独，不凭着强暴势力而掠夺农民的粮食和牲畜。上天因为文王的慈爱，所以年老无子的人得以寿终，孤苦无兄弟的人可以安居大家之间，从小失去父母的人可以有所依靠而长大成人。这就是文王的事迹，我们现在应该用这种精神推行兼爱。从前武王要祭祀泰山，于是祭词说："泰山！有道曾孙周王来祭祀。现在伐纣的大业已成功，仁人们起而相助，用以拯救商夏的遗民及四方少数民族。即便是至亲，也不如仁人。四方老百姓如果有罪，由我一人承当。"这是说周武王的事迹，我们现在应当用这种精神推行兼爱。

是故子墨子言曰："今天下之君子，忠实欲天下之富[1]，而恶其贫；欲天下之治，而恶其乱，当兼相爱、交相利。此圣王之法，天下之治道也，不可不务为也[②]。”

注释

①忠：通“中”，内心（孙诒让说）。 ②务：勉力。

译文

所以墨子说道：“现在天下的君子们，如果内心确实希望天下富足，而厌恶国家贫穷；希望把天下治理好，而厌恶国家混乱的，那就应当全都相爱、交互得利。这是圣王的道法，也是天下治理的方法，不可不努力去做呀。”

兼爱下

导读

此篇的主题同《兼爱上》《兼爱中》一样，只是论述更详尽，篇幅更长。

文章开篇即阐明国家的混乱在于人们不能相爱，从而导致父不慈子不孝，君不仁，臣不忠，互相侵扰征伐。接着墨子开始探究人们非议兼爱的缘由，用实际例子指出即使那些非议兼爱的士人、国君在面对具体困难时也会选择到持相爱主张的人那里求助，用他们的言行不一来驳斥他们的非议。最后墨子举出古代贤德君主的实际行为来证明兼爱并不是做不到的，而在于统治者的重视和推行。整篇文章的论述非常清晰，说理透彻，具有极强的逻辑推理能力，体现了墨家高超的辩驳艺术。

子墨子言曰："仁人之事者，必务求兴天下之利，除天下之害。"然当今之时，天下之害，孰为大[①]？曰：若大国之攻小国也，大家之乱小家也，强之劫弱，众之暴寡[②]，诈之谋愚，贵之敖贱[③]，此天下之害也。又与为人君者之不惠也[④]，臣者之不忠也，父者之不慈也，子者之不孝也，此又天下之害也。又与今人之贱人[⑤]，执其兵刃、毒药、水、火，以交相亏贼，此又天下之害也。

注释

①孰：哪一个。 ②暴：欺负。 ③敖：通"傲"，傲慢。 ④与：如。 ⑤今人："人"字多余。贱：根据上文当为"贼"

字之误。（王念孙说）

译文

墨子说道："仁德的人的事业，必定努力追求为天下人谋取利益，除掉天下的祸害。"然而现在，天下的祸害，什么是最大的呢？回答说：像大国攻打小国，大的家族侵略小的家族，强大的人欺负弱小的人，人多的虐待人少的，狡诈的欺骗算计愚笨的，尊贵的看不起卑贱的，这就是天下的祸害。又像做国君的不仁慈，做臣子的不忠诚，做父亲的不慈爱，做儿子的不孝敬，这又都是天下的祸害。又像，现在的残暴之人拿着武器、毒药、水火，用来相互残害，这又是天下的祸害。

姑尝本原若众害之所自生[①]。此胡自生？此自爱人、利人生与？即必曰："非然也。"必曰："从恶人、贼人生。[②]"分名乎天下，恶人而贼人者，兼与？[③]别与？[④]即必曰："别也。"然即之交别者，果生天下之大害者与？是故别非也。子墨子曰："非人者必有以易之，若非人而无以易之，譬之犹以水救火也[⑤]，其说将必无可焉。"是故子墨子曰："兼以易别。"然即兼之可以易别之故何也？曰：藉为人之国[⑥]，若为其国，夫谁独举其国以攻人之国者哉？为彼者，由为己也[⑦]。为人之都，若为其都[⑧]，夫谁独举其都以伐人之都者哉？为彼犹为己也。为人之家，若为其家，夫谁独举其家以乱人之家者哉？为彼犹为己也。然即国、都不相攻伐，人家不相乱贼，此天下之害与？天下之利与？即必曰天下之利也。

注释

①本原：追究根源。 ②恶：讨厌。 ③兼：对待别人如对待自己。 ④别：区别对待自己别人。 ⑤以水救火：当为"以

水救水，以火救火”，指方法不当，危害更大。 ⑥藉：假使。 ⑦由：同“犹”。 ⑧都：都城。

译文

姑且推究产生这么多祸害的原因。这是从哪儿产生的呢？这是从爱别人利别人产生的吗？则必然要说不是这样的，必然要说是从憎恶别人、残害别人产生的。分析一下世上憎恶别人和残害别人的人，是兼相爱还是别相恶呢？则必然要说是别相恶。既然这样，那么别相恶果然就是产生天下大害的原因！所以别相恶不对。墨子说：“如果认为别人不对，那就必须有对的东西去代替它，如果觉得别人不对而又没有东西去替代它，就好像用水救水、用火救火一样。这种说法将必然是不对的。”所以墨子说：“要用兼相爱来代替别相恶。”既然如此，那么兼相爱来替换别相恶的原因何在呢？回答说：“假如对待别人的国家，就像对待自己的国家一样，那谁还会动用本国的力量，去攻打别人的国家呢？为别国着想就像为本国着想一样。对待别人的都城，就像对待自己的都城一样，谁还会动用自己都城的力量，去攻打别人的都城呢？对待别人就像对待自己。对待别人的家族，就像对待自己的家族，谁还会动用自己家族的力量，来侵略别人的家族呢？对待别人就像对待自己。既然如此，那么国家、都城都不相互攻伐，个人、家族都不相互侵扰，这是天下的祸害呢？还是天下的利益呢？则必然要说是天下的利益。

姑尝本原若众利之所自生，此胡自生？此自恶人贼人生与？即必曰：“非然也。”必曰：“从爱人利人生。”分名乎天下，爱人而利人者，别与？兼与？即必曰：“兼也。”然即之交兼者，果生天下之大利者与？是故子墨子曰：“兼是也。”且乡吾本言曰[①]：仁人之事者，必务求兴天下之利，除天下之害。

今吾本原兼之所生，天下之大利者也；吾本原别之所生，天下之大害者也。是故子墨子曰：别非而兼是者，出乎若方也[②]。

注释

①乡（xiàng）：从前。 ②若：这个。方：方法。

译文

姑且试着追溯这些利益是如何产生的。从哪儿产生的呢？这是从憎恶人残害人产生的吗？必然要说不是这样的，必然要说是从爱人利人产生的。辨别世上爱人利人的，是别相恶还是兼相爱呢？则必然要说是兼相爱。既然如此，那么这种交相兼爱果然是产生天下大利的原因。所以墨子说："兼爱是对的。"而且以前我也曾说过："仁人的事业，必然是努力追求兴起天下的利益，除去天下的祸害。"现在我追溯由兼相爱产生的，都是天下的大利；我追溯由别相恶所产生的，都是天下的大害。所以墨子说别相恶不对兼相爱对，就是出于这个道理。

今吾将正求与天下之利而取之[①]，以兼为正。是以聪耳明目相与视听乎[②]！是以股肱毕强相为动宰乎[③]！而有道肆相教诲[④]，是以老而无妻子者，有所侍养以终其寿；幼弱孤童之无父母者，有所放依以长其身。今唯毋以兼为正，即若其利也。不识天下之士，所以皆闻兼而非者，其故何也？

注释

①正：疑字当删。与：为"兴"字之误。 ②与：为"为"字之误。 ③动：为"助"字之误。 ④而：疑为"是以"之误。肆：努力。

译文

现在我将征求兴起天下大利的方法并采取它，以兼相爱来治理政治。所以大家都耳聪目明，相互帮助视听，所以大家都用坚强有力的手足共同做事！所以有好的道术努力互相教导。因此年老而没有老婆孩子的，也可以得到奉养而终养天年；从小就没有父母的，也可以得到依靠而长大。现在以兼相爱来施政，则其利如此。不知道天下之士听到兼相爱之说而非议，是什么原因呢？

然而天下之士，非兼者之言犹未止也，曰："即善矣，虽然，岂可用哉?"子墨子曰："用而不可，虽我亦将非之；且焉有善而不可用者。"姑尝两而进之[①]。谁以为二士[②]，使其一士者执别，使其一士者执兼。是故别士之言曰："吾岂能为吾友之身，若为吾身？为吾友之亲，若为吾亲?"是故退睹其友，饥即不食，寒即不衣，疾病不侍养，死丧不葬埋。别士之言若此，行若此。兼士之言不然，行亦不然。曰："吾闻为高士于天下者，必为其友之身，若为其身；为其友之亲，若为其亲。然后可以为高士于天下。"是故退睹其友，饥则食之，寒则衣之，疾病侍养之，死丧葬埋之。兼士之言若此，行若此。若之二士者[③]，言相非而行相反与？当使若二士者[④]，言必信，行必果，使言行之合，犹合符节也[⑤]，无言而不行也。然即敢问：今有平原广野于此，被甲婴胄[⑥]，将往战，死生之权，未可识也；又有君大夫之远使于巴、越、齐、荆，往来及否，未可识也。然即敢问：不识将恶也家室，奉承亲戚、提挈妻子而寄托之[⑦]，不识于兼之有是乎？于别之有是乎？我以为当其于此也，天下无愚夫愚妇，虽非兼之人，必寄托之于兼之有是也。此言而非兼，择即取兼，即此言行费也[⑧]。不识天下之士，所以皆闻兼而非之者，其故何也？

注释

①进：为“尽”之假借字。 ②谁：为“设”字之误。③之：此。 ④当：如“尝”。 ⑤符节：古代朝廷传达命令或征调兵士的凭证。 ⑥被：披着。甲：盔甲。婴：缠绕。胄：头盔。 ⑦奉承：奉养。提挈：携带，照顾。妻子：妻子和孩子。 ⑧费：通“拂”，违背。

译文

然而天下的士子，非议兼相爱的言论仍然没有中止，说：“虽然兼相爱是好的，但是，可以应用吗？”墨子说：“如果不可应用，即使我也要批评它，但哪有好的东西却不能应用呢？”姑且试着让主张兼爱和主张相别的两种人都来说说。假设有两个人，其中一人主张别相恶，另一人主张兼相爱。主张别相恶的士子说：“我怎么能看待我朋友的身体，像看待我自己的身体一样？看待我朋友的双亲，像看待我自己的双亲一样？”所以他返身看到他朋友饥饿时，就不给他吃；看到朋友受冻时，就不给他穿；有病时，也不照顾；死亡后，也不给埋葬。主张别相恶的士子言论是这样的，行为也是这样的。主张兼相爱的士子不是这样说，也不是这样做。他说：“我听说作为天下的高尚人，必须对待朋友的身体就像对待自己的身体，看待朋友的双亲就像看待自己的双亲。这以后就可以成为天下的高尚人。”所以他看到朋友饥饿时，就给他吃；受冻时，就给他穿；疾病时前去照顾，死亡后埋葬。主张兼相爱的士人这样说的，也这样做的。这两个士子，言论不同而行为相反？假使这两个士子，说出的话有信用，行为有结果，他们的言与行符合，没有什么话不能实行。既然如此，那么请问：现在这里有一片荒原，人们将披甲戴盔前往作战，死生不可预知；又有个国君的大夫出使遥远的巴、越、齐、楚，能否回来不可预知。那么请问：他要保护家室，奉养父母，照顾自己的妻子儿女，究竟是去拜托那主张兼相爱的人呢？还是去拜托那主张别相恶的人呢？我认为在这个时候，无论天下多么愚蠢的男女，即使反对兼相爱的人，也必然要托付给主张兼相爱的人。说话否定兼相爱，办事却选择兼相爱的人，这就是言行违背。我不知道天下的人都听到兼相爱而非议它的作法，原因在哪里？

然而天下之士，非兼者之言，犹未止也，曰："意可以择士，而不可以择君乎？"姑尝两而进之。谁以为二君①，使其一君者执兼，使其一君者执别。是故别君之言曰："吾恶能为吾万民之身，若为吾身？此泰非天下之情也②。人之生乎地上之无几何也，譬之犹驷驰而过隙也。"是故退睹其万民，饥即不食，寒即不衣，疾病不侍养，死丧不葬埋。别君之言若此，行若此。兼君之言不然，行亦不然，曰："吾闻为明君于天下者，必先万民之身，后为其身，然后可以为明君于天下。"是故退睹其万民，饥即食之，寒即衣之，疾病侍养之，死丧葬埋之。兼君之言若此，行若此。然即交若之二君者，言相非而行相反与？常使若二君者，言必信，行必果，使言行之合，犹合符节也，无言而不行也。然即敢问：今岁有疠疫③，万民多有勤苦冻馁，转死沟壑中者④，既已众矣。不识将择之二君者，将何从也？我以为当其于此也，天下无愚夫愚妇，虽非兼者，必从兼君是也。言而非兼，择即取兼，此言行拂也。不识天下所以皆闻兼而非之者，其故何也。

注释

①谁：为“设”字之误。 ②泰：通“太”。 ③疠疫：瘟疫。 ④转：抛弃。

译文

然而天下的士子，非议兼爱的言论还是没有停止，说道：“或许可以用这种理论来选择士人，但是不可以用它来选择国君吧？”姑且试着让两者都说说。假设这里有两个国君，其中一个主张兼爱的观点，另一个主张相别的观点。所以主张相别的国君会说：“我怎么能对待我的万民的身体，就像对待自己的身体一样呢？这太不合天下人的情理了。人生在世上并没有多少时日，就好像拉着马车奔驰过缝隙那样短暂。”所以他回过头来看到他的万民挨饿，就不给吃，受冻就不给穿，有疾病就不给治疗，死后不给埋葬。主张相别的国君的言论如此，行为如此。主张兼爱的国君的言论不是这样，行为也不是这样。他说：“我听说在天下做一位明君，必须先看重万民的身体，然后才看重自己的身体，这样才可以在天下做一位明君。”所以他回过头来看到他的百姓挨饿，就给他吃，受冻就给他穿，生了病就给他治疗，死后就给他埋葬。主张兼爱的君主的言论如此，行为如此。既然这样，那么这两个国君，言论不同而行为相反？假使这两个国君，说的话有信用，行动有结果，言行符合得像符节一样，没有什么话不能实现。既然如此，那么请问：假如今年有瘟疫，老百姓因劳苦和冻饿而辗转死于沟壑之中，已经很多了。不知道大家从这两个国君中选择哪一位，跟随哪一位呢？我认为在这个时候，无论天下的愚夫愚妇，即使是反对兼爱的人，也必定跟随主张兼爱的国君了。在言论上反对兼爱，在选择时则选择兼爱，这就是语言和行为相违背。不知道天下的人听到兼爱的主张而非难它，原因是什么。

然而天下之士，非兼者之言也，犹未止也，曰："兼即仁矣，义矣；虽然，岂可为哉？吾譬兼之不可为也，犹挈泰山以超江、河也。故兼者，直愿之也[①]，夫岂可为之物哉？"子墨子曰："夫挈泰山以超江、河，自古之及今，生民而来，未尝有也。今若夫兼相爱、交相利，此自先圣六王者亲行之。"何知先圣六王之亲行之也？子墨子曰："吾非与之并世同时，亲闻其声、见其色也[②]；以其所书于竹帛、镂于金石、琢于盘盂，传遗后世子孙者知之。"《泰誓》曰："文王若日若月乍照，光于四方，于西土。"即此言文王之兼爱天下之博大也，譬之日月，兼照天下之无有私也。即此文王兼也；虽子墨子之所谓兼者，于文王取法焉！

注释

①直：仅仅。　②色：面色，表情。

译文

然而天下的士子，非难兼爱的言论还是没有停止，说道："兼爱算得上是仁，也算得上是义了。即便如此，难道可以实行吗？我打个比方，兼爱不能实行，就好像提起泰山而穿越长江、黄河一样。所以兼爱只不过是一种愿望而已，难道是能做得到的事吗？"墨子说："提起泰山穿越长江、黄河，从古到今，有民众以来，还不曾见过。现在至于说兼相爱、交相利，这却是自先圣六王就开始亲自实行过的。"怎么知道先圣六王亲自实行了呢？墨子说："我没有和他们处于同一时代，没有亲自听到他们的声音，没有亲眼见到他们的容貌，我是从他们书写在简帛上、刻在钟鼎石碑上、雕在盘盂上，并留给后世子孙的文献中知道这些的。”《泰誓》上说：“文王像太阳、月亮一样照耀，光辉遍及四方，遍及西周大地。”这就是说文王兼爱天下，好像太阳、月亮兼照天下，而没有偏私一样。这就是文王的兼爱。即使墨子所说的兼爱，也是从文王那里取法的！

且不唯《泰誓》为然，虽《禹誓》即亦犹是也。禹曰：“济济有众，咸听朕言[1]！非惟小子，敢行称乱[2]。蠢兹有苗，用天之罚。若予既率尔群对诸群[3]，以征有苗。”禹之征有苗也，非以求以重富贵，干福禄，乐耳目也[4]；以求兴天下之利，除天下之害。即此禹兼也；虽子墨子之所谓兼者，于禹求焉。

注释

①济济：人多的样子。咸：全部。朕：我。 ②惟：通“台”，我。小子：谦称。 ③若：疑为“兹”之误。既：为“即”假借字。群对诸群：当为“群邦诸辟”。 ④重：重视。干：求。

译文

而且不只《泰誓》这样记载，即使大禹的《禹誓》也这样说。大禹说：“你们大家，都要听从我的话：不是我小子敢横行作乱，而是苗民在作乱，因而上天对他们惩罚。现在我率领你们众邦首领，去征讨有苗。”大禹征讨有苗，不是看重富贵，也不是追求福禄，享受声色，而是为了追求兴起天下的利益，除去天下的祸害。这就是大禹的兼爱。即使墨子所说的兼爱，也是从大禹那里求到的！

且不唯《禹誓》为然，虽《汤说》即亦犹是也。汤曰：“惟予小子履[1]，敢用玄牡[2]，告于上天后曰[3]：‘今天大旱，即当朕身履，未知得罪于上下，有善不敢蔽，有罪不敢赦，简在帝心[④]，万方有罪，即当朕身；朕身有罪，无及万方。’”即此言汤贵为天子，富有天下，然且不惮以身为牺牲[⑤]，以祠说于上帝鬼神[⑥]。即此汤兼也；虽子墨子之所谓兼者，于汤取法焉。

注释

①履：汤的名字。 ②玄牡：黑色的公牛。 ③后：疑为“后土”。 ④简：存在。 ⑤惮：畏惧。牺牲：祭品。 ⑥祠：祭祀。说：取悦。

译文

而且并不只是《禹誓》这样记载，即使商汤的《汤说》也是如此，汤说：“我小子履，斗胆用黑色的公牛，来祭告皇天后土说：‘现在天下大旱，我自己也不知道什么原因得罪了天地。现在有善行不敢隐瞒，有罪过也不敢求宽饶，这一切都明察在上帝的心里。万方有罪，由我一人承担；我自己有罪，不要累及万方。’”这说的就是商汤贵为天子，富有天下，然而不惜以自身作为祭品，用言辞向上帝鬼神祷告取悦。这就是商汤的兼爱，即使墨子的兼爱，也是从汤那里取法的。

且不惟《誓命》与《汤说》为然，《周诗》即亦犹是也。《周诗》曰：“王道荡荡，不偏不党[①]；王道平平，不党不偏。其直若矢，其易若底[②]。君子之所履，小人之所视。”若吾言非语道之谓也，古者文、武为正，均分赏贤罚暴，勿有亲戚弟兄之所阿[③]。即此文、武兼也，虽子墨子之所谓兼者，于文、武取法焉。不识天下之人，所以皆闻兼而非之者，其故何也？

注释

①王道：治国之道。荡荡：平坦的样子。偏：弯曲。党：结党。 ②矢：箭。厎：即"砥"，磨刀石。 ③阿：偏私。

译文

而且不只是大禹的《禹誓》和商汤的《汤说》是这样，《周诗》也有类似的话。《周诗》上说："王道荡荡，不偏私不结党；王道平平，不结党不偏私；君子之道像箭一样直，像磨刀石一样平。君子在前面引导，小人在后面实行。"如果以我所说的话不符合道理，那么古时周文王、周武王为政公平，赏贤罚暴，不偏私父母兄弟。这就是周文王、武王的兼爱，即使墨子所说的兼爱，也是从文王、武王那里取法的。不知道天下的人一听到兼爱就非难，究竟是什么原因。

然而天下之非兼者之言，犹未止。曰："意不忠亲之利[1]，而害为孝乎？"子墨子曰："姑尝本原之孝子之为亲度者[2]。吾不识孝子之为亲度者，亦欲人爱、利其亲与？意欲人之恶、贼其亲与？以说观之，即欲人之爱、利其亲也。然即吾恶先从事即得此？若我先从事乎爱利人之亲，然后人报我爱利吾亲乎？意我先从事乎恶人之亲，然后人报我以爱利吾亲乎？即必吾先从事乎爱利人之亲，然后人报我以爱利吾亲也。然即之交孝子者[3]，果不得已乎？毋先从事爱利人之亲者与？意以天下之孝子为遇[4]，而不足以为正乎？姑尝本原之。先王之所书，《大雅》之所道，曰："无言而不雠，无德而不报。投我以桃，报之以李[5]。"即此言爱人者必见爱也，而恶人者必见恶也。不识天下之士，所以皆闻兼而非之者，其故何也？

注释

①忠：当为“中”，符合。　②度：揣度。　③之交孝子：指相互为孝子。　④遇：通“愚”。　⑤无言而不雠以下四句：出自《诗经·大雅·抑》。雠：应答。

译文

然而天下的人非难主张兼爱者的言论，还是没有终止，说道：“或许这不符合双亲的利益，而有害于孝道吧？”墨子说：姑且试着推究以孝子为双亲考虑的本心，我不知道孝子为双亲考虑，是希望别人爱护和有利于他的双亲呢？还是希望憎恶、残害他的双亲呢？按照常理来看，当然希望别人爱护和有利于他的双亲。既然如此，怎么先做才能得到结果呢？如果我先爱护和有利于别人的双亲，然后别人就会爱护和有利于我的双亲呢？还是我先憎恶别人的双亲，然后别人才爱护和有利于我的双亲呢？则必然是我先爱护和有利于别人的双亲，然后别人才爱护和有利于我的双亲。然而这一交相利的孝子，是出于不得已，才爱护和有利于别人的双亲呢？还是以为天下的孝子都是笨人，不值得正确对待呢？姑且试着探究这一问题。先王的书《大雅》说道：“没有什么话不应答，没有什么恩德不报答。你投给我桃，我报给你李。”这就是说爱人的必被人爱，而憎恶人的必被人憎恶。不知天下的人，一听到兼爱就非难，究竟原因在哪里。

意以为难而不可为邪？尝有难此而可为者，昔荆灵王好小要[①]，当灵王之身，荆国之士饭不逾乎一[②]，固据而后兴[③]，扶垣而后行[④]。故约食为其难为也，然后为，而灵王说之，未逾于世，而民可移也，即求以乡其上也[⑤]。昔者越王勾践好勇，教其士臣三年，以其知为未足以知之也，焚舟失火，鼓而进之。其士偃前列[⑥]，伏水火而死有不可胜数也[⑦]。当此之时，不鼓而退也，越国之士，可谓颤矣[⑧]。故焚身为其难为也，然后为之，越王说之，未逾于世，而民可移也，即求以乡上也。昔者晋文公好苴服[⑨]。当文公之时，晋国之士，大布之衣，牂羊之裘，练帛之冠，且苴之屦[⑩]，入见文公，出以践之朝。故苴服为其难为也，然后为，而文公说之，未逾于世，而民可移也，即求以乡其上也。是故约食、焚舟、苴服，此天下之至难为也，然后为而上说之，未逾于世而民可移也，何故也？即求以乡其上也。今若夫兼相爱、交相利，此其有利，且易为也，不可胜计也，我以为则无有上说之者而已矣。苟有上说之者，劝之以赏誉，威之以刑罚，我以为人之于就兼相爱、交相利也，譬之犹火之就上、水之就下也，不可防止于天下。

注释

①要：通“腰”。 ②逾：超过。 ③据：撑着木杖，兴：站起来。 ④垣：矮墙。 ⑤乡：通“向”。 ⑥偃：躺倒。 ⑦有：“者”字之误。 ⑧颤：当为“惮”，畏难，顾忌。 ⑨苴：麻。 ⑩且：当读为“粗”，粗麻。

译文

然而认为困难而做不到吗？曾有比这更困难而能做得到的。从前楚灵王喜欢细腰。当灵王在世时，楚国的士人每天只吃一顿饭，靠着木杖后才能站起，扶着墙壁才能走路。所以节食本是难以做到的，然而这样做后灵王喜欢，所以没有多长时间，民风就转移了。这样做无非是为迎合君主的心意罢了。从前越王勾践喜欢勇敢的人，训练他的将士三年，觉得自己还不知道效果如何，于是故意放火烧船，擂鼓命将士前进。将士们前仆后继，倒身于水火之中而死的不计其数。当这个时候，停止擂鼓而撤退的人，

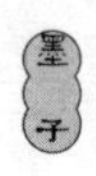

越国的将士可以说是胆小鬼了。所以说焚身是很难的事，然而却做到了。因为越王喜欢它，所以没过很久，民风转移了，这是迎合君主罢了。从前晋文公喜欢穿粗布衣服，当文公在世时，晋国的士人都穿粗布的衣服和母羊皮的裘衣，戴厚绢做的帽子，穿粗糙的鞋子，这身打扮可见晋文公，可在朝廷来往。所以穿粗劣的衣服是难做到的事，然而因为文公喜欢，没过多长时间，民风转移了，这是迎合君主罢了。所以说节食、烧船、穿粗衣服，这本是天下最难做的事，然而这样做君主喜欢，因此没过多长时间，民风可以转移，这是什么原因呢？这是迎合君主罢了。现在至于兼相爱、交相利，这是有利而容易做到，并且好处不可胜数的事。我认为只是没有君主喜欢罢了，只要有君主喜欢，用奖赏称赞来勉励大家，用刑罚来威慑大家，我认为大家拥护兼相爱、交相利，就会像火向上，水向下一样自然，天下是不可防止得住的。

故兼者，圣王之道也，王公大人之所以安也，万民衣食之所以足也，故君子莫若审兼而务行之[①]。为人君必惠，为人臣必忠；为人父必慈，为人子必孝；为人兄必友，为人弟必悌[②]。故君子莫若欲为惠君、忠臣、慈父、孝子、友兄、悌弟，当若兼之不可不行也。此圣王之道，而万民之大利也。

注释

①莫若：不如。审：审查。务：致力，从事。 ②悌：对兄长尊敬。

译文

所以说兼爱是圣王的道术，王公大人因此得到和平，万民衣食因此得到满足。所以君子不如审察兼爱的道理并努力实行它。

做君主的必须仁惠，做臣子的必须忠诚，做父亲的必须慈爱，做儿子的必须孝敬，做兄长的必须友爱，做弟弟的必须敬顺。所以君子不如做仁惠的国君，忠诚的臣子，慈爱的父亲，孝敬的儿子，友爱的兄长、敬顺的弟弟，那么对于兼爱就不可不去实行。这是圣王的大道，也是万民最大的利益。

非攻上

导读

非攻是墨家针对当时诸侯间的兼并战争而提出的反战理论。墨子认为，战争是天下最大的祸害，无论对战胜国还是战败国都将造成巨大的损害，战争既不符合古代的圣王之道，也不符合现代国家和百姓的实际利益，因此战争是非正义的，无论什么原因发动战争都应该受到谴责。此篇中，他对各种为攻战进行辩护的言论做出了批驳，以具体而微小的例子兴起而逐层推理，从而得出战争是天底下最大的不义的结论。本篇虽篇幅短小，却推理严密，令人信服。

今有一人，入人园圃，窃其桃李，众闻则非之，上为政者得则罚之。此何也？以亏人自利也。至攘人犬豕鸡豚者[①]，其不义，又甚入人园圃窃桃李。是何故也？以亏人愈多，其不仁兹甚[②]，罪益厚。至入人栏厩、取人马牛者，其不仁义，又甚攘人犬豕鸡豚。此何故也？以其亏人愈多。苟亏人愈多，其不仁兹甚，罪益厚。至杀不辜人也，拕其衣裘[③]、取戈剑者，其不义，又甚入人栏厩，取人马牛。此何故也？以其亏人愈多。苟亏人愈多，其不仁兹甚矣！罪益厚。当此天下之君子皆知而非之，谓之不义。今至大为攻国，则弗知非，从而誉之，谓之义。此可谓知义与不义之别乎？

注释

①攘（rǎng）：偷盗、抢夺。豕（shǐ）：猪。豚（tún）：小猪。 ②兹：更加。 ③扡（tuō）：同“拖”，拉下。

译文

现在假如有一个人，进入别人的果园，偷窃人家的桃子、李子。众人听说后就指责他，上边执政的长官抓到后就要处罚他。这是为什么呢？因为他损人利己。至于盗窃别人的鸡狗、猪豚，他的不义又超过到别人的果园里去偷桃李。这是什么原因呢？因为他给人带来的损失更大，他的不仁也更加明显，罪过也更加深重。至于进入别人的牛栏马厩内，偷取别人的牛马，他的不仁不义，又比盗窃别人鸡狗、猪豚的更大。这是什么原因呢？因为他损害别人更大。一旦损人更大，他的不仁也更突出，罪过也更深重。至于乱杀无辜的人，夺取他的皮衣戈剑，则这人的不义又甚于进入别人的牛栏马厩偷别人牛马的。这是什么原因呢？因为他给别人带来的损失更大。一旦损人更大，那么他的不仁也更突出，罪过也更深重。对此，天下的君子都知道指责他，称他为不义。现在至于大规模地攻打别人的国家，却不知道指责他的错误，反而跟着去称赞他，称之为义。这可以算是明白义与不义的区别吗？

杀一人，谓之不义，必有一死罪矣。若以此说往，杀十人，十重不义①，必有十死罪矣；杀百人，百重不义，必有百死罪矣。当此天下之君子皆知而非之，谓之不义。今至大为不义攻国，则弗知非，从而誉之，谓之义。情不知其不义也②，故书其言以遗后世③；若知其不义也，夫奚说书其不义以遗后世哉？④

注释

①十重：十倍。　②情：诚然，实在。　③遗：遗留，留传。　④夫：发语词。奚说：怎么说。

译文

杀掉一个人，叫做不义，必定构成一项死罪。假如按照这种说法类推，杀掉十个人，构成十倍的不义，则必然有十重的死罪了；杀掉一百个人，有百倍不义，则必然有百重死罪了。对这种罪行，天下的君子都知道指责它，称它为不义。现在至于攻打别人的国家这种大不义的事，却不知道指责他的错误，反而跟着称赞它为义举。他们确实不懂得那是不义的，所以记载那些称赞征伐的话遗留给后代。假如他们知道那是不义的，又有什么理由解释记载这些不义的事，用来遗留给后代呢？

今有人于此，少见黑曰黑，多见黑曰白，则以此人不知白黑之辩矣[①]；少尝苦曰苦，多尝苦曰甘，则必以此人为不知甘苦之辩矣。今小为非，则知而非之；大为非攻国，则不知非，从而誉之，谓之义。此可谓知义与不义之辩乎？是以知天下之君子也，辩义与不义之乱也[②]。

注释

①辩：分辨。　②乱：纷乱，是非不清。

译文

假如现在这里有一个人，看见一些黑色就说是黑的，看见很多黑色却说是白的，那么人们就会认为这个人不懂得白和黑的区别。尝到一点苦味就说是苦的，尝到很多苦味却说是甜的，那么人们就会认为这个人不懂得苦和甜的区别。现在小事情做得不对，人们就都知道指责他的错误；大事情攻打别国做得不对，却不知道指责他的错误，反而跟着称赞他为正义。这可以算是懂得义与不义的区别吗？所以我从这知道天下的君子，把义与不义的区别弄得很混乱了。

非攻中

导读

这篇与《非攻上》主旨一样，只是论述更为详尽，篇幅更长。非攻是墨子最主要的政治主张之一，墨子认为战争是不义的，对国家命脉，社会生活影响巨大，通过战争获得的虽是暂时的土地和人口，但带来的却是长久的生灵涂炭，民生委靡。所以墨子在文中，极力陈述战争带来的种种恶果，并用古代的好战分子，以战亡国的例子来反复说明批驳那些为战争粉饰辩解的人，警戒统治者不要重蹈覆辙。本篇句式排比，文气冲盛，举例精当，引文经典，可谓精品。

子墨子言曰："古者王公大人为政于国家者①，情欲誉之审，赏罚之当，刑政之不过失，……"是故子墨子曰："古者有语，'谋而不得，则以往知来，以见知隐②'。谋若此可得而知矣。"

注释

①古：应为"今"字之误。 ②见：通"现"。

译文

墨子说道："现在的那些掌握着国家大政的王公大人们，如果确实希望称赞和责备都很精审，赏罚都很恰当，刑罚施政没有过失……"所以墨子说："古代有这样的话，'如果想不到，就根据过去推知未来，根据明显的事物推知隐藏微小的事情。'像这样考虑，则所谋划的必得。”

今师徒唯毋兴起[①]，冬行恐寒，夏行恐暑，此不以冬夏为者也，春则废民耕稼树艺，秋则废民获敛[②]。今唯毋废一时，则百姓饥寒冻馁而死者，不可胜数。今尝计军上[③]：竹箭、羽旄、幄幕、甲盾、拨劫[④]，往而靡弊腑冷不反者[⑤]，不可胜数。又与矛、戟、戈、剑、乘车，其列住碎折靡弊而不反者[⑥]，不可胜数。与其牛马，肥而往，瘠而反，往死亡而不反者，不可胜数。与其涂道之修远，粮食辍绝而不继[⑦]，百姓死者，不可胜数也。与其居处之不安，食饭之不时，饥饱之不节，百姓之道疾病而死者，不可胜数。丧师多不可胜数，丧师尽不可胜计，则是鬼神之丧其主后，亦不可胜数。

注释

①师徒：军队。毋：发语词。兴：发动。 ②敛：收集。 ③上：为“出”字之误。 ④牦：用牦牛尾巴做装饰的旗帜。拨：大的盾牌。劫：指马的组带铁。 ⑤腑：“腐”之假借字。冷：当作“泠”。反：通“返”。下同。 ⑥乘车：兵车。列住：为“往则”之误。 ⑦辍：停止。继：接着。

译文

现在假如军队出征，冬天行军害怕寒冷，夏天行军害怕暑热，这样就不可在冬、夏两季行军的了。一到春天出征，就会耽误百姓种植；在秋天，就会耽误百姓收获。现在荒废了一季，百姓就会因饥寒而死，人数多得不可胜数。我们现在试着计算一下：出兵时所用的竹箭、羽旄、帐幕、铠甲、大小盾牌和刀柄，拿去用后腐坏而不可使用的，又多得不可胜数；再加上戈矛、剑戟、兵车，拿去用后毁坏而不可返回的，多得数不过来；牛马带去时都很肥壮，回来时却都很瘦弱，至于死亡而不能返回的，更是多得数不过来；战争时因为道路遥远，粮食的运输难以保证，百姓因而死亡的，也多得数不清楚；战争时人民居无定所，饥饱没有规律，老百姓在道路上生病而死的，也多得数不清楚；失散的军队数不清楚，阵亡的军士更是无法统计，鬼神因此丧失后代祭祀的，也多得数不清楚。

国家发政，夺民之用，废民之利，若此甚众。然而何为为之？曰："我贪伐胜之名，及得之利，故为之。"子墨子言曰："计其所自胜，无所可用也；计其所得，反不如所丧者之多。"今攻三里之城、七里之郭，攻此不用锐，且无杀，而徒得此然也？杀人多必数于万，寡必数于千，然后三里之城、七里之郭且可得也。今万乘之国，虚数于千，不胜而入；广衍数于万，不胜而辟[①]。然则土地者，所有馀也；王民者[②]，所不足也。今尽王民之死，严下上之患[③]，以争虚城，则是弃所不足，而重所有馀也。为政若此，非国之务者也！

注释

①辟；开辟。 ②王：为"士"字之误。下同。 ③严：紧急。

译文

国家发动战争，剥夺老百姓的财用，耽误老百姓的利益，如此之多，然而为什么还去做这种事呢？他们的回答说："我贪图征伐胜利的名声，和战争所获得的利益，所以去做这种事。"墨子说："计算他自己所赢得的利益，是没有什么用处的；计算他们所得到的东西，反而不如他所失去的多。"现在进攻一个内城三里，外城七里的小城市，攻占这些地方不用精锐的部队，而且不杀伤军民，能白白地得到它吗？杀人多达上万，少的达上千，然后这内城三里，外城七里的小城市才能得到。现在拥有万辆战车的大国，数以千计的城邑，都治理不过来的；广阔平坦的土地数以万计，都开辟不过来的。既然如此，可见土地是他富余的，而人口是他所不足的。现在尽让士兵去送死，加重全国上下的负担，以争夺一座虚城，这是放弃他所不足的，而增加他所有余的。施政如此，不是治国必须做的事啊！

饰攻战者言曰："南则荆、吴之王，北则齐、晋之君，始封于天下之时，其土城之方[①]，未至有数百里也；人徒之众[②]，未至有数十万人也。以攻战之故，土地之博，至有数千里也；人徒之众，至有数百万人。故当攻战而不可为也。"子墨子言曰："虽四五国则得利焉，犹谓之非行道也。譬若医之药人之有病者然，今有医于此，和合其祝药之于天下之有病者而药之[③]。万人食此，若医四五人得利焉，犹谓之非行药也[④]。故孝子不以食其亲[⑤]，忠臣不以食其君。古者封国于天下，尚者以耳之所闻[⑥]，近者以目之所见，以攻战亡者，不可胜数。"何以知其然也？东方有莒之国者，其为国甚小，间于大国之间，不敬事于大，大国亦弗之从而爱利，是以东者越人夹削其壤地[⑦]，西者齐人兼而有之[⑧]。计莒之所以亡于齐、越之间者，以是攻战也。虽南者陈、蔡，其所以亡于吴、越之间者，亦以攻战。虽北者且不、一著何[⑨]，其所以亡于燕代、胡貊之间者，亦以攻战也。是故子墨子言曰："古者王公大人[⑩]，情欲得而恶失，欲安而恶危，故当攻战，而不可不非。"

注释

①方：通“旁”，广大。 ②人徒：人口。 ③和合：调和。祝药：药剂。 ④行药：常用药。 ⑤食：供给食物。 ⑥尚：同“上”。 ⑦壤地：土地。 ⑧兼：兼并。 ⑨且不一著何：当作“且一，不著何”。两个国名。 ⑩古：为“今”字之误。

译文

为攻伐战争辩解粉饰的人说道：“南方如楚、吴两国的国王，北方如齐、晋两国的国君，他们最初受封于天下的时候，土地城郭方圆还不到数百里，人口的总数还不到数十万。正是因为攻伐战争的缘故，才使土地扩充到数千里，人口增多到数百万。所以攻伐战争是不可以不进行的。”墨子说道：“纵使有四、五个国家因战争而得到好处，也还不能说它是正道。就好像医生给有病的人开药方一样，假如现在这里有个医生，他调和好他的药剂给天下有病的人服用。一万个人服了药，但其中只有四、五个人的病治好了，还不能说这是通行药。所以孝子不把它给父母服用，忠臣不把它给君主服用。古代在天下封国，年代久远的可听说，年代近的可亲眼看见，由于攻战而亡国的，多得数都数不清。”如何知道这些呢？东方有个莒国，这国家很小，而处于齐、越两个大国之间，对大国不礼敬，也不听从大国而获取利益，结果东面的越国来削弱他的疆土，西面的齐国来兼并占有。想想莒国被齐、越两国灭亡的原因，正是由于战争。即使是南方的陈国、蔡国，它们被吴、越两国灭亡的原因，也是因为战争。即使北方的且一、不著何国，它们被燕、代、胡、貉灭亡的原因，也是战争。所以墨子说道：“现在的王公大人如果确实想获得利益而憎恶损失，想安定而厌恶危险，所以对于攻战，是不可不反对的。”

饰攻战者之言曰："彼不能收用彼众，是故亡；我能收用我众，以此攻战于天下，谁敢不宾服哉！"子墨子言曰："子虽能收用子之众，子岂若古者吴阖闾哉？"古者吴阖闾教七年，奉甲执兵①，奔三百里而舍焉②。次注林③，出于冥隘之径④，战于柏举⑤，中楚国而朝宋与及鲁⑥。至夫差之身，北而攻齐，舍于汶上，战于艾陵，大败齐人，而葆之大山⑦；东而攻越，济三江五湖，而葆之会稽。九夷之国莫不宾服。于是退不能赏孤，施舍群萌⑧，自恃其力，伐其功，誉其智，怠于教。遂筑姑苏之台，七年不成。及若此，则吴有离罢之心⑨。越王勾践视吴上下不相得，收其众以复其仇，入北郭，徙大内⑩，围王宫，而吴国以亡。

注释

①奉：披着。兵：兵器。 ②舍：休息。 ③次：临时驻扎。 ④冥隘：古代隧道名。径：小路。 ⑤柏举：楚地名。 ⑥中：以楚地为天下之中，指吴国成天下霸主。 ⑦葆：通"保"，保全。 ⑧萌：通"氓"，指老百姓。 ⑨罢：为"披"之假借字，离散。 ⑩内：为"舟"字之误。

译文

为攻伐战争辩饰的人又说："他们不能聚集、利用他们的老百姓和士兵，所以灭亡了；我能聚集、利用我们的老百姓和士兵，因此在天下攻战，谁敢不投降归顺呢？"墨子说道："您即使能聚集、利用您的老百姓和士兵，难道还比得上古代的吴王阖闾吗？"古时的吴王阖闾训练战争七年，士卒披着甲拿着刀，奔走三百里才停止，驻扎在注林，取道冥隘的小径，在柏举大战一场，称霸楚国，并使宋国与鲁国被迫来朝见。等到吴夫差登基，向北攻打齐国，驻扎在汶上，大战于艾陵，大败齐人，迫使齐国保全在泰山；向东攻打越国，渡过三江五湖，迫使越国保全在会稽，东方各个小部落没有谁敢不归顺的。战罢班师回朝之后，不能抚恤阵亡将士的家族，也不施舍给民众利益，自己仗着自己的武力，夸大自己的功业，吹嘘自己的力智，不积极地教练士兵，于是建筑姑苏台，历时七年，尚未造成，到这时吴国人都有背叛离散之心。越王勾践看到吴国上下不融洽，就聚集他的士卒来复仇，从吴国都城的北边攻入，移走吴王的大船，围困了王宫，吴国因此而灭亡。

昔者晋有六将军，而智伯莫为强焉[①]。计其土地之博，人徒之众，欲以抗诸侯，以为英名[②]，攻战之速。故差论其爪牙之士[③]，皆列其车舟之众，以攻中行氏而有之，以其谋为既已足矣。又攻兹范氏而大败之，并三家以为一家而不止，又围赵襄子于晋阳。及若此，则韩、魏亦相从而谋曰："古者有语，'唇亡则齿寒。'赵氏朝亡，我夕从之；赵氏夕亡，我朝从之。诗曰：'鱼水不务，陆将何及乎？'[④]"是以三主之君，一心戮力，辟门除道，奉甲兴士，韩、魏自外，赵氏自内，击智伯，大败之。

注释

①莫：没有人。为：与。 ②为：成就。 ③爪牙之士：有勇力的人。 ④鱼水不务，陆将何及乎：逸诗，不见于今本诗经。务：游动。陆：陆地上。

译文

从前晋国有六位将军，其中以智伯最为强大。他觉得自己的土地广大阔，人口众多，就想要跟诸侯们抗衡，以为用攻伐的方式取得英名最快，所以指使他手下的得力战将，排列好兵船战车，攻打中行氏，并占领他的封地。他认为自己的谋略已经完备了，又去进攻范氏，打败了他，合并三家为一家却还不肯罢手，又在晋阳围攻赵襄子。到此地步，韩、魏两家也互相商议道："古时有话说，'唇亡则齿寒。'赵氏早晨灭亡，我们晚上将被消灭；赵氏晚上灭亡，我们早晨将跟随着灭亡。古诗说：'鱼在水中不努力游，一旦到了陆地，怎么还来得及呢?'"因此韩、魏、赵三家之主，同心戮力，打开城门，互通道路。令士卒们穿上铠甲出发，韩、魏两家军队从外面，赵氏军队从城内，合击智伯。智伯大败。

是故子墨子言曰："古者有语曰，'君子不镜于水[①]，而镜于人。镜于水，见面之容；镜于人，则知吉与凶。'今以攻战为利，则盖尝鉴之于智伯之事乎[②]？此其为不吉而凶，既可得而知矣。"

注释

①镜：作为镜子。 ②盖：通"盍"，何不。

译文

所以墨子说道："古话说，'君子不以水为镜子，而是以人作镜子。在水中照镜，只能照出面容；以人作镜，则可以预知吉凶。'现在若有人以为攻战有利，那么何不以智伯失败的事作前车之鉴呢？这种事的不吉而凶，已经可以知道了。"

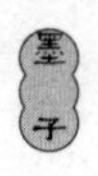

非攻下

导读

墨子《非攻下》仍然是对战争的非难，墨子一贯坚持其战争是非正义的观点，认为正确的圣王之道应该是让老百姓休养生息，不违背农时，给人们从事生产的时间，从而实现丰衣足食，国家大治。而战争只能带来农时的耽误，物质的损耗，人员的伤亡，从而使政局不稳，国家倾覆。针对非难者提出的“禹征有苗，汤伐桀，武王伐纣”而立为圣王的非难，墨子指出战争有正义和非正义的区别，正义的战争是有道征无道，不是战，而是诛。这种战争是排除于墨子论述的不义的战争之外的，所以也不能作为非难墨子的论据。正是由于雄辩的口才，清晰的逻辑，才使墨子的观点具有了极强的说服力。

子墨子言曰：今天下之所誉善者，其说将何哉？为其上中天之利[①]，而中中鬼之利，而下中人之利，故誉之与？意亡非为其上中天之利，而中中鬼之利，而下中人之利，故誉之与？虽使下愚之人，必曰：“将为其上中天之利，而中中鬼之利，而下中人之利，故誉之。”今天下之所同意者[②]，圣王之法也。今天下之诸侯，将犹多皆免攻伐并兼[③]，则是有誉义之名，而不察其实也。此譬犹盲者之与人，同命白黑之名，而不能分其物也，则岂谓有别哉！是故古之知者之为天下度也，必顺虑其意而后为之[④]。行是以动，则不疑速通。成得其所欲[⑤]，而顺天、鬼、百姓之利，则知者之道也。是故古之仁人有天下者，

必反大国之说，一天下之和，总四海之内，焉率天下之百姓以农，臣事上帝、山川、鬼神。利人多，功故又大，是以天赏之，鬼富之，人誉之，使贵为天子，富有天下，名参乎天地，至今不废。此则知者之道也，先王之所以有天下者也。

注释

①中：合。 ②意：为“义”字之误。 ③免：即“勉”。④同注②。 ⑤成：“诚”之假借字。

译文

墨子说道：当今天下人所称誉的善美，该是怎样一种说法呢？是在上能符合上天的利益，在中能符合鬼神的利益，在下能符合百姓的利益，所以大家才赞誉它呢？还是在上不能符合上天的利益，在中不能符合鬼神的利益，在下不能符合人民的利益，所以大家才赞誉它呢？即使是最笨的人，也必定会说：“是在上能符合上天的利益，在中能符合鬼神的利益，在下能符合百姓的利益，所以人们才赞誉它。”所以现在天下人所共同认为是正义的，就是圣王的法则。但现在天下的诸侯还有许多还在极力攻战兼并，就只是仅有称赞道义的虚名，而没有考察其实际。这就好像瞎子和常人一样都能说出白黑的名称，却不能辨别哪个物体是白，哪个物体是黑一样，这难道能说有辨别能力吗？所以古时的智者为天下计划，必然先考虑事情是否合乎道义，然后才去实行它。行为本着道义而开始，则号令不被怀疑而迅速通于天下。既得到了自己的愿望而又顺应上天、鬼神、百姓的利益，这才是有智慧的人所行之道。所以古时享有天下的明君，必然反对大国攻伐的说法，使天下的人都团结，统领四海，于是率领天下的老百姓务农，以臣礼事奉上天、山川、鬼神。给人利益多，功劳又大，所以上天赏赐他们，鬼神使他们富裕，人们赞赏他们，使他们贵为天子，富有天下，名声与天地同在，至今没有废止。这就是智者之道，也是先王所获得天下的原因。

今王公大人、天下之诸侯则不然。将必皆差论其爪牙之士，皆列其舟车之卒伍，于此为坚甲利兵，以往攻伐无罪之国，入其国家边境，芟刈其禾稼，斩其树木，堕其城郭[①]，以湮其沟池，攘杀其牲牷[②]，燔溃其祖庙[③]，劲杀其万民，覆其老弱，迁其重器[④]，卒进而柱乎斗[⑤]，曰："死命为上，多杀次之，身伤者为下；又况失列北桡乎哉？罪死无赦！"以惮其众[⑥]。夫无兼国覆军，贼虐万民，以乱圣人之绪。意将以为利天乎？夫取天之人，以攻天之邑，此刺杀天民，剥振神之位[⑦]，倾覆社稷，攘杀其牺牲，则此上不中天之利矣。意将以为利鬼乎？夫杀之人，灭鬼神之主，废灭先王，贼虐万民，百姓离散，则此中不中鬼之利矣。意将以为利人乎？夫杀之人为利人也博矣[⑧]！又计其费——此为周生之本，竭天下百姓之财用，不可胜数也，则此下不中人之利矣。

注释

①堕：通"隳"，毁坏。 ②牲牷（quán）：牲口。 ③燔（fán）：烧。溃：毁坏。 ④重器：国家的宝器。 ⑤柱：通"拄"。 ⑥惮：威慑。 ⑦振：为"挀"字之误，剥裂。 ⑧博：为"悖"字之误，悖谬。

译文

现在的王公大人、诸侯们则不是这样。他们必定要指使他们的得力战将，排列兵船战车的队伍，在这个时候准备用坚固的铠甲和锐利的兵器，去攻打那些无罪的国家，侵入这些国家的边境，割掉他们的庄稼，砍掉他们的树木，摧毁他们的城郭，填塞他们的沟池，夺去他们的牲畜，烧毁他们的祖庙，屠杀他们的人民，消灭他们的老弱，搬走他们的宝器，终于导致激烈的战斗，并对自己的士卒们说：“为君命而死的功劳最高，多杀敌人的第二，身体受伤的最下。至于落伍败退的呢？罪就是杀无赦！”用这些话使他的士卒害怕。兼并其他国家，覆灭敌人的军队；残杀虐待别国的百姓，这些都破坏了圣人的功业。难道将被认为是有利于上天的吗？利用上天的人民，去攻占上天的城邑，虐杀上天的人民，毁坏众神的神位，倾覆宗庙社稷，掠夺杀戮天下的牲口，那么这就对上符合上天的利益了？还将认为这样利于鬼神吗？屠杀了这些人民，就灭掉了鬼神的祭主，废灭了先王的祭祀，残害虐待民众，使百姓流离失所，那么这就在中不符合鬼神的利益了。还认为这样利于人民吗？认为杀他们的人民是利人吗？杀别人是利人也太悖误了！又计算那些费用，原都是人民的衣食根本，竭尽天下老百姓的财物，更不可胜数了，那么，这就对下不符合人民的利益了。

今夫师者之相为不利者也，曰：“将不勇，士不分，兵不利，教不习，师不众，率不利和[①]，威不圉，害之不久[②]，争之不疾，孙之不强[③]，植心不坚[④]，与国诸侯疑。与国诸侯疑，则敌生虑而意羸矣[⑤]。偏具此物，而致从事焉，则是国家失卒[⑥]，而百姓易务也。今不尝观其说好攻伐之国？若使中兴师，君子，庶人也必且数千，徒倍十万[⑦]，然后足以师而动矣。久者数岁，速者数月。是上不暇听治，士不暇治其官府，农夫不暇稼穑，妇人不暇纺绩织纴。则是国家失卒，而百姓易务也。然而又与其车马之罢毙也，幔幕帷盖，三军之用，甲兵之备，五分而得其一，则犹为序疏矣[⑧]。然而又与其散亡道路，道路辽远，粮食不继傺，食饮之时[⑨]，厕役以此饥寒冻馁疾病而转死沟壑中者，不可胜计也。此其为不利于人也，天下之害厚矣，而王公大人乐而行之，则此乐贼灭天下之万民也，岂不悖哉！今天下好战之国，齐、晋、楚、越，若使此四国者得意于天下⑩，此皆十倍其国之众，而未能食其地也，是人不足而地有馀也。今又以争地之故，而反相贼也，然则是亏不足而重有馀也。

注释

①率：疑应为“卒”。 ②害：通“曷”，指遏制。 ③孙：为“系”字之误。 ④植：立。 ⑤羸（léi）：弱。 ⑥卒：应为“率”，法度。 ⑦倍：指负担给役之人。 ⑧序疏：多余。 ⑨之：为“不”字之误。 ⑩得意：指称霸。

译文

现在率领军队的人相互认为不利的事情，就是：“将领不勇敢，兵士不振奋，武器不锐利，训练不熟练，军队不壮大，士卒不和睦，受到威胁而不能抵御，制止敌人而不能久长，战斗而不能迅速，联系民心又不强大，树立的决心不够坚定，结交的诸侯互相怀疑。与结交的诸侯相互生疑，那么敌对之心就会产生而共同对付敌人的意志就削弱了。”假如完全具备了这些不利条件而竭力从事战争，那么国家就会失去法度，百姓也就要改变本业了。现在何不试着看看那些喜欢征伐的国家？假使国家出兵发动战争，君子身分以及普通人士数以千计，负担劳役的人数十万，然后才足以组成军队而出动。战争持续时间久的数年，快的数月，这就使身居上位的人没有时间听政，官员没有时间治理他的官府之事，农民没有时间耕种，妇女没有时间纺织，那么国家就会失去法度，而百姓则要改变本业了。然而还有那些兵车战马的损失，帐幕帷盖，三军的用度，兵甲的设备，如果能够收回五分之一，这还只是一个粗略的估计。然而又如那种将士们在道路上散亡，由于道路遥远，粮食不继，饮食不时，厮役们辗转而死于沟壑中的人，又多得不可胜数。像这样不利于天下百姓、为害天下够严重了。但王公大人却乐意实行，这其实就是乐于残害天下的百姓，难道不荒唐吗？现在天下好战的国家为齐、晋、楚、越，如果让这四国称霸于天下，那么，使他们的人口增加十倍，也不能把全部土地耕种完。这是人口不足而土地有余呀！现在又因争夺土地的原因而互相残杀，既然这样，那么这就是亏损不足而增加有余了。

今逻夫好攻伐之君[①]，又饰其说，以非子墨子曰："以攻伐之为不义，非利物与？昔者禹征有苗，汤伐桀，武王伐纣，此皆立为圣王，是何故也？"子墨子言曰："子未察吾言之类，未明其故者也。彼非所谓'攻'，谓'诛'也。昔者三苗大乱，天命殛之[②]。日妖宵出，雨血三朝，龙生于庙，犬哭乎市，夏冰，地坼及泉，五谷变化，民乃大振。高阳乃命玄宫[③]，禹亲把天之瑞令，以征有苗。四电诱祇[④]，有神人面鸟身，若瑾以侍[⑤]，搤矢有苗之祥[⑥]。苗师大乱，后乃遂几。禹既已克有三苗，焉磨为山川[⑦]，别物上下，卿制大极[⑧]，而神明不违，天下乃静。则此禹之所以征有苗也。逻至乎夏王桀，天有酷命，日月不时，寒暑杂至，五谷焦死，鬼呼国，鹤鸣十夕馀。天乃命汤于镳宫：'用受夏之大命，夏德大乱，予既卒其命于天矣，往而诛之，必使汝堪之。'汤焉敢奉率其众，是以乡有夏之境，帝乃使阴暴毁有夏之城[⑨]。少少有神来告曰：'夏德大乱，往攻之，予必使汝大堪之。予既受命于天，天命融隆火于夏之城间西北之隅。'汤奉桀众以克有夏，属诸侯于薄，荐章天命，通于四方，而天下诸侯莫敢不宾服。则此汤之所以诛桀也。逻至乎商王纣，天不序其德⑩，祀用失时。兼夜中十日，雨土于薄，九鼎迁止，妇妖宵出，有鬼宵吟，有女为男，天雨肉，棘生乎国道，王兄自纵也⑪。赤鸟衔珪，降周之岐社，曰：'天命周文王，伐殷有国。'泰颠来宾，河出绿图⑫，地出乘黄。武王践功⑬，梦见三神曰：'予既沉渍殷纣于酒德矣，往攻之，予必使汝大堪之'武王乃攻狂夫，反商之周⑭，天赐武王黄鸟之旗。王既已克殷，成帝之来⑮，分主诸神，祀纣先王，通维四夷⑯，而天下莫不宾。焉袭汤之绪，此即武王之所以诛纣也。若以此三圣王者观之，则非所谓'攻'也，所谓'诛'也。"

注释

①逻（dài）：通"逮"，等到。 ②殛（jí）：诛杀。 ③乃命：后疑脱"禹于"二字。 ④四：为"雷"字之误。诱祇：为"勃振"之误，指震动。 ⑤瑾：为"谨"之误。侍：为"持"之误。 ⑥祥：为"将"字之误。 ⑦磨：为"磿"字之误。⑧卿制大极："飨制四极"之误。 ⑨阴：为"隆"字之误。暴：为"爆"之假借字。 ⑩序：为"享"字之误。 ⑪兄：同"况"。 ⑫绿：通"箓"。 ⑬践：为"缵"之假借字。⑭反：通"翻"。之：为"作"字之误。 ⑮来：为"赉"之假借字，赏赐。 ⑯维：通"于"。

译文

现在一般喜好战争征伐的国君，又粉饰巧辩他们的说法，用来非难墨子说："难道攻伐战争是不义的，没有利益的事情吗？从前大禹征讨有苗氏，汤讨伐夏桀，周武王讨伐殷纣，这些人都立为圣王，这是什么原因呢？"墨子说："您没有搞清我说的战争的类别，不明白其中的道理。他们的讨伐不叫作‘攻’，而叫作‘诛’。从前三苗大乱，上天下命令诛杀他们。太阳为妖在晚上出来，下了三天的血雨，龙在祖庙里出现，狗在街市上哭叫，夏天水结冰，土地开裂而下及泉水，五谷不能按时成熟，老百姓于是大为震惊。帝高阳氏于是在玄宫向禹授命，大禹亲自拿着天赐的符令，去征讨有苗。这时雷电大震，有一位人面鸟身的神出现，恭谨地侍立着，用箭射死了有苗的将领，苗军大乱，后来就消失了。大禹既已克制了三苗，于是就划分了山川，区别了事物的上下，节制了四方，使鬼神和人民和顺，天下于是安定。这就是大禹征讨有苗。等到夏王桀的时候，上天降下严厉的命令，日月失时，寒暑无节，五谷枯死，鬼在国都哭嚎，鹤在天上鸣叫十几个晚上。上天于是就在镳宫命令汤：‘去接替夏朝的天命，夏德大乱，我已在天上把他的命运终结，你前去消灭他，一定能取得成功。’汤于是奉命率领他的部队，向夏的边境进军。于是天帝派神暗中毁掉夏的城池。不久，有神来通告说：‘夏德大乱，去攻打他，我一定让你彻底胜利。我既已受命于上天，上天命令火神祝融在夏都城的西北角降火。’汤接受夏的百姓而战胜了夏，在薄地会合各路诸侯，表明天命，并向四面八方通告，而天下诸侯没有人敢不归顺他的。这就是汤诛灭夏。等到商王纣，上天不愿享用其德，祭祀失时。夜里出现了十个太阳，薄地上下了带泥土雨，九鼎迁移了位置，女妖在夜晚出现，鬼在晚上哭叫，有女人变为男人，天下了一场肉雨，国都大道上长满了荆棘，而纣王更加放纵自己了。有只红色的鸟口中衔着宝玉，降落在西周岐山社庙上，玉上写道：‘上天授命周文王，讨伐殷国。’贤臣泰颠来投奔帮助，黄河中浮出图箓，地下冒出乘黄神马。周武王即位，梦见三位神仙说：‘我已经使殷纣王沉湎酒乐，你去攻打他，我一定让你彻底战胜他。’武王于是去进攻纣这个狂人，灭商兴周。

上天赐给武王黄鸟之旗。武王既已战胜殷商，接受上天的赏赐，于是命令诸侯分祭鬼神，并祭祀纣的祖先，政教通于四方，而天下没有不归顺的，于是继承了汤的功业。这即是武王诛纣。如果从这三位圣王来看，他们并非‘攻战’，而叫作‘诛杀’。”

则夫好攻伐之君又饰其说，以非子墨子曰：“子以攻伐为不义，非利物与？昔者楚熊丽，始讨此睢山之间[①]，越王繄亏[②]，出自有遽，始邦于越[③]；唐叔与吕尚邦齐、晋。此皆地方数百里，今以并国之故，四分天下而有之。是故何也？”子墨子曰：“子未察吾言之类，未明其故者也。古者天子之始封诸侯也，万有余；今以并国之故，万国有余皆灭，而四国独立。此譬犹医之药万有余人[④]，而四人愈也。则不可谓良医矣。”

注释

①楚熊丽：楚国国君的名字。讨：为“封”字之误。 ②繄亏：越国开始受封时候君主的名字，即无馀。 ③邦：建邦。 ④药：医治。

译文

但是那些喜好攻伐的国君又巧辩粉饰他们的说法，用来非难墨子道：“您以为攻战为不义，难道它不是很有好处的吗？从前楚世子熊丽，最初受封于睢山之间；越王繄亏出自有遽，开始在越地建国；唐叔和吕尚分别建邦于晋国、齐国。他们当时的地方都不过数百里，现在却因为兼并其他国家的原因，这些国家把天下四分并占有，这是什么原因呢？”墨子说：“您没有搞清我说法的差别，不明白其中的道理。从前天下最初分封的诸侯，有一万多个国家；现在因为国家兼并的原因，一万多个国家都已灭亡，只有这四个国家独自存在。这好比医生给一万多人开药方，而其中只有四个人治好了，那么就不能说是良医了。”

则夫好攻伐之君又饰其说，曰：“我非以金玉、子女、壤地为不足也，我欲以义名立于天下，以德求诸侯也。”子墨子曰：“今若有能以义名立于天下，以德求诸侯者，天下之服，可立而待也。”夫天下处攻伐久矣，譬若傅子之为马然[①]。今若有能信效先利天下诸侯者，大国之不义也，则同忧之；大国之攻小国也，则同救之。小国城郭之不全也，必使修之，布粟之绝则委之[②]，币帛不足则共之。以此效大国[③]，则小国之君说。人劳我逸，则我甲兵强，宽以惠，缓易急，民必移，易攻伐以治我国，攻必倍。量我师举之费，以争诸侯之毙[④]，则必可得而序利焉[⑤]。督以正，义其名，必务宽吾众，信吾师，以此授诸侯之师[⑥]，则天下无敌矣，其为下不可胜数也[⑦]。此天下之利，而王公大人不知而用，则此可谓不知利天下之巨务矣。是故子墨子曰：“今且天下之王公大人士君子，中情将欲求兴天下之利，除天下之害，当若繁为攻伐，此实天下之巨害也。今欲为仁义，求为上士，尚欲中圣王之道，下欲中国家百姓之利，故当若‘非攻’之为说，而将不可不察者此也！”

注释

①傅子：当为“孺子”。 ②之：为“乏”字之误。委：给与。 ③效：为“校”，抗御。 ④争：为“竫”字之误，安抚。 ⑤序：为“厚”字之误。 ⑥授：为“援”字之误，取得。 ⑦其为：之后脱“利天”二字。

译文

但是喜好攻伐的国君又辩饰他的说法，说道："我并不是因为金玉、子女、土地不够而攻战，我是要在天下凭着义立名，用德行来收服各路诸侯。"墨子说："现在如果真的凭义在天下立名，以德收服诸侯的，那么天下的归顺就可以立等可取了。"天下处于战争时代已很久了，就好像把童子当作马骑一样。今天如果有能先以信义相交而利于天下诸侯的，如果大国不义，就一道考虑对付它；如果大国攻打小国，就一道前去解救它；小国的城郭不完整，必定帮它修理好；布匹粮食缺乏，就输送给他；钱财不够，就供给他。以此与大国较量，小国之君就会高兴。别人辛苦而我轻松，则我的兵力就会加强。为人宽厚而给与恩惠，以从容来代替急迫，民心必定归顺。改变攻伐政策来治理我们的国家，功效必定加倍。计算我们军队的费用，以安抚诸侯的疲弱，那么一定能获得厚利了。以公正考察别人，凭义为名，务必宽待我们的百姓，忠诚于我们的军队，以此援助诸侯的军队，那么就可以天下无敌了。这样做对天下产生的好处也就数不清了。这是天下之利，但王公大人都不懂得去运用，这可以说是不懂得有利于天下的最大要务了。所以墨子说："现在天下的王公大人士君子，如果内心确实想求得兴起天下的利益，除去天下的祸害，那么，假若频繁地进行战争，这实际上就是天下最大的祸害。现在若想行仁义，求做高尚的士人，在上要符合圣王之道，在下要符合国家百姓的利益，因而对于像'非攻'这样的主张，将不能不审慎考察的原因，就在于此。"

节用上

导读

节用是墨家学说的又一个重要内容。墨子认为，古代圣王治理天下，宫室、衣服、饮食、舟车只要够用就行了，并不追求过分的华丽和奢侈，这样就可以节省民力，使百姓富足，天下财物积聚。而现在的统治者却在这些方面穷奢极欲，追求享受奢华，不仅大量耗费百姓的民力财力，使人民生活陷于困境。而且使夫妻失时，人口减少，国家生计不继。因此，他主张凡不利于实用，不能给百姓带来利益的无用的多余消耗，都应该一概取消。

圣人为政一国，一国可倍也①；大之为政天下，天下可倍也。其倍之，非外取地也，因其国家去其无用之费，足以倍之。圣王为政，其发令、兴事、使民、用财也，无不加用而为者。是故用财不费，民德不劳②，其兴利多矣！

注释

①可倍：言获利可倍。　②德：通“得”。

译文

圣人在一个国家施政，一国的财物可以成倍的增长。大到施政于天下，天下的财物可以成倍的增长。这种财物的加倍，并不是向外争夺土地；而是根据国家情况而去掉没必要的费用，因而才能加倍。圣王施行政治，发布命令、举办事业、使用民力和财物，没有不是有益于实用才去做的。所以使用财物不浪费，民众能不辛苦，他兴起的利益就多了。

其为衣裘何[①]以为？冬以圉寒[②]，夏以圉暑。凡为衣裳之道，冬加温、夏加凊者，芊䱉不加者，去之。其为宫室何？以为冬以圉风寒，夏以圉暑雨。有盗贼加固者，芊䱉不加者，去之。其为甲盾五兵何以为？以圉寇乱盗贼。若有寇乱盗贼，有甲盾五兵者胜，无者不胜，是故圣人作为甲盾五兵。凡为甲盾五兵，加轻以利、坚而难折者，芊䱉不加者，去之。其为舟车何以为？车以行陵陆，舟以行川谷，以通四方之利。凡为舟车之道，加轻以利者，芊䱉不加者，去之。凡其为此物也，无不加用而为者。是故用财不费，民德不劳，其兴利多矣。有去大人之好聚珠玉、鸟兽、犬马，以益衣裳、宫室、甲盾、五兵、舟车之数，于数倍乎，若则不难。故孰为难倍？唯人为难倍；然人有可倍也。昔者圣王为法，曰："丈夫年二十，毋敢不处家；女子年十五，毋敢不事人。"此圣王之法也。圣王既没，于民次也[④]，其欲蚤处家者，有所二十年处家；其欲晚处家者，有所四十年处家。以其蚤与其晚相践[⑤]，后圣王之法十年，若纯三年而字[⑥]，子生可以二三年矣。此不为使民蚤处家，而可以倍与？且不然已！

注释

①何：为什么。 ②圉（yǔ）：阻止。 ③芊䱉不加：疑为"鲜且不加"之误，华丽而没有用处。 ④次：通"恣"，放肆。 ⑤践：当为"翦"，减的意思。 ⑥字：生子。

译文

他们制造衣裘是为了什么呢？冬天用它们来御寒，夏天用它们来防暑。凡是缝制衣服的原则，冬天是能增加温度、夏天是能变得凉爽，华丽而没有实际用处的就去掉它。他们建造房子是为了什么呢？冬天能抵御风寒，夏天能防御炎热和雨水。有盗贼进来能够增加防守的，就增加；不能增加的，就去掉。他们制造铠甲、盾牌和戈矛等五种兵器是为了什么呢？用来抵御外寇和盗贼。如果有外来盗贼，拥有铠甲、盾牌和五种兵器的就胜利，没有的就失败。所以圣人制造铠甲、盾牌和五种兵器。凡是制造铠甲、盾牌和五种兵器，能增加轻便锋利、坚而难折的，就增加它；华丽而没有用处的就去掉它。他们制造车、船是为了什么呢？车用来在陆地上行走，船用来行水道，以此沟通四方的利益。凡是制造车、船的原则，能增加轻快便利的，就增益它；华丽而没有实际用处的就去掉它。凡是他们制造这些东西，无一不是出于实用才去做的。所以使用财物不浪费，老百姓不劳累，他们兴起的利益就多了。又去掉王公大人所爱好搜集的珠玉、鸟兽、狗马，用来增加衣服、房屋、兵器、车船的数量，使它们增加一倍，这也是不难的。什么是难以增倍的呢？人口是难以倍增的。然而人口也有倍增的方法。古代圣王制订法则，说道：“男子年到二十，不敢不娶妻成家，女子年到十五，不许不嫁人。”这是圣王的法规。圣王既已去世，老百姓就放纵自己，那些想早点成家的，有的二十岁成家，那些想晚点成家的，到了四十岁才成家。拿早的与晚的相减，与圣王的法则差了十年。如果婚后都三年生一个孩子，就可多生两、三个孩子了。这不是使百姓早成家可使人口倍增吗？然而现在执政的人不这样做罢了。

今天下为政者，其所以寡人之道多。其使民劳，其籍敛厚，民财不足，冻饿死者，不可胜数也。且大人惟毋兴师，以攻伐邻国，久者终年，速者数月，男女久不相见，此所以寡人之道也。与居处不安，饮食不时，作疾病死者，有与侵就僾

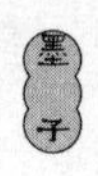

橐①，攻城野战死者，不可胜数。此不令为政者所以寡人之道、数术而起与？圣人为政特无此。不圣人为政②，其所以众人之道，亦数术而起与？故子墨子曰："去无用之费，圣王之道，天下之大利也。"

注释

①侵就偯橐（tuó）：应作"侵掠俘虏"。 ②不：为"夫"字之误。

译文

现在执政的人，他们使人口减少的原因很多。他们使百姓劳累，他们收很重的税。百姓因财用不足而冻饿死的，不可胜数。而且大人们兴师动众去攻打邻国，时间久的要一年，快的要数月，夫妇很久不能相见，这就是人口减少的根源。再加上居无定所，饮食没规律，生病而死的，以及被掳掠俘虏，攻城野战而死的，也不可胜数。这是不善于治政的人使人口减少的原因，多种手段而造成的吧！圣人施政绝对没有这种情况。圣人施政，他使人口增多的方法，也是多种手段造成的。所以墨子说：除去无用的费用，是圣明君主的道术，是天下最大的利益。

节用中

导读

本篇主要论述节约用度的道理，篇幅较短，内容具体而微。文章首段先说明古代圣王不贪于物质享受，以为百姓谋福利为己任，所以能受到万民爱戴，统一天下，匡正诸侯。接着文章详细论述了古代帝王为百姓着想，制定了饮食、服装、兵器、车辆、房屋、陵墓等各种用度的规则，一切都以实用为目标，不追求奢华和繁复，并且亲身遵循和实践这样的规则，因此古代的圣王会万民景仰，万世流芳。本篇中墨子虽然只论及了古代帝王的所作所为，并没有论及当今王公贵族的行为，但其本意仍然是希望当今的王公贵族们能够节用，效仿圣王，才能称王于天下。

子墨子言曰："古者明王圣人所以王天下、正诸侯者，彼其爱民谨忠，利民谨厚，忠信相连，又示之以利，是以终身不餍[①]，殁世而不卷[②]。古者明王圣人其所以王天下、正诸侯者，此也。"

注释

①餍：通"厌"，满足。　②卷：为"倦"，厌倦。

译文

墨子说道："古代的明王圣人所以能统一天下、匡正诸侯的原因，就是他们爱护百姓确实尽心，给与百姓的利益确实丰厚，既忠诚又有信用，明白地把利益指给百姓。所以他们终身对这事业都不厌倦，临死前还不满足。古代的明王圣人所以能统一天下、匡正诸侯的原因，即在于此。”

是故古者圣王制为节用之法，曰：“凡天下群百工，轮车鞼匏[1]，陶冶梓匠，使各从事其所能，曰：凡足以奉给民用，则止。”诸加费不加于民利者，圣王弗为。

注释

①轮、车：指造车木匠。鞼（guì）：有文采的皮革。匏（páo）：制革工匠。鞼、匏：指皮匠。

译文

所以古代圣王定下节用的法则是：“凡是天下众工匠，如造轮车的、制皮革的、烧陶器的、铸金属的、当木匠的，使每个人都从事自己所擅长的技艺，只要足以供给老百姓用就行。”而种种只增加费用而不更有利于民生的，圣王不做。

古者圣王制为饮食之法，曰：“足以充虚继气，强股肱，耳目聪明，则止。不极五味之调、芬香之和，不致远国珍怪异物。”何以知其然？古者尧治天下，南抚交阯，北降幽都，东、西至日所出、入，莫不宾服。逮至其厚爱[1]，黍稷不二，羹胾不重[2]，饭于土熘[3]，啜于土形[4]，斗以酌，俯仰周旋，威仪之礼，圣王弗为。

注释

①厚爱：指其身所受。爱：当作“受”。 ②羹：肉汤。胾（zì）：大块的肉。 ③土熘：盛饭的瓦器。 ④土形：即“土铏”，羹器。

译文

古代圣王制定饮食的法则是："只要能够充实肠胃，补充能量，强壮手脚，使耳聪目明就行了。不追求五味的调和与气味芳香，不寻找遥远国家珍贵奇怪的食物。"如何知道是这样呢？古时尧帝治理天下，向南安抚交阯，向北降服幽都，向东向西直到太阳出没的地方，没有谁敢不归顺的。等到他最大的享受，粮食不超过两种，肉汤和肉块不会重复，用土铏吃饭，用土铏喝汤，用木勺饮酒，对俯仰周旋等繁复的礼仪，圣王不去做。

古者圣王制为衣服之法，曰："冬服绀緅之衣[1]，轻且暖；夏服絺绤之衣，轻且清，则止。"诸加费不加于民利者，圣王弗为。

注释

①绀（gàn）：深青带红的颜色。緅（zōu）：红青色。

②絺（chī）：细葛布。绤（xì）：粗葛布。

译文

古代圣王制定做衣服的法则是："冬天穿深青红青色的衣服，轻便而又暖和；夏天穿细葛或粗葛布的衣服，轻便而又凉爽，这就可以了。其他种种只增加费用而不更加利于百姓的，圣王不去做。

古者圣人为猛禽狡兽暴人害民[1]，于是教民以兵行[2]。日带剑，为刺则入，击则断，旁击而不折[3]，此剑之利也[4]。甲为衣，则轻且利，动则兵且从[5]，此甲之利也。车为服重致远，乘之则安，引之则利，安以不伤人，利以速至，此车之利也。古者圣王为大川广谷之不可济，于是利为舟楫[6]，足以将之，

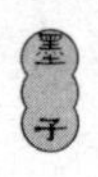

则止。虽上者三公、诸侯至，舟楫不易，津人不饰，此舟之利也。

注释

①为：因为。狡：健。 ②兵：兵器。 ③旁：别的。 ④利：好处。 ⑤兵：为“弁”字之误，为“便”字之音借，便利。 ⑥利：当为“制”，制作。

译文

古代圣王因为看到凶禽猛兽残害老百姓，于是教导百姓带着兵器行进。每日带着剑，刺东西则能刺入，砍东西则能砍断，别的器械击了也不会折断，这就是剑的好处。铠甲穿在身上，轻巧便利，行动时方便自如，这是铠甲的好处。车子能载动东西也跑得远，乘坐它很安全，拉动它也便利，车子平稳安全，便利而能迅速到达，这是车子的好处。古代圣王因为大河宽谷不能渡过，于是制造船桨，足以行驶，就可以了。即使上面的三公、诸侯到了，船桨也不加更换，掌渡人也不加装饰。这是船的好处。

古者圣王制为节葬之法，曰：“衣三领[①]，足以朽肉[②]；棺三寸[③]，足以朽骸；堀穴，深不通于泉，流不发泄，则止。”死者既葬，生者毋久丧用哀。

注释

①领：衣领，引申为衣服件数。 ②朽：腐烂。 ③棺三寸：棺木厚三寸。

译文

古代圣王制定了节葬的法则是：“衣服三件，足够使死者肉体腐烂在里面；棺木厚三寸，足够使死者骸骨腐烂在里面。掘墓穴，深不要到泉水，又不让腐气发散，就行了。”死者既已埋葬，生者不要长久服丧哀悼。

古者人之始生、未有宫室之时，因陵丘堀穴而处焉[①]。圣王虑之，以为堀穴，曰：冬可以避风寒，逮夏，下润湿，上熏烝[②]，恐伤民之气[③]，于是作为宫室而利。然则为宫室之法，将奈何哉？子墨子言曰："其旁可以圉风寒，上可以圉雪霜雨露，其中蠲洁[④]，可以祭祀，宫墙足以为男女之别，则止。"诸加费不加民利者，圣王弗为。

注释

①因：依靠。 ②熏：暖热。烝（zhēng）：热气盛。③气：指人的元气。 ④蠲（juān）：通"涓"，清洁。

译文

古代人类产生之初，还没有宫室的时候，靠着山体挖掘洞穴而居住。圣人忧虑此事，认为挖的洞穴虽然冬天可以避风寒，但一到夏天，下面潮湿，上面热气蒸发，恐怕伤害百姓的元气，于是建造房屋来方便他们。既然如此，那么建造宫室的法则应该是什么呢？墨子说道："房屋四边可以抵御风寒，屋顶可以防御雪霜雨露，房间清洁，可以祭祀祖先，壁墙高大足以分开男女，就可以了。其他各种只增加费用而不更加有利于老百姓利益的，圣王不去做。"

节葬下

导读

《节葬》篇原有三篇，现仅存一篇。节葬是墨子针对当时统治者耗费大量钱财来铺张丧葬而提出的节约主张。

墨子认为，真正的行仁义之道的君子，应该使老百姓物质生活富足，不过度役使百姓，使男女能正常交往，人口繁育，这样才能家庭和睦，国家安定。而厚葬久丧不仅大量浪费了社会财富，而且还破坏了人们的身体健康，使人们无法正常从事生产劳动，并且影响了人口的增长。特别是杀殉的风俗更是对人性的戕害。这一切可以说是有百害而无一利，并不是真正的孝道，也不符合古代圣王的传统。对于这种既对社会有害，又不符合死者利益的劣俗，必须加以废止。本文条理清晰，说理透彻，层层深入，又善于运用比喻推理，增加了文章的说服力。

子墨子言曰："仁者之为天下度也，辟之无以异乎孝子之为亲度也[①]。"今孝子之为亲度也，将奈何哉？曰：亲贫，则从事乎富之；人民寡，则从事乎众之；众乱，则从事乎治之。当其于此也，亦有力不足，财不赡，智不智[②]，然后已矣[③]。无敢舍余力，隐谋遗利，而不为亲为之者矣。若三务者[④]，孝子之为亲度也，既若此矣[⑤]。虽仁者之为天下度，亦犹此也。曰：天下贫，则从事乎富之；人民寡，则从事乎众之；众而乱，则从事乎治之。当其于此，亦有力不足，财不赡，智不智，然后已矣。无敢舍余力，隐谋遗利，而不为天下为之者矣。若三务者，此仁者之为天下度也，既若此矣。

注释

①辟：通“譬”，譬如。度：谋划。 ②第二个“智”通“知”，下同。 ③已：停止。 ④三务：指上文所说的“富”“众”“治”。 ⑤既：尽。

译文

墨子说道：“仁者为天下规划，就像孝子给双亲谋划一样没有分别。”现在的孝子为父母谋划，会怎么样呢？那就是：父母贫穷，就设法使他们富裕；家里人口不多了，就设法使其增加；人多混乱，就设法治理。当他在这样做的时候，也有能力不足、财用不够、智谋不足的时候，然后才会停止的。但没有人敢舍弃余力，隐藏谋划、遗留财物，而不为父母办事的。像上面这三件事，孝子为父母打算，已经这样了。即使仁德的人为天下谋划，也不过这样吧。即是：天下贫穷，就设法使它富裕；人民稀少，就设法使它增多；人多混乱，就设法治理。当他在这样做的时候，也有力量不足、财用不够、智力不足的时候，然后才罢了的。但没有人敢舍弃余力、隐藏谋略、遗留财物，而不为天下办事的。像上面这三件事，仁者为天下考虑，已经如此了。

今逮至昔者三代圣王既没，天下失义。后世之君子，或以厚葬久丧，以为仁也义也，孝子之事也；或以厚葬久丧，以为非仁义，非孝子之事也。曰二子者[①]，言则相非，行即相反，皆曰吾上祖述尧、舜、禹、汤、文、武之道者也。而言即相非，行即相反，于此乎后世之君子，皆疑惑乎二子者言也。若苟疑惑乎之二子者言[②]，然则姑尝传而为政乎国家万民而观之[③]。计厚葬久丧，奚当此三利者？我意若使法其言，用其谋，厚葬久丧，实可以富贫众寡、定危治乱乎！此仁也义也，孝子之事也，为人谋者，不可不劝也[4]。仁者将兴之天下，谁贾而使民誉之[5]，终勿废也。意亦使法其言，用其谋，厚葬久丧，实不可以富贫众寡、定危理乱乎！此非仁非义、非孝子之事也。为人谋者，不可不沮也。仁者将求除之天下，相废而使人非之[6]，终身勿为。且故兴天下之利[7]，除天下之害，令国家百姓之不治也，自古及今，未尝之有也。

注释

①二子：指上述两种人。　②之：这。　③传：为“傅”字之误，铺展。　④劝：勉励。　⑤谁贾：当为“设置”之误。⑥废：当为“发”，指揭示厚葬的弊端。　⑦且故：当为“是故”。

译文

到了往古三代圣王已死的今天，天下就丧失了义。后代的君子，有的把丰厚的殡葬，长时间服丧当做仁、义，认为是孝子应该做的事；有的把丰厚的殡葬，长时间服丧当做不仁、不义，不是孝子应该做的事。这两种人的言论相反，行为不同，都说：“我是效仿尧、舜，禹、汤、文王、武王的大道。”但是他们的言论相反，行为不同，于是后代的君子都对二者的说法感到疑惑。如果一旦对二人的说法感到疑惑，那么先试着把他们的主张广泛地实施于治理国家和管理人民，从而加以考察，衡量厚葬久丧在哪一方面能符合“富、众、治”三种利益。我觉得假如根据这种说法，采用他们的谋略，若厚葬久丧确实可以使贫穷的人富裕、人口少的人家人口变多，危险的变安全、作乱的得到治理，这就是仁的、义的，是孝子应做的事，替人谋划的不能不鼓励他去做。仁德的人将在天下实行它，努力宣扬并使百姓赞誉它，永不废弃。假如根据他们的说法，采用他们的计谋，若厚葬久丧确实不可以使贫穷的人富裕、人口少的家庭人口变多，危险的变安全、作乱的得到治理，这就是不仁的、不义的，不是孝子应做的事，替人谋划的不能不阻止。仁者将考虑在天下除掉它，相互揭发它，并使人们非难它，终身不去做。所以说兴起天下的大利，除去天下的公害，而使国家百姓不能得到治理的，从古至今还不曾有过。

何以知其然也？今天下之士君子，将犹多皆疑惑厚葬久丧之为中是非利害也①。故子墨子言曰："然则姑尝稽之②，今虽毋法执厚葬久丧者言，以为事乎国家。"此存乎王公大人有丧者，曰棺椁必重③，葬埋必厚，衣衾必多，文绣必繁，丘陇必巨；存乎匹夫贱人死者，殆竭家室；存乎诸侯死者④，虚车府⑤，然后金玉珠玑比乎身，纶组节约⑥，车马藏乎圹，又必多为屋幕⑦、鼎鼓、几梴⑧、壶滥、戈剑、羽旄、齿革，寝而埋之，满意⑨。若送从⑩，曰天子杀殉，众者数百，寡者数十；将军、大夫杀殉，众者数十，寡者数人。

注释

①中：符合。 ②稽：考查。 ③重：多重，指棺椁外再套棺椁。 ④原缺"存"字，据毕沅说补。 ⑤车：应为"库"。（俞樾说） ⑥纶：青丝绶带。组：丝带。节：符节。约：捆绑。 ⑦屋：通"幄"，帷幕。 ⑧梴：同"筵"，竹席。 ⑨满意：与"懑抑"同音义通。 ⑩送：为"殉"字之误。

译文

从何知道这些呢？现在天下的士君子们，对于厚葬久丧的是非利害，大多还不清楚。所以墨子说道："既然如此，那么我们就试着来考察一下现在实行厚葬久丧之人的言论，用来治理国家。”这种情况存在于王公大人中办丧事者的家中，都说棺木必须好几重，埋葬的必须深厚，死者衣服必须很多，随葬的文绣必须众多，坟墓必须高大。这种情况如果存在于一般的小民家中，那他们就要竭尽家产。诸侯死了，府库的财物也空了，然后将金玉珠宝装饰在死者身上，用丝絮组带束住尸体，把车马埋藏在圹穴中，又必定要制造很多帷幕、钟鼎、鼓、竹席、酒壶、镜子、戈、剑、羽旄、象牙、皮革，放在死者的棺椁中而埋掉，然后才满意。至于殉葬，天子、诸侯死后所杀的殉葬者，多的数百，少的数十；将军、大夫死后所杀的殉葬者，多的数十，少的数人。

处丧之法，将奈何哉？曰：哭泣不秩[①]，声翁，缞绖垂涕[②]，处倚庐，寝苫枕块[③]；又相率强不食而为饥，薄衣而为寒。使面目陷陬[④]，颜色黧黑，耳目不聪明，手足不劲强，不可用也。又曰：上士之操丧也，必扶而能起，杖而能行，以此共三年。若法若言，行若道，使王公大人行此则必不能蚤朝五官六府，辟草木，实仓廪。使农夫行此则必不能蚤出夜入，耕稼树艺。使百工行此，则必不能修舟车、为器皿矣。使妇人行此则必不能夙兴夜寐，纺绩织纴。细计厚葬，为多埋赋之财者也；计久丧，为久禁从事者也。财以成者，扶而埋之[⑤]；后得生者，而久禁之。以此求富，此譬犹禁耕而求获也。富之说无可得焉。

注释

①秩：为“迭”之假借字，停止。　②声翁：声音收敛。缞：古代麻布丧服。绖：麻的丧带，系在腰上或头上。　③倚庐：居丧时候住的房子。苫：居丧时候睡的草垫子。块：土块。

④陬：即“皱”。 ⑤扶：为“覆”之假借字。

译文

居丧的方法，又怎么样呢？就是：哭泣没有停止，穿麻布孝衣，带麻布孝带，垂下眼泪，住在守丧期所住的倚庐中，睡在草垫上，枕着土块。又互相强忍着不吃而饥饿，衣服穿得单薄而寒冷。自己面目干瘦皱纹深陷，脸色黝黑，耳朵听不清，眼睛看不见，手足没力气，这样都不能做事情。又说：上层士人守丧，必须搀扶才能起来，拄着拐杖才能走路。按此方式生活三年。如果听从这种言论，实行这种主张，王公大人这样做，那么必定不能上早朝；假如士大夫这样做，那么必定不能治理五官六府、开辟草木荒地和充实仓库；假如农夫这样做，那么必定不能早出晚归，耕作粮食；工匠这样做，那么必定不能修造船、车，制作器皿；如果妇女这样做，那么必定不能早起晚睡，去纺纱绩麻织布。仔细考虑厚葬之事，实在是大量埋葬钱财；考虑长久服丧之事，实在是长久禁止人们工作。已形成了的财物，掩在棺材里埋掉了；丧后应当生产的，又被长时间禁止。用这种做法去追求财富，就好像禁止耕田而想追求收成一样。想使他富裕是不可能实现的。

是故求以富家，而既已不可矣，欲以众人民，意者可邪？[①]其说又不可矣！今唯无以厚葬久丧者为政：君死，丧之三年；父母死，丧之三年；妻与后子死者，五皆丧之三年[②]。然后伯父、叔父、兄弟、孽子其[③]；族人五月；姑姊甥舅皆有月数，则毁瘠必有制矣[④]。使面目陷陬[⑤]，颜色黧黑，耳目不聪明，手足不劲强，不可用也。又曰上士操丧也，必扶而能起，杖而能行，以此共三年。若法若言，行若道，苟其饥约又若此矣：

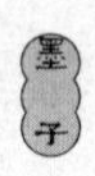

是故百姓冬不仞寒[6]，夏不仞暑，作疾病死者，不可胜计也。此其为败男女之交多矣。以此求众，譬犹使人负剑而求其寿也[7]。众之说无可得焉。

注释

①意者：或许。 ②后子：长子。五：当为“又”。 ③其：通“期”，一年。 ④毁：毁坏身体。瘠：瘦弱。 ⑤陬：面瘦。 ⑥仞：通“忍”，忍受（毕沅说）。 ⑦负：通“伏”（孙贻让说）。

译文

所以，厚葬久丧使国家富足，已经不可能了。而要以此使人口数量增加，或许可以吧？然而这种说法又是行不通的。现在用厚葬久丧的原则去治理国家，国君死了，服丧三年；父母死了，服丧三年，妻与嫡长子死了，又都服丧三年。然后伯父、叔父、兄弟、其他庶子死了服丧一年；族人死了服丧五个月；姑父母、姐姐、外甥、舅父母死了，服丧都有一定月数，那么，身体伤害和瘦损必定有制度规定了。使自己面目干瘦，颜色黝黑，耳朵听不清，眼睛看不到，手足没力气，因此不能做事情。又说：上层士人守丧，必须搀扶才能站起，拄着拐杖才能行走。按此方式生活三年。如果听从这种言论，实行这种主张，则他们饥饿节食，又像这样了。因此百姓冬天耐不住寒冷，夏天耐不住酷暑，生病而死的，不可胜数。这样就会大量地损害男女之间的交媾。以这种做法追求增加人口，就好像人被剑刃杀伤而寻求长寿一样。人口增多的说法已不可实现了。

是故求以众人民，而既以不可矣，欲以治刑政，意者可乎？其说又不可矣。今唯无以厚葬久丧者为政，国家必贫，人民必寡，刑政必乱。若法若言，行若道：使为上者行此，则不能听治；使为下者行此，则不能从事。上不听治，刑政必乱；下不从事，衣食之财必不足。若苟不足，为人弟者求其兄而不得，不弟弟必将怨其兄矣[①]；为人子者求其亲而不得，不孝子必是怨其亲矣；为人臣者求之君而不得，不忠臣必且乱其上矣。是以僻淫邪行之民，出则无衣也，入则无食也，内续奚吾[②]，并为淫暴，而不可胜禁也。是故盗贼众而治者寡。夫众盗贼而寡治者，以此求治，譬犹使人三睘而毋负己也[③]。治之说无可得焉。

注释

①弟弟：第一个“弟”，通“悌”。 ②内续奚吾：为“内积謑诟”之误，謑诟：耻辱。 ③睘：同“还”，转折。

译文

所以追求人口增多，已不可能了。想以此治理政务，也许可以吧？这种说法又是行不通的。现在以厚葬久丧的原则治理政事，国家必定贫穷，人口必定减少，刑政必然混乱。如果采用这种言论，实行这种主张，让身居上位的人这样做，就不可能治理好国家；让身在下位的人这样做，就不可能从事生产。居上位的不能治理国家，刑事政务就会混乱；在下位的不能从事生产，衣食就会不足。假若不足，做弟弟的向兄长要而得不到，不恭敬的弟弟就要怨恨兄长；做儿子的向父母要而得不到，不孝的儿子就要怨恨他的父母；做臣子的向君主要而没有得到，不忠的臣子就要叛乱君上。所以品行淫邪的百姓，出门没有衣穿，回家没有饭吃，内心积有耻辱之感，一起去做邪恶暴虐的事，多得无法禁止。因此盗贼众多而管理治安的人少。假如盗贼增多而管理治安的人减少，用这种做法寻求治理，就好像把人多次遣送回去而要他不背叛自己。厚葬久丧而使国家治理的说法已是不可实现了。

是故求以治刑政，而既已不可矣，欲以禁止大国之攻小国也，意者可邪？其说又不可矣。是故昔者圣王既没，天下失义，诸侯力征，南有楚、越之王，而北有齐、晋之君，此皆砥砺其卒伍[①]，以攻伐并兼为政于天下。是故凡大国之所以不攻小国者，积委多，城郭修，上下调和，是故大国不耆攻之[②]。无积委，城郭不修，上下不调和，是故大国耆攻之。今唯无以厚葬久丧者为政，国家必贫，人民必寡，刑政必乱。若苟贫，是无以为积委也；若苟寡，是城郭、沟渠者寡也；若苟乱，是出战不克，入守不固。

注释

①砥砺（dǐlì）：磨石，这里指训练。　②耆（zhǐ）：借为“致”，致使。

译文

所以这样使刑政得到治理，就已经不可能了。而想以此禁止大国攻打小国，也许还行得通吧？这种说法也是行不通的。从前的圣王已经消失，天下丧失了正义，诸侯用武力互相征伐。南边有楚、越两国的国王，北边有齐、晋两国的国君，这些君主都训练他们的士卒，用来发动战争兼并土地、发布命令，施政于天下。大凡大国不攻打小国的原因，是因为小国积存物质多，城郭修建得牢固，上下一心，所以大国不轻易攻打它们。如果小国没有积存物质，城郭又不牢，上下不和，所以大国就出兵攻打它们。现在用主张厚葬久丧的人来主持政务，国家必定会贫穷，人口必定会减少，刑事政务必定会混乱。如果国家贫穷，就没有什么物资可以用来积存；如果人口减少，这样修城郭、沟渠的人就少了；如果刑政混乱，这样出去战斗就不能胜利，回来就防守不牢。

此求禁止大国之攻小国也，而既已不可矣，欲以干上帝鬼神之福①，意者可邪？其说又不可矣。今唯无以厚葬久丧者为政，国家必贫，人民必寡，刑政必乱。若苟贫，是粢盛酒醴不净洁也；若苟寡，是事上帝鬼神者寡也；若苟乱，是祭祀不时度也②。今又禁止事上帝鬼神，为政若此，上帝鬼神始得从上抚之曰③："我有是人也，与无是人也，孰愈④？"曰："我有是人也，与无是人也，无择也⑤。"则惟上帝鬼神降之罪厉之祸罚而弃之，则岂不亦乃其所哉！

注释

①干：追求。 ②不时度：不按时。 ③始得：当作"殆将"，将要。 ④孰愈：哪个更好。 ⑤择：区别。

译文

用厚葬久丧来禁止大国攻打小国，既已不可能了。而想用它求得上帝、鬼神的赐福，也许可以吧？这种说法也行不通。现在让主张厚葬久丧的人主持政务，国家必定贫穷，人口必定减少，刑法政治必定混乱。如果国家贫穷，那么祭祀的酒食就不能洁净了；如果人口减少，那么拜上帝、鬼神的人就少了；如果刑政混乱，那么祭祀就不能按时了。现在又禁止敬事上帝鬼神。像这样去施政，上帝、鬼神便开始从天上责难说："我有这些人和没有这些人，哪个更好？"然后说："我有这些人与没有这些人，没有区别。"那么，即使上帝、鬼神给他们降下祸害惩罚和抛弃他们，难道不也是应得的吗？

故古圣王制为葬埋之法，曰：“棺三寸，足以朽体；衣衾三领，足以覆恶[1]。以及其葬也，下毋及泉，上毋通臭[2]，垄若参耕之亩[3]，则止矣。”死则既已葬矣，生者必无久哭，而疾而从事，人为其所能，以交相利也。此圣王之法也。

注释

①覆恶：掩盖丑陋的尸体。　②臭：腐烂的气体味道。③参：同“叁”，面积有三耦之耕，广为三尺。

译文

所以古代圣王制定埋葬的原则，就是：棺木三寸厚，足够让尸体在里面腐烂就行；衣服三件，足以掩盖可怕的尸体就行。等到下葬的时候，向下掘墓不掘到泉水深处，向上埋土不使腐臭散发就行了，坟地宽广三尺就够了。死者既然已经埋葬，活着的人就不要长时间哭，而应赶快生产，人人各尽所能，用以交相得利。这就是圣王的法则。

今执厚葬久丧者之言曰：“厚葬久丧，虽使不可以富贫[1]、众寡、定危、治乱，然此圣王之道也。”子墨子曰：“不然！昔者尧北教乎八狄[2]，道死，葬蛩山之阴，衣衾三领，穀木之棺，葛以缄之，既犯而后哭[3]，满坎无封。已葬，而牛马乘之。舜西教乎七戎，道死，葬南己之市，衣衾三领，穀木之棺，葛以缄之。已葬，而市人乘之。禹东教乎九夷，道死，葬会稽之山，衣衾三领，桐棺三寸，葛以缄之，绞之不合，通之不坎，土地之深[4]，下毋及泉，上毋通臭。既葬，收余壤其上，垄若参耕之亩，则止矣。若以此若三圣王者观之，则厚葬久丧，果非圣王之道。故三王者，皆贵为天子，富有天下，岂忧财用之不足哉！以为如此葬埋之法。”

注释

①虽使：纵使。 ②八狄：泛指北方的少数民族。 ③犯：“窆”的借音字，埋葬。 ④土：为“掘”字之误。

译文

现在坚持厚葬久丧主张的人说道：“厚葬久丧纵使不可以使贫穷的人富裕、人口少的家庭人口增加、危险的安定、混乱的得到治理，然而这还是圣王之道。”墨子说：“不是。从前尧去北方教化北方的少数民族，走在半路上死掉了，葬在蛩山的北侧。葬的时候用衣服三件，用普通的楮木做成棺材，用葛藤来束棺，棺材已入土后才哭丧，墓穴填平以后也不起坟。埋葬完毕，还可以在上面放牛放马。舜到西方去教化少数民族，走在半路上死了，葬在南己的街市旁，葬时用衣服三件，用普通的楮木做成棺材，用葛藤束棺。埋葬完毕，街上的人还可以照常行走。大禹去东方教化少数民族，走在半路上死了，葬在会稽山上，葬的衣服三件，用桐木做了厚三寸的棺材，用葛藤束住，封了口但并不密合。凿了墓道，但并不深，掘地的深度下不及地下水，上面不透腐烂的臭气。埋葬完毕，将剩余的泥土堆在上面，坟地宽广大约三尺，就行了。如果照这三位圣王来看，则厚葬久丧果真不是圣王之道。这三王都贵为天子，富有天下，难道担心财物不够吗？他们认为这样做才是葬埋的法则。”

今王公大人之为葬埋，则异于此。必大棺、中棺，革阓三操[①]，璧玉即具，戈剑、鼎鼓、壶滥、文绣、素练、大鞅万领[②]、舆马、女乐皆具，曰：必捶涂差通，垄虽凡山陵[③]。此为辍民之事，靡民之财，不可胜计也，其为毋用若此矣。

注释

①阘：为“鞼”之假借字，有花纹的皮革。操：为“累”之误。 ②大鞅万领：疑为“衣衾万领”之误。 ③虽：为“雄”字之误。凡：为“兄”字之误，即“况”。

译文

现在王公大人们葬埋，则与此不同。他们必定要用外棺和内棺，并以饰有文彩的皮带再三捆扎，璧玉都已经具备了，戈、剑、鼎、鼓、壶、镜、纹绣、白练、衣服万件、车马、女乐都具备了。还必须把墓道打实、涂好，坟墓雄伟可比山陵。这样浪费人民的时间，耗费人民的财物，多得不可胜数。厚葬久丧竟如此毫无用处。

是故子墨子曰：“乡者[①]，吾本言曰：意亦使法其言，用其谋，计厚葬久丧，请可以富贫[②]、众寡、定危、治乱乎？则仁也，义也，孝子之事也！为人谋者，不可不劝也；意亦使法其言，用其谋，若人厚葬久丧，实不可以富贫、众寡、定危、治乱乎？则非仁也，非义也，非孝子之事也！为人谋者，不可不沮也。是故求以富国家，甚得贫焉；欲以众人民，甚得寡焉；欲以治刑政，甚得乱焉；求以禁止大国之攻小国也，而既已不可矣；欲以干上帝鬼神之福，又得祸焉。上稽之尧、舜、禹、汤、文、武之道，而政逆之[③]；下稽之桀、纣、幽、厉之事，犹合节也。若以此观，则厚葬久丧，其非圣王之道也。”

注释

①乡；通“向”，以前。 ②请：通“诚”，确实。 ③政：通“正”。

译文

所以墨子说："过去，我本来说过：假如听从这种言论，采用这种计谋，考量厚葬久丧，若确实可以使贫穷的富裕、人口少的增加、危险的安定、作乱的治理，那就是仁的、义的、孝子应做的事。替人谋划者不可不鼓励他这样做。假如听从这种言论，采用这种计谋，若人们厚葬久丧，确实不可以使贫穷的富裕、人口少的增加、危险的安定、作乱的治理，那就是不仁的、不义的、不是孝子应做的事。替人谋划的不可不阻止他这样做。所以，以这种说法使国家富足而得到的只能是更加贫穷，以它增加人口而只能使得人口更加减少，用它治理国家而只能使得更加混乱，用它禁止大国攻打小国也办不到，用它祈求上帝鬼神的赐福反而只能得祸。我们就上从尧、舜、禹、汤、周文王、周武王之道来考察它，正好与这相反；下从桀、纣、周幽王、周厉王之事来考察它，倒是相符合。照这看来，则厚葬久丧不是圣王之道。"

今执厚葬久丧者言曰："厚葬久丧，果非圣王之道，夫胡说中国之君子为而不已、操而不择哉[①]？"子墨子曰："此所谓便其习、而义其俗者也[②]。"昔者越之东，有輆沭之国者，其长子生，则解而食之，谓之"宜弟"；其大父死，负其大母而弃之，曰"鬼妻不可与居处。"此上以为政，下以为俗，为而不已，操而不择，则此岂实仁义之道哉？此所谓便其习、而义其俗者也。楚之南，有炎人国者[③]，其亲戚死，朽其肉而弃之，然后埋其骨，乃成为孝子。秦之西，有仪渠之国者，其亲戚死，聚柴薪而焚之，熏上谓之"登遐"，然后成为孝子。此上以为政，下以为俗，为而不已，操而不择。则此岂实仁义之道哉？此所谓便其习而义其俗者也。若以此若三国者观之，则亦

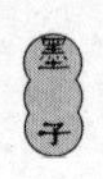

犹薄矣；若以中国之君子观之，则亦犹厚矣。如彼则大厚，如此则大薄，然则埋葬之有节矣。

注释

①择：为“释”字之误，舍弃。 ②义：为“宜”，适意。③炎：为“啖”字之误。

译文

现在坚持厚葬久丧的人说道：“厚葬久丧如果真不是圣王之道，那如何解释中原的君子，通行却不停止、坚持而不放弃呢?”墨子说道：“这就所谓的以习惯为便利、以风俗为适意”。从前，越国的东面有个輆沭国，人的头一个孩子出生后就肢解吃掉，称这种做法为有利于后面的弟弟。人的祖父死后，背着祖母扔掉，说：“鬼妻不能跟人住在一起。”这种做法是上面坚持，下面就习以为俗，通行而不停止，坚持而不放弃了。那么这难道确实是仁义之道吗？这就是所谓的习惯为便利，风俗为适宜。楚国的南面有个吃人国，此国人的双亲死后，先把肉割下来扔掉，然后再埋葬骨头，才能成为孝子。秦国的西面有个仪渠国，此国人的双亲死后，堆柴火把他烧掉。把烟气上升说成是死者“登仙”，然后才能成为孝子。上面作为定制，下面就作为风俗，通行而不停止，坚持而不舍弃，这难道确实是仁义之道吗？这就是所谓的习惯为便利，风俗为适宜。从这三国的情况来看，那么人们对丧葬也还是很简单的，从中原君子的情况来看，则又是很厚重的。像这样太厚，像那样又太薄，既然如此，那么葬埋就应当有节制。

故衣食者，人之生利也，然且犹尚有节；葬埋者，人之死利也，夫何独无节于此乎？子墨子制为葬埋之法，曰：“棺三寸，足以朽骨；衣三领，足以朽肉。掘地之深，下无菹漏[①]，气无发泄于上，垄足以期其所，则止矣。哭往哭来，反[②]，从事乎衣食之财，佴乎祭祀[③]，以致孝于亲。”故曰子墨子之法，不失死生之利者，此也。

注释

①菹：通“沮”，湿。　②反：通“返”。　③佴（èr）：帮助。

译文

所以，衣服食物是人活着时的利益，尚且崇尚节制；葬埋是人死后的利益所在，为何却独对此不加以节制呢？墨子制定葬埋的法则是：“棺材板厚三寸，能够用到尸骨腐烂就可以了；衣服三件，足以使死者的肉体在里面朽烂。掘地的深浅，以下面没有湿漏、上面没有尸臭泄出为标准。坟堆大小足以让人辨识就行了。哭着送去，哭着回来。回来以后就从事于衣食的生产，以帮助祭祀，这样向双亲尽孝道。”所以说，墨子的法则，不损害生和死两方面的利益，就是这样的了。

故子墨子言曰：“今天下之士君子，中请将欲为仁义，求为上士，上欲中圣王之道，下欲中国家百姓之利，故当若节丧之为政，而不可不察此者也[①]。”

注释

①此者：应为“者此”，此，指节葬的道理。

译文

所以墨子说：“现在天下的士人君子们，如果内心确实想行仁义，追求做高尚的人士，向上想要符合圣王之道，向下想要符合国家百姓的利益，所以就应当对以节葬来治国的道理，不能不详加考察。”

天志上

导读

《天志》分为上、中、下三篇，此为上篇。天志，就是天的意志。墨子提出一个高于人间天子的超自然的理念“天”，即不以人的意志为转移的客观物质世界及其普遍规律。墨子赋予这个客观存在以意志。所谓天的意志就是天之大德在生，天保养万物，给人类以生命，这就是正义，上天喜爱正义。天道憎恶杀戮和攻伐，这就是不义。所以墨子用天道来引导人们相互帮助、相互教导，反对人们相互攻击、相互敌视。可见，所谓的天志实在就是墨子之志。它是墨子用以和当时统治者进行斗争的一种武器。

子墨子言曰：“今天下之士君子，知小而不知大。”何以知之？以其处家者知之。若处家得罪于家长，犹有邻家所避逃之；然且亲戚、兄弟、所知识，共相儆戒[①]，皆曰：“不可不戒矣！不可不慎矣！恶有处家而得罪于家长而可为也?”非独处家者为然，虽处国亦然。处国得罪于国君，犹有邻国所避逃之；然且亲戚、兄弟、所知识，共相儆戒，皆曰：“不可不戒矣！不可不慎矣！谁亦有处国得罪于国君而可为也?”此有所避逃之者也，相儆戒犹若此其厚，况无所逃避之者，相儆戒岂不愈厚，然后可哉？且语言有之曰：“焉而晏日焉而得罪[②]，将恶避逃之?”曰：“无所避逃之。”夫天，不可为林谷幽门无人[③]，明必见之；然而天下之士君子之于天也，忽然不知以相儆戒。此我所以知天下士君子知小而不知大也。

注释

①所知识：所认识的人。儆戒：告诫，警告。　②焉而：于是。晏：天清明。　③门：当作“涧”。

译文

墨子说道：现在天下的士人君子们只明白小道理，而不明白大道理。如何知道是这样呢？从他在家的情况可以知道。如果一个人在家族中得罪了家长，他还可以跑到相邻的家族去。然而亲威、兄弟和相识的人们都相互告诫，都说：“不可不警戒呀！不可不谨慎呀！怎么会有人在家族中而得罪家长的呢？”不仅在家的情况如此，在国家中也是这样。如果在一国内而得罪了国君，还有邻国可以躲藏。然而亲威、兄弟和相识的人们彼此相互告诫，都说：“不可不警戒呀！不可不谨慎呀！怎么会有人在国内而得罪国君的呢？”这还是有地方逃的，人们相互警戒还如此严重，又何况那些没有地方可以逃的情况呢？互相告诫难道不就更加严重，然后才可以吗？而且俗语说：“在光天化日之下犯了罪，有哪些地方可以逃呢？”回答是：“没有地方可以逃。”上天不会忽视山林深谷幽暗无人的地方，他的光明一定会看得见。然而天下的士人君子对于天，却疏忽，不知道以此相互告诫。这就是我所以知道天下的士人君子只明白小道理而不明白大道理的原因。

然则天亦何欲何恶？天欲义而恶不义。然则率天下之百姓，以从事于义，则我乃为天之所欲也。我为天之所欲，天亦为我所欲。然则我何欲何恶？我欲福禄而恶祸祟[①]。若我不为天之所欲，而为天之所不欲，然则我率天下之百姓，以从事于祸祟中也。然则何以知天之欲义而恶不义？曰：天下有义则

生，无义则死；有义则富，无义则贫；有义则治，无义则乱。然则天欲其生而恶其死，欲其富而恶其贫，欲其治而恶其乱。此我所以知天欲义而恶不义也。

注释

①祟：鬼神作怪。

译文

既然这样，那么上天它喜爱什么讨厌什么呢？上天爱好正义而憎恶非正义。既然如此，那么带领天下的老百姓，去做合乎正义的事情，这就是我们在做上天所爱的事了。我们做了上天所喜欢的事，那么上天就会做我们所喜欢的事。那么我们又爱好什么、讨厌什么呢？我们喜欢富贵而讨厌祸患，如果我们不做上天所喜欢的事，而做上天所不喜欢的事，那么就是我们率领天下的百姓，把他们陷身于祸患灾殃中去了。那么如何知道上天喜爱正义而讨厌不义呢？回答说：天下的事情，正义的就生存下来，不正义的就灭亡；正义的就富有，不正义的就贫穷；正义的就治理，不正义的就混乱。既然如此，那么上天喜欢人类生存而讨厌他们灭亡，喜欢人类富有而讨厌他们贫穷，喜欢人类治理而讨厌他们混乱。这就是我所以知道上天爱好正义而憎恶不正义的原因。

曰：且夫义者，政也[①]。无从下之政上，必从上之政下。是故庶人竭力从事，未得次己而为政[②]，有士政之；士竭力从事，未得次己而为政，有将军、大夫政之；将军、大夫竭力从事，未得次己而为政，有三公、诸侯政之；三公、诸侯竭力听治，未得次己而为政，有天子政之；天子未得次己而为政，有天政之。天子为政于三公、诸侯、士、庶人，天下之士君子固明知；天之为政于天子，天下百姓未得之明知也。故昔三代圣王禹、汤、文、武，欲以天之为政于天子，明说天下之百姓[③]，故莫不刍牛羊，豢犬彘，洁为粢盛酒醴，以祭祀上帝鬼神，而求祈福于天。我未尝闻天下之所求祈福于天子者也，我所以知天之为政于天子者也。

注释

①政：通“正”。 ②次：为“恣”，放纵。 ③说：劝告。

译文

说：并且义是用来匡扶正义的。不能从下面来领导上面，必须从上面来领导下面。所以老百姓努力生产，不能擅自放纵自己，有正义之士去匡正他们；士人竭力做事，不得擅自放纵自己，有将军、大夫来匡正他们；将军、大夫竭力做事，不得擅自放纵自己，有三公、诸侯去匡正他们；三公、诸侯竭力治理国家，不得擅自放纵自己，有天子匡正他们；天子不得擅自治理国家，有上天来匡正他。天子向三公、诸侯、士、庶人发号施令，天下的士君子固然明白地知道；上天向天子发号施令，天下的老百姓却未必清楚地知道。所以从前三代的圣君禹、汤、周文王、周武王，想把上天向天子发号施令的事情，明白地告诉天下的百姓，所以大家都喂牛羊、养猪狗，洁净地预备酒食饭菜，用来祭祀上帝鬼神；向上天求得福禄。我不曾听到天下人向天子祈求福运的。这就是我所以知道上天向天子发号施令的原因。

故天子者，天下之穷贵也[①]，天下之穷富也。故于富且贵者[②]，当天意而不可不顺。顺天意者，兼相爱，交相利，必得赏；反天意者，别相恶，交相贼，必得罚。然则是谁顺天意而得赏者？谁反天意而得罚者？子墨子言曰：“昔三代圣王禹、

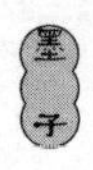

汤、文、武，此顺天意而得赏也[3]；昔三代之暴王桀、纣、幽、厉，此反天意而得罚者也。”然则禹、汤、文、武，其得赏何以也？子墨子言曰：“其事上尊天，中事鬼神，下爱人，故天意曰：‘此之我所爱[4]，兼而爱之；我所利，兼而利之。爱人者此为博焉，利人者此为厚焉。’故使贵为天子，富有天下，业万世子孙[5]，传称其善，方施天下，至今称之，谓之圣王。”然则桀、纣、幽、厉，得其罚何以也。子墨子言曰：“其事上诟天，中诟鬼，下贼人，故天意曰：‘此之我所爱，别而恶之；我所利，交而贼之。恶人者，此为之博也；贱人者[6]，此为之厚也。’故使不得终其寿，不殁其世，至今毁之，谓之暴王。”

注释

①穷：极，下同。 ②于：当作“欲”。 ③此顺天意而得赏也：据下文例，“赏”下当有“者”字（毕沅说）。 ④业之：于。 ⑤：当为“叶”，延及。 ⑥贱：为“贼”字之误。

译文

所以说天子是天下最尊贵的人，也是天下最富有的人。所以想要得到富贵的人，对天意就不可不顺从。顺从天意的人，友爱别人，互相都获得利益，必定会得到赏赐；违反天意的人，互相讨厌，互相残害，必定会得到惩罚。既然这样，那么谁顺从天意而得到恩赐呢？谁违反天意而得到惩罚呢？墨子说道：“从前三代圣王禹、汤、文王、武王，这些是顺从天意而得到恩赐的；从前三代的暴王桀、纣、幽王、厉王，这些是违反天意而得到惩处的。”既然如此，那么禹、汤、文王、武王得到恩赐是什么原因呢？墨子说：“他们所做的事，对上尊敬上天，中间敬事鬼神，对下爱护人民。所以天意说：‘这就是我所爱的，他们兼而爱之；我所利的，他们兼而利之。爱人的事，这最为博大；利人的事，这最为厚重。’所以使他们贵为天子，富有天下，子子孙孙不绝，世代相传他们的美德，教化遍布于天下，到现在还受人称赞，称他为圣王。”既然如此，那么桀、纣、幽王、厉王得到惩处又是什么原因呢？墨子说道：“他们所做的事，对上辱骂上天，中间不敬鬼神，对下残害百姓。所以天意说：‘这是我所爱的，他们却讨厌，我所利的，他们却互相损害。所谓憎恶人，以此为最大；所谓残害人，以此为最重。’所以使他们不得寿终，不得正寝。人们至今还在辱骂他们，称他们为暴王。”

然则何以知天之爱天下之百姓？以其兼而明之[①]。何以知其兼而明之？以其兼而有之。何以知其兼而有之？以其兼而食焉。何以知其兼而食焉？四海之内，粒食之民[②]，莫不刍牛羊，豢犬彘，洁为粢盛酒醴，以祭祀于上帝鬼神。天有邑人[③]，何用弗爱也[④]？且吾言杀一不辜者，必有一不祥。杀无辜者谁也？则人也。予之不祥者谁也？则天也。若以天为不爱天下之百姓，则何故以人与人相杀，而天予之不祥？此我所以知天之爱天下之百姓也。

注释

①明：成。 ②粒食之民：指吃五谷粮食的平民百姓。③邑人：指大小国家的老百姓。 ④用：因为。

译文

既然如此，那么如何知道上天爱护天下的百姓呢？因为他不加区别的让所有老百姓生存成长。怎么知道他让所有百姓都能成长生存呢？因为他能全部抚养他们。如何知道他全部抚养呢？因为他全都供给食物。怎么知道他能全都供给食物呢？因为四海之内，凡是吃谷物的人，无不喂养牛羊，圈养猪狗，洁净地做好饭菜酒食，用来祭祀上帝鬼神。老天拥有下面的百姓，怎么会不喜爱他们呢？而且我曾说过，杀了一个无辜的人，必带来一场灾祸。杀无辜人的是谁呢？是人。给人带来灾祸的是谁呢？是天。如果认为天不爱天下的百姓，那么为什么人与人互相残害，天要降给他灾害呢？这就是我所以知道的天爱护天下百姓的原因。

顺天意者，义政也；反天意者，力政也。然义政将奈何哉？子墨子言曰：处大国不攻小国，处大家不篡小家，强者不劫弱，贵者不傲贱，多诈者不欺愚。此必上利于天，中利于鬼，下利于人。三利无所不利，故举天下美名加之，谓之圣王。力政者则与此异，言非此，行反此，犹倖驰也[①]。处大国攻小国，处大家篡小家，强者劫弱，贵者傲贱，多诈欺愚。此上不利于天，中不利于鬼，下不利于人。三不利无所利，故举天下恶名加之，谓之暴王。

注释

①倖：为“偝”字之误，同“背”。

译文

顺从天意的，就是行仁义政治；违反天意的，就是用暴力治国。那么义政应该怎么做呢？墨子说：“处于大国地位的国家不攻打小国家，处于大家族地位的不掠夺小家族，强者不强迫弱者，富贵的人不看不起贫贱的人，狡诈的人不欺负愚笨的人。这就必然对上利于天，中间利于鬼，对下利于百姓。做到这三利，就会无所不利。所以把天下最好的名声加给他，称他们为圣王。而暴力政治则与此不同：他们言论非议，行动相反，犹如背道而驰。处于大国地位的国家攻伐小国，处于大家族地位的掠夺小家族，强者强迫弱者，富贵的人看不起贫贱的人，狡诈的人欺压愚笨的。这对上不利于天，中间不利于鬼，对下不利于百姓。这三者不利，就没有什么利了。所以将天下最坏的名声加给他，称之为暴王。”

子墨子言曰：“我有天志，譬若轮人之有规[①]，匠人之有矩。轮、匠执其规、矩，以度天下之方圆，曰：‘中者是也，不中者非也。’今天下之士君子之书，不可胜载，言语不可尽计[②]，上说诸侯，下说列士，其于仁义，则大相远也。何以知之？曰：我得天下之明法以度之[③]。”

注释

①轮人：制造车轮的木匠。 ②计：同“记”。 ③天下之明法：疑为“天之明法”。

译文

墨子说道：“我有了上天的意志，就好像制车轮的工匠有了圆规，木匠有了方尺。轮人和木匠拿着他们的规和尺来量度天下的方和圆，说：‘符合的就是对的，不符合的就是错的。’现在天下的士君子的书籍多得车都载不完，言语多得不能完全记录下来，对上游说诸侯，对下游说各位士人，但他们对于仁义，则相差很远。如何知道呢？回答说：我得到天的明法来度量他们。”

天志中

导读

本篇是《天志》的中篇，比上篇更为详细的论述了上天的意志，即为善可以得到上天的护佑，为恶只能得到上天的惩罚。只有遵循上天的意志，才可以使国家安定，百姓安居。文章先从一个比喻入手，为政应该是由尊贵的来统治愚贱的，这是大家都明白的道理，所以墨子由此论述上天是最尊贵最聪明的，得出天地万物世间君主都应该遵循天的意志。接着墨子从几个方面论述只有遵循天的意志，才能够使国家富足，万民合和。现在的君主如果想要成就一番伟业，就必须审慎地考察上天的意志。最后墨子用正反两方面详细的例子来论证顺从天意的上古圣王得到上天护佑，恩及子孙，万古流芳；违背天意的暴君得到惩罚，家破人亡，遗臭万年。告诫当今君王们要报答上天，顺从天意，行仁义之道。整篇文字论述清晰，说理透彻。

子墨子言曰："今天下之君子之欲为仁义者，则不可不察义之所从出。"既曰不可以不察义之所欲出[①]，然则义何从出？子墨子曰："义不从愚且贱者出，必自贵且知者出。"何以知义之不从愚且贱者出，而必自贵且知者出也？曰：义者，善政也。何以知义之为善政也？曰：天下有义则治，无义则乱，是以知义之为善政也。夫愚且贱者，不得为政乎贵且知者；然后得为政乎愚且贱者[②]。此吾所以知义之不从愚且贱者出，而必自贵且知者出也。然则孰为贵？孰为知？曰：天为贵、天为知而已矣。然则义果自天出矣。

注释

①欲：从。 ②然后：上脱“贵且智者”。

译文

墨子说道：“现在天下的君子想实行仁义，就不可不明察义是从哪里产生的。”既然说不可不明察义从何产生，那么义究竟从何产生的呢？墨子说：“义不从愚蠢而卑贱的人中产生，必定从尊贵而智慧的人中产生。”怎么知道义不从愚蠢而卑贱的人中产生，而必定从尊贵而智慧的人中产生呢？回答说：义，就是善政。如何知道义是善政呢？回答说：天下有义则治理，无义则混乱，所以知道义就是善政。愚蠢而卑贱的人，不能治理尊贵而智慧的人；只有尊贵而聪明的人，然后才可能统治愚蠢而卑贱的人。这就是我知道义不从愚蠢而卑贱的人中产生，而必定从尊贵而智慧的人中产生的原因。既然如此，那么谁是尊贵的？谁是智慧的？回答说：天是尊贵的，天是智慧的，如此而已。那么，义果然是从上天产生出来的了。

今天下之人曰：“当若天子之贵诸侯，诸侯之贵大夫，傐明知之[①]，然吾未知天之贵且知于天子也。”子墨子曰：“吾所以知天贵且知于天子者，有矣。曰：天子为善，天能赏之；天子为暴，天能罚之；天子有疾病祸祟，必斋戒沐浴，洁为酒醴粢盛，以祭祀天鬼，则天能除去之。然吾未知天之祈福于天子也。此吾所以知天之贵且知于天子者。不止此而已矣，又以先王之书驯天明不解之道也知之[②]。曰：‘明哲维天，临君下土。’则此语天之贵且知于天子。不知亦有贵、知夫天者乎？曰：天为贵、天为知而已矣。然则义果自天出矣。”是故子墨子曰："今天下之君子，中实将欲遵道利民，本察仁义之本，天之意不可不慎也[3]。"

注释

①傐：当为"确"，确实可知。 ②驯：通"训"。 ③慎：通"顺"，顺从。

译文

现在天下的人说道："天子比诸侯尊贵，诸侯比大夫尊贵，这是确然明白的。但是我不知道上天比天子还要尊贵还要聪明。"墨子说道："我知道上天比天子还要尊贵还要聪明的理由。那就是：天子做善事，上天能够赏赐他；天子行暴政，上天能惩罚他；天子有疾病灾祸，必定斋戒沐浴，洁净地准备酒食饭菜，用来祭祀上天鬼神，那么上天就能帮助他除去疾病灾祸。然而我并没有听说上天向天子祈求福运的，这就是我知道上天比天子还要尊贵还要聪明的理由。不仅如此。又从先王的训释高明而不易解说的书中可以知道，说道：'高明圣哲的只有上天，它的光辉普照大地。'这就是上天比天子还要尊贵还要聪明。不知道还有没有比上天更尊贵更聪明的呢？"回答说："天是最尊贵，天是最聪明的，如此而已，那么仁义就是从天道那里产生出来的。所以墨子说道："现在天下的君子们，如果心中确实想要实行圣王之道，以利于老百姓，就应该考察仁义的根本，天的意思不可以不谨慎地去顺从。"

既以天之意以为不可不慎已，然则天之将何欲何憎？子墨子曰："天之意，不欲大国之攻小国也，大家之乱小家也，强之暴寡，诈之谋愚，贵之傲贱，此天之所不欲也。不止此而已，欲人之有力相营[1]，有道相教，有财相分也。又欲上之强听治也[②]，下之强从事也。”上强听治，则国家治矣；下强从事，则财用足矣。若国家治，财用足，则内有以洁为酒醴粢盛，以祭祀天鬼；外有以为环璧珠玉，以聘挠四邻[③]。诸侯之冤不兴矣[④]，边境兵甲不作矣。内有以食饥息劳，持养其万民，则君臣上下惠忠，父子兄弟慈孝。故唯毋明乎顺天之意，奉而光施之天下，则刑政治，万民和，国家富，财用足，百姓皆得暖衣饱食，便宁无忧[⑤]。是故子墨子曰：“今天下之君子，中实将欲遵道利民，本察仁义之本，天之意不可不慎也。”

注释

①营：当为“劳”。 ②强：勤。 ③挠：疑为“接”之误，接待。 ④冤：怨。 ⑤便：便宜，安宁。

译文

既然认为天意不可不小心，那么天希望什么憎恶什么呢？墨子说：“天的意志，不希望大国去攻打小国，大家族去侵略小家族。强大的欺负弱小的，狡诈的算计愚笨的，尊贵的看不起卑贱的，这是天所不希望的。不仅如此，上天希望人们有能力相互帮助，有好道术相互指导，财物上相互分配；又希望身居高位的努力去办公，身居下层的努力生产。”身居高位的努力办公，那么国家就治理了，处下层的努力生产，那么财用就足够了。假若国家和家族都治理好了，财用也充足了，那么在内就有能力洁净地准备酒食饭菜，用以祭祀上天和鬼神；在外就有珠玉玉器，用以结交四方邻国。诸侯之间的仇怨不再发生了，边境上的战争也停止了。在内让饥饿的人吃饱、让劳累的人休息，保养万民，那么君臣上下就会相互施惠效忠，父子兄弟之间慈爱孝顺。所以只要明白要顺从上天的意志，广泛地推行于天下，那么刑政就会治理，万民就会和谐，财用就会富足。百姓都能得到暖衣饱食，安宁无忧。所以墨子说："现在天下的君子，如果心中确实希望走圣道、利民众，考察仁义的根本，对于天意就不可不小心。"

且夫天子之有天下也。辟之无以异乎国君、诸侯之有四境之内也[①]。今国君、诸侯之有四境之内也，夫岂欲其臣国、万民之相为不利哉！今若处大国则攻小国，处大家则攻小家，欲以此求赏誉，终不可得，诛罚必至矣。夫天之有天下也，将无已异此[②]。今若处大国则攻小国，处大都则伐小都[③]，欲以此求福禄于天，福禄终不得，而祸祟必至矣。然有所不为天之所欲，而为天之所不欲，则夫天亦且不为人之所欲，而为人之所不欲矣。人之所不欲者，何也？曰：病疾祸祟也。若已不为天之所欲，而为天之所不欲，是率天下之万民以从事乎祸祟之中也。故古者圣王，明知天鬼之所福，而辟天鬼之所憎[④]，以求兴天下之利，而除天下之害。是以天之为寒热也节，四时调，阴阳雨露也时，五谷孰[⑤]，六畜遂，疾灾、戾疫、凶饥则不至。是故子墨子曰："今天下之君子，中实将欲遵道利民，本察仁义之本，天意不可不慎也。"

注释

①辟：通"譬"，好比。 ②已：同"以"。 ③都：城市。④辟：通"避"，避开。 ⑤孰；通"熟"。

译文

天子拥有天下，就好像国君、诸侯拥有整个国家一样。现在国君、诸侯拥有整个国家，难道希望他的民众互相做不利的事情吗？现在如果处于大国地位的攻打小国，处于大家族地位的攻打小家族，想以此来得到赏赐和美名，终究是做不到，反而杀戮和惩罚必然来临。上天拥有天下，与此也没有区别。现在比如处于大国地位的就攻打小国，处于大都城地位的就攻打小都城，想以此来向天祈求富贵幸福，终究得不到什么，反而祸殃必然来到。如果大家不做上天所希望的事，而做上天所不希望的事，那么天也就不做人所希望的事，而做人所不希望的事。人所不希望的是什么呢？是疾病和灾祸。如果自己不做上天所希望的，而做上天所不希望的，这是带领天下的百姓，陷身灾害之中。所以古时的圣王，明白地知道上天、鬼神所福佑的，而避免上天、鬼神所憎恶的，以追求兴起天下的利益，除掉天下的祸害。所以天安排寒暑有规律，四时气候调合，阴阳雨露合于时令，五谷成熟，六畜多多生长，而疾病灾祸瘟疫凶饥不会到来。所以墨子说道："现在天下的君子，如果心中希望对人民有利，就应该考察仁义的根本，对天的意志不可不谨慎！"

且夫天下盖有不仁不祥者，曰：当若子之不事父，弟之不事兄，臣之不事君也，故天下之君子，与谓之不祥者。今夫天，兼天下而爱之，撽遂万物以利之[①]，若豪之末，非天之所为也[②]，而民得而利之，则可谓否矣[③]。然独无报夫天，而不知其为不仁不祥也。此吾所谓君子明细而不明大也。

注释

①撽：当为"邀"，与"交"通。遂：育。　②非：上脱"莫"字。　③否：为"丕"字之误。

译文

而且天下大概有不仁不祥的人，比如儿子不孝顺父亲，弟弟不尊敬兄长，臣子不服事君主，所以天下的君子都称他们为不祥的人。现在上天对天下万物都平等对待照顾而爱，养育成了万物而使天下百姓得利，即使像毫毛一样微小的好处，也都是上天所为的，而老百姓得到利益的，就可以说是更大的了。然而人们唯独不知道去报答上天，而且也不知道做那些不仁义的事情是不祥的。这就是我所说的君子明白小的道理而不明白大的道理。

且吾所以知天之爱民之厚者，有矣。曰：以磨为日月星辰[①]，以昭道之；制为四时春秋冬夏，以纪纲之；雷降雪霜雨露[②]，以长遂五谷丝麻[③]，使民得而财利之；列为山川溪谷，播赋百事[④]，以临司民之善否；为王公侯伯，使之赏贤而罚暴，贼金木鸟兽[⑤]，从事乎五谷丝麻，以为民衣食之财，自古及今，未尝不有此也。今有人于此，欢若爱其子，竭力单务以利之[⑥]，其子长，而无报子求父[⑦]，故天下之君子，与谓之不仁不祥[⑧]。今夫天，兼天下而爱之，撽遂万物以利之，若豪之末，非天之所为，而民得而利之，则可谓否矣。然独无报夫天，而不知其为不仁不祥也，此吾所谓君子明细而不明大也。

注释

①磨：为“磿”字之误，分别。 ②雷：当为“賈”，与“陨”同，陨落。 ③长遂：长成。 ④播：传布。百事：百官。 ⑤贼；为“赋”字之误，给与。 ⑥单：通“殚”，竭尽。 ⑦报子求父：为“报于其父”之误。 ⑧与：同“举”，全部。

译文

而且我之所以知道上天厚爱老百姓的原因也是大有道理的，即上天区别日月星辰，照耀天下，制定四季春夏秋冬，作为人民生活的纪纲，降下霜雪雨露，用来生长、成熟五谷丝麻，使老百姓得到物质财用；又陈列山川溪谷，设立百官从事各种事业，用以监察百姓的好坏；分别设立王、公、侯、伯这些爵位，使他们奖励贤德的人而惩罚暴力，给与人民金木鸟兽，来从事五谷丝麻的生产，以为百姓的衣食所需，从古到今，没有不是如此的。假如现在这里有一个人，喜欢珍爱他的孩子，全部精力，一切事务，都为了有利于孩子成长。他的儿子长大后却不报答父亲，所以天下的君子都说他不仁义不祥和。现在上天对天下不加区别的爱，养育万物以利于百姓，哪怕像毫毛的末端一样小的事情，也没有不是上天所做的，百姓得到的好处，可以说够多了。然而人们不报答天，却不知这是不仁义和不祥和的。这就是我所说的君子知道小的道理而不知道大的道理。

且吾所以知天爱民之厚者，不止此而足矣。曰：杀不辜者，天予不祥。不辜者谁也[①]？曰：人也。予之不祥者谁也？曰：天也。若天不爱民之厚，夫胡说人杀不辜而天予之不祥哉？此吾之所以知天之爱民之厚也。

注释

①不：上脱“杀”字。

译文

而且我之所以知道上天爱民深厚的原因，还不仅仅如此。凡杀戮无辜的人，上天必定带给他不祥。杀掉无辜的是谁呢？是人。给予不祥的是谁呢？是天。如果上天不厚爱人，那为什么人杀了无辜而降给他不祥呢？这就是我用以知道上天爱民深厚的理由。

且吾所以知天之爱民之厚者，不止此而已矣。曰：爱人利人，顺天之意，得天之赏者有之；憎人贼人，反天之意，得天之罚者亦有矣。夫爱人、利人，顺天之意，得天之赏者，谁也？曰：若昔三代圣王尧、舜、禹、汤、文、武者是也。尧、舜、禹、汤、文、武，焉所从事[①]？曰：从事“兼”，不从事“别”。兼者，处大国不攻小国，处大家不乱小家，强不劫弱，众不暴寡，诈不谋愚，贵不傲贱；观其事，上利乎天，中利乎鬼，下利乎人，三利无所不利，是谓天德。聚敛天下之美名而加之焉，曰：“此仁也，义也。爱人、利人，顺天之意，得天之赏者也。”不止此而已，书于竹帛，镂之金石，琢之盘盂，传遗后世子孙，曰：“将何以为？将以识夫爱人、利人，顺天之意，得天之赏者也。”《皇矣》道之曰[②]：“帝谓文王，予怀明德[③]，不大声以色，不长夏以革，不识不知，顺帝之则。”帝善其顺法则也，故举殷以赏之，使贵为天子，富有天下，名誉至今不息。故夫爱人、利人，顺天之意，得天之赏者，既可得留而已[④]。

注释

①焉：怎么。 ②《皇矣》：《诗经·大雅》篇名。 ③怀：怀念。 ④留；为“智”字之误，即“知”。

译文

而且我之所以知道上天爱民深厚的理由，还不仅于此。因为爱人利人，顺从天意，得到上天赏赐的人，是有的；憎人害人，违反天意，得到上天惩罚的人，也是有的。爱人利人，顺从天意，而得到上天赏赐的是谁呢？回答说：从前三代的圣王尧、舜、禹、汤、文王、武王就是。尧、舜、禹、汤、文王、武王从事了哪些好的事情呢？回答说：实行“兼”，不实行“别”。所谓兼，就是处在大国地位的不攻打小国，处在大家族地位的不侵扰小家族，强大的不欺负弱小的，人多的不侵略人少的，狡诈的不算计愚笨的，尊贵的不看不起卑贱的。考察他们的行为，在上有利于天，中间有利于鬼神，在下有利于老百姓，三者有利，就没有什么不利的，这就是天的美德。于是人们把天下的美名都加到他们身上，说："这是仁，是义。是爱人利人，顺从天意，因而得到上天的赏赐的人。"不仅这样，又把他们的事迹写在竹简丝帛上，刻到金石上，雕到盘子盂皿上，传给后世子孙们。这是为什么呢？为了使人们记住爱人利人，顺从天意，得到上天的赏赐的人。《皇矣》说道："天帝告诉文王，我思念有光明美德的人，他不虚张声色说大话，也不崇尚夸饰与变革。好像什么也不知道，但只遵循上帝的法则。"天帝赞赏文王顺从法则，所以把殷商的天下赏赐给他，使他贵为天子，富有天下，美名至今流传不止。所以爱人利人，顺从天意，得到上天赏赐的人，就已经可以知道了。

夫憎人、贼人，反天之意，得天之罚者，谁也？曰：若昔者三代暴王桀、纣、幽、厉者是也。桀、纣、幽、厉，焉所从事？曰：从事别，不从事兼。别者，处大国则攻小国，处大家则乱小家，强劫弱，众暴寡，诈谋愚，贵傲贱；观其事，上不利乎天，中不利乎鬼，下不利乎人，三不利无所利，是谓天贼。聚敛天下之丑名而加之焉，曰："此非仁也、非义也。憎人、贼人，反天之意，得天之罚者也。"不止此而已，又书其事于竹帛，镂之金石，琢之盘盂，传遗后世子孙，曰将何以为？将以识夫憎人、贼人，反天之意，得天之罚者也。《太誓》之道之曰："纣越厥夷居[①]，不肯事上帝，弃厥先神祇不祀，乃曰：'吾有命。'无廖僔务天下[②]，天亦纵弃纣而不葆。"察天以纵弃纣而不葆者，反天之意也。故夫憎人、贼人，反天之意，得天之罚者，既可得而知也。

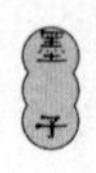

注释

①越厥：发语词，无义。夷居：傲慢。 ②无廖僔务：当作“无戮其务”。不详。

译文

那憎恶人祸害人，违反天的意志，得到上天惩罚的，又是谁呢？回答说：如从前三代的暴君桀、纣、幽王、厉王就是。桀、纣、幽王、厉王都做了什么呢？回答说：他们从事“别”，不从事“兼”。别，就是处于大国地位的攻打小国，处于大家族地位的侵略小家族，强大的掠夺弱小的，人多的欺负人少的，狡诈的算计愚笨的，尊贵的看不起卑贱的。考察他们的行为，对上不利于天，中间不利于鬼神，对下不利于老百姓，这三者都无所得利也就没有什么利益可得了，这就是祸害上天。人们把天下的丑名都加到他们头上，说：“这是不仁、不义，是憎恶人残害人，违反上天的意志，被上天惩罚的人。”不仅如此，又将这些事迹写在简帛上，刻在金石上，雕在盘盂上，传给后世的子孙，为什么这样做呢？将使人们永远记住憎恶人残害人，违反天意，得到上天惩罚的人。《尚书·泰誓》说道：“纣傲慢无礼，不肯对上帝恭敬，抛弃他的祖先与天地神仙不祭祀，竟说：‘我有天命。’不努力从事政治，天帝也抛弃纣而不去保佑他。”考察上天抛弃纣而不去保佑他的原因，就是他违反了天意。所以憎恶人残害人，违反天意，得到上天惩罚的人，已经可以知道了。

是故子墨子之有天之[①]，辟人无以异乎轮人之有规，匠人之有矩也。今夫轮人操其规，将以量度天下之圆与不圆也，曰：“中吾规者，谓之圆；不中吾规者，谓之不圆。”是以圆与不圆，皆可得而知也。此其故何？则圆法明也。匠人亦操其矩，将以量度天下之方与不方也，曰："中吾矩者，谓之方，不中吾矩者，谓之不方。"是以方与不方，皆可得而知之。此其故何？则方法明也。故子墨子之有天之意也，上将以度天下之王公大人为刑政也，下将以量天下之万民为文学[②]、出言谈也。观其行，顺天之意，谓之善意行；反天之意，谓之不善意行。观其言谈，顺天之意，谓之善言谈；反天之意，谓之不善言谈。观其刑政，顺天之意，谓之善刑政；反天之意，谓之不善刑政。故置此以为法，立此以为仪[③]，将以量度天下之王公大人、卿、大夫之仁与不仁，譬之犹分黑白也。

注释

①之：旧本作"志"。 ②为文学：这里指写文章。 ③仪：法则。

译文

所以墨子认为有天志，就好像制轮的人有圆规，木匠有方尺一样。现在轮匠拿着他的圆规，用来度量天下圆与不圆的，说："符合圆规的，就是圆；不符合圆规的，就是不圆。"因此圆和不圆，都是可以知道的。这其中的原因是什么呢？是因为确定圆的规则十分明确。木匠拿着他的方尺，用来度量天下的方与不方，说："符合我方尺的就是方，不符合我方尺的，就是不方。"因此方与不方，都是可以知道的。这其中是什么原因呢？是因为确定方的规则十分明确。所以墨子认为天有意志，对上可以度量天下的王公大人施行政事的好坏，对下可以度量天下的老百姓写文字与发布言论的好坏。观察他们的行为，顺从天意的，就叫作好的意识行为；违反天意的，就叫作不好的意识行为。观察他们的言论，顺从天意的，就叫作好的言论，违反天意的，就叫作不好的言论。观察他们的刑法政治，顺从天意的，就叫作好的刑法政治；违反天意的，就叫作不好的刑法政治。所以把天志设为法则，立为标准，拿它来度量天下王公大人、卿、士大夫的仁与不仁，就好像分别黑白一样明白。

是故子墨子曰："今天下之王公大人、士君子，中实将欲遵道利民，本察仁义之本，天之意不可不顺也。顺天之意者，义之法也。"

译文

所以墨子说："现在天下的王公大人士君子，如果心中确实想走正道，利百姓，就应考察仁义的根本，对天意就不可不顺从。顺从天意，就是仁义所要求的法则。"

天志下

导读

此篇是《天志》的下篇，文字中有一些脱漏，但主旨明确，都是讲上天的意志是世间的最高法则，不能违背。此篇篇幅较长，但善于运用比喻说明道理。首先墨子举出人们明白处于家族中违背家长的意志犹有别的家族可以逃避和处于国家中违背国君的意志犹有别的国家可以前往的道理，却不明白违背天的意志却无处可逃的例子来说明当今的君子士人们并不真正明白大的道理，从而告诫他们要谨慎对待天的意志。接着文中列举了大家明白窃人桃李、杀人越货等不劳而获的行为应当受到人们的非议和惩罚，却不明白那些发动战争，实施暴政的人杀人无数才是罪过万千。士人君子们反而把这自诩为正义的行为，实在是昏聩，必须加以警戒，否则将受到天道的惩罚。正是用了这些鲜明的对比墨子才有力地论证了他的观点，即只有顺从上天的意志，才是真正的人间正义。

子墨子言曰："天下之所以乱者，其说将何哉？则是天下士君子，皆明于小而不明于大。"何以知其明于小不明于大也？以其不明于天之意也。何以知其不明于天之意也？以处人之家者知之。今人处若家得罪，将犹有异家所以避逃之者；然且父以戒子，兄以戒弟，曰："戒之！慎之！处人之家，不戒不慎之，而有处人之国者乎？"今人处若国得罪，将犹有异国所以避逃之者矣；然且父以戒子，兄以戒弟，曰："戒之！慎之！

处人之国者，不可不戒慎也。”今人皆处天下而事天，得罪于天，将无所以避逃之者矣；然而莫知以相极戒也[①]。吾以此知大物则不知者也。

注释

①极：即“儆”，通“警”，告诫，警告。

译文

墨子说道：“天下混乱的原因是什么呢？是天下的士人君子们，只明白小的道理而不明白大的道理。”从哪里知道他们只明白小的道理而不明白大的道理呢？从他们不明白天的意志就可推断出。怎么知道他们不明白天的意志呢？根据他们在家族中的情况可以推断。假如现在有人在家族中得了罪了家长，他还有别的家族可以躲藏，然而父亲还是告诫儿子，兄长还是告诫弟弟，说：“警戒呀！谨慎呀！在家族中不可不警戒不谨慎，还能处身于别人的国中么？”假如现在有人在国中得罪了国君，还有别的国家可以躲藏，然而父亲还是告诫儿子，兄长还是告诫弟弟，说：“警戒呀！谨慎呀！在国中不可不警戒谨慎呀！”现在的人都身处天下，侍奉上天，如果得罪了上天，就没有地方可以躲藏了。然而却没有人知道以此来互相警戒。我因此才知道他们对大道理不明白。

是故子墨子言曰：“戒之慎之，必为天之所欲，而去天之所恶。”曰：天之所欲者，何也？所恶者，何也？天欲义而恶其不义者也。何以知其然也？曰：义者，正也。何以知义之为正也？天下有义则治，无义则乱，我以此知义之为正也。然而正者，无自下正上者，必自上正下。是故庶人不得次己而为正[①]，有士正之；士不得次己而为正，有大夫正之；大夫不得次己而为正，有诸侯正之；诸侯不得次己而为正，有三公正之；三公不得次己而为正，有天子正之；天子不得次己而为政，有天正之。今天下之士君子，皆明于天子之正天下也，而不明于天之正天子也。

注释

①次：即“恣”，放纵，下同。

译文

所以墨子说道：“警戒呀！谨慎呀！一定要做上天所希望的，除去上天所厌恶的。”上天所希望的是什么呢？所厌恶的又是什么呢？上天希望的是正义而厌恶的是不义。怎么知道是这样的呢？因为义就是正道。怎么知道义就是正道呢？天下有义就得到治理，天下无义就变得混乱，我因此知道义就是正道。然而所谓正，不能用下层来匡正上层，必须用上层来匡正下层。所以庶民百姓不能随意放纵自己去做事，有士人来匡正他；士人不得随意去做事情，有大夫来匡正他；大夫不得随意去做事情，有诸侯去匡正他；诸侯不得随意去做事情，有三公来匡正他；三公不得随意去做事情，有天子匡正他；天子不得随意去做事情，有上天来匡正他。现在天下的士人君子对于天子匡正天下的道理都很明白，但对上天匡正天子的道理却不明白。

是故古者圣人，明以此说人，曰：“天子有善，天能赏之；天子有过，天能罚之。”天子赏罚不当，听狱不中，天下疾病祸福，霜露不时，天子必且刍豢其牛羊犬彘[①]，洁为粢盛酒醴，以祷祠祈福于天，我未尝闻天之祷祈福于天子也。吾以此知天之重且贵于天子也。是故义者，不自愚且贱者出，必自贵且知者出。曰：谁为知？天为知。然则义果自天出也。今天下之士

君子之欲为义者，则不可不顺天之意矣！

注释

①刍豢：喂养。

译文

所以古代的圣人明白地将此道理告诉人们，说："天子做了善事，上天能够奖赏他；天子犯了错误，上天能够惩罚他。"如果天子赏罚不当，刑罚不公，天就会降下疾病灾祸，霜露不按时。这时天子必须要喂养牛羊猪狗，洁净地准备饭菜酒食，去向上天祭祀，祷告，祈福。但我从来就没有听说过上天向天子祷告和祈福的。我由此知道上天比天子还要尊贵、重要。所以正义不从愚蠢而卑贱的人中产生，必定从尊贵而聪明的人中产生。那么谁是聪明的？上天是聪明的。既然如此，那么正义果真是上天产生的。现在天下的士人君子们希望施行正义的话，那么就不可不顺从天意。

曰：顺天之意何若？曰：兼爱天下之人。何以知兼爱天下之人也？以兼而食之也。何以知其兼而食之也？自古及今，无有远灵孤夷之国[①]，皆刍豢其牛羊犬彘，洁为粢盛酒醴，以敬祭祀上帝、山川、鬼神，以此知兼而食之也。苟兼而食焉，必兼而爱之。譬之若楚、越之君：今是楚王食于楚之四境之内，故爱楚之人；越王食于越，故爱越之人。今天兼天下而食焉，我以此知其兼爱天下之人也。

注释

①远灵孤夷：应为"远夷蔷孤"，"蔷"通"零"，零落。

译文

顺从上天的意志应该怎样做呢？回答是：兼爱天下的人。凭什知道兼爱天下的人呢？凭上天对所有老百姓的祭祀全都享用。怎么知道上天是兼爱大家而享受所有人的祭品的呢？从古到今，无论如何遥远偏僻的国家，都喂养牛羊狗猪，洁净地准备饭菜酒食，用以祭祀山川、上帝、鬼神，由此知道上天对所有老百姓都是兼爱而且享受天下人的祭品。假如享有大家的祭品，必定会爱所有人，就好像楚、越的国君一样。现在楚王在楚国四境之内享用食物，所以爱楚国的人。越王在越国享用食物，所以爱越国的人。现在上天对天下百姓都享用祭品，因此我知道它爱天下的人。

且天之爱百姓也，不尽物而止矣。今天下之国，粒食之民，杀一不辜者，必有一不祥。曰："谁杀不辜？"曰："人也。""孰予之不辜？"[①]曰："天也。"若天之中实不爱此民也，何故而人有杀不辜、而天予之不祥哉？且天之爱百姓厚矣，天之爱百姓别矣，既可得而知也。何以知天之爱百姓也？吾以贤者之必赏善罚暴也。何以知贤者之必赏善罚暴也？吾以昔者三代之圣王知之。故昔也三代之圣王，尧、舜、禹、汤、文、武之兼爱之天下也。从而利之，移其百姓之意焉，率以敬上帝、山川、鬼神。天以为从其所爱而爱之，从其所利而利之，于是加其赏焉，使之处上位，立为天子以法也，名之曰圣人。以此知其赏善之证。是故昔也三代之暴王，桀、纣、幽、厉之兼恶天下也，从而贼之，移其百姓之意焉，率以诟侮上帝、山川、鬼神。天以为不从其所爱而恶之，不从其所利而贼之，于是加其罚焉。使之父子离散，国家灭亡，抎失社稷[②]，忧以及其身。

是以天下之庶民，属而毁之，业万世子孙继嗣，毁之贲，不之废也，名之曰失王。以此知其罚暴之证。今天下之士君子欲为义者，则不可不顺天之意矣。

注释

①不幸：据上文当为“不详”（孙诒让说）。②抎：坠落。

译文

而且上天爱护百姓，还不仅如此而已。现在天下的国家，吃粮食的小民，杀了一个无辜的人，必有一种不祥的后果，说：谁杀了无辜的人？回答说：“是人。”给他不祥的是谁呢？“是天”。假若上天内心确实不爱护这些百姓，那为什么在人杀了无辜之后，天要给他不吉祥的事情呢？并且上天爱护百姓是很深厚的，上天爱护百姓是有区别的，这已经可以知道了。如何知道上天是爱护百姓呢？我从贤者奖励善行，惩罚暴政得知。怎么知道贤者必然奖赏善行，惩罚暴政呢？我从从前三代圣王的事迹得知。从前三代的圣王尧、舜、禹、汤、文王、武王兼爱天下，从而造福人民，改变百姓的心意，率领他们敬奉上帝、山川、鬼神。上天因为他们爱自己所爱的人，利自己所利的人，于是加重对他们的赏赐，使他们居于上位，立为天子奉为表率，称之为圣人。这是奖赏善行的证据。从前三代的暴君，如桀、纣、幽王、厉王等，憎恶天下人，残害他们，改变百姓的心意，率领他们侮辱怠慢上帝、山川、鬼神，天因为他们不跟从自己的所爱而憎恶他们，不跟从自己的所利而残害他们，于是对他们加以惩罚，使他们父子离散，国家灭亡，丧失社稷，忧及本身。而天下的百姓也都非议他们，到了子孙万世以后，仍然受人们的唾骂，称他们为失政之王，这就是惩罚暴政的明证了。现今天下的士人君子，若要行事合乎道义，就不可不顺从天意。

曰：顺天之意者，兼也；反天之意者，别也。兼之为道也，义正；别之为道也，力正。曰："义正者，何若？"曰：大不攻小也，强不侮弱也，众不贼寡也，诈不欺愚也，贵不傲贱也，富不骄贫也，壮不夺老也。是以天下之庶国，莫以水火、毒药、兵刃以相害也。若事上利天，中利鬼，下利人，三利而无所不利，是谓天德。故凡从事此者，圣知也，仁义也，忠惠也，慈孝也，是故聚敛天下之善名而加之。是其故何也？则顺天之意也。曰："力正者，何若？"曰：大则攻小也，强则侮弱也，众则贼寡也，诈则欺愚也，贵则傲贱也，富则骄贫也，壮则夺老也。是以天下之庶国，方以水火、毒药、兵刃以相贼害也①。若事上不利天，中不利鬼，下不利人，三不利而无所利，是谓之贼。故凡从事此者，寇乱也，盗贼也，不仁不义，不忠不惠，不慈不孝，是故聚敛天下之恶名而加之。是其故何也？则反天之意也。

注释

①方：并。

译文

说：顺从上天的意愿，就是"兼"；违反上天的意愿，就是"别"。实行"兼"的道理，就是用正义来治理国家；别的道理，就是用暴力统治。如果问道："用正义来治理国家是什么样呢？"回答说：大的国家不攻打小的国家，强大的不欺侮弱小的，人多的不残害人少的，狡诈的不欺骗愚笨的，尊贵的不轻蔑卑贱的，富足的不蔑视贫困的，年壮的不抢劫年老的。所以天下众多的国家，不用水火、毒药、刀兵相互杀害。这种事上利于天，中利于鬼，下利于人。三者有利，就无所不利，这就叫作天德。所以凡从事于这种政治的，就是圣明智慧、仁厚正义、忠诚宽惠、慈爱

孝顺的人，所以老百姓聚集天下的好名声加到他身上。这是什么缘故呢？就是因为他们能顺从天意。问道："力政是什么样呢？"回答说：大国攻打小国，强的欺侮弱的，人多的残害人少的，狡诈的欺骗愚笨的，尊贵的轻蔑卑贱的，富裕的看不起贫困的，年壮的抢夺年老的，所以天下众多的国家，一齐拿着水火、毒药、刀兵来相互残害。这种事上不利于天，中不利于鬼，下不利于人，三者不利就无所得利，所以称他们为天下的祸害。凡从事于这些事的，就是造反作乱的祸害、是强盗，窃贼、不仁不义、不忠不惠、不慈不孝，所以老百姓聚集天下的恶名全加在他们头上。这是什么缘故呢？就是因为他们违反了天意。

故子墨子置立天之以为仪法[①]，若轮人之有规，匠人之有矩也。今轮人以规，匠人以矩，以此知方圆之别矣。是故子墨子置立天之，以为仪法，吾以此知天下之士君子之去义，远也！何以知天下之士君子之去义远也？今知氏大国之君宽者然曰[②]："吾处大国而不攻小国，吾何以为大哉？"是以差论蚤牙之士，比列其舟车之卒[③]，以攻罚无罪之国，入其沟境，刈其禾稼，斩其树木，残其城郭，以御其沟池[④]，焚烧其祖庙，攘杀其牺牷。民之格者，则劲拔之[⑤]，不格者，则系操而归[⑥]，丈夫以为仆圉、胥靡，妇人以为舂酋。则夫好攻伐之君，不知此为不仁义，以告四邻诸侯曰："吾攻国覆军，杀将若干人矣。"其邻国之君，亦不知此为不仁义也，有具其皮币，发其緫处[⑦]，使人飨贺焉。则夫好攻伐之君，有重不知此为不仁不义也，有书之竹帛，藏之府库，为人后子者，必且欲顺其先君之行，曰："何不当发吾府库，视吾先君之法美？"必不曰"文、武之为正者，若此矣"，曰"吾攻国覆军，杀将若干人矣。”则夫好攻伐之君，不知此为不仁不义也。其邻国之君，不知此为不仁不义也。是以攻伐世世而不已者。此吾所谓大物则不知也。

注释

①天之：当为“天志”。 ②今知氏大国之君宽者然曰：此句疑为“今之为大国之君者宽然曰”。 ③卒：此字下疑脱“伍”字。 ④御：当为“抑”，填平。 ⑤拔：为“杀”字之误。⑥操：为“累”之误，捆绑。 ⑦緫：为“总”之误，指收藏财物之处。

译文

所以墨子设立了天的意志作为法度，就好像制造车轮的轮匠有圆规，木匠有方尺一样，现在轮人使用圆规，木匠使用方尺，以此知道方与圆的区别。所以墨子设立了天的意志以为法度，我因此而知道天下的士人君子离正义还很远。怎么知道天下的士人君子离正义还很远呢？现在大国的君主得意地说：“我们处于大国地位而不攻打小国，我怎能成为大国呢？”因此派遣他们的手下，排列他们的舟车队伍，用来攻伐无罪的国家。进入他们的国内，割掉他们的庄稼，砍伐他们的树木，毁坏他们的城郭，填没他们的沟池，焚烧他们的祖庙，屠杀他们的牲口。人民抵抗的，就杀掉；不抵抗的就绑回去，男人用作奴仆，马夫，女人用来舂米、掌酒。那些喜好攻伐的君主，不知道这是不仁不义的，还以此通告四邻的诸侯说：“我攻打别的国家，消灭他们的军队，杀了若干将领。”他邻国的君主，也不知道这是不仁不义的，又准备皮革钱币，拿出仓库的积藏物质派人去犒劳。那些喜好攻伐的君主又有不知道这是不仁不义的，把它写在简帛上，藏在府库中，后世子孙，将要遵循他们先君的行为，说道：“为什么不打

开我们的府库，看看我们先君的好法则呢?”那上面必定不会写着“文王、武王的政绩像这样”，而必定写着“我攻下敌国，消灭他们的军队，杀了若干将领”。那些喜好攻伐的君主们不知道这是不仁不义的；他的邻国君主，也不知道这是不仁不义的，因此攻伐代代不停止。这就是我所说的士人君子对于大事全不明白的原因。

所谓小物则知之者，何若？今有人于此，入人之场园，取人之桃李瓜姜者，上得且罚之，众闻则非之。是何也？曰：不与其劳，获其实，已非其有所取之故。而况有逾于人之墙垣，担格人之子女者乎！与角人之府库，窃人之金玉蚤累者乎[①]！与逾人之栏牢，窃人之牛马者乎！而况有杀一不辜人乎！今王公大人之为政也，自杀一不辜人者，逾人之墙垣，担格人之子女者，与角人之府库，窃人之金玉蚤累者，与逾人之栏牢，窃人之牛马者，与入人之场园，窃人之桃李瓜姜者，今王公大人之加罚此也；虽古之尧、舜、禹、汤、文、武之为政，亦无以异此矣。今天下之诸侯，将犹皆侵凌攻伐兼并[②]，此为杀一不辜人者，数千万矣！此为逾人之墙垣，格人之子女者，与角人府库，窃人金玉蚤累者，数千万矣！逾人之栏牢，窃人之牛马者，与入人之场园，窃人之桃李瓜姜者，数千万矣！而自曰：“义也!”

注释

①蚤：为“布”字之误，指布匹。 ②凌：通“陵”，侵犯，侮辱。

译文

所谓小道理就知道，是怎么回事呢？比如说现在这里有一个人，他进入别人的果园偷窃人家的桃子、李子、瓜类和生姜，上面抓住了将会惩罚他，大众听到了就指责他。这是什么原因呢？是因为他没有劳动，却获得了果实，取得了不属于自己的东西的原因。何况还有翻越别人的围墙，去偷拐别人子女的呢！还有弄穿人家的府库，偷窃人家的金玉布帛的呢！还有翻越人家的牛栏马圈，盗取人家牛马的呢！更还有杀掉一个无辜的人呢！当今的王公大人们治国，从杀掉一个无辜的人，到翻越人家的围墙抢走别人的子女，从弄穿别人的府库而偷取人家的金玉布帛，和翻越别人的牛栏马圈而盗取牛马的，进入人家的果园而偷取桃李瓜果的，现在的王公大人对这些行为所判的罪，就是古代的圣王如尧、舜、禹、汤、文王、武王等，也不会有所不同。现在天下的诸侯，却都还在相互侵犯、攻伐、兼并，这与杀死一个无辜的人相比，罪过已是几千万倍了。这与翻越别人的围墙而抢走别人的子女相比，与弄穿人家的府库而窃取金玉布帛相比，罪过也已数千万倍了。与翻越别人的牛栏马圈而偷窃别人的牛马相比，与进入人家的果场菜园而窃取人家的桃、李、瓜、姜相比，罪过已数千万倍了！然而他们自己却说：“这是正义呀！”

故子墨子言曰：“是蕢我者①，则岂有以异是蕢黑白、甘苦之辩者哉！今有人于此，少而示之黑，谓之黑；多示之黑，谓白。必曰：‘吾目乱，不知黑白之别。’今有人于此，能少尝之甘，谓甘；多尝，谓苦。必曰：‘吾口乱，不知其甘苦之味。’今王公大人之政也，或杀人，其国家禁之。此蚤越有能多杀其邻国之人②，因以为文义。此岂有异蕢黑白、甘苦之别

者哉!”

注释

①蕢:“紊”之假借字,紊乱。我:为“义”字之误,正义。②蚤越:当为“斧钺”,指兵器。

译文

所以墨子说道:“这是混乱正义的说法。这和把黑白甘苦混淆在一起有什么区别呢!假如现在这里有一个人,少给他看一点黑色,他就说是黑的,多给他看些黑色,他却说白的,结果他必然会说:‘我的眼睛乱了,不知道黑白的分别。’假如现在这里有一个人,少给他吃点甜味,他说是甜的;多多给他吃些甜味,他说是苦的。结果他必然会说:‘我的口味乱了,我不知道甜和苦的味道。’现在的王公大人施政,如果有人杀人,他的国家必然禁止。如果有人拿着兵器去多杀邻国的人,却说这是正义。这难道与混淆黑白、甘苦的做法有什么区别吗!

故子墨子置天之以为仪法。非独子墨子以天之志为法也,于先王之书《大夏》之道之然:“帝谓文王,予怀明德,毋大声以色,毋长夏以革,不识不知,顺帝之则。”此诰文王之以天志为法也①,而顺帝之则也。且今天下之士君子,中实将欲为仁义,求为上士,上欲中圣王之道,下欲中国家百姓之利者,当天之志而不可不察也。天之志者,义之经也。

注释

①诰:为“语”字之误,告诉。

译文

所以墨子设立天志,作为法仪。不仅墨子以天志为法度,就是先王的书《大夏》也是这样:“上帝对文王说,我思念有美德的人，他不大显露声色，也不崇尚奢侈和变革，他对一切不识不知，顺从天帝的法则。”这是告诫周文王以天志为法度，顺从天帝的法则。所以当今天下的士人君子们，如果心中确实希望实行仁义政治，追求做上层士人，对上希望符合圣王之道，对下希望符合国家百姓的利益，对天志就不可不详察。上天的意志就是正义的原则。

明鬼下

导读

《明鬼》原有上、中、下三篇，现仅存下篇。本篇反复阐明了鬼神不仅存在，而且能对人间的善恶予以赏罚，这是墨子的一个重要理论。在本篇中，墨子详细列举了古代的各种传闻，古代圣王对祭祀的重视以及古籍的有关记述，以证明鬼神的存在和灵验。我们应当看到，墨子所处的时代科学技术还不够发达，人们对自然和社会的各种现象还无法明确地解释，因此只能借助于鬼神，而且墨子让人们明白鬼神存在的主观意图是希望人们能敬畏鬼神，约束自己的行为，惩恶扬善，并且想借助这种超人间的权威力量来限制当时统治集团的残暴统治。

子墨子言曰："逮至昔三代圣王既没，天下失义，诸侯力正①。是以存夫为人君臣上下者之不惠忠也，父子弟兄之不慈孝弟长贞良也，正长之不强于听治，贱人之不强于从事也。民之为淫暴寇乱盗贼，以兵刃、毒药、水火，退无罪人乎道路率径②，夺人车马、衣裘以自利者，并作，由此始，是以天下乱。此其故何以然也？则皆以疑惑鬼神之有与无之别，不明乎鬼神之能赏贤而罚暴也。今若使天下之人，偕若信鬼神之能赏贤而罚暴也，则夫天下岂乱哉！"

注释

①正：同"征"，征伐。 ②退：当作"迓"，与"御"通，

袭击。率径：当为“术径”，“术”指车道，“径”指步道。

译文

墨子说：“自从从前的三代圣王死后，天下就丧失了仁义，诸侯用暴力相互征伐。因此就出现了君臣上下不相互仁慈宽惠、忠诚善良，父子弟兄不相互慈爱、孝敬与长幼有序、忠贞良善，行政长官不努力于治理国家，平民百姓不努力于从事生产。人们做出了淫乱贪暴、犯上作乱、偷盗抢劫的事情，还拿着兵器、毒药、水火在大小道路上袭击无辜的人，抢夺别人的车马衣裘来为自己谋利。从那时开始，这些事一并产生，所以天下大乱。这其中是什么原因呢？那都是因为大家对鬼神有无的分辨存在疑惑，对鬼神能够奖赏贤德而惩罚暴乱不明白。现在假若天下的人们一起相信鬼神能够奖赏贤德而惩罚暴行，那么天下怎么能混乱呢？”

今执无鬼者曰：“鬼神者，固无有。”旦暮以为教诲乎天下，疑天下之众，使天下之众皆疑惑乎鬼神有无之别，是以天下乱。是故子墨子曰：“今天下之王公大人、士君子，实将欲求兴天下之利，除天下之害，故当鬼神之有与无之别，以为将不可以不明察此者也。既以鬼神有无之别，以为不可不察已[①]。”

注释

①已：矣。

译文

现在坚持没有鬼神观点的人说：“鬼神本来就不存在。”早晚都用这些言论对天下的人进行教导，以疑惑天下的老百姓，使天下的老百姓都对鬼神有无的分辨疑惑不解，所以天下大乱。所以墨子说：“现在天下的王公大人士人君子，如果实在想兴旺天下

的利益，除去天下的祸害，那么对于鬼神有无的分辨，我认为是不可不考察清楚的。”既然认为鬼神的有无的区别，不能不细致地加以考察。

然则吾为明察此，其说将奈何而可？子墨子曰：“是与天下之所以察知有与无之道者，必以众之耳目之实知有与亡为仪者也。请惑闻之见之①，则必以为有；莫闻莫见，则必以为无。若是，何不尝入一乡一里而问之？自古以及今，生民以来者，亦有尝见鬼神之物，闻鬼神之声，则鬼神何谓无乎？若莫闻莫见，则鬼神可谓有乎？”

注释

①请：当为“诚”，实在。惑：通“或”，或许。

译文

既然如此，那么我们就明白地考察这个问题，这其中的道理如何解释才对呢？墨子说：“天下用以察知鬼神有无的方法，必定以老百姓亲耳听到，亲眼看到的有无作为标准。如果确实有人看见听见了，那么必定认为有鬼神存在，如果没有听见看见，那么必定认为不存在。如果这样，何不试着进入一乡一里去询问呢？从古至今有人类以来，有人曾见到过鬼神的形状，也有人听到过鬼神的声音，那么怎么能说鬼神没有？如果没有听到没有看到，那么鬼神怎能说有呢？”

今执无鬼者言曰：“夫天下之为闻见鬼神之物者，不可胜计也。”亦孰为闻见鬼神有、无之物哉？子墨子言曰：“若以众之所同见，与众之所同闻，则若昔者杜伯是也。”周宣王杀其臣杜伯而不辜，杜伯曰：“吾君杀我而不辜，若以死者为无知，则止矣；若死而有知，不出三年，必使吾君知之。”其三年，周宣王合诸侯而田于圃[①]，田车数百乘，从数千，人满野。日中，杜伯乘白马素车，朱衣冠，执朱弓，挟朱矢，追周宣王，射之车上，中心折脊，殪车中，伏弢而死[②]。当是之时，周人从者莫不见，远者莫不闻，著在周之《春秋》。为君者以教其臣，为父者以警其子，曰：“戒之！慎之！凡杀不辜者，其得不祥，鬼神之诛，若此之憯速也[③]！”以若书之说观之，则鬼神之有，岂可疑哉！

注释

①田：通“畋”，打猎。 ②弢：弓袋。 ③憯速：急速。

译文

现在坚持没有鬼神观点的人说：“天下听到和见到鬼神声音、形状的人，多得数不清。”那么又是谁听到、看到鬼神的声音、形状的呢？墨子说道：“如果以大众共同见到和大众共同听到的来说，那么像从前杜伯的例子就是。”周宣王杀了他的臣子杜伯，而杜伯是无辜的。杜伯说：“我的君主要杀我而我并没有罪，如果认为死者无知，那么就罢了，如果人死了而有知觉，那么不出三年，我必定让我的君主知道后果。”第三年，周宣王会合诸侯在圃田打猎，猎车数百辆，随从数千人，布满山野。太阳正中时，杜伯乘坐着白色的马车，穿着红色的衣服，戴着红色的帽子，拿着红色的弓箭，追赶着周宣王，朝车上射箭，正射中宣王的心脏，折断了他的脊骨，倒伏在弓袋上死了。这个时候，跟从的周人全看见了，远处的人听到了，并记载在周朝的《春秋》上。做君上的以此教导臣下，做父亲的以此警戒儿子，说：“警惕呀！谨慎呀！凡是杀害无罪的人，他必得到不祥的后果。鬼神的惩罚是这样的惨痛快速。”照这本书的说法来看，鬼神是存在的，难道还怀疑吗！

非惟若书之说为然也，昔者郑穆公[①]，当昼日中处乎庙，有神入门而左，鸟身，素服三绝[②]，面状正方。郑穆公见之，乃恐惧奔。神曰："无惧！帝享女明德，使予锡女寿十年有九，使若国家蕃昌，子孙茂，毋失"。郑穆公再拜稽首，曰："敢问神名？"曰："予为句芒。"若以郑穆公之所身见为仪，则鬼神之有，岂可疑哉！

注释

①郑穆公：当为"秦穆公"之误。下同。 ②三绝：疑为"玄绝"之误，黑色的细毛。

译文

不但只是书上这样说，从前秦穆公大白天中午在庙堂里，有一位神进大门后，往左走，他长着鸟的身子，穿着白色的衣服，全是密密的白色细毛，脸的形状是正方形的。秦穆公见了，害怕地逃走。神说："不要怕！上帝享用你的美德，让我赐给你十九年的阳寿，使你的国家繁荣昌盛，子孙兴旺，永不丧失国家。"秦穆公拜了两拜，稽首行礼，问道："敢问尊神姓名。"神回答说："我是句芒。"如果以秦穆公所亲见的为准，那么鬼神的存在，难道还怀疑吗！

非惟若书之说为然也，昔者燕简公杀其臣庄子仪而不辜，庄子仪曰："吾君王杀我而不辜[①]。死人毋知亦已，死人有知，不出三年，心使吾君知之。"期年，燕将驰祖[②]。燕之有祖，当齐之社稷，宋之有桑林，楚之有云梦也，此男女之所属而观也。日中，燕简公方将驰于祖涂[③]，庄子仪荷朱杖而击之，殪之车上。当是时，燕人从者莫不见，远者莫不闻，著在燕之《春秋》。诸侯传而语之曰："凡杀不辜者，其得不祥，鬼神之诛，若此其憯速也！"以若书之说观之，则鬼神之有，岂可疑哉！

注释

①王：当删。 ②祖：通"沮"，地名。 ③涂：通"途"，道路。

译文

不仅只是这本书这样说，从前燕简公杀了他的臣子庄子仪，而庄子仪是无辜的。庄子仪说："我的君主杀我而我是无辜的。如果死人没有感知，也就罢了。如果死人有知觉，不出三年，必定使我的君主知道后果。"过了一年，燕人将去沮泽祭祀。燕国有沮泽，就像齐国有社稷，宋国有桑林，楚国有云梦泽一样，都是男女聚会和观赏的地方。正午时分，燕简公正在往沮泽的道路上，庄子仪肩扛着红色的木杖击打他，把他杀死在车上。当这个时候，燕人跟从的人全看见，远处的人全听到，这记载在燕国的《春秋》上。诸侯相互转告说："凡是杀了无辜的人，定得到不祥的后果。鬼神的惩罚是如此惨痛快速。"从这书的说法来看，则鬼神的存在，难道还怀疑吗！

非惟若书之说为然也，昔者宋文君鲍之时，有臣曰祐观辜[①]，固尝从事于厉，祩子杖揖出[②]，与言曰："观辜！是何珪璧之不满度量？酒醴粢盛之不净洁也？牺牲之不全肥？春秋冬夏选失时？岂女为之与[③]？意鲍为之与？"观辜曰："鲍幼弱，在荷繦之中[④]，鲍何与识焉？官臣观辜特为之。"祩子举揖而槀之[⑤]，殪之坛上。当是时，宋人从者莫不见，远者莫不闻，著在宋之《春秋》。诸侯传而语之曰："诸不敬慎祭祀者，鬼神之诛至，若此其憯速也！"以若书之说观之，鬼神之有，岂可疑哉！

注释

①祐：执掌祭祀的官员。观辜：人名。 ②祩：即"祝"，祭祀时候主持祭祀的人。揖：为"楫"字之误，木杖。 ③女：通"汝"。 ④荷缀；疑为"葆缀"之误，即"襁褓"。 ⑤稾：同"敲"。

译文

不仅这部书上这样说，从前宋文君鲍在位之时，有个臣子叫观辜，曾在宗庙从事祭祀厉神的工作，厉神附在祝史的身上，对他说："观辜，为什么祭祀的玉器珪璧达不到礼制要求的规格？祭祀的饭菜酒食不洁净？用作牺牲的牛羊毛色不纯，还不肥壮？春秋冬夏的祭献不按时？这是你干的呢？还是鲍干的呢？观辜说："鲍还幼小，在襁褓之中，鲍怎么会知道呢？是我执事之官观辜一个人这样做的。"祝史举起木杖敲打他，把他打死在祭坛上。当这个时候，宋人跟随的全看见了，远处的人全听到了，记载在宋国的《春秋》上。诸侯相互传告说："凡不恭敬谨慎地对待祭祀工作的人，鬼神的惩罚来得是如此惨痛快速。"从这部书的说法来看，鬼神的存在，难道可以怀疑吗！

非惟若书之说为然也，昔者齐庄君之臣，有所谓王里国、中里徼者，此二子者，讼三年而狱不断。齐君由谦杀之[①]，恐不辜；犹谦释之，恐失有罪。乃使之人共一羊[②]，盟齐之神社。二子许诺。于是泏洫[③]，刭羊而漉其血[④]。读王里国之辞，既已终矣；读中里徼之辞，未半也，羊起而触之，折其脚，祧神之而槀之，殪之盟所。当是时，齐人从者莫不见，远者莫不闻，著在齐之《春秋》。诸侯传而语之曰："请品先不以其请者[⑤]，鬼神之诛至，若此其憯速也!"以若书之说观之，鬼神之有，岂可疑哉！是故子墨子言曰："虽有深溪博林、幽涧无人之所，施行不可以不董[⑥]，见有鬼神视之。"

注释

①由：为"欲"之假借字。谦：同"兼"。 ②之：为"二"字之误。 ③泏：同"掘"，弄穿。洫：同"穴"，穿穴于地，以便埋牲。 ④原文"摽"，字书无，据王念孙说，"摽"即"刭"，"到"意，本书作"到"。 ⑤请品先：为"诸诅矢"之误。"矢"通"誓"，指盟誓。后一个"请"为"情"之假借字，真情。 ⑥董：为"堇"之误，"堇"通"谨"，谨慎。

译文

不仅这部书的说法是这样，从前齐庄王的臣子，有两个叫作王里国、中里徼的。这两个人打官司三年了，狱官不能判决。齐君想把他们都杀掉，又担心杀了无罪者；想都释放他们，又担心放过了有罪者。于是让两个人共用一头羊，在齐国的神社前盟誓。两个人都答应了。在神庙前挖了一条小沟，把羊杀死而把血洒在里面。读王里国的誓辞，没什么事。读中里徼的誓辞不到一半，死羊就跳起来抵他，把他的脚折断了，祧神上来敲他，把他杀死在盟誓的地方。当这个时候，齐国人跟从的全看见了，远处的人全听到了，记载在齐国的《春秋》中。诸侯传告说："发誓时不以实情相告的人，鬼神的惩罚来得是这样的惨痛快速。"从这部书的说法来看，鬼神的存在，难道是可以怀疑的吗！所以墨子说："即使在深溪老林、幽涧无人的地方，行为也不可不谨慎，因为鬼神在监视着。"

今执无鬼者曰："夫众人耳目之请，岂足以断疑哉？奈何其欲为高君子于天下，而有复信众之耳目之请哉！"子墨子曰："若以众之耳目之请，以为不足信也，不以断疑，不识若昔者三代圣王尧、舜、禹、汤、文、武者，足以为法乎？"故于此乎自中人以上皆曰："若昔者三代圣王，足以为法矣。"若苟昔者三代圣王足以为法，然则姑尝上观圣王之事：昔者武王之攻殷诛纣也，使诸侯分其祭，曰："使亲者受内祀，疏者受外祀。[①]"故武王必以鬼神为有，是故攻殷伐纣，使诸侯分其祭；若鬼神无有，则武王何祭分哉！

注释

①内祀：指武王克殷，分命诸侯使主殷祀。外祀：指异姓之国祭祀山川四望之属。

译文

现在坚持没有鬼神的人说："众人亲耳所闻，亲眼所见的实情，哪里能够作为断定疑难的根据呢？怎么那些想要在天下做高士君子的人，却又去相信人们亲耳所闻，亲眼所见的实情呢？"墨子说："如果认为众人亲耳所闻亲眼所见的实情不足以取信，不足以断疑，那么，从前三代圣王尧、舜、禹、汤、周文王、周武王是否可以取法呢？"所以对于这个问题中等以上资质的人都会说："从前三代的圣王是足以取法的。"假如从前三代的圣王足以为法，那么姑且试着观察一下圣王的行为：从前周武王攻伐殷商诛杀纣王，使诸侯分掌众神的祭祀，说："同姓诸侯内祀，异姓诸侯外祀。"所以说武王必定认为鬼神是存在的，所以攻殷伐纣，使诸侯分主祭祀。如果鬼神不存在，那么武王为何把祭祀分开呢？

非惟武王之事为然也，故圣王其赏也必于祖，其僇也必于社[①]。赏于祖者何也？告分之均也；僇于社者何也？告听之中也。非惟若书之说为然也，且惟昔者虞、夏、商、周三代之圣王，其始建国营都日，必择国之正坛，置以为宗庙；必择木之修茂者，立以为菆位[②]；必择国之父兄慈孝贞良者，以为祝宗；必择六畜之胜腯肥倅毛，以为牺牲，珪璧琮璜，称财为度；必择五谷之芳黄，以为酒醴粢盛，故酒醴粢盛与岁上下也。故古圣王治天下也，故必先鬼神而后人者，此也。故曰：官府选效[③]，必先祭器、祭服毕藏于府，祝宗有司毕立于朝，牺牲不与昔聚群。故古者圣王之为政若此。

注释

①僇：通“戮”，杀戮。社，祭土地神的地方。 ②菆：同“丛”，菆位：从社（王念孙说）。 ③效：器具的意思。

译文

不仅武王的事是这样，古代圣王行赏也定在祖庙，行罚也一定在社庙。在祖庙行赏是为什么呢？是报告祖先分配的平均；在社庙杀戮是为什么呢？是报告官司的公平。不仅这本书说的是这样，而且从前虞夏商周三代的圣王，他们开始建立国家营造都城之日，必定要选择国都的正坛，设立为宗庙；必定选择树木茂盛的地方，设立为丛社；必定要选择国内父兄中慈祥、孝顺、正直、善良的人来作太祝和宗伯；必定要选择六畜中肥壮色纯的来作为祭品，摆设珪、璧、琮、璜等玉器，以符合自己的财力为标准；必定要选择五谷中气香色黄的，用作供祭的饭菜酒食，因而饭菜酒食随年成好坏而增减。所以古时的圣王治理天下，必须先敬鬼神而后人类，原因即在于此。所以说：官府准备器具，必定以祭品祭服为先，藏在府库之中够用，太祝、太宗等官吏都站在

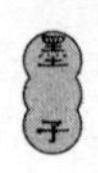

朝廷内，选为祭品的牲畜不跟其他畜群关在一起。古代圣王的施政，就是如此。

古者圣王必以鬼神为[1]，其务鬼神厚矣。又恐后世子孙不能知也，故书之竹帛，传遗后世子孙。咸恐其腐蠹绝灭[2]，后世子孙不得而记，故琢之盘盂、镂之金石以重之。有恐后世子孙不能敬著以取羊[3]，故先王之书，圣人一尺之帛，一篇之书，语数鬼神之有也，重有重之。此其故何？则圣王务之。今执无鬼者曰："鬼神者，固无有。"则此反圣王之务。反圣王之务，则非所以为君子之道也。

注释

①为：后疑脱"有"字。 ②咸：为"或"字之误。③著：为"若"之误。羊：即"祥"。

译文

古代圣王必定认为鬼神是存在的，所以他们对鬼神很尊重。又担心后代子孙不明白，所以写在竹帛上，传给后世子孙。又担心它们被腐蚀、被虫咬而坏掉，后世子孙无法记住，所以又雕刻在盘盂上，镂刻在金石上，来表示重要。又担心后世子孙不能敬奉鬼神以取得吉祥，所以先王的书籍，圣人一尺的帛书上，一篇的简书上，也多次说及鬼神的存在，对这重复了又重复。这是什么原因？是因为圣王尽力于这样。现在坚持没有鬼神的人说："鬼神本来就不存在。"那么这就是违背圣王尽力要做的事情。违反圣王的尽力要做的事情，就不是君子所行的正道了。

今执无鬼者之言曰："先王之书，慎无一尺之帛，一篇之书，语数鬼神之有，重有重之，亦何书之有哉？"子墨子曰：

"《周书·大雅》有之[①]。《大雅》曰:'文王在上,于昭于天。周虽旧邦,其命维新。有周不显,帝命不时。文王陟降[②],在帝左右。穆穆文王[③],令问不已。'若鬼神无有,则文王既死,彼岂能在帝之左右哉?此吾所以知《周书》之鬼也。"

注释

①周书:指《诗经》。 ②不显:丕显,光明。不时:时也。陟:登上。 ③穆穆:勤勉的样子。

译文

现在坚持没有鬼神的人说:"先王的书籍,哪怕是一尺的帛书,一篇的简书上,都多次提到鬼神的存在,重复了又重复,那么究竟是一些什么书呢?"墨子说:"《周书·大雅》就有。《大雅》说:'文王高居上位,功德昭著天下,周虽是诸侯的旧邦,但接受天命才刚开始,周朝德业显著,上帝的授命及时。文王去世后在上帝左右。勤勉的文王,美名传扬不止。'如果鬼神不存在,那么文王已死,他怎么能在上帝的左右呢?这是我所知道的《周书》中写的鬼神。"

且《周书》独鬼而《商书》不鬼,则未足以为法也。然则姑尝上观乎《商书》。曰:"呜呼!古者有夏,方未有祸之时,百兽贞虫[①],允及飞鸟,莫不比方。矧佳佳人面[②],胡敢异心?山川鬼神,亦莫敢不宁;若能共允,佳天下之合,下土之葆。"察山川、鬼神之所以莫敢不宁者,以佐谋禹也。此吾所以知《商书》之鬼也。且《商书》独鬼而《夏书》不鬼,则未足以为法也。然则姑尝上观乎《夏书·禹誓》曰:"大战于甘,王乃命左右六人,下听誓于中军。曰:'有扈氏威侮五行,怠弃三正,天用剿绝其命。'有曰:'日中,今予与有扈氏争一日之命。且尔卿、大夫、庶人[③]。予非尔田野葆士之欲也[④]，予共行天之罚也。左不共于左，右不共于右，若不共命；御非尔马之政，若不共命。是以赏于祖，而僇于社。”赏于祖者何也？言分命之均也；僇于社者何也？言听狱之事也。故古圣王必以鬼神为赏贤而罚暴，是故赏必于祖，而僇必于社。此吾所以知《夏书》之鬼也。故尚者《夏书》，其次商、周之书，语数鬼神之有也，重有重之。此其故何也？则圣王务之。以若书之说观之，则鬼神之有，岂可疑哉！

注释

①贞：为“征”，贞虫：爬虫。 ②矧：况，况且。隹：即“惟”。 ③且：通“徂”，前往。 ④葆士：当作“宝玉”。

译文

如果单单《周书》说到有鬼的事，而《商书》却没有说到有鬼的事，那么还不足用来作为法则。既然如此，那么姑且试着观察一下《商书》。《商书》上说：“哎呀！古代的夏朝，正当没有灾祸的时候，各种野兽爬虫，以及飞鸟，没有不归顺的。何况是人类，怎么敢怀有异心？山川、鬼神，也不敢作乱，都恭敬诚信，天下和合，佑保国土。”考察山川、鬼神所以都安静的原因，是为了辅佐，为禹谋划。这是我所知道的《商书》中的鬼。如果单单《商书》说到鬼，而《夏书》没有说到鬼，那么还不足用来作为法则，既然如此，那么姑且尝试着考察《夏书·禹誓》中说：“在甘这个地方大战，夏王命令左右六人，下到军中去听誓言。夏王说：‘有扈氏轻慢仁、义、礼、智、信五行，怠慢荒废天、地、人这三种正道，于是上天断绝了他的大命。’又说：‘太阳已到正中间，现在我要和有扈氏拼死一战。前进吧！你们这些乡大夫和平民百姓。我不是想要有扈氏的田地和宝玉，我是替天行道。左边的不尽力进攻左方，右边的不尽力进攻右边那就是你不听命。驾车的不把马指挥好，那就是不听命。所以要在祖先神位前行赏，在社庙神主前行罚。'”在祖庙行赏是为什么呢？是告诉祖先分配的公平。在社庙行罚是为什么呢？是告诉祖先处理官司的合理。所以古代的圣王必定认为鬼神是赏贤和罚暴的，所以行赏必在祖庙而行罚必在社庙。这就是我所知道的《夏书》中的鬼。所以最远的《夏书》，其次的《商书》《周书》，都多次提到鬼神的存在，重复了又重复。这是什么原因呢？这是因为圣王致力于这些。从这些书的说法来看，则鬼神的存在，难道可以怀疑吗？

于古曰："吉日丁卯，周代祝社、方；岁于社者考，以延年寿。"若无鬼神，彼岂有所延年寿哉！是故子墨子曰："尝若鬼神之能赏贤如罚暴也[1]，盖本施之国家，施之万民，实所以治国家、利万民之道也。"若以为不然，是以吏治官府之不洁廉，男女之为无别者，鬼神见之；民之为淫暴寇乱盗贼，以兵刃、毒药、水火，退无罪人乎道路，夺人车马、衣裘以自利者，有鬼神见之。是以吏治官府不敢不洁廉，见善不敢不赏，见暴不敢不罪。民之为淫暴寇乱盗贼，以兵刃、毒药、水火，退无罪人乎道路，夺车马、衣裘以自利者，由此止，是以莫放幽间，拟乎鬼神之明显，明有一人畏上诛罚，是以天下治。

注释

①尝若：倘若。

译文

在古时候有记载说："在丁卯这个吉日，要普遍地祭祀社神、四方之神、岁末祭祀掌管年成的神及先祖，以求得延年益寿。"

所以墨子说："应当相信鬼神能够奖赏贤德和惩罚暴行。这用到国家和万民，确实是可以治理国家、为万民谋利的大道。"如果认为不是这样，那么官吏治理官府不洁廉，男女混杂没分别，鬼神都看得见；百姓淫乱暴行、犯上作乱、偷盗抢劫，拿着兵器、毒药、水火在路上拦截无辜的人，抢夺人家的车马、衣裘以利于自己，有鬼神看得见。因此官吏治理官府不敢不清廉，看见善行不敢不奖赏，看见恶行不敢不惩罚。于是百姓淫乱暴行、犯上作乱、偷盗抢劫，拿着兵器、毒药、水火在路上拦截无辜的人，抢夺车马，衣裘为自己谋利这样的事情，因此不会因幽深涧远鬼神的明察就被遮敝，明察得让每一个人都害怕上天的诛罚，从此就会停止，于是天下就治理了。

故鬼神之明，不可为幽间广泽，山林深谷，鬼神之明必知之。鬼神之罚，不可为富贵众强，勇力强武，坚甲利兵，鬼神之罚必胜之。若以为不然，昔者夏王桀，贵为天子，富有天下，上诟天侮鬼，下殃傲天下之万民[①]，祥上帝伐[②]，元山帝行[③]。故于此乎天乃使汤至明罚焉。汤以车九两，鸟陈雁行。汤乘大赞，犯遂下众，人之螭遂[④]，王乎禽推哆、大戏[⑤]，故昔夏王桀，贵为天子，富有天下，有勇力之人推哆、大戏，生列兕虎[⑥]，指画杀人。人民之众兆亿，侯盈厥泽陵，然不能以此圉鬼神之诛。此吾所谓鬼神之罚，不可为富贵众强、勇力强武、坚甲利兵者，此也。

注释

①傲：为"杀"字之误。 ②祥：疑为"牂"字之误，牂：为"戕"之假借字。 ③元山：疑为"亢上"之误，"亢"通"抗"。 ④犯遂下众，人之螭遂：疑应为"犯遂夏众，入之郊

遂”。“螐”为“郊”之假借字。⑤乎：为“手”之误。禽：通“擒”。⑥列：通“裂”。

译文

因此对鬼神的神明，人不可能凭着幽涧、广地、山林深谷而为非作歹，鬼神的神明一定能够知道。鬼神的惩罚，不可能因为人的富贵、势众、勇猛顽强、武器坚固和尖利而抵消，鬼神的惩罚必能战胜一切。如果认为不是这样，那么请看从前的夏桀，虽然贵为天子，富有天下，却对上咒骂、侮辱鬼神，对下祸害杀戮百姓，破坏上帝的功德，抗拒上帝的天道。所以这时候上天就使商汤对他给与惩罚。商汤用战车九辆，布下鸟阵、雁行的阵势。商汤登上大赞，追逐夏的士兵，攻入近郊的隧道，汤王亲手将推哆、大戏抓住。从前的夏王桀，贵为天子，富有天下，拥有勇力强大的人推哆、大戏，能撕裂活的犀牛、老虎，指点之间杀人。民众之多成兆成亿，布满山陵水泽，但却不能以此抵御鬼神的惩罚。这就是我所说的鬼神的惩罚，人不可能凭借富贵、人多势众、勇猛顽强、坚固的铠甲和锋利的兵器而抵消，就是因为此。

且不惟此为然，昔者殷王纣，贵为天子，富有天下，上诟天侮鬼，下殃傲天下之万民，播弃黎老，贼诛孩子，楚毒无罪[①]，刳剔孕妇，庶旧鳏寡，号咷无告也。故于此乎，天乃使武王至明罚焉。武王以择车百两，虎贲之卒四百人，先庶国节窥戎，与殷人战乎牧之野。王乎禽费中、恶来。众畔百走，武王逐奔入宫，万年梓株折纣，而系之赤环，载之白旗，以为天下诸侯僇。故昔者殷王纣，贵为天子，富有天下，有勇力之人费中、恶来、崇侯虎，指寡杀人。人民之众兆亿，侯盈厥泽陵，然不能以此圉鬼神之诛。此吾所谓鬼神之罚，不可为富贵

众强、勇力强武、坚甲利兵者，此也。且《禽艾》之道之曰：“得玑无小，灭宗无大[2]。”则此言鬼神之所赏，无小必赏之；鬼神之所罚，无大必罚之。

注释

①楚毒：为“焚炙”之误，指炮烙之刑。 ②玑：为“禨”之假借字，吉祥。

译文

并且不止夏桀是这样，从前的殷王纣，贵为天子，富有天下，但他对上咒骂，侮辱鬼神，对下祸害残杀天下百姓，抛弃老人，屠杀儿童，用炮烙之刑处罚无罪的人，解剖孕妇的肚子，庶民百姓鳏夫寡妇号啕大哭而无处申诉。所以在这个时候，上天就派周武王明确地去惩罚他。武王用精选的战车一百辆，虎贲勇士四百人，先作为同盟诸国的先驱，去观察敌情。与殷商军队大战于牧野，武王擒获了费中、恶来，众人叛逃败走。武王追逐奔入殷官，用一枝万年的梓木折断了纣王的头，并把他的头系在红色的环上，用白旗载着，以此为天下诸侯消灭了他。从前的殷王纣贵为天子，富有天下，又有勇力强大的将领费中、恶来、崇侯虎，动动手就能杀死人。民众之多成兆成亿，布满水泽山林，然而不能凭此抵御鬼神的诛杀惩罚。这就是我所说的鬼神的惩罚，不能因为富贵、人多势众、勇猛顽强、坚固的铠甲和锋利的兵器而抵消，道理就在此。并且《禽艾》上说过：“善行得到保佑，不管善行多么微贱；恶行得到灭绝宗族的惩罚，不管他是多高贵的人。”这说的是鬼神所应赏赐的，不论地位多么渺小也必定要赏赐他；鬼神所要惩罚的，不论地位多么尊贵也必定要惩罚他。

今执无鬼者曰：“意不忠亲之利[1]，而害为孝子乎？”子墨子曰："古之今之为鬼，非他也，有天鬼，亦有山水鬼神者，亦有人死而为鬼者。"今有子先其父死，弟先其兄死者矣。意虽使然，然而天下之陈物，曰："先生者先死。"若是，则先死者非父则母，非兄而姒也。今洁为酒醴粢盛，以敬慎祭祀，若使鬼神请有，是得其父母姒兄而饮食之也，岂非厚利哉！若使鬼神请亡，是乃费其所为酒醴粢盛之财耳；自夫费之，非特注之污壑而弃之也[②]，内者宗族，外者乡里，皆得如具饮食之；虽使鬼神请亡，此犹可以合欢聚众，取亲于乡里。

注释

①意：通"抑"，然而。忠：为"中"之假借字，符合。②自：为"且"之误。且"同"抑"，然而。特：应为"直"。

译文

现在坚持没有鬼神的人说："这些或者不符合双亲的利益而有害成为孝子吗?"墨子说："古往今来所说的鬼神，没有别的，有天鬼，也有山水的鬼神，也有人死后所变的鬼。"现在儿子比父亲死得早、弟弟比兄长死得早。即使这样，按天下常理来说："先生的人先死。"如果这样，则先死的不是父亲就是母亲、不是哥哥就是姐姐。现在准备干净的饭菜酒食，恭敬谨慎地祭祀。如果鬼神真有的话，这是让父母兄姐得到饮食，难道不是最大的益处吗！如果鬼神确实没有的话，也不过是浪费了饭菜酒食的一点小钱罢了。而且这种浪费，并不是倒在脏水沟里，而是内里宗族、外面乡亲，都可以请他们来饮食。即使鬼神真不存在，这也还可以联欢聚会，联络感情的。

今执无鬼者言曰："鬼神者，固请无有。是以不共其酒醴、粢盛、牺牲之财[①]。吾非乃今爱其酒醴、粢盛、牺牲之财乎?

其所得者，臣将何哉？”此上逆圣王之书，内逆民人孝子之行，而为上士于天下，此非所以为上士之道也。是故子墨子曰：“今吾为祭祀也，非直注之污壑而弃之也，上以交鬼之福[②]，下以合欢聚众，取亲乎乡里。若神有，则是得吾父母弟兄而食之也。则此岂非天下利事也哉！”

注释

①共：供应。 ②交：求取。

译文

现在坚持没有鬼神的人说道：“鬼神本来就是不存在的，因此不必供应那些酒食、饭菜、牛羊类财物。如今我们岂是爱惜那些财物呢？而是祭祀能得到什么呢？”这种说法对上违背了圣王的书，对内违背了民众孝子的德行，却想在天下做上层士人，这实在不是做上层士人的道理。所以墨子说：“现在我们去祭祀，并不是把食物倒在沟里，而是上以求取鬼神的福佑，对下民众联欢，连络大家的感情。假如鬼神存在，那就是把我们的父母兄弟请来一起吃喝，这岂不是天下最有利的事吗？”

是故子墨子曰：“今天下之王公大人、士君子，中实将欲求兴天下之利，除天下之害，当若鬼神之有也，将不可不尊明也[①]，圣王之道也。”

注释

①尊明：尊重事理，明白鬼神。

译文

所以墨子说：“现在天下的王公大人士君子，如果心中确实追求兴起天下之利，除天下之害，那么对于鬼神的存在，将不可不加以尊重并辨明，这才是圣王的正道。”

非乐上

导读

《非乐》原分上、中、下三篇，现仅存上篇。所谓非乐，就是反对从事音乐活动。墨子认为凡事都应该利国利民，而百姓、国家都在为生存奔波，制造乐器就需要聚敛老百姓的钱财，荒废老百姓的生产，而且音乐还能使人沉迷于享受，不思进取。因此，必须要禁止音乐。没有节制地花费国家府库中的钱财去制造乐器，耗费大量青壮年劳力来演奏音乐是错误的，但墨子并不是将所有音乐一概反对，如果音乐能愉悦心情，促进生产，那墨子还是同意使用和演奏音乐的，所以不加辨别地否定所有的音乐，无疑是偏激和片面的，我们必须批判地去看待这个问题。

子墨子言曰：仁之事者①，必务求兴天下之利，除天下之害，将以为法乎天下，利人乎即为，不利人乎即止。且夫仁者之为天下度也，非为其目之所美，耳之所乐，口之所甘，身体之所安，以此亏夺民衣食之财，仁者弗为也。是故子墨子之所以非乐者，非以大钟、鸣鼓、琴瑟，竽笙之声，以为不乐也；非以刻镂、华文章之色②，以为不美也；非以刍豢煎炙之味，以为不甘也；非以高台、厚榭、邃野之居③，以为不安也，虽身知其安也，口知其甘也，目知其美也，耳知其乐也，然上考之，不中圣王之事；下度之，不中万民之利。是故子墨子曰："为乐，非也！"

注释

①仁之事者：当为“仁者之事”。 ②华：疑为衍字。③邃野：“野”通“宇”，即深居。

译文

墨子说：“仁人做事，一定努力做到对天下有利，为天下除害，并把这作为天下的准则。对人有利的，就做；对人无利的，就停止。”仁者替天下考虑，并不是为了看美丽的东西，听到快乐的声音，尝到美味，身体安适。让这些来剥夺老百姓的衣食财物，仁人是不做的。因此，墨子之所以反对音乐，并不是因为大钟、响鼓、琴、瑟、竽、笙的声音不让人快乐，并不是因为雕刻、纹饰的色彩不美，并不是因为煎炙的牛猪肉等的味道不美，并不是因为居住在高台厚榭深远的房屋中不舒服。虽然身体觉得舒服，口里觉得甘美，眼睛看到美丽，耳朵听到快乐，然而向上考察，却不符合圣王的事迹；向下度量，也不符合万民的利益。所以墨子说：“从事音乐活动是错误的！”

今王公大人，虽无造为乐器，以为事乎国家，非直掊潦水，折壤坦而为之也[①]，将必厚措敛乎万民，以为大钟、鸣鼓、琴瑟、竽笙之声。古者圣王，亦尝厚措敛乎万民，以为舟车。既以成矣，曰：“吾将恶许用之[②]？”曰：“舟用之水，车用之陆，君子息其足焉，小人休其肩背焉。”故万民出财赍而予之，不敢以为戚恨者，何也？以其反中民之利也。然则乐器反中民之利，亦若此，即我弗敢非也；然则当用乐器，譬之若圣王之为舟车也，即我弗敢非也。

注释

①折壤坦：疑为“拆坏垣”，毁掉土墙。 ②恶许：犹“何所”。

译文

现在的王公大人为了国家大事而制造乐器，不像积取路上的积水、拆毁土墙那么容易，而是向万民征很多钱财，用以制作大钟、响鼓、琴、瑟、竽、笙等各种乐器。古时的圣王也曾向万民征收很多钱财，造出船和车，制成之后，说：我把它们用在哪儿呢？说：“船行于水上，车行于地上，君子可以用它们来减轻脚力，小人可以用它们来减轻肩和背受力”。所以百姓都愿意送出钱财来，并不敢因此而埋怨，这是什么原因呢？是因为它符合民众的利益。如果乐器也这样，符合民众的利益。我则不敢反对。如果使用乐器跟圣王造船和车一样，我则不敢反对。

民有三患，饥者不得食，寒者不得衣，劳者不得息。三者，民之巨患也。然即当为之撞巨钟、击鸣鼓、弹琴瑟、吹竽笙而扬干戚，民衣食之财，将安可得乎？即我以为未必然也。意舍此，今有大国即攻小国，有大家即伐小家，强劫弱，众暴寡，诈欺愚，贵傲贱，寇乱盗贼并兴，不可禁止也，然即当为之撞巨钟、击鸣鼓、弹琴瑟、吹竽笙而扬干戚[①]，天下之乱也，将安可得而治与？即我未必然也。是故子墨子曰：“姑尝厚措敛乎万民，以为大钟、鸣鼓、琴瑟、竽笙之声。以求兴天下之利，除天下之害，而无补也。”是故子墨子曰：“为乐，非也！”

注释

①干：盾。戚：似斧形兵器。

译文

百姓有三种忧愁：饥饿的人得不到食物，寒冷的人得不到衣服，劳累的人得不到休息。这三样是百姓的最大忧愁。然而当他们撞击巨钟，敲击鸣鼓，弹奏琴瑟，吹动竽笙，舞动干戚，百姓的衣食财物能获得吗？我认为一定得不到。且不说这一点，现在大国家攻打小国家，大家族攻伐小家族，强壮的欺凌弱小的，人多的欺负人少的，奸诈的欺骗愚笨的，高贵的鄙视低贱的，外有强寇内有盗贼共同作乱，不能禁止。如果撞击巨钟，敲打鸣鼓，弹奏琴瑟，吹动竽笙，舞动干戚，天下的纷乱就会得到治理吗？我以为一定不是。所以墨子说：“如果向万民征收很多钱财，制作大钟、鸣鼓、琴、瑟、竽、笙等乐器，以求有利于天下，为天下除害，是无益的。”所以墨子说：“从事音乐活动是错误的！”

今王公大人，唯毋处高台厚榭之上而视之，钟犹是延鼎也[①]，弗撞击，将何乐得焉哉！其说将必撞击之。惟勿撞击[②]，将必不使老与迟者。老与迟者，耳目不聪明，股肱不毕强，声不和调，明不转朴[③]。将必使当年，因其耳目之聪明，股肱之毕强，声之和调，眉之转朴。使丈夫为之，废丈夫耕稼树艺之时；使妇人为之，废妇人纺绩织纴之事。今王公大人，唯毋为乐，亏夺民衣食之财，以拊乐如此多也。是故子墨子曰：“为乐，非也！”

注释

①延鼎：覆倒的鼎。 ②惟勿：发语词。 ③朴：字疑为“行”。“转朴”，转动，行动。

译文

现在的王公大人从高台厚榭上看去，钟就好像倒扣着的鼎一样，不撞击它，将会有什么快乐的地方呢？这就是说必须要去撞击它。如果撞击，将不会使用老人和反应迟钝的人。老人与反应迟钝的人，耳不聪，目不明，四肢不强壮，声音不和谐，眼神不灵敏。必将使用壮年人，因为耳聪目明，四肢强壮，声音调和，眼神敏捷。如果让男人撞钟，就要浪费男人耕田、种菜、植树的时间；如果让女人撞钟，就要荒废妇女纺纱、绩麻、织布等事情。现在的王公大人不要从事音乐活动，否则就是强夺百姓的衣食财物来追求大规模的声乐享受。所以墨子说："从事音乐是错误的！"

今大钟、鸣鼓、琴瑟、竽笙之声，既已具矣，大人锈然奏而独听之①，将何乐得焉哉？其说将必与贱人，不与君子，与君子听之，废君子听治；与贱人听之，废贱人之从事。今王公大人，惟毋为乐，亏夺民之衣食之财，以拊乐如此多也。是故子墨子曰："为乐，非也！"

注释

①锈然：安静地。

译文

现在的大钟、响鼓、琴、瑟、竽、笙等已具备齐了，大人们安静地独自享受音乐，有什么乐趣呢？不是与君子一同来听，就是与小民一同来听。与君子一同来听，就会荒废君子的判决官司和治理国事的时间；与小民一同来听，就会荒废小民从事生产的时间。现在的王公大人只要从事音乐活动，就是掠夺民众的衣食财物来享受音乐。所以墨子说："从事音乐是错误的！"

昔者齐康公，兴乐万[①]，万人不可衣短褐，不可食糠糟，曰："食饮不美，面目颜色，不足视也；衣服不美，身体从容丑羸不足观也。"是以食必粱肉，衣必文绣。此掌不从事乎衣食之财[②]，而掌食乎人者也。是故子墨子曰：今王公大人，惟毋为乐，亏夺民衣食之财，以拊乐如此多也。是故子墨子曰："为乐，非也！"

注释

①万：舞名。 ②掌：通"常"。

译文

从前齐康公制作《万舞》的乐曲，跳《万》舞的人是不能穿粗布短衣服，不能吃糟糠类粗糙的粮食。说："吃的不好，脸色不好看了；衣服不美，身形动作也不好看了。所以必须吃好的粮食和精细的肉，必须穿绣有花纹的衣裳。"这些人常常不从事生产衣食财物，而常常靠别人供给食物。所以墨子说：现在的王公大人们只要从事音乐活动，就是掠夺民众的衣食财物来追求大规模的声色享受。所以墨子说："从事音乐活动是错误的！"

今人固与禽兽、麋鹿、蜚鸟、贞虫异者也[①]。今之禽兽、麋鹿、蜚鸟、贞虫，因其羽毛，以为衣裘；因其蹄蚤，以为绔屦[②]；因其水草，以为饮食。故唯使雄不耕稼树艺，雌亦不纺绩织纴，衣食之财，固已具矣。今人与此异者也，赖其力者生，不赖其力者不生。君子不强听治，即刑政乱；贱人不强从事，即财用不足。今天下之士君子，以吾言不然；然即姑尝数天下分事，而观乐之害。王公大人，蚤朝晏退，听狱治政，此其分事也。士君子竭股肱之力，亶其思虑之智，内治官府，外收敛关市、山林、泽梁之利，以实仓廪府库，此其分事也。农夫蚤出暮入，耕稼树艺，多聚菽粟，此其分事也。妇人夙兴夜寐，纺绩织纴，多治麻丝葛绪，綑布縿[③]，此其分事也。今惟毋在乎王公大人，说乐而听之，即必不能蚤朝晏退，听狱治政，是故国家乱而社稷危矣！今惟毋在乎士君子，说乐而听之，即必不能竭股肱之力，亶其思虑之智，内治官府，外收敛关市、山林、泽梁之利，以实仓廪府库，是故仓廪府库不实。今惟毋在乎农夫，说乐而听之，即必不能蚤出暮入，耕稼树艺，多聚菽粟，是故菽粟不足。今惟毋在乎妇人，说乐而听之，即不必能夙兴夜寐[④]，纺绩织纴，多治麻丝葛绪，綑布縿，是故布縿不兴。曰：孰为大人之听治、而废国家之从事？曰："乐也。"是故子墨子曰："为乐，非也！"

注释

①蜚：通"飞"。贞：通"征"，贞虫即爬虫。②蚤：即"爪"。绔：即"裤子"。③绪：依毕沅说为"紵"之音借字，苎麻。綑：织。縿：绢帛。④不必：当为"必不"。

译文

现在的人本来不同于禽兽、麋鹿、飞鸟、爬虫。现在的禽兽、麋鹿、飞鸟、爬虫，把羽毛作为衣裳，把蹄爪作为裤子和鞋子，把水、草作为饮料食物。所以，虽然雄性动物不耕田、种菜、植树，雌性动物不纺纱、绩麻、织布，衣食财物本就具备了。现在的人与它们不同：只有依赖自己的力量才能生存，不依赖自己的力量就灭亡。君子不努力判决官司，治理国家，刑罚政令就要混乱；小民不努力从事生产，财用就会不足。现在天下的士人君子如果认为我说的话不对，那么就试着列举天下分内的事，来看看音乐的害处：王公大人们早上朝，晚退朝，判决官司，治理国家，这是他们分内的事。士人君子们竭尽所能，用尽智力，于内治理官府，于外往关市、山林、河桥征收赋税，充实仓廪府库，这是他们分内的事。农夫早出晚归，耕田、种菜、植树，多多收获豆子和粮食，这是他们分内的事。妇女们早起晚睡，纺纱、绩麻、织布，多多生产麻、丝、葛、苎麻，织成布匹，这是她们分内的事。现在的王公大人们喜欢音乐而去听它，则必不能早上朝，晚退朝，判决官司，治理国家，那样国家就会混乱，社稷就会危亡。现在的士人君子们喜欢音乐而去听它，则必不能竭尽所能，用尽智力，在内治理官府，在外前往关市、山林、河桥征收赋税，充实仓廪府库。那么仓廪府库就会不充实。现在的农夫们喜欢音乐而去听它，则必不能早出晚归，耕田、植树、种菜，多多收获豆子和粮食，那么豆子和粮食就会不够用。现在的妇女们喜欢音乐而去听它，就不能早起晚睡，纺纱、绩麻、织布，多多生产麻、丝、葛、苎麻，织成布匹，那么布匹就少了。问：什么荒废了大人们的判决官司，治理国家的时间和国家的生产的事情呢？答：是音乐。所以墨子说："从事音乐活动是错误的！"

何以知其然也？曰：先王之书，汤之《官刑》有之[①]。曰："其恒舞于宫，是谓巫风。其刑：君子出丝二卫[②]，小人否，似二伯[③]。《黄径》乃言曰[④]：呜乎！舞佯佯，黄言孔章[⑤]，上帝弗常，九有以亡。上帝不顺，降之百殃，其家必坏丧。"察九有之所以亡者，徒从饰乐也。于《武观》曰[⑥]："启乃淫溢康乐，野于饮食，将将铭苋磬以力[⑦]。湛浊于酒，渝食于野，万舞翼翼[⑧]，章闻于大，天用弗式[⑨]。"故上者，天鬼弗戒[⑩]，下者，万民弗利。是故子墨子曰："今天下士君子，请将欲求兴天下之利，除天下之害，当在乐之为物，将不可不禁而止也。”

注释

①《官刑》：传为汤所制定的律令。 ②卫：为“束”之音借字，小把，小捆。 ③否，通“倍”，加倍。似：通“以”。伯：“帛”之音借字，布帛。 ④《黄径》：失考。 ⑤黄：即“簧”，大竹。 ⑥《武观》：即《逸书·武观》。 ⑦将将：即锵锵。铭：当为“铃”，金石乐器。苋：当为“筦”，笛子。 ⑧翼翼：盛大貌。 ⑨用：因此。弗式：不以为常规。 ⑩戒：当作“式”，法式，标准。

译文

如何知道是这样的呢？答道：先王的书籍汤所作的《官刑》里有记载，说：“常在宫中跳舞，这叫做巫风。”惩罚是：君子拿出二捆丝，小人加倍，拿出二捆帛。《黄径》记载说：“啊呀！洋洋而舞，乐声响亮。天帝不高兴，九州将灭亡。天帝不答应，要降各种祸殃，他的家族必然要灭亡。”考察九州所以灭亡的原因，只是因为享受音乐啊。《武观》中说：“夏启纵乐放荡，在野外大肆吃喝，各种乐器的响声震天，沉迷于饮酒，在野外享尽美食佳肴，《万》舞的场面十分浩大，声音传到天上，天以为不合常法。”所以在上的，天帝、鬼神不以音乐为法式，在下的，万民没有得到利益。所以墨子说：“现在天下的士人君子们，诚心要为天下人谋福利，为天下人除祸害，对于音乐这样的东西，是不应该不禁止的。”

非命上

导读

《非命》分为上、中、下三篇，本篇是上篇。本篇的主题是反对命定思想。墨子认为命定论使人不能努力治理国家，从事生产；反而容易放纵自己，走向坏的一面。命定论是那些暴君、坏人为自己辩护的根据。文章从三个方面来论证命运之说是不可相信的，首先是古代的社会，既有贤德的君主国家治理，百姓得福这种情况，也有暴虐的君主国家混乱，百姓遭殃这种情况，同样的自然条件下，由于人为因素的不同，而产生不同的结果，这说明命运之说不可信。其次考察老百姓的所作所为，勤劳的得到衣食，不劳动的人贫穷困苦，也不存在命运之说。最后举出那些主张有命的暴君正是由于肆意妄为，才遭来杀身亡国之祸，所以说主张有命之说是天下最大的祸害。那么，如何检验非命论呢？墨子提出了通过追溯历史、观察社会实情，并在实践中检验的“三表”法则，说明只有明辨是非，才能坚决反对误国误民的命定论。

子墨子言曰：古者王公大人为政国家者，皆欲国家之富，人民之众，刑政之治。然而不得富而得贫，不得众而得寡，不得治而得乱，则是本失其所欲，得其所恶，是故何也[①]？子墨子言曰：执有命者以杂于民间者众[②]。执有命者之言曰：“命富则富，命贫则贫；命众则众，命寡则寡；命治则治，命乱则乱；命寿则寿，命夭则夭；命虽强劲[③]，何益哉？”上以说王

公大人，下以驵百姓之从事[④]，故执有命者不仁。故当执有命者之言，不可不明辨。

注释

①是故何也：当为“是何故也”。 ②有命：即命定思想。 ③命：按刘昶说当为“力”。 ④驵：同“阻”，阻止。

译文

墨子说过：古时候治理国家的王公大人们，都希望国家富裕，人民众多，法律政事有条有理；然而追求富裕不得反而变得贫困，追求人口众多不得反而人口减少，追求国家治理得不到反而混乱，则是从根本上失去了所想得到的，而得到了所憎恶的，这是什么原因呢？墨子说过：因为杂处于民间的主张‘有命’的人太多了。主张“有命”的人说：“命里富裕则富裕，命里贫困则贫困，命里人口众多则人口众多；命里人口少则人口少，命里治理得好则治理得好；命里混乱则混乱；命里长寿则长寿，命里短命则短命，虽然费很大力气，又有什么用呢？”用这话对上游说王公大人们，对下阻碍百姓的生产。所以主张“有命”的人是不仁义的。所以对主张“有命”的人的话，不能不明加辨析。

然则明辨此之说，将奈何哉？子墨子言曰：必立仪。言而毋仪，譬犹运钧之上，而立朝夕者也[①]，是非利害之辨，不可得而明知也。故言必有三表[②]。何谓三表？子墨子言曰：有本之者，有原之者[③]，有用之者。于何本之？上本之于古者圣王之事；于何原之？下原察百姓耳目之实；于何用之？废以为刑政[④]，观其中国家百姓人民之利。此所谓言有三表也。

注释

①钧：制陶用的转轮。 ②表：此句中用为原则。 ③原：推断、考察。 ④废：通“发”。

译文

然而如何去明确地辨析这些话呢？墨子说道：“必须订立准则。”说话如果没有准则，就好比在陶轮之上，放立测量时间的仪器，就不可能辨别是非利害了。所以言论有三条标准，哪三条标准呢？墨子说：“有考查本原的，有推究事理的，有实践应用的。”如何考察本原？要向上溯本求源于古代的圣王事迹。如何推究事理呢？要向下考察老百姓的日常生活。如何实践应用呢？把它用作刑法政令，从中看看国家百姓人民的利益。这就是言论有三条标准的说法。

然而今天下之士君子，或以命为有，盖尝尚观于圣王之[①]事？古者桀之所乱，汤受而治之；纣之所乱，武王受而治之。此世未易，民未渝，在于桀、纣，则天下乱；在于汤、武，则天下治。岂可谓有命哉！

注释

①盖：通“盍”，何不之意。

译文

然而现在天下的士人君子们，有的认为有命。为什么不朝上看看圣王的事迹呢？上古时候，夏桀混乱国家，商汤接过他的国家并治理它；商纣混乱国家，周武王接过他的国家并治理它。社会没有改变，人民没有变化，桀纣时则天下混乱，汤武时则天下得到治理，它能说是有命吗？

然而今天下之士君子，或以命为有，盖尝尚观于先王之书？先王之书，所以出国家[①]、布施百姓者，宪也；先王之宪亦尝有曰："福不可请，而祸不可讳，敬无益、暴无伤者乎？"所以听狱制罪者，刑也；先王之刑亦尝有曰："福不可请，祸不可讳，敬无益、暴无伤者乎？"所以整设师旅、进退师徒者，誓也；先王之誓亦尝有曰："福不可请，祸不可讳，敬无益、暴无伤者乎？"是故子墨子言曰：吾当未盐，数天下之良书[②]，不可尽计数，大方论数，而五者是也[③]。今虽毋求执有命者之言，不必得，不亦可错乎[④]？

注释

①出：此字恐有误。 ②盐：为"尽"之误，意为穷尽。③五者：疑为"三者"，即先王之宪、之刑、之誓。 ④错：为"措"之假借字，放弃。

译文

然而现在天下的士人君子们，有人认为有命。为何不向上看看古代君王的书呢？古代君王的书籍中，用来治理国家的、颁布给百姓的，是宪法。古代君王的宪法也曾说过"福不能请，祸不可免；恭敬没有好处，凶暴没有伤害吗？"所用来治理政务和审断案件的，是刑法。先王的刑法也曾经说过："福祉不可强求、灾祸也躲避不过，恭敬没有益处，残暴没有伤害吗？"所以用来整治军队、指挥官兵的，是誓言。先代君王的誓言里也曾说过"福不可请，祸不可免；恭敬没有好处，凶暴没有伤害吗？"所以墨子说：我还没时间来穷尽统计天下的好书，也不可能统计完，大概说来，有这三种。现在虽然要从中寻找主张"有命"的人的话，必然得不到，那么不就可以放弃了吗？

今用执有命者之言，是覆天下之义。覆天下之义者，是立命者也，百姓之谇也[1]。说百姓之谇者，是灭天下之人也。然则所为欲义在上者，何也？曰：义人在上，天下必治，上帝、山川、鬼神，必有干主，万民被其大利。何以知之？子墨子曰：古者汤封于亳，绝长继短，方地百里，与其百姓兼相爱，交相利，移则分[2]，率其百姓以上尊天事鬼，是以天鬼富之，诸侯与之，百姓亲之，贤士归之，未殁其世而王天下，政诸侯。

注释

①谇：依俞樾说读为“悴”，忧愁之意。 ②移：为“利”之误。

译文

现在要启用主张“有命”的人的话，这是颠覆天下的道义。颠覆天下道义的人，就是那些确立“有命”的人，这是百姓所担忧的。把百姓所担忧的事看作乐事，是毁灭天下的人。然而都想讲道义的人都在上位，这是为什么呢？答道：讲道义的人在上位，天下必定能得到治理。上帝、山川、鬼神就是有了主事的人，百姓都得到好处。如何知道？墨子说：“古时侯汤封于亳这个地方，他取长补短，使地方有百里之广。汤与百姓相互爱戴，相互谋利益，得利就分享。率领百姓向上敬奉天帝鬼神。所以，天帝鬼神使他富裕，诸侯亲附他，百姓亲近他，贤士归附他，在他没死之前就已成为天下的君王来治理诸侯。

昔者文王封于岐周，绝长继短，方地百里，与其百姓兼相爱，交相利则[1]。是以近者安其政，远者归其德。闻文王者，皆起而趋之；罢不肖、股肱不利者[2]，处而愿之，曰：“奈何乎使文王之地及我，吾则吾利，岂不亦犹文王之民也哉!”是以天鬼富之，诸侯与之，百姓亲之，贤士归之。未殁其世而王天下，政诸侯。乡者言曰：义人在上，天下必治，上帝、山川、鬼神，必有干主，万民被其大利。吾用此知之。

注释

①交相利则：当为“交相利则分”之漏。 ②罢：通“疲”。

译文

古时候文王受封于岐周，他取长补短，有百里之地，与他的百姓相互友爱、相互谋利，得利就与大家分享。所以近处的人甘心受他管理，远处的人归顺他的德行。听说过文王的人，都跑来投奔他。疲惫无力、四肢不便的人，也聚在一起祝愿，说：“怎样才能使文王的领地延伸到我们这来，我们也得到好处，岂不也是文王的国民了吗?”所以天帝鬼神使他富裕，诸侯亲附他，百姓亲近他，贤士归附他，在他没死之前就已经让他成为天下的君王，治理诸侯。前文说：‘讲道义的人身在上位，天下必定能得到治理。上帝、山川、鬼神就有了主事的人，百姓都得到他的好处。’我因此而认识到这一点。”

是故古之圣王，发宪出令，设以为赏罚以劝贤。是以入则孝慈于亲戚，出则弟长于乡里，坐处有度，出入有节，男女有辨。是故使治官府则不盗窃；守城则不崩叛[①]；君有难则死，出亡则送。此上之所赏，而百姓之所誉也。执有命者之言曰：“上之所赏，命固且赏[②]，非贤故赏也；上之所罚，命固且罚，不暴故罚也。”是故入则不慈孝于亲戚，出则不弟长于乡里，坐处不度，出入无节，男女无辨。是故治官府则盗窃；守城则崩叛；君有难则不死，出亡则不送。此上之所罚，百姓之所非毁也。执有命者言曰："上之所罚，命固且罚，不暴故罚也；上之所赏，命固且赏，非贤故赏也。"以此为君则不义，为臣则不忠，为父则不慈，为子则不孝，为兄则不良，为弟则不弟。而强执此者，此特凶言之所自生，而暴人之道也！

注释

①崩：通"背"，背叛。 ②且：古通"宜"。

译文

所以古时候的圣王发布宪法和政令，设立赏罚制度以鼓励贤人。因此在家对亲戚孝顺慈爱，在外尊敬乡里长辈。居处有节度，出入有节制，男女有别。因此让他们治理官府，就没有盗窃的，让他们守城，就没有叛乱。君主有难则可以殉职，君主出逃则会护送。这些人都是上司所赞赏，百姓所称誉的。主张"有命"的人说："上司所赞赏的是命里本来就该的，并不是因为贤德才受到赞赏的；上司所惩罚，是命里本来就该惩罚的，不是因为暴行才惩罚的。"所以在家对亲戚不孝顺慈爱，在外对乡里长辈不尊敬。举止没有节制，出入没有节制，男女相处混乱，没有区别。所以治理官府就会有盗窃，守城就会叛乱。君主有难而不殉职，君主出逃则不会护送。这些人都是上司所惩罚，百姓所非议的。主张"有命"的人说："上司所惩罚是命里本来就该惩罚，不是因为他的暴行才惩罚的；上司所赞赏，是命里本来该赞赏，不是因为美德才赞赏的。"实行这些话则做国君不义，做臣子不忠，做父亲不慈爱，做儿子不孝顺，做兄长不良，做弟弟不悌。而顽固主张这种观点的人，简直就是坏话的来源，是暴虐人的道理。

然则何以知命之为暴人之道？昔上世之穷民，贪于饮食，惰于从事，是以衣食之财不足，而饥寒冻馁之忧至；不知曰："我罢不肖，从事不疾"，必曰："我命固且贫"。昔上世暴王，不忍其耳目之淫，心涂之辟[①]，不顺其亲戚，遂以亡失国家，倾覆社稷；不知曰："我罢不肖，为政不善"，必曰："吾命固失之"。于《仲虺之告》曰[②]："我闻于夏人矫天命，布命于下。帝伐之恶，龚丧厥师[③]。"此言汤之所以非桀之执有命也。于《太誓》曰[④]："纣夷处[⑤]，不肯事上帝鬼神，祸厥先神禔不祀[⑥]，乃曰，'吾民有命。'无廖排漏[⑦]，天亦纵弃之而弗葆。"此言武王所以非纣执有命也。

注释

①涂：当为"途"。心途，即心计。辟：通"僻"。②《仲虺之告》：《尚书》篇名。③龚：依孙星衍说，当为"用"之音近假借字，于是。厥：他的。④《太誓》：《尚书》篇名。⑤处：当为"虐。"夷虐：暴政杀戮。⑥禔："祇"之误，指地神。⑦排漏：疑作"兵备"。

译文

然而怎么知道"命"是虐暴人的道理呢？从前古代的穷人，对饮食很贪婪，又懒得劳动，因此衣食财物不足，饥寒冻饿的忧虑就来了。不会说："我疲惫无力，做事不用功。"却说："我命里本来就要贫穷。"古时候的暴君，不能克制住声色的享受，心里的邪僻，不敬顺他的亲戚，以至于国家灭亡，社稷绝灭。不知道说："我疲惫无力，管理国家不善。"必定说："我命里本来要亡国。"《仲虺之告》中说："我听说夏朝的人假托天命，对百姓传播天命说，上帝讨伐罪恶，因而消灭了他的军队。"这是说汤反对桀主张"有命"。《太誓》中说："纣非常酷虐残暴，不肯敬奉上帝鬼神，毁坏他的先人的神位、不祭祀地神，并说，'我有天命！’不努力防备，天帝也就抛弃了他而不保佑。”这是说武王所以反对纣主张“有命”的原因。

今用执有命者之言，则上不听治，下不从事。上不听治，则刑政乱；下不从事，则财用不足；上无以供粢盛酒醴祭祀上帝鬼神，下无以降绥天下贤可之士，外无以应待诸侯之宾客，内无以食饥衣寒，将养老弱。故命上不利于天，中不利于鬼，下不利于人。而强执此者，此特凶言之所自生，而暴人之道也！是故子墨子言曰：今天下之士君子，忠实欲天下之富而恶其贫[①]，欲天下之治而恶其乱，执有命者之言，不可不非。此天下之大害也。

注释

①忠：通“中”，心中。

译文

现在要采用主张“有命”的人的言论，那么身居上位的人不判决官司，不治理国家，身居下层的人不劳动生产。身居上位的人不判决官司，不治理国家，那么法律政事就要混乱，下层的人不劳动生产，那么财物日用就不够。对上就没有饭菜酒食来供奉上帝鬼神，对下就没有东西可以安抚天下贤人士子们；对外就没有东西可以招待诸侯的宾客；对内就不能给饥饿的人以食物，给寒冷的人以衣物，抚养老弱。所以“命”，上对天帝不利，中对鬼神不利，下对老百姓不利。而顽固坚持它的人，则简直是罪恶的根源，暴虐人的道理。所以墨子说：“现在天下的士人君子们，内心确实想使天下人富裕而害怕贫困，想使天下得到治理而怕它混乱的，主张‘有命’的人的言论，就不能不反对。这是天下的大害啊！”

非命中

导读

此篇主旨与《非命上》意同，都是反对命定之说，主张君主要考察民情，施行仁政，敬奉祖先鬼神，才能得到命运的眷顾。墨子开篇首先提出做任何事情都要符合考察本原，推究事理，运用实践这三条标准。接着就从历史上来考察有没有命定这一说法，从前的圣王治理国家和暴王混乱国家并没有什么自然条件的差别，是君王的个人品质决定了国家的兴亡。接着老百姓的所见所闻也证明没什么命定之说，没有人亲眼见过命运，也没有人亲耳听说过命运。最后实践证明，那些暴君、穷民、伪民都是咎由自取，而不是命中注定。所以对于有天命的说法，不得不否定。

子墨子言曰：凡出言谈、由文学之为道也①，则不可而不先立义法②。若言而无义，譬犹立朝夕于员钧之上也③，则虽有巧工，必不能得正焉。然今天下之情伪，未可得而识也。故使言有三法。三法者何也？有本之者，有原之者，有用之者。于其本之也④？考之天鬼之志，圣王之事；于其原之也？征以先王之书；用之奈何？发而为刑。此言之三法也。

注释

①由：当作“为”。 ②义法：此处通“仪法”。 ③员钧：运动的陶轮。 ④于：此处通“乌”，疑问词。

译文

墨子说："凡说话、写文章的原则，不可以不先树立一个标准。如果言论没有标准，就好像把测时间的仪器放在转动的陶轮上一样。即使工匠再聪明，也不能正确。然而现在世上的真假，却不能认识，所以言论有三种法则。"哪三种法则呢？有考查本原的，有推究事理的，有实践应用的。怎样考求言论的本原呢？用天帝、鬼神的意志和圣王的事迹来考察。怎样推究言论呢？用先王的书来验证。怎样把言语付之实践呢？把它作为标准。这就是言论的三条标准。

今天下之士君子，或以命为亡。我所以知命之有与亡者，以众人耳目之情，知有与亡。有闻之，有见之，谓之有；莫之闻，莫之见，谓之亡。然胡不尝考之百姓之情？自古以及今，生民以来者，亦尝见命之物、闻命之声者乎？则未尝有也。若以百姓为愚不肖，耳目之情，不足因而为法[①]；然则胡不尝考之诸侯之传言流语乎？自古以及今，生民以来者，亦尝有闻命之声、见命之体者乎？则未尝有也。

注释

①因：依靠，凭借。

译文

现在天下的士人君子们，有的认为命运之说是没有的。我之所以知道命运之说有还是没有，是根据众人所见所闻的实情才知道的。有听过它，有见过它，才叫"有"，没听过，没见过，就叫"没有"。然而为什么不试着用老百姓的实际来考察一下呢：从古到今，自有人类以来，有曾见过命的形象，听过命的声音的人吗？没有过的。如果认为百姓愚蠢无能，所见所闻的实情不能作标准，那么为什么不试着用诸侯流传的话来考察一下呢？从古到今，自有人类以来，有曾听过命的声音，见过命的形体的人吗？没有过的。

然胡不尝考之圣王之事？古之圣王，举孝子而劝之事亲，尊贤良而劝之为善，发宪布令以教诲，明赏罚以劝沮。若此，则乱者可使治，而危者可使安矣。若以为不然，昔者桀之所乱，汤治之；纣之所乱，武王治之。此世不渝而民不改[①]，上变政而民易教，其在汤、武则治，其在桀、纣则乱。安危治乱，在上之发政也，则岂可谓有命哉！夫曰有命云者，亦不然矣。

注释

①渝：改变。

译文

那么为什么不用圣王的事迹来考察一下呢？古时候的圣王，选拔孝子，鼓励他们孝敬双亲；尊重贤良，鼓励大家作善事，发布宪政律令以教诲百姓，严明赏罚以奖善止恶。这样，混乱的政局得到治理，危险的情况转为安宁。若认为不是这样，上古时候，桀作乱，汤来治理了；纣作乱，武王来治理了。时代没有改变，人民没有改变，只是君王改变了政令，人民就容易教导了。在商汤、武王时就得到治理，在桀、纣时就变得混乱。安宁、危险、治理、混乱，原因在君王实行的政治，怎能说是“有命”呢？那些说“有命”的，并不是这样。

今夫有命者言曰：我非作之后世也，自昔三代有若言以传流矣，今故先生对之[①]？曰：夫有命者，不志昔也三代之圣、善人与？意亡昔三代之暴、不肖人也？何以知之？初之列士桀大夫[2]，慎言知行[3]，此上有以规谏其君长，下有以教顺其百姓。故上得其君长之赏，下得其百姓之誉。列士桀大夫，声闻不废，流传至今，而天下皆曰其力也，必不能曰我见命焉。是故昔者三代之暴王，不缪其耳目之淫，不慎其心志之辟，外之驱骋田猎毕弋，内沉于酒乐，而不顾其国家百姓之政，繁为无用，暴逆百姓，使下不亲其上，是故国为虚厉[4]，身在刑僇之中，不肯曰；"我罢不肖，我为刑政不善"，必曰："我命故且亡。"虽昔也三代之穷民，亦由此也，内之不能善事其亲戚，外不能善事其君长，恶恭俭而好简易，贪饮食而惰从事，衣食之财不足，使身至有饥寒冻馁之忧，必不能曰："我罢不肖，我从事不疾"，必曰："我命固且穷。"虽昔也三代之伪民，亦犹此也，繁饰有命，以教众愚朴人。

注释

①故：依孙诒让说作"胡"。对：即"怼"，愤恨意。②桀：通"杰"，杰出。 ③知：当作"疾"，敏捷。 ④厉：即绝灭后代意。

译文

现在主张"有命"的人说："并不是我们后世们说这种话的，而是从古时三代就有这种话流传了。那么先生您为什么痛恨它呢？"答道：主张"有命"的人，不知是三代的善人呢？还是三代的恶人？如何知道这些呢？古时候有功德的士人和杰出的大夫们，说话谨慎，行动敏捷，对上能规劝君长，对下能教导老百姓。所以上能得到君长的奖赏，下能得到百姓的赞誉。有功德的士人和杰出的大夫美名不会停止，流传到今天。天下人都说，这是他们努力的结果啊！必定不会说，我见到了命。所以古时三代的残暴君王，不改变他们奢侈的声色享受，不约束他们内心的邪念，在外边则驱车打猎射鸟，在家里则沉迷于酒和音乐，全不顾国家和百姓的政事，大量从事无用的行为，对百姓残暴，使身居下层的人不敬重身居高位的人。所以国家空虚，人民亡国灭种，自己也被杀。却不肯说："我疲倦不努力，我没做好刑法政事。"必然要说："我命中注定就要灭亡。"即使是古时三代的穷苦人，都是这样说。对内不能好好地孝敬亲戚，在外不能好好地侍候君长。厌恶恭敬节约而喜好傲慢无礼，好吃好喝而懒于劳作。衣食财物不足，至使挨饿挨冻。必不会说："我疲倦不努力，工作不勤快。"一定说："我命里注定就穷。"即使是三代小民，也都这样说。粉饰"有命"之说，以教唆那些愚笨无知的人。

久矣！圣王之患此也，故书之竹帛，琢之金石。于先王之书《仲虺之告》曰："我闻有夏人矫天命，布命于下，帝式是恶，用阙师[①]。"此语夏王桀之执有命也，汤与仲虺共非之。先王之书《太誓》之言然，曰："纣夷之居[②]，而不肯事上帝，弃阙其先神而不祀也，曰，'我民有命。'毋僇其务，天不亦弃纵而不葆。"此言纣之执有命也，武王以《太誓》非之。有于三代不国有之[③]，曰："女毋崇天之有命也。"命三不国亦言命之无也。于召公之《执令》亦然："且[④]！敬哉，无天命！惟予二人，而无造言，不自降天之哉得之[⑤]。"在于商、夏之《诗》《书》曰："命者，暴王作之。"且今天下之士君子，将欲辩是非、利害之故，当天有命者，不可不疾非也。执有命者，此天下之厚害也，是故子墨子非也。

注释

①用：当作"厥"，丧灭意。 ②居：疑为"虐"。 ③不：

疑作“百”。 ④且：通“徂”，往、去意。 ⑤此句当作：“吉不降自天，自我得之。”

译文

圣王担忧这个问题已经很久了。所以把它写在竹帛上，刻在金石上。先王的书《仲虺之告》说：“我听说夏代的人假托天命，在天下宣布天命，所以天帝痛恨他，让他丧失军队。”这是说夏朝的君王桀主张“有命”，汤与仲虺共同批判他。先王的书《太誓》也这样说，道：“纣王很暴虐，不肯敬奉上帝，抛弃先人的神灵而不祭祀。说：‘我有命！’不认真治理国家，天帝也抛弃了他而不去保佑他。”这是说纣主张“有命”，武王作《太誓》反驳他。在三代百国书上也有这样的话，说：“你们不要相信上天是有命的。”命三代和百国也都相信没有命。召公的《执令》也是如此：“去吧！要认真！不要相信天命。只有我俩而没有捏造的言语，吉利并不是从上天降下来的，而是我们自己得到的。”在商夏时的《诗》《书》中说：“命是暴虐的君王胡说的。”现在天下的士人君子，想要辩明是非利害的原因，对于主张“有命”的人，就不能不赶快反对。主张“有命”的人，是天下的大害，所以墨子反对他们。

非命下

导读

本文为《非命》的下篇，内容与前两篇略同，主旨也大致相同。本文主要通过列举三代圣王的德政和三代暴君的暴政来批驳天命的观点，告诫现在的王公大人们和在世君主们要勤于政事，多行善事，敬奉鬼神，才能获得天帝的护佑，实现国家的安定，而不应该把一切归结于命运，从而不做努力，放纵自己的行为，那样只能咎由自取，自我毁灭。平民百姓也应该努力生产，自给自足，而不应该自暴自弃，偷懒放纵，那样只能衣食无着，越来越穷困。所以墨子认为那些持有命定理论的人，都是暴虐的君王、好吃懒做的民众。虚伪的小人放纵自己，不努力做事的借口和谎言，正人君子是不可以不谨慎对待的。墨子的这种观点在当今社会仍有其积极意义，命运掌握在自己手里，幸福要靠自己去争取。

子墨子言曰：凡出言谈，则必可而不先立仪而言[①]。若不先立仪而言，譬之犹运钧之上而立朝夕焉也，我以为虽有朝夕之辩[②]，必将终未可得而从定也，是故言有三法。何谓三法？曰：有考之者，有原之者，有用之者。恶乎考之？考先圣大王之事。恶乎原之？察众之耳目之请[③]。恶乎用之？发而为政乎国，察万民而观之。此谓三法也。

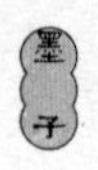

注释

①必：下疑脱“不“字。 ②辩：通“辨”。 ③请：通“情”。

译文

墨子说：凡发表言论，不能不先立一个标准再说。如不先立一个标准，就好像把测量时间的仪器放在运转的陶轮上。我认为虽有早、晚的区分，但必然终究得不到确定的时间。所以言论有三条标准。是哪三条标准呢？答道：有考察本原的，有推究事理的，有实践应用的。怎么考察本原呢？考察先代圣王的事迹。怎么推求事理呢？要总结众人听见看见的实情。怎么付诸实践应用呢？就是在治理国家中当作政令，观测结果来评论它。这就是三条标准。

故昔者三代圣王禹、汤、文、武，方为政乎天下之时，曰：“必务举孝子而劝之事亲，尊贤良之人而教之为善。”是故出政施教，赏善罚暴。且以为若此，则天下之乱也，将属可得而治也；社稷之危也，将属可得而定也。若以为不然，昔桀之所乱，汤治之；纣之所乱，武王治之。当此之时，世不渝而民不易，上变政而民改俗。存乎桀、纣而天下乱，存乎汤、武而天下治。天下之治也，汤、武之力也；天下之乱也，桀、纣之罪也。若以此观之，夫安危治乱，存乎上之为政也，则夫岂可谓有命哉！故昔者禹、汤、文、武，方为政乎天下之时，曰：“必使饥者得食，寒者得衣，劳者得息，乱者得治。”遂得光誉令问于天下[①]。夫岂可以为命哉！故以为其力也。今贤良之人，尊贤而好功道术，故上得其王公大人之赏，下得其万民之誉，遂得光誉令问于天下。亦岂以为其命哉！又以为力也。

注释

①问：通“闻”。

译文

所以古时候三代的圣王禹、汤、文、武，刚治理国家时，都说：必须选拔孝子从而鼓励孝敬双亲，尊重贤良的人而教导大家行善。所以公布政令实施教化，奖励善行惩罚恶行。并且认为这样做，混乱的天下，就可以得到治理；危险的社稷就变得安全。如果认为不是这样，古时夏桀时很混乱，汤治理了；纣时很混乱，武王治理了。那个时候，时代、百姓都没有改变，而君王改变了政治，从而老百姓改变了风俗。在桀、纣那里天下就混乱，在汤武那里天下就治理。天下得到治理是汤武的功劳；天下混乱不堪是桀纣的罪过。就以此来看，所谓安、危、治理、混乱，全在君主的政治；怎么可能说是有命呢？所以古时禹汤文武刚开始治理国家时，就说：“必须使饥饿的人得到食物，使寒冷的人得到衣物，劳动的人得到休息，混乱的政局得到治理。”这样他们就获得了天下人的美誉。怎么能认为是命呢？应该认为是努力啊。现在贤良的人，尊重贤人而喜好治国的道术，所以在上得到王公大人的赞赏，在下得到万民的表扬，于是在天下获得好评。怎么能认为是他们的命呢？正是他们自己的努力啊！

然今夫有命者，不识昔也三代之圣善人与？意亡昔三代之暴不肖人与？若以说观之，则必非昔三代圣善人也，必暴不肖人也。然今以命为有者，昔三代暴王桀、纣、幽、厉，贵为天子，富有天下，于此乎不而矫其耳目之欲[①]，而从其心意之辟，外之驱骋、田猎、毕弋，内湛于酒乐，而不顾其国家百姓之政，繁为无用，暴逆百姓，遂失其宗庙。其言不曰：“我罢不肖，吾听治不强”，必曰：“吾命固将失之。”虽昔也三代罢不肖之民，亦犹此也。不能善事亲戚、君长，甚恶恭俭而好简易，贪饮食而惰从事，衣食之财不足，是以身有陷乎饥寒冻馁之忧，其言不曰：“吾罢不肖，吾从事不强”，又曰：“吾命固将穷。”昔三代伪民，亦犹此也。

注释

①不而：当为“而不”。

译文

然而今天主张“有命”的那些人，不知道是根据从前三代的圣人和善人呢？还是根据从前三代的凶暴而无能的人呢？从他们的说法来看，一定不是从前三代的圣人和善人，必定是凶暴而无能的人。然而今天以为有命的人，从前三代的暴君桀、纣、幽、厉，都贵为天子，富有天下，就这样还不知道改正自己沉迷声色的欲望，而放任他们内心的邪念。在外骑马打猎射鸟，在内沉迷于酒和音乐，全不管不顾国家百姓的政事；做很多无用的事，对待百姓残暴，于是国家灭亡。他们不说：“我疲沓无能，我不努力地判决官司，治理国家。”一定说：“我命里注定就要失国。”即使是三代不努力上进的百姓，也是这样。不能好好地对待亲属君长，讨厌恭敬俭朴而喜好傲慢无礼，好吃喝而懒于劳动，于是衣食财物不够用，所以自身有饥寒冻馁之忧。他们不说：“我贪懒无能，不努力工作。”反而说：“我命里注定就穷。”从前三代的虚伪的人也是这样。

昔者暴王作之，穷人术之[①]，此皆疑众迟朴。先圣王之患之也，固在前矣，是以书之竹帛，镂之金石，琢之盘盂，传遗后世子孙。曰：“何书焉存？”禹之《总德》有之曰：“允不著惟天[2]，民不而葆。既防凶星[3]，天加之咎。不慎厥德，天命焉葆？”《仲虺之诰》曰：“我闻有夏人矫天命于下，帝式是增[4]，用爽厥师。”彼用无为有，故谓矫；若有而谓有，夫岂为矫哉！昔者桀执有命而行，汤为《仲虺之告》以非之。《太誓》之言也，于去发曰[5]：“恶乎君子[6]！天有显德，其行甚章。为鉴不远，在彼殷王。谓人有命，谓敬不可行，谓祭无益，谓暴无伤。上帝不常，九有以亡；上帝不顺，祝降其丧。惟我有周，受之大帝[7]。”昔纣执有命而行，武王为《太誓》去发以非之。曰：子胡不尚考之乎商、周、虞、夏之记？从十简之篇以尚，皆无之。将何若者也？

注释

①术：通“述”。 ②允：诚实。惟：于。 ③防：此处为“放”。星：当为“心”。 ④增：此处当为“憎”。 ⑤于去发：当为“太子发”。 ⑥恶乎：发语词。 ⑦帝：当作“商”。

译文

古代暴君捏造这些谎话，穷人就相信这些话。这些都是惑乱百姓、愚弄老实人的谎言，先代圣王担心这些，所以在前世就有了。他们把它写在竹帛上，刻在金石上，雕在盘子上，流传给后世子孙。说：“哪些书有这些话？”禹时《总德》上有，说：“对天帝不诚信，就不会保佑下民。既然放任自己凶狠的心意，天帝会加以惩罚。不小心德行，天怎会保佑呢？”《仲虺之告》说：“我听说夏人假造天命而向天下发布，上帝痛恨他，因此使他军队灭亡。”没有的说有，所以叫假造；如本来就有而说有，怎么是假造呢？从前桀主张“有命”而执行，汤作《仲虺之告》来非议他。《太誓》中太子发说：“啊呀君子！天有大德，行为非常明确。做借鉴的不太远，殷王就是：说人有命，说不必恭敬；说祭祀无益，说凶暴无害。上帝不保佑，九州灭亡。上帝不顺心，降下灭亡他的灾祸。只有我周朝，接受了商的天下。”从前纣主张“有命”而实行，武王作《太誓》，太子发反驳他。说，你为什么不向上考察商、周、虞、夏的史料，从十简之篇以上都没有命的记载，哪还会这样呢？

是故子墨子曰：今天下之君子之为文学、出言谈也，非将勤劳其惟舌[1]，而利其唇吻也，中实将欲其国家邑里万民刑政者也。今也王公大人之所以蚤朝晏退，听狱治政，终朝均分而不敢怠倦者，何也？曰：彼以为强必治，不强必乱；强必宁，不强必危。故不敢怠倦。今也卿大夫之所以竭股肱之力，殚其思虑之知，内治官府，外敛关市、山林、泽梁之利，以实官府而不敢怠倦者，何也？曰：彼以为强必贵，不强必贱；强必荣，不强必辱。故不敢怠倦。今也农夫之所以蚤出暮入，强乎耕稼树艺，多聚叔粟而不敢怠倦者，何也？曰：彼以为强必富，不强必贫；强必饱，不强必饥。故不敢怠倦。今也妇人之所以夙兴夜寐，强乎纺绩织纴，多治麻统葛绪捆布縿，而不敢怠倦者，何也？曰：彼以为强必富，不强必贫；强必暖，不强必寒。故不敢怠倦。

注释

①惟舌：当为“喉舌”。

译文

所以墨子说：“现在天下君子写文章，发表言论，并不是想要劳动喉舌，利索嘴唇，而内心实在是想为了国家、邑里、万民的刑法政务。”现在的王公大人之所以要早上朝，晚退朝，判决官司，治理国事，整日分配职司而不敢偷懒，是为什么呢？答道：他认为用心必能治理，不用心就要混乱；努力必能安宁，不努力就要危险，所以不敢偷懒。现在的卿大夫们之所以用尽力气，竭尽智慧，于内治理官府工作，于外征收关市、山林、泽梁的税收，以充实官府，而不敢偷懒，是为什么呢？答道：他以为努力必能富贵，不努力就会低贱；努力获得美名，不努力就会屈辱，所以不敢偷懒。现在的农夫之所以早出晚归，努力从事耕种、植树、种菜，多积累豆子和粟，而不敢偷懒，是为什么呢？答道：他以为努力必能富裕，不努力就会贫穷；努力必能吃饱，不努力就要饥饿，所以不敢偷懒，现在的妇人之所以早起夜睡，努力纺纱、绩麻、织布，多多生产麻、丝、葛、苎麻，而不敢偷懒，为什么呢？答道：她以为努力必能富裕，不努力就会贫穷；努力必能温暖，不努力就会寒冷，所以不敢偷懒。

今虽毋在乎王公大人，蕢若信有命而致行之[①]，则必怠乎听狱治政矣，卿大夫必怠乎治官府矣，农夫必怠乎耕稼树艺矣，妇人必怠乎纺绩织纴矣。王公大人怠乎听狱治政，卿大夫怠乎治官府，则我以为天下必乱矣；农夫怠乎耕稼树艺，妇人怠乎纺绩织纴，则我以为天下衣食之财，将必不足矣。若以为政乎天下，上以事天鬼，天鬼不使[②]；下以持养百姓，百姓不利，必离散，不可得用也。是以入守则不固，出诛则不胜。故虽昔者三代暴王桀、纣、幽、厉之所以共抎其国家[③]，倾覆其社稷者，此也。是故子墨子言曰：今天下之士君子，中实将欲求兴天下之利，除天下之害，当若有命者之言，不可不强非也。曰：命者，暴王所作，穷人所术，非仁者之言也。今之为仁义者，将不可不察而强非者，此也。

注释

①虽毋：发语词。賁：当作“实”。 ②使：依王念孙说为“从”意。 ③共：依王念孙说当为“失”。抎：抛弃、坠落。

译文

现在的王公大人如果真相信“有命”一说，并照着实行，则必然会懒于判决官司，处理政务，卿大夫必然会懒于治理官府政务，农夫必然会懒于耕田、植树、种菜，妇人必然会懒于纺纱、绩麻、织布。王公大人们懒于判决官司，处理政务，卿大夫懒于治理官府政务，那么我以为天下必然大乱；农夫懒于耕田、植树、种菜，妇人懒于纺纱、绩麻、织布，则我认为天下衣食财物，必然不足。如果以此来治理天下，向上侍奉天帝、鬼神，天帝、鬼神必然不满意；对下以此来养育百姓，百姓没有得到利益，必定要离开，导致无法任用。这样于内守国也不牢固，出去杀敌也不会胜利。所以从前三代暴君桀、纣、幽、厉之所以国家灭亡，社稷倾覆的原因，就在这里啊。所以墨子说：现在天下的士人君子们，心里如果确实希望为天下人谋福利，为天下除祸害，而对有“天命”的说法，就不可不努力批驳。说道：命，是暴君所捏造，穷人所传播的谎言，不是仁德之人的话。今天行仁义之道的人，将不可不仔细辨别它并努力加以批判，就是这个道理啊。

非儒下

导读

《非儒》上、中皆佚，此篇主要是批驳以孔子为代表的儒家的礼义思想。墨子首先开篇反对儒家繁复的婚丧之礼，实则是反对儒家学者的“亲亲有别”，墨子的无差别兼相爱的观点正好与此相对。接着又指责儒家的礼乐于政事、生产都无好处，实在是劳民伤财巧饰无益的东西，最后又通过晏婴等人之口，用具体事例来讽刺批驳孔子与其门徒对国君与民众都是口头上讲仁义道德，实际上鼓励叛变，惑乱百姓，从根本上否定了儒术。儒墨是先秦诸子中最重要的两家学派，各自学说都有可取之处，也都有不足之处，应批判性地看待。本篇所反映的一些传闻和事迹也不尽合乎史实，有诋毁之嫌，但也从一个侧面反映了当时儒、墨两家在思想认识上的激烈斗争。

儒者曰：“亲亲有术，尊贤有等[①]。”言亲疏尊卑之异也。其《礼》曰[②]：丧，父母，三年；妻、后子，三年；伯父、叔父、弟兄、庶子，其[③]；戚族人，五月。若以亲疏为岁月之数，则亲者多而疏者少矣，是妻、后子与父同也。若以尊卑为岁月数，则是尊其妻、子与父母同，而亲伯父、宗兄而卑子也[④]。逆孰大焉？其亲死，列尸弗敛，登屋窥井，挑鼠穴，探涤器，而求其人焉，以为实在，则戆愚甚矣；如其亡也必求焉，伪亦大矣！

注释

①术：王引之认为即“杀”，差意。 ②《礼》：指《丧服经》。 ③其：通“期”，一年。 ④亲：依王念孙当作“视”。卑子：庶子。

译文

有儒家学者说：“爱亲人应该有差别，尊敬贤人也应该有差别。”这是说亲疏、尊卑是有区别的。他们的《礼》这样说：为父母服丧要服三年，为妻子和长子服丧要服三年；为伯父、叔父、弟兄、庶子服丧要服一年；为外姓亲戚服丧要服五个月。如果以亲、疏来定服丧的日期，则亲的多而疏的少，那么，妻子、长子与父亲相同。如果以尊卑来定服丧的日期，那么，是把妻子、儿子看作与父母一样的尊贵，而把伯父、宗兄和庶子看成是一样的，有如此大逆不道的吗？他们的父母死了，摆放尸体而不装殓。上屋、打井、掏鼠穴、探看洗涤器具，而为死人招魂。认为灵魂还存在，简直愚蠢极了。如果灵魂不在，还要去招魂，真是太虚假了。

取妻身迎，祗褍为仆[①]，秉辔授绥，如仰严亲；昏礼威仪，如承祭祀。颠覆上下，悖逆父母，下则妻、子[②]，妻、子上侵事亲。若此，可谓孝乎？儒者：“迎妻，妻之奉祭祀；子将守宗庙。故重之。”应之曰：此诬言也！其宗兄守其先宗庙数十年，死，丧之其；兄弟之妻奉其先之祭祀，弗散[③]；则丧妻子三年，必非以守、奉祭祀也。夫忧妻子以大负累[④]，有曰：“所以重亲也。”为欲厚所至私，轻所至重，岂非大奸也哉！

注释

①祇褍：即“缁褷”假借字，一种黑色边缘的衣服。②则：当为“列”。③散：当为“服”。④忧：通“优”。

译文

娶妻要亲自迎接，穿着黑色下摆的衣裳，亲自为她驾车，手里拿着缰绳，把引绳递给新妇，就好像对待父亲一样。婚礼中的仪式，恭敬地像祭祀一样。上下颠倒，悖逆父母，将父母降到与妻子、长子同样的地位。把妻子、儿子抬高到父母的地位，如此这样，能叫作孝吗？儒家的人说，“妻子要供奉祭祀，儿子要守宗庙，所以敬重他们。”答道：“这是谎话！他的同宗兄弟守他先人宗庙几十年，死了，只为他服一年丧；兄弟的妻子供奉他祖先的祭祀，死后却不为她们服丧，反而为妻子、长子服三年丧，一定不是为奉养祭祀的原因。”优待妻、子而服三年丧，有的说道：“这是为了看重亲人。”这是厚待所偏爱的人，而轻视重要的人，难道这不是大奸大恶吗？

有强执有命以说议曰：“寿夭贫富，安危治乱，固有天命，不可损益。穷达、赏罚、幸否有极[①]，人之知力，不能为焉！”群吏信之，则怠于分职；庶人信之，则怠于从事。吏不治则乱，农事缓则贫，贫且乱，政之本[②]，而儒者以为道教[③]，是贼天下之人者也。

注释

①否：不幸。②政之本：前脱一“倍”字，违背。③道教：引导教育。

译文

那些顽固地坚持“有命”主张的人辩说道：“长寿短命、贫穷富贵、安危治乱，本来就是命中注定的，不能减少也不能增加的。穷困顺达，奖赏惩罚，幸运倒霉都有定数。人的知识和力量不能改变什么。”一些官吏听信了这些话，就对分内的事偷懒，那些普通人听信了这些话，则对生产劳动厌倦。官吏不治理政务国家就要混乱，农事一耽误就要贫困。既贫困又混乱，是违背政事的根本的，而儒家的人却把它当作教条，真是残害天下的人啊。

且夫繁饰礼乐以淫人，久丧伪哀以谩亲，立命缓贫而高浩居[①]，倍本弃事而安怠傲，贪于饮食，惰于作务，陷于饥寒，危于冻馁，无以违之。是若人气[②]，鼸鼠藏，而羝羊视，贲彘起[②]。君子笑之，怒曰：“散人焉知良儒！”夫夏乞麦禾，五谷既收，大丧是随，子姓皆从，得厌饮食。毕治数丧，足以至矣。因人之家翠以为[④]，恃人之野以为尊，富人有丧，乃大说喜，曰：“此衣食之端也！”

注释

①缓：舒；浩居：同“傲倨”（毕沅说），傲慢。 ②人气：当作“乞人”。 ③鼸（xiàn）鼠：田鼠。羝（dī）羊：公羊。贲（fén）彘（zhì）：被阉割的公猪。 ④因人之家翠以为：当作“因人之家以为翠。”翠：通“脺”，肥胖。

译文

况且用复杂的礼乐去迷惑别人，长期服丧假装哀伤以欺骗亲人。造出“命定”的说法，使人们安于贫困，态度倨傲。背弃农业生产而安于偷懒傲慢。好吃好喝，又懒于劳动工作，陷于饥寒交迫，冻馁的危险，也没法逃避。就像乞丐一样，像田鼠一样偷藏粮食，像公羊一样贪婪地瞪眼看着，像被阉割的公猪一样跳起。君子们嘲笑他们，发怒就说："没文化的人怎能知道良儒呢！"夏天乞食麦子和稻子，五谷收齐了，有人大办丧事。子孙们都跟着去，吃饱喝足。办完几次丧事，就足够了。靠着人家而变得肥胖，靠着人家田野的收入而富足。富人有丧，就非常高兴，说："这正是衣食的来源啊！"

儒者曰："君子必服古言[①]，然后仁。"应之曰："所谓古之言服者，皆尝新矣，而古人言之服之，则非君子也？然则必服非君子之服，言非君子之言，而后仁乎？"

注释

①服古言：当作"古言服"。

译文

儒家的人说："君子必须说古代的话，穿古代的衣服才能成仁。"答道："所谓古代的话、古代的衣服，在当时都曾经是新的。而古人说它穿它，就不是君子吗？那么一定要穿不是君子的衣服，说不是君子的话，而后才能成为仁吗？"

又曰："君子循而不作。"应之曰："古者羿作弓，伃作甲，奚仲作车，巧垂作舟；然则今之鲍、函、车、匠，皆君子也[①]，而羿、伃、奚仲、巧垂，皆小人邪？且其所循，人必或作之；然则其所循，皆小人道也。"

注释

①鲍：古代皮匠。函：古代制作铠甲的工匠。

译文

又说："君子只因循而不创新。"回答他说："古时后羿制造了弓箭，季仔制造了铠甲，奚仲制作了车马，巧垂制作了舟船。既然如此，那么今天的制鞋皮匠、制作铠甲的工匠、制作车船的工匠、以及木工，都是君子，而后羿、季仔、奚仲、巧垂都是小人吗？"再说，他们所遵循的准则，必定有人开始做了，难道君子所遵循的就都是小人之道吗？

又曰："君子胜不逐奔，掩函弗射[①]，施则助之胥车。"应之曰："若皆仁人也，则无说而相与；仁人以其取舍、是非之理相告，无故从有故也，弗知从有知也，无辞必服，见善必迁，何故相？若两暴交争，其胜者欲不逐奔，掩函弗射，施则助之胥车，虽尽能，犹且不得为君子也，意暴残之国也。圣将为世除害，兴师诛罚，胜将因用儒术令士卒曰：'毋逐奔，掩函勿射，施则助之胥车。'暴乱之人也得活，天下害不除，是为群残父母而深贱世也，不义莫大矣！"

注释

①函：箭盒。

译文

又说："君子打了胜仗不追赶逃兵，拉开弓而不射箭，敌人走了岔路则帮助他推车。"回答他说："如果双方都是仁人，那么就不会成为敌对双方，仁人以他的取舍及是非之理相告，没道理的跟有道理的走，没知识的跟着有知识的走。说不出理由的就要折服，看到善行的就要改变。这怎么会相争呢？如果两方都很残暴，战胜的不去追赶逃敌，拉弓而不射箭，敌人陷了车又帮助推车，即使全做了，也不能成为君子，也许还是残暴的国家。圣王将为世上除害，兴师诛伐敌人，战胜了敌人就将用儒家的方法下令士卒说：‘不要追赶逃敌，拉弓不要射箭，敌车陷了要帮助推车。’于是暴乱的人活了下来，天下的祸害没有除掉，这是祸害父母残害社会的行为。没有比这更大的不义了！”

又曰：“君子若钟，击之则鸣，弗击不鸣。”应之曰：“夫仁人，事上竭忠，事亲得孝，务善则美，有过则谏，此为人臣之道也。今击之则鸣，弗击不鸣，隐知豫力[①]，恬漠待问而后对，虽有君亲之大利，弗问不言；若将有大寇乱，盗贼将作，若机辟将发也[②]，他人不知，己独知之，虽其君、亲皆在，不问不言，是夫大乱之贼也。以是为人臣不忠，为子不孝，事兄不弟，交遇人不贞良。夫执后不言，之朝，物见利使己，虽恐后言；君若言而未有利焉，则高拱下视，会噎为深[③]，曰：‘唯其未之学也。’用谁急，遗行远矣。”夫一道术学业仁义者，皆大以治人，小以任官，远施周偏，近以修身，不义不处，非理不行，务兴天下之利，曲直周旋，利则止，此君子之道也。以所闻孔某之行，则本与此相反谬也！

注释

①知：同“智慧”。豫：犹“储”，储备不用。 ②机辟：猎兽的工具。 ③会：通“哙”，不言不语。

译文

又说：“君子就像钟一样，敲了就响，不敲就不响。”回答说：“仁德的人事奉君主尽忠，对待双亲尽孝，看见善行就称赞，看到过错就谏阻，这才是做人臣的道理。现在若敲他才响，不敲他就不响，隐藏道术，储备力量而不用，冷漠地等待君主双亲发问，然后才作回答。即使对君主双亲有大利，不问也不说。如果

大的叛乱发生，盗贼兴起，就像机关将发动一样危急，别人不知道这件事，自己独自知道，即使君主双亲都在，不问也不说，这实际是制造混乱的大贼子了。以这种态度作臣子就不忠，作儿子就不孝，对待兄长就不恭敬，对待他人就不忠诚。遇事往后退不言不语的态度。到朝廷上，看到对自己有利的东西，恐怕说得比别人迟。君主如果说了对自己没利的事，就高拱两手，低头往下看，像噎着了一样，说：‘我没学过。’君主很着急用他，但是他已经放弃远离。”凡道术学业都统一于行仁义，大处说可以管理百姓，小处说可以做个小官，从远处说就是要广泛地施行，从近处说就是要自我修身。不符合道义的就不停留，没有道理的就不行。务必要兴天下的福利，曲折地达到自己的目的，没有利益的行为就停止。这是君子之道。从我所听说的孔某的行为上来看，根本上就是与此相反的。

齐景公问晏子曰："孔子为人何如？"晏子不对。公又复问，不对。景公曰："以孔某语寡人者众矣，俱以贤人也，今寡人问之，而子不对，何也？"晏子对曰："婴不肖，不足以知贤人。虽然，婴闻所谓贤人者，入人之国，必务合其君臣之亲，而弭其上下之怨。孔某之荆，知白公之谋，而奉之以石乞，君身几灭，而白公僇[①]。婴闻贤人得上不虚，得下不危，言听于君必利人，教行下必于上[②]，是以言明而易知也，行明而易从也。行义可明乎民，谋虑可通乎君臣。今孔某深虑同谋以奉贼[③]，劳思尽知以行邪，劝下乱上，教臣杀君，非贤人之行也。入人之国，而与人之贼，非义之类也。知人不忠，趣之为乱，非仁义之也[④]。逃人而后谋，避人而后言，行义不可明于民，谋虑不可通于君臣，婴不知孔某之有异于白公也，是以不对。”景公曰：“呜乎！贶寡人者众矣[5]，非夫子，则吾终身不知孔某之与白公同也。”

注释

①僇：通“戮”。 ②教行下必于上：此句当作“教行于下必利上。” ③同：疑“周”之误，“周谋”：谋划周密。 ④非仁义之也：此句疑作“非仁义之类也”。 ⑤贶（kuàng）：赏赐，这里指进言。

译文

齐景公问晏子说：“孔子这个人怎么样？”晏子不回答。齐景公又问一次，晏子还是不回答。景公说：“对我提起孔某人的人很多，大家都认为他是贤人。今天我问你，你却不回答，为什么？”晏子答道：“晏婴无能，没能力认识贤人。虽然如此，晏婴听说过所谓贤人，进了别人的国家，必要增进君臣的感情，调和上下的矛盾。孔某人到楚国，已经知道了白公的阴谋，而把石乞献给他。国君差点被害，而白公被杀。晏婴听说贤人对上不辜负君主的信任，对下不作乱百姓。对君王说话必然有利大家，教导下民必然效忠君主。因此言论明白而且容易理解，行为明确且易于跟从，施行仁义简明明白百姓容易顺从，考虑计策周密可以沟通君臣。孔某人精心计划和叛贼同谋，竭尽心智以施行不正当的事情。鼓励下面的人反抗上面，教导臣子杀害国君，这不是贤人的行为啊。进入别人的国家，而与叛贼一起，不符合道义。知道别人不忠，反而促成他叛乱，不仁义。避开人在背地里谋划，避开人在背后言说，施行道义又不让老百姓明白，谋划思考也不让君臣了解。臣晏婴真不知道孔某人和白公的不同之处，所以没有回答。”景公说：“啊呀！向我进言的人很多，不是您，我终身都不知道孔某人和白公是相同的呀。”

孔某之齐见景公，景公说，欲封之以尼溪，以告晏子。晏子曰："不可！夫儒，浩居而自顺者也，不可以教下；好乐而淫人，不可使亲治；立命而怠事，不可使守职；宗丧循哀[①]，不可使慈民；机服勉容[②]，不可使导众。孔某盛容修饰以蛊世，弦歌鼓舞以聚徒，繁登降之礼以示仪，务趋翔之节以观众；博学不可使议世，劳思不可以补民；累寿不能尽其学，当年不能行其礼[③]，积财不能赡其乐。繁饰邪术，以营世君；盛为声乐，以淫遇民[④]。其道不可以期世[⑤]，其学不可以导众。今君封之，以利齐俗，非所以导国先众。"公曰："善。"于是厚其礼，留其封，敬见而不问其道。孔某乃恚，怒于景公与晏子，乃树鸱夷子皮于田常之门[⑥]，告南郭惠子以所欲为，归于鲁。有顷，间齐将伐鲁，告子贡曰："赐乎！举大事于今之时矣！"乃遣子贡之齐，因南郭惠子以见田常，劝之伐吴，以教高、国、鲍、晏，使毋得害田常之乱。劝越伐吴，三年之内，齐、吴破国之难，伏尸以言术数[⑦]，孔某之诛也。

注释

①宗：当作"崇"。循：当作"遂"。 ②机服：依于省吾说为"异服"。 ③当年：壮年。 ④遇：通"愚"。 ⑤期：当作"示"。 ⑥鸱夷子皮：人名，即范蠡。 ⑦言：为"亿"之省误。术：通"率"。

译文

孔子来到齐国，拜见景公。景公很高兴，想把尼溪之地给他，就来告诉晏子。晏子说："不行。儒家，自以为是又自作主张，不可以教导百姓；喜欢音乐而混乱大众，不可以让他们亲自治理小民；主张天命而消极，不可以让他们担任官职；崇办丧事哀伤不止，不可以使他们热爱百姓；喜欢穿奇装异服而作出庄敬的表情，不可以使他们引导众人。孔某人盛容修饰打扮以惑乱世人，弦歌鼓舞以聚集弟子，纷繁复杂的礼节以显示礼仪，做出复杂的趋走、盘旋的礼节让众人观看。学问虽多而不能议论时事，劳苦思虑而对民众没什么好处，到老也学不完他们的学问，壮年人也无法完成繁多的礼节，累积财产也不够花费在音乐上。粉饰邪说，来迷惑当世的国君；大肆搞音乐，来惑乱愚笨的民众。他们的道行不能实行，他们的学问不能教导民众。现在君王封孔子以求对齐国风俗有利，不是引导民众的方法。”景公说：“好。”于是赠给孔子厚礼，而不给封地，恭敬地接见他而不问他的道术。孔某人于是对景公和晏子很愤怒。于是把范蠡推荐给田常，告诉南郭惠子他的所做所为，回到鲁国去了。过了一段时间，听说齐国将伐鲁国，告诉子贡说：“赐，现在是干大事的时候了！”于是派子贡到齐国，又通过南郭惠子见到田常，劝他伐吴；以教导高、国、鲍、晏四姓，不要阻止田常叛乱；又劝越国伐吴国。三年之内，齐国和吴国都遭到了灭国之难，死了无数人，正是孔某人杀的呀。

孔某为鲁司寇，舍公家而奉季孙，季孙相鲁君而走，季孙与邑人争门关，决植[①]。孔某穷于蔡、陈之间，藜羹不糂[②]。十日，子路为享豚[③]，孔某不问肉之所由来而食；号人衣以酤酒[④]，孔某不问酒之所由来而饮。哀公迎孔子，席不端弗坐，割不正弗食。子路进请曰：“何其与陈、蔡反也?”孔某曰：“来，吾语女，曩与女为苟生[⑤]，今与女为苟义。”夫饥约，则不辞妄取以活身；赢饱则伪行以自饰。污邪诈伪，孰大于此?

注释

①决：疑当为“抉”撬开。植：关门的直木。　②糂

(sǎn)：米粒。 ③享：同“烹”。豚：小猪。 ④号：当为“褫（chǐ)”，剥夺。 ⑤曩：以前。

译文

孔某人做了鲁国的司寇，放弃公家利益而去侍奉季孙氏。季孙氏做鲁君的丞相而逃亡，季孙和邑人争门关，孔某把国门直木撬起，放季孙逃走。孔某被困在陈蔡之间，藜叶做的羹看不到米粒。第十天，子路蒸了一只小猪，孔某不问肉怎么来的就吃了；又剥下别人的衣服去买酒，孔某也不问酒怎么来的就喝。鲁哀公迎接孔子，席摆得不正不坐，肉割得不正不吃。子路进来请示说：“为什么与陈蔡时相反呢?”孔某说：“来！我告诉你，当时我和你苟且偷生，现在和你苟且求义。”在饥饿困苦时就不惜妄取以求生，饱食有余时就用虚伪的行为来粉饰自己。污邪诈伪的行为，还有比这更大的吗?

孔某与其门弟子闲坐，曰：“夫舜见瞽叟孰然[①]，此时天下圾乎[②]？周公旦非其人也邪？何为舍其家室而托寓也?”孔某所行，心术所至也。其徒属弟子皆效孔某：子贡、季路，辅孔悝乱乎卫，阳货乱乎齐，佛肸以中牟叛，漆雕刑残，莫大焉！夫为弟子后生，其师必修其言，法其行，力不足、知弗及而后已。今孔某之行如此，儒士则可以疑矣！

注释

①瞽（gǔ）叟：舜的父亲。孰然：当为“蹴然”，吃惊的样子。 ②圾：当为“岌”，指岌岌可危。

译文

孔某和他的弟子门生们闲坐，说：“舜见了瞽叟，局促不安。这时天下岌岌可危呀！周公旦不是仁义之人吧，为何舍弃他的家室而寄居在外呢?”孔某的所作所为，都出于他的心术。他的朋友和弟子都效法孔某。子贡、季路辅佐孔悝在卫国作乱；阳货在齐国作乱；佛肸在中牟反叛；漆雕开刑杀，残暴没有比这更大的了。凡是弟子门生，必定学习老师的言语，效法老师的行为，直到力量不足、智力不够才作罢。现在孔某的行为如此，那么一般儒者就可以怀疑了。

经上

导读

“经”是由一连串解释性的词语排列而成的，没有篇章结构，比较晦涩难懂，类似现在解释语义的词典。从内容上看也比较庞杂，有科技术语，如“方，圆”等，也有政治观念，如“孝、赏”等，还有一般用语，如“忠、勇”等。总之，本篇连同后面的《经下》《经说上》《经说下》都是墨家对自然、社会、科技、情感、逻辑等各个领域词汇的解读。由于流传历史长，语句错乱比较多，有时候难以解读。

故，所得而后成也。止，以久也。体，分于兼也。必，不已也。知，材也。平，同高也。虑，求也。同长，以正相尽也。知，接也。中，同长也。智，明也。厚，有所大也。仁，体爱也。日中，正南也。义，利也。直，参也。礼，敬也。圜，一中同长也。行，为也。方，柱隅四讙也[①]。实，荣也。倍，为二也。忠，以为利而强低也[②]。端，体之无序而最前者也。孝，利亲也。有间，中也。信，言合于意也。间，不及旁也。佴[③]，自作也[④]。纑，间虚也。诮，作嗛也[⑤]。盈，莫不有也。廉[⑥]，作非也。坚白[⑦]，不相外也。令，不为所作也。撄，相得也。任，士损己而益所为也。似[⑧]，有以相撄，有不相撄也。勇，志之所以敢也。次，无间而不撄撄也。力，刑之所以奋也。

注释

①讙（huān）：为“杂”字之误，“杂”通“匝”，这里指四角形的周边。 ②低：同“氐”，在此处为“君”字之误（孙诒让说）。 ③佴：辅佐者。 ④作：同“佐”，辅佐。 ⑤嗛：当作“狷”，狷介独行。 ⑥廉：同“慊（qiǎn）（孙诒让说），不满，怨恨。 ⑦坚白：石头的两种性质“质坚”，“色白”。 ⑧似：当为“仳”字之误，同“比”，有相连和并列的意思。

译文

故，经总结而后生成。止，事物经历过后停止。体，由整体分出。必，不得不如此。智，才能。平，齐平。虑，有所谋求。同长，长线与圆相交，等长。知，接触事物而产生。中，圆心，等长。智，明智。厚，变大。仁，博爱。日中，正南方。义，施利于他人。直，有参照物。礼，尊敬。圆，到一中心距离相等的点的集合。行，作为。方，四周角线相同。实，获得名誉的根本。倍，加倍。忠，做有利于君主而且使君主强大的事。端，在最前面而无次序的部分。孝，子女做有利于双亲的事情。有间，二者之中。信，语言与本意符合。间，空隙，不及。佴，自我帮助。纑，两木之间空虚处。诮，有所为有所不为的狷介作风。盈，没有不存在，不充满的。慊，所作不一定正确。坚白，是不可分割的同一体。令，就是使人做而自己不做。撄，相接而得。任，士人甘愿牺牲自己而有益于大家。仳，有些连接的，有些不连接的。勇，有志气所以敢做。次，无相间而不相交。力，身体之所以振奋。

法，所若而然也。生，刑与知处也[①]。佴[②]，所然也。卧，知无知也。说，所以明也。梦，卧而以为然也。攸不可[③]，两不可也。平，知无欲恶也。辩，争彼也。辩胜，当也。利，所得而喜也。为，穷知而县于欲也。害，所得而恶也。已，成、亡。治，求得也。使，谓故。誉，明美也。名，达、类、私。诽，明恶也。谓，移、举、加。举，拟实也。知，闻、说、亲。名，实、合、为。言，出举也。闻，传、亲。且，言然也。见，体、尽。君，臣、萌[④]，通约也。合，正、宜、必。功，利名也。欲正，权利；且恶正，权害。赏，上报下之功也。为，存、亡、易、荡、治、化。罪，犯禁也。同，重、体、合、类。罚，上报下之罪也。

注释

①刑：通“形”。 ②佴：同“尒”，必然。 ③攸：双方。 ④萌：通“氓”，老百姓。

译文

法，是有所仿效而知道是否正确。生，形体与知觉共同存在。佴，就是必然。卧，就是在失去意识和有意识之间。说，是为了让人家明白。梦，睡着了的时候得到的东西而以为是实际的。彼不可以，此也不可以，两者都不可以。平，没有欲念也没有厌恶。辩，双方辩论。辩胜，证明观点正确。利，得到而高兴。为，被欲望填满而失去智慧。害，得到而讨厌。已，成功或失败。治，努力追求得到。使，让人说或让人去做。誉，彰显人的美德。名，包括达名、类名、私名。诽，使丑恶明显。谓，有类比、举例、想象三种方法。举，摆出事实。知，通过阅读、听说、接触事物而得到。名声和实际相符合而为之。言，用语言描述事物。闻知，听说，亲自接触。且，进一步举事实说明如此。见，有看到部分的，有看到全体的。君、臣、民，共同处在由等级约束的体制里。合，有经过修整而符合，有相宜符合，有必然符合三种。功，利益和名望。在欲望中取正当利益，并且在伤害中权衡害的大小。赏，上面报答下面的功劳。为，有保存、消失、改变、反复、整治、教化六种。罪，违反禁约。同，有二名一实的重同、有整体与部分的体同、有异物而同体的合同、有相似之处的类同四种。罚，上面惩治下面的罪过。

异，二、不体、不合、不类。同，异而俱于之一也。同、异交得，放有无[1]。久，弥异时也。宇[2]，弥异所也。闻，耳之聪也。穷，或有前不容尺也。循所闻而得其意，心之察也。尽，莫不然也。言，口之利也。始，当时也。执所言而意得见，心之辩也。化，征易也。诺，不一利用。损，偏去也。服，执、说[3]。巧转则求其故。大，益。儇[4]，秵柢[5]。法同，则观其同。库，易也。法异，则观其宜。动，或从也。止，因以别道。读此书旁行，正无非。

注释

①放：知道，知晓（孙诒让说）。 ②宇：宇宙。 ③服：服从听从。执：各执己见。说：抓住对方漏洞攻击。 ④儇：通“环”。 ⑤柢：植物的根部，引申为事物的基础。。

译文

异，就是两样，不处同体，不相符合，不相类似。同，就是将相异的事物统合而成一体。同异比较，从而得知有和无。久，时间长而无限。宇，空间广而无穷。闻，耳朵听力。穷，就是前方已没有空间。循，根据听到的而知道它的意思，这是细心观察的结果。尽，没有任何事物不如此。言，就是语言的功能。始，就是当时。依据别人的言语，而了解意思，这是用心辨别的结果。化，转变。诺，不仅用于一利，要各有所宜。损，减去一部分。互相听从叫做“服”：服从听从。各自坚持意见叫做“执”。抓住对方漏洞并攻击称为“说”。传示机巧，百工可得到法则。益，增大。环，环上每一点都是基点。相同法度对应相同的情况。库，藏物之所。法仪不同则观察是否合用。动，人的迁徙。止，因道不同而不同。这本书一行行读，无碍于了解大意。

经下

导读

本篇与《经上》性质相同，都是墨家对自然、社会、科技、情感、逻辑等各个领域词汇的解读。但是由于流传历史长，语句错乱比较多，本篇的错字、倒文、脱漏比上篇更为严重，由于缺乏相关的时代和知识背景，解读显得更为困难。本篇由一系列解释性的词语排列而成的，没有篇章结构，主要涉及的有自然科学中的“光与影”“宇宙的有穷与无穷”，以及早期哲学中的“名实”“异同”“有无”等概念的解释辨析。

止，类以行人①，说在同。所存与者，于存与孰存。驷异说②，推类之难，说在之大小。五行毋常胜，说在宜。物尽同名，二与斗，爱，食与招，白与视，丽与夫与履。一，偏弃之。谓而固是也，说在因。不可偏去而二，说在见与俱、一与二、广与修。无欲、恶之为益、损也，说在宜。不能而不害，说在害。损而不害，说在余。异类不吡，说在量。知而不以五路，说在久。偏去莫加少，说在故。必热③，说在顿④。假必悖，说在不然。知其所以不知，说在以名取。物之所以然，与所以知之，与所以使人知之，不必同，说在病。无，不必待有，说在所谓。疑，说在逢、循、遇、过。擢虑不疑⑤，说在有、无。合与一，或复否，说在拒。且然，不可正，而不害用工，说在宜欧⑥。物一体也，说在俱一、惟是⑦。均之，绝、不，说在所均。宇或徙[⑧]，说在长宇久。尧之义也，生于今而处于古，而异时，说在所义。

注释

①类：类推。②驷：四足兽。③必热：当作“火不热”，先秦哲学论辩命题之一。④顿：当作“睹”，观火不觉热。⑤擢：当作“榷”，大致思量的意思。⑥宜欧：半信半疑。⑦俱一：分角度立论。惟是：整体角度立论。⑧或：通“域”，疆域。

译文

止，与“行”相对，可以类推，是同一类。所存在的地方和存在的人，存在何处及存在者为谁？四足兽名称相同，类推的复杂，在于大小名称不同。五行中没有常胜的，所谓相生相克。事物有多种称呼，但意义不同。如二与斗，爱，食与招，白与视，丽与夫与履等。事物单方面去除一部分，是有原因的，这就是所谓因果关系。不能舍弃一部分而一分为二的，这就是“见”和“俱”，一与二，范围宽广和长短。没有欲望，厌恶的行为，但仍有增损现象，是所谓相宜。不足以造成伤害的，不足为害。凡物丰富，损之而不为害的，是所谓余。凡不是同一类事物是不能比较，就是所谓量度。不局限于五行为智慧，就是所谓长久。事物一分为二，不偏多不偏少，是所谓不变其质。说火不热，是所谓自我感觉。不是真的就会乱，这是因为其根本就不对。知道那些不知道的，是从事物的名称中探求来的。事物之所以这样，以及之所以被人了解，以及之所以使人知道，不一定相同。这是所谓相互影响的结果。本来就不存在，就不必说有，这是所谓就其本来说。产生疑点的，有所谓逢疑、循疑、遇疑、过疑四种。执疑而不疑，就是有与无这两种。凡物合二为一的，或者可以，或者不可以，是所谓互相抗拒。将要这样而未必这样，无法确定，但也不妨碍互相从事，这就是所谓相宜。事物合为一个整体的，是从分合两个角度来看的。事物有“绝”与“不绝”，就是所谓均匀。宇宙方位迁徙无常，是所谓时空长久。尧的道义，产生于现在而被附会到古代，时代不同，但是义的实质没有改变。

二临鉴而立，景到[①]。多而若少，说在寡区。狗，犬也，而杀狗非杀犬也，可，说在重。鉴位，景一小而易[②]，一大而正，说在中之外内。使殷美[③]，说在使。鉴团景一。不坚白，说在荆之大，其沉[④]，浅也，说在具[⑤]。无久与宇坚白，说在因。以槛为抟[⑥]，于以为，无知也，说在意。在诸其所然，未者然，说在于是推之[⑦]。意未可知，说在可用过仵[⑧]。景不徙，说在改为。一少于二，而多于五，说在建。住景二，说在重。非半弗新，则不动，说在端。景到在午，有端与景长，说在端。可无也，有之而不可去，说在尝然。景迎日，说在抟。正而不可擔[⑨]，说在抟。景之小大，说在地正、远近。宇进无近，说在敷[⑩]。天而必正[⑪]，说在得。

注释

①景：影子。到：倒。　②易：转变，歪斜。　③殷：不好的称谓。美：美好。　④沉：指地表的湖泊。　⑤具：具备，具有。　⑥抟（tuán）：捆扎起来的木条。　⑦在：在于，因为。　⑧仵：通“牾”，抵牾不合。　⑨擔：当作“摇”（孙诒让说）。　⑩敷：分布。　⑪天：当作“大”。

译文

二人，面对镜子而站，影子是相反的，影子有大有小。这是所谓镜面所照区域有限。狗，犬类。但杀狗不是杀犬，这是所谓重复名称。镜子立起，影子小则是镜子斜，影子大则是镜子居中，这是所谓以镜子正中为准，分内外的原理。有的条件下可以给予不好的事物以美好的名称，这是所谓使用的道理。不论镜子大小，影子只有一个；不论坚石白石，都是一块石头。荆楚是大国，湖泊却浅，这是所谓后者为前者占有的道理。时间的长久与宇宙的无穷，就像石头的坚与白，是所谓内外因之分。将宽的槛木看成是捆扎的木条，这个想法是无知的，这是所谓胡乱猜想的结果。对既成事实听任的态度，而去考虑未来，这是所谓类推。意义不能明白，是因为遇到了互相抵牾的地方。影子不移，这是所谓没改变的结果。一少于二，而多于五，这是所谓进位计算的结果。同时两个影子，这是所谓重复用镜的结果。想从中间砍断，却不能下手，这是所谓质点不能分的原理。影子颠倒，在光线相交下，交点与影线造成，这是所谓交点的原理。有过就是有过，但有过不可重来，这是所谓曾经有过。影子在人与太阳之间，是所谓反照的结果。在轨道上的星球并非静止，是所谓转动的原理。影子的大小，是所谓光线所照地方的远近而造成的原理。宇宙没有穷尽，宽大无边。但步履却可以到达，这是所谓由近及远。大而正，这是所谓“得”。

行循以久，说在先后。贞而不挠，说在胜。一法者之相与也尽，若方之相合也，说在方。契与枝板[①]，说在薄。狂举，不可以知异，说在有不可。牛马之非牛，与可之同，说在兼。倚者不可正，说在剃[②]。循此循此，与彼此同，说在异。推之必往[③]，说在废材[④]。唱和同患，说在功。买无贵，说在仮其贾[⑤]。闻所不知若所知，则两知之，说在告。贾宜则售，说在尽。以言为尽诗，诗，说在其言。无说而惧，说在弗心[⑥]。唯吾谓非名也，则不可，说在仮。或，过名也，说在实。无穷不害兼，说在盈否知。知之否之，足用也，谆[⑦]，说在无以也。

不知其数而知其尽也，说在明者。谓辩无胜，必不当，说在辩。不知其所处，不害爱之，说在丧子者。

注释

①契：通“挈”，拉力。枝：当作“收”，回缩力。板：当作“反”，相反。 ②剃：当作“梯”。 ③往：当作“住”，原地不动。 ④废材：种植木材。 ⑤仮其贾：还价。 ⑥心：当作“必”，必然。 ⑦谆：当为“悖”，悖谬。

译文

修行要长久，这是所谓的先后顺序。贞直而不曲的木头，这是所谓能承重。法仪相同则互相符合，就好比方相合于矩，是所谓以方归类的道理。拉力和回收两力作用相反，这是所谓的相互削弱。狂妄的言论不能知道真相，这是所谓不可乱说。牛马非牛，单说不可，兼说则可，这是所谓兼。斜的东西不可以扶正，这是所谓梯子。“循此循此”和“彼止”相同。这是所谓不同彼此。物体，推就前进，这是所谓施力在其上。只唱而不和，只和而不唱，都是所谓劳而无功。物价无所谓贵贱，这是所谓讨价还价。听到自己不知道，结合自己所知的，就两者都知道了，这是所谓告知的结果。价格合适就能出售，这是所谓买卖双方公平。人言有是有非，认为别人都错，也是错误的，这是所谓言。无理由的害怕，这是所谓不确定。如果我所说的不正确，则不要承诺，这是所谓反的原理。经过这里而成就其名，这是所谓名实相符。人虽不能穷尽，但这不妨害于兼爱，这是所谓知道满与不满的道理。知道却否定它，还是不知道，以此不足以用于事物，这是所谓没有根据。不知道具体人数而知道能尽爱天下人，这是所谓明智。辩论必有胜负，说辩论无胜负，是不得当的，这是所谓辩论的原则。不知道老百姓在哪，并不妨碍兼爱，这是所谓孩子不在身边，而不妨害爱孩子的道理。

无不让也，不可，说在始[1]。仁、义之为内外也，内，说在仵颜。于一，有知焉，有不知焉，说在存。学之益也[2]，说在诽者[3]。有指于二，而不可逃，说在以二絫[4]。诽之可否，不以众寡，说在可非。所知而弗能指，说在春也、逃臣、狗犬、贵者。非诽者谆，说在弗非。知狗，而自谓不知犬，过也，说在重。物甚不甚，说在若是。通意后对，说在不知其谁谓也。取下以求上也，说在泽。是是与是同，说在不州[5]。

注释

①始：当作“殆”，危险。 ②学之益也：当作“学之无益也”。 ③诽：错误的理论。 ④絫：增加。 ⑤不州：不同（毕沅说）。

译文

辩论，必有让步者，没有让步者，是危险的。仁是内因，义是外在表现，仁义是“内外”相反相成的一对概念。只看事物的一面，可以获得一方面的知识，其他方面不得而知。认为学习无益的，是错误的。明白了一这个概念，那么二、三就知道了，这是所谓推类的道理。能不能批评，不在于词语的多少，而在于有可批评的道理。知道而不能具体指明，是所谓“春也”、逃臣狗犬、贵者之类。该批评而不批评是错误的，这是所谓“有是不存非”。知道狗而自称不知犬，是错了。这是所谓同名的原理。凡物有过分而认为不过分的，是所谓不能肯定。交谈中先了解对方的大意，而后才知道如何应对，否则双方都不知所谓。处于低位的事物来利于处于高位的事物，这是所谓高山和湖泽的原理。“是是”与“是”相同，这是所谓的不同。

经说上

导读

本篇《经说上》是对《经上》的解读，也是由一连串解释性的词语排列而成的，内容比《经上》更为详细具体。但由于流传历史久远，语句错乱比较多，有时候难以解读，也无法一一与《经上》对应。文中对具体概念的解释十分精当，比如对“名实”“异同”“及齐”“有穷无穷”等的解释就十分富有哲理性和思辨性，不可不谓精典。本篇和下篇《经说下》可以共同看作是墨家学者对宇宙自然和社会生活以及人生百态作出解释的百科全书式综合词典。

故，小故，有之不必然，无之必不然。体也，若有端。大故，有之必无然，若见之成见也。体，若二之一，尺之端也。知，材，知也者，所以知也，而必知，若明。虑，虑也者，以其知有求也，而不必得之，若睨。知，知也者，以其知过物而能貌之，若见。智，智也者，以其知论物，而其知之也著，若明。仁，爱己者非为用己也[①]，不若爱马，著若明。义，志以天下为芬，而能能利之，不必用。礼，贵者公，贱者名，而俱有敬僈焉，等异论也。行，所为不善名[②]，行也。所为善名，巧也，若为盗。实，其志气之见也，使人如己，不若金声玉服。忠，不利弱子亥[③]。足将入，止容[④]。孝，以亲为芬，而能能利亲，不必得。

注释

①己：当作“民”。 ②善：当作“著”，显著。 ③不利弱子亥：为主尽忠，不怕承担篡位的罪名。典故出于周公。西周初年，成王年幼，周公辅政，管叔作乱，造谣说：“周公将不利于孺子（成王）”。 ④止：当作“正”。

译文

原因，小原因，有它不一定这样，没它，一定不这样。它是整体的一部分，好比线上的端点。大原因，有它必定会这样，好比看到的就是呈现出来的。实体，好比一分为二，分割点是实体的部分。材，就是智慧，是认知事物的条件，而且依靠这种条件必定能认知事物，好比光亮。虑，谋求，凭知识而有所探求，而所求并不一定能得到，好比斜视。知，知觉，就是接触事物而能概括大貌，好比眼睛能看见。智，明智，就是凭智慧来了解事物并使事物特征彰显，好比光明。仁，爱护百姓，不是为了使用老百姓，这和爱马是为了使用马不同。这是非常明白的事情。义，就是把利于天下老百姓作为高尚理想，而才能又能利于天下，但不一定为世所用。礼，高贵的人为君，低贱的人为民，而二者之中都有尊敬和怠慢者，等级不同，伦理相同。行，做事不图名，叫做行；做事为了扬名，叫做巧，好像欺世盗名一样。实，是把自己的志气显现出来，使别人像自己一样，不像金声玉服只有外表。忠，好像周公那样尽心辅佐君主，举手投足都十分恭敬。孝，把利于双亲当作高尚理想，才能又能使双亲得利，但不一定得到双亲的欢喜。

信，不以其言之当也[①]，使人视城得金。佴，与人遇，人众，惰[②]。诣：为是为是之台彼也[③]，弗为也。廉，己惟为之，知其䀹也[④]。所令，非身弗行。任，为身之所恶，以成人之所急。勇，以其敢于是也命之，不以其不敢于彼也害之。力，重之谓下，与重奋也。生，楹之生，商不可必也[⑤]。卧，梦。平，惔然。利，得是而喜，则是利也。其害也，非是也。害，得是而恶，则是害也。其利也，非是也。治，吾事治矣，人有治南北。誉之，必其行也，其言之忻，使人督之[⑥]。诽，必其行也，其言之忻。举，告以文名，举彼实也。故言也者，诸口能之，出民者也[⑦]。民若画俿也[⑧]。言也，谓言犹石致也[⑨]。

注释

①不：当作“必”。 ②惰：摩擦。 ③台：通“诒”，欺骗。 ④䀹：当作“諰”，恐惧（孙诒让说）。 ⑤楹：当作“形”。商：当作“常”。 ⑥忻：愉悦。督：通“笃”，踏实笃行。 ⑦民：当为“名”。 ⑧俿：通“虎”，老虎。 ⑨石：通“实”，实质。

译文

信，说话必须算数，就好比告诉他人城上有金，必须找到才算。佴，与人相遇，对方人数众多，则摩肩接踵。诮，就是从来不欺骗别人。廉，自己虽然做了错事，但认识到那是不对的，并且恐惧羞愧的人。令，靠别人完成命令中的事。任，做自己所不愿意做的，以便成人之所急。勇，在某一方勇敢，就叫勇；不能因为在其它方面不敢，就否定他的勇敢。力，重量是力，好比下压和上举。生，形体和知觉相合就是生，但生没有规律，是无常的。卧，没有知觉，像梦。平，心中无欲。利，得到后而高兴，就是利，得到后不高兴，不是利。害，遭到后而厌恶，就是害，遭到后有利，就不是害。治，自己的事情治理好。治理人民，那就得征求南北贤人。誉，为了让他坚持，语言必定令他欢欣，使

他得到鼓励。诽，非难别人，要举出具体的行为，这样别人才会愉悦。举，用名称概括，反映实质。所谓言，就是口能说出名来。名就好比画虎。所谓言语，就是由实质而组合起来话语。

且，自前曰且，自后曰已，方然亦且。若石者也[①]，君，以若名者也。功，不待时[②]，若衣裘。罪，不在禁，惟害无罪，殆姑。赏，上报下之功也。罚，上报下之罪也。侗[③]，二人而俱见是楹也，若事君。久，古今旦莫。宇，东西家南北[④]。穷，或不容尺，有穷。莫不容尺，无穷也。尽，但，止动。始，时或有久，或无久，始当无久。化，若蛙为鹑。损，偏去也者，兼之体也。其体或去或存，谓其存者损。儇，昫民也[⑤]。库，区穴若，斯貌常。动，偏祭从者[⑥]，户枢免瑟[⑦]。止，无久之不止，当牛非马，若矢过楹。有久之不止，当马非马，若人过梁。必，谓台执者也[⑧]。若弟兄，一然者，一不然者，必不必也，是非必也。

注释

①若石：当作“臣民”。 ②不：当作“必”。 ③侗：当作“同”。 ④家：衍文。 ⑤儇：圆。昫民：当作“俱氐”，指圆上的每一个点。 ⑥偏：当作“遍”。祭：当作“际”。从：当作“徙”。 ⑦瑟：蛀虫。 ⑧台：握。

译文

且，将要发生的，称为且；发生过后的称为已，正在发生的，也叫做且。君，是相对于民众而言的。功，要符合时宜，好比穿毛皮衣服。罪，不是触犯法禁才是罪，只要有害于无罪的人，都是犯罪。赏，上级对下级表彰奖励功劳。罚，上级惩办下级的罪过。同，两个人一起看到同一处门楹，好比两个人效力于同一个国君。久，即古代、现在、白天、晚上一切时间的概括。宇，东西南北的空间概括。穷，地域有限，前面可容尺，叫做有穷。地域无限，前面不可容尺，叫做无穷。尽，停止一切行动的状态。始，时间有有限、无限之分，始应当是属于无限一类。化，好比青蛙变为鹑鸟。损，减去整体的一部分，仍属于整体的一部分，这部分或丧失或保存，相对保存者而言，是损失。圆环，轮转一周都辗地。库，内部有大空间，这是它的常貌。动，周边位置移动，就好像门轴经常转动，不生蛀虫一样。止，没有永不停止的，正如是牛而不是马一样，又好比弓箭遇上门楹一样。非说有从不停止的，就好像马不是马，人过桥一样。必，必然一定，就好比弟兄关系，一定是有弟必有兄。可以这样，可以不这样，那一定是“不必”，即“非必”。

同，捷与狂之同长也[①]。心中，自是往相若也。厚，惟无所大。圜，规写支也[②]。方，矩见支也。倍，二尺与尺，但去一。端，是无同也。有间，谓夹之者也。间，谓夹者也。尺[③]，前于区穴，而后于端，不夹于端与区内。及，及非齐之，及也。纑，间虚也者[④]，两木之间，谓其无木者也。盈，无盈无厚。于尺[⑤]，无所往而不得。得二，坚异处不相盈，相非，是相外也。撄，尺与尺俱不尽，端与端俱尽，尺与或尽或不尽。坚白之撄相尽，体撄不相尽。端。仳[⑥]，两有端而后可。次，无厚而后可。法，意、规、员三也[⑦]，俱可以为法。佴，然也者，民若法也。彼，凡牛枢，非牛，两也，无以非也。辩，或谓之牛，谓之非牛，是争彼也。是不俱当。不俱当，必或不当，不若当犬。

注释

①捷：建屋时，立在中央的标杆。狂：建屋时，立在四边的标杆。 ②攴：当作“交”。 ③尺：一尺的地方。 ④纑：中空。 ⑤尺：当作“石”。 ⑥仳：同“比”，并列。 ⑦员：同“圆”。

译文

同，好比中央的标杆和门外的标杆是一样高。中点，从圆心到圆周直线相等。厚，指大到无法增加。圆，按规所写的线相交而成。方，按矩所写的线相交而成。倍，好比二尺与一尺，相差一倍。端，与其他不同。有间，指夹有空间。间：指的是两物之间有空间。尺，在区穴前面，而在端的后面，但并不是夹在两者中间。及，不是相齐，只是在某一处相接。纑，两体之间的空处，两木之间的空隙。盈，没有充满就无所谓厚重，比如石头，坚白充盈，不得分开。坚白分开不充满，却相排斥，那就是认为坚白是分离的。撄，尺和尺相交不全部吻合，点与点相交，全部吻合。尺与尺相叠，或相同或不相同，好比坚白寓于一体而相同，不寓于一体则不相同。仳，两线有了端点才可以比较。次，形体都不大而后可能相切。法，概念、圆规、模式三样东西，都可以作为标准。佴，做得对的，人们按照规矩则办事。彼，牛枢是树木，不是牛。两者不能辨别对错。辨，有的说是牛，有的说不是牛，这是互相争论，是不能都对。不能都对，必有不对的。这不像辨狗犬是非一样。

为，欲雜其指[1]，智不知其害，是智之罪也。若智之慎文也，无遗于其害也。而犹欲雜之，则离之。是犹食脯也，骚之利害，未可知也，欲而骚，是不以所疑止所欲也。墙外之利害，未可知也，趋之而得力[②]，则弗趋也，是以所疑止所欲也。观为穷知而悬于欲之理，雜脯而非智也，雜指而非愚也，所为与不所与为相疑也，非谋也。

注释

①雜：当作“斫”，砍。 ②力：当作“刀”。

译文

行为，想要砍掉自己的指头，而智慧却认识不到这样作的危害，这就是智力的过错了。如果智力充足，又谨慎从事，还是要这样做，那就是要遭受这样危害了。这就好比想吃肉，味道好坏不知道，只是想念肉的味道，而去吃肉，这就是不因为有所怀疑而停止欲念。墙外有没有危险，不知道，即使到那可以拾到钱，但还是不去，这是因为有所怀疑而停止欲念。观察一下人可以知道，吃肉、砍指头不是痴、也不是笨。干还是不干，主要是有所疑虑，跟智力谋划无关。智力有穷而牵于欲念的道理。

已，为衣，成也。治病，亡也[①]。使，令谓，谓也，不必成湿[②]。故也，必待所为之成也。名，物，达也。有实必待文多也。命之马，类也，若实也者，必以是名也。命之臧[③]，私也，是名也，止于是实也。声出口，俱有名，若姓宇[④]。洒谓狗犬，命也[⑤]。狗犬，举也。叱狗，加也。知，传受之，闻也。方不障，说也。身观焉，亲也。所以谓，名也。所谓，实也。名实耦[⑥]，合也。志行，为也。闻，或告之，传也。身观焉，亲也。见，时者，体也。二者尽也。古，兵立反中。志工[⑦]，正也。臧之为，宜也。非彼，必不有，必也。圣者用而勿必，必去者可勿疑。仗者两而勿偏[⑧]。

注释

①亡：病症消失。 ②湿：败。 ③臧：奴仆。 ④字：当作“字”。 ⑤洒：当作“鹿”。命：移动。 ⑥耦：并列。⑦工：事功。 ⑧杖：当作“权”，权衡。

译文

已，做衣服而衣服完成。治病而病症消失。使，命令，是说出的，事实上不一定能完成。故，一定是由于这样做了而成为这样的结果。名，物的命名，有实物必定给它取名，命名马，是类名。倘若同一类的，必用马这个名。命名奴仆，是具体的名。因此名是落在实物上。说出口的，都有名，好比姓名代表人一样。把鹿说成是狗、犬，是把名弄错位置了。狗、犬是一类。呵叱狗，是假借名而叱同类。知识，由传授而得，是闻知；不受地域限制类推而得，是说知；由亲身体验而得，是亲知。用来说的是名；被言说的对象是实；名与实相符就是正确。意志能指挥行动，这就是作为。闻，有相互转告所得，是传闻。亲自体验所得，是亲闻。见，看到事物的一面，叫体见；看到事物的两面，叫尽见。古，军队建立，反归中央，志与功符合，这是正合；奴仆所为，符合君意的这是合宜。非彼条件必不会存在，这是必合。圣人所用而不必是必合，必合者是无疑的判断。权衡就是要两方面都考虑而不要偏废。

为，早台[①]，存也。病，亡也。买鬻，易也。霄尽，荡也。顺长，治也。蛙买[②]，化也。同，二名一实，重同也。不外于兼，体同也。俱处于室，合同也。有以同，类同也。异，二必异，二也。不连属，不体也。不同所，不合也。不有同，不类也。同异交得，于福家良，恕有无也[③]。比度，多少也。免蚓还园[4]，去就也。鸟折用桐[5]，坚柔也。剑尤早[6]，死生也。处室子子母，长少也。两绝胜[7]，白黑也。中央，旁也。论行行行学实，是非也。难宿，成未也。兄弟，俱适也[8]。身处志往，存亡也。霍，为姓故也。贾宜，贵贱也。

注释

①早：当作“甲”，甲胄。台：城台。 ②买：当作“鼠”。 ③福：当作“偪”，逼迫，指家境窘迫。恕：当作“知”，智慧。 ④免：当作“蛇”。蚓：蚯蚓。 ⑤鸟：当作“象”，偶人。 ⑥早：当作“甲”。尤：当作“戈”。 ⑦绝：颜色。 ⑧适：当作“敌”。

译文

为，以甲胄备战于城台，是为了生存。病，是消退病症。买卖，是进行交易。消失，是全体消失。顺从长上，是治化的行为。青蛙变为老鼠是变化的行为。同，两个名反映同一实物，是重同。不脱离整体，是体同。同处于一室，是合同。有相似的性质，是类同。异，两者一定不相同，是分为两者；不属于同一总体，是不体之异。不处于同一处所，是不合之异。不具有相同的属性，是不类之异。同异相比，就好比家境富有的和家境窘迫的相比，就知道“有”和“无”的不同。度量比较，可以知道多少。蛇和蚯蚓则屈伸旋转，有进有退。用桐木做木偶人，有坚有柔。剑、戈、盔甲，决定生死。一家人，有子有母，有长有少。两种颜色相互比较，有黑有白。有中央就有旁边。人们议论行为学问，有是有非。难宿，就是有的能成，有的不能成。兄弟，是相对而言的。身处于此而志往于彼，有存有亡。霍，是人的姓。买卖相宜，价格有贵有贱。

诺，超、城、员、止也。相从、相去、先知、是、可、五色[①]。长短、前后、轻重援，执服难成。言务成之，九则求执之。法法取同观巧，传法取此择读彼，问故观宜。以人之有黑者有不黑者也，止黑人。与以有爱于人有不爱于人，心爱人是孰宜心？彼举然者，以为此其然也，则举不然者而问之。若圣人有非而不非。正五诺，皆人于知有说。过五诺，若负，无直无说。用五诺，若自然矣。

注释

①色：当作“也”。

译文

诺，有超、城、员、止四种性质。有“相从、相去、先知、是、可”五种类型。使用五种诺的时间长短、先后顺序、轻重缓急各有条件，坚持或服从都很难确定。言论一旦发出务必成全它，多方探求并坚持它。法，按法取同，注意巧妙运用。传授法，取此择彼，相互比较，搞清楚原因，考察是否恰当。这就好比人有黑有不黑的，不能都说黑。有被人爱的，有不被人爱的，不是所有的人都该爱。哪种说法恰当呢？彼举出例子，以为这是正确的，那么就举出不正确的例子来反问他，这就好比圣人也非议错误，也肯定正确一样。正确使用五诺，人人都有知识和观点。错误使用五诺，好比没有效力，全是个人无知无解。使用五种诺，好比事物自然天成。

经说下

导读

本篇是对《经下》篇内容的阐释，与《经说上》一样，都是墨家对自然、逻辑、科技、语言等各领域的概念、词汇的解读，类似于百科全书性质的词典。由于历史久远、本篇的脱漏、错字、倒文的情况较《经说上》更为严重，有时难以解读。本篇篇幅较长，主要涉及的领域有光学中的概念和原理，比如对光和影、以及镜面的说解，参考对照《经下》，从中可以看出我国古代光学发展的先进水平，另外涉及的还有力学领域的杠杆原理，以及逻辑学领域中的“肯定否定”命题，语言学领域中的“名实”之辩等。因此，也有学者将此篇视作“先秦时代科技文化大全书”，虽然是过誉之词，但也可以从中看出本篇在我国古代科技领域的重要文献意义。

止，彼以此其然也，说是其然也；我以此其不然也，疑是其然也。谓四足兽，与生鸟与[①]，物尽与，大小也。此然是必然，则俱。为麋同名[②]。俱斗，不俱二，二与斗也。包、肝、肺、子，爱也。橘、茅，食与招也。白马多白，视马不多视，白与视也。为丽不必丽，不必丽与暴也[③]。为非以人是不为非，若为夫勇不为夫，为屦以买衣为屦，夫与屦也。

注释

①与生鸟与：当作“与牛马异”，（孙诒让说）。 ②为：当作“如。” ③暴：丑恶。

译文

止，对方以为是这样，就说是这样的；我以为不是这样，就怀疑对方所说的全都有问题。说“四足兽”，与说“牛、马”不同，四足兽包括全部四足动物，概念外延的大小不同。如果两个概念完全相同，则是相同概念。麋鹿与四足兽同名。两人打斗，不能说是二人在一起，此是“二”与“斗”的区别。美色、肝、肺，子女都是人所爱的。橘子是用来吃的。茅草是用来祭祀中招致神明的。白马多白毛，视马不是多视的马，此白与视的区别。被说成美丽的并不一定美丽，不一定美丽的未必就是丑陋。对于是非，以世人认可的为是，他人认为是的，也不非议。这好比有勇之夫，不一定是大丈夫。自己做鞋子和买鞋子不一样。这是名称相同而实质不同。

二与一亡，不与一在，偏去未[①]。有文实也，而后谓之；无文实也，则无谓也。不若敷与美。谓是，则是固美也；谓也，则是非美；无谓，则报也。见不见，离一二，不相盈，广修坚白。举不重，不与箴[②]，非力之任也。为握者之觭倍[③]，非智之任也。若耳目异。木与夜孰长？智与粟孰多？爵、亲、行、贾，四者孰贵？麋与霍孰高？[④]麋与霍孰霍？蚓与瑟孰瑟？

注释

①未：此字疑衍。 ②箴：同“针”。 ③觭倍：一种类似猜宝的游戏，判断对方手中所握物件数目的奇偶。 ④霍：当作“虎”。

译文

物体一分为“二”，作为整体的“一”就消失，“二”就不能与整体“一”同时在，这时可以去掉一方。有名称，有实体，然后才有了称谓；无名称，无实体，就没有称谓。假设某物是美的，如果它真美，就是美，只是口头上说美，不是真美。如果没有空说，就是真美了。对体现在同一事物中的两种特征，见此而不见彼，将二者分离。不相充满，就像割裂石头的坚白和广度长度一样。举不重的东西，并不包括举缝纫针，因为这与力气大小无关。能猜测物件数目的奇偶，全凭运气，与智力无关。就好比耳朵和眼睛，功能各不相同。木头与夜晚能说谁长吗？智慧和粟米能说谁多吗？官爵、亲戚、德行，物价四者能说谁贵吗？麋鹿和老虎能说谁高吗？蚯蚓和蛇能说谁更委琐吗？

偏，俱一无变。假，假必非也而后假。狗假霍也，犹氏霍也[①]。物，或伤之，然也；见之，智也；告之，使智也。疑，逢为务则士，为牛庐者夏寒，逢也。举之则轻，废之则重，非有力也；沛从削[②]，非巧也，若石羽，循也。斗者之敝也以饮酒，若以日中，是不可智也，愚也。智与？以已为然也与？愚也。俱，俱一，若牛马四足；惟是，当牛马。数牛数马，则牛马二，数牛马则牛马一。若数指，指五而五一。长宇：徙而有处，宇。宇，南北在旦有在莫，宇徙久。

注释

①氏：动词，命名。　②沛：当作“柿”，柿子树。

译文

偏，事物一分为二，性质不变。假，假定是不符合事实而后称之为假。狗，假借名老虎，事实上并非老虎。物，事物受到损害，这是存在的情况。有人见到这种情况，就知道了。告诉别人这些情况，这是使别人知道。疑，见到忙于事务的人，就怀疑他可能是掌事的人；看到建牛圈，就以为这地方一定是为了夏天乘凉所用；这是逢疑。举起时则轻，丢落时重，不能算是有力。削木片很顺手是顺着木头的纹理，并不是有技巧，这好比石头和羽毛，只是顺着事物规律。打架的人很狼狈，使人怀疑是他酗酒，还是在市场与人争吵，这不可知道。这是真笨。还是聪明呢，自作聪明呢？还是愚笨。俱，同属的概念，这好比牛马属四足动物，单独分开，就是牛马。数牛数马则分牛马为两个个体，数牛马则合牛马为一体。这好比数指头，指头有五个，五个指头同属指头。无限的宇宙，即使改变了地方，还是处于宇宙中。宇宙范围广大，同一个时候，有的地方是早晨，有的地方就是黑夜，宇宙处于长久的流动迁移中。

无坚得白，必相盈也。在尧善治，自今在诸古也。自古在之今，则尧不能治也。景，光至景亡；若在，尽古息[①]。景，二光夹一光，一光者景也。景，光之人煦若射，下者之人也高，高者之人也下。足敝下光，故成景于上；首敝上光，故成景于下。在远近有端，与于光，故景障内也。景，日之光反烛人，则景在日与人之间。景，木柂[②]，景短大。木正，景长小。大小于木[③]。则景大于木。非独小也，远近临正鉴，景寡[④]。貌能白黑、远近柂正[⑤]，异于光，鉴、景当俱就，去亦当俱。俱用北[⑥]。鉴者之臬[⑦]，于鉴无所不鉴。景之臬无数，而必过正。故同处其体俱，然鉴分。鉴，中之内，鉴者近中，则所鉴大，景亦大；远中，则所鉴小，景亦小。而必正。起于中，缘正而长其直也。中之外，鉴者近中，则所鉴大，景亦大；远中，则所鉴小，景亦小。而必易[⑧]，合于中而长其直也。鉴，鉴者近，则所鉴大，景亦大；其远，所鉴小，景亦小。而必正，景过正。

注释

①尽古：终古，永远。　②柂（yí）：通“迤”，倾斜。③大：当作“光”。　④景寡：当作“景多寡”。　⑤正：当作“态”。　⑥北：当作“此”。　⑦臭：当为“道”，属性。⑧易：偏斜。

译文

没有坚，就没有白，两者必然互相充盈。在尧所处的那个时候，尧善于治理天下，是从现在的角度去看古人。若用古人来治理现在的天下，那么尧也治理不好现在的天下。影，光线照到的地方，影子就不存在；如果光线存在，永远不会产生影子。影，两条光线夹一条光线，一条光体形成影子。影，光线直射到人身上，如果反射，射到下面就反射到高处，射到高处就反射到下面。足遮住下面的光，反射出来成影在上；头遮住上面的光，反射出来成影在下。在物的远处或近处有一小孔，物体为光的直线所射，反映于壁上，故影倒立于屏上。影，日光反射照到人，那么影在日与人的中间。影，木杆倾斜，影短而大。木杆放正，影长而小。光体小于木杆，影子大于木杆。不单单是影子大小，光的远近也会出现这样的情况，影子也有多有少。影的形态、黑白、远近、正斜，都是由于光线反射到镜中的不同，不同的影子随光线同时产生，也随着光的消失而一起消失。“俱”的意思和“比”相同。镜子的原理就是物体反射到镜中，没有不成影的，影子有无数的形态，但必须在镜子照得到的范围内。因此镜子和同时照出的影像和实体也是同时在一起的。但是镜子可以有许多种类，凹面镜，正对镜子中心，则照范围大，影子也大；远离镜子中心，则所照范围小，影子也小。但无论如何，照出的都是正形。这是由于影子产生于中间，沿着正中间而向外反射光线。凸面镜的中心在外，靠近中心，照到的影子也越大；远离中心，则照到的范围小，影子也小。而且无论如何，影子都是偏的。这是因为光线沿着正方向向外反射，集中于凸面镜中心。鉴，物体靠近镜面，物体的光线占镜的面积大，所成的影也大；物体远离镜面，物体的光线占镜的面积小，所成的影也小。但影子都是正形。成正形是因为迎面照物的原故。

故招负衡木[①]，加重焉而不挠[②]，极胜重也。右校交绳，无加焉而挠，极不胜重也。衡，加重于其一旁，必捶。权重相若也。相衡，则本短标长[③]。两加焉重相若，则标必下，标得权也。挈，有力也。引，无力也。不正，所挈之止于施也。绳制挈之也。若以锥刺之。挈，长重者下，短轻者上，上者愈得，下下者愈亡。绳直权重相若，则正矣。收，上者愈丧，下者愈得；上者权重尽，则遂挈。两轮高，两轮为輲，车梯也。重其前，弦其前[④]，载弦其前，载弦其轱[⑤]，而县重于其前，是梯。挈且挈则行。凡重，上弗挈，下弗收，旁弗劫，则下直。扡[⑥]，或害之也。流，梯者不得流，直也。今也废尺于平地，重，不下，无跨也[⑦]。若夫绳之引轱也，是犹自舟中引横也。倚，倍拒坚，邪，倚焉则不正。

注释

①招：引水机械桔槔。 ②挠：弯曲。 ③本：秤杆挂物的一端。标：秤杆挂秤砣的一端。 ④弦：当作“引”，牵拉。⑤轱：当作“轴”，车轴。 ⑥扡：倾斜。 ⑦跨：当为“踦”，向一边倾斜。

译文

用横木做成的引水桔槔，加重于上而不弯曲倾斜，是因为横木的支撑点能承受重量。支撑点右移，而与系重的绳子相交，即使不加重，也要倾斜弯曲，这是由于支撑点不能承受重量。秤杆，从一边加重必定下垂。称锤和所称物的重量是成比例的。称杆平衡，一般是支撑点和重量之间的距离短，而支撑点与力点之间的距离长。在称盘和称锤上增加同等重量，那么称锤必下垂，因此标用来挂比物体轻的秤砣。如果向上提的力大，向下拉的力气小，被拉的物体就会倾斜。所提起的东西，或正或斜，绳子要拉起它，就像以锥子刺它。提起时，长而重的一边向下，短而轻的一边在上，上翘的一边加重越多，那么下沉的一边下坠的力量会减少。绳子直，秤砣的重量相适宜，那么秤杆就平直了。上翘一边重量减轻，下沉一头就会加重，称杆上力点和重量失平衡，就全部下坠了。辒车是两个轮子高，两个轮子低而成梯形状的车。前面轮子低，在前面盛放重物，然后拉动，向前不停地拉动车轴。在车前轱上系上绳子，可以悬挂重物，形成梯车，又推又拉运行。凡物不能上提，不能下收，不往旁推，那么必往下直落。倾斜，一定是受到外力作用。车梯倾斜了，因为有外力拉着，不会落下。现在将一块一尺大的重物放在平地上，也不会落下或倾斜。这是因为没有斜坡。至于用绳子牵引辒车的车轴，就好比用缆绳拉着船头的道理一样。倚，就是靠着坚硬的东西，如果偏斜，形体就不端正了。

谁并石絫石耳[①]。夹寝者，法也[②]。方石去地尺，关石于其下，县丝于其上，使适至方石。不下，柱也。胶丝去石，挈也。丝绝，引也。未变而名易，收也[③]。买，刀、籴相为贾。刀轻、则籴不贵，刀重，则籴不易[④]。王刀无变，籴有变。岁

变籴，则岁变刀。若鬻子，贾尽也者，尽去其所以不售也。其所以不售去，则售。正贾也宜不宜，正欲不欲，若败邦、鬻室、嫁子、无子。在军，不必其死生；闻战，亦不必其生。前也不惧，今也惧。或，知是之非此也，有知是之不在此也，然而谓此南北，过而以已为然。始也谓此南方，故今也谓此南方。智，论之，非智无以也谓[5]。所谓非同也，则异也。同则或谓之狗，其或谓之犬也；异则或谓之牛，牛或谓之马也。俱无胜，是不辩也。辩也者，或谓之是，或谓之非，当者胜也。无让者酒，未让，始也，不可让也。于石，一也，坚、白二也，而在石。

注释

①谁：当作“唯”（孙诒让说）。 ②法：当作“柱”。 ③收：当作“反”。 ④易：当作“轻”。 ⑤非智无以也谓：当作“非智无以谓也”。

译文

堆就是把石头垒在一起。建成夹室的是两边的柱子。柱子下面有方石，距地有一尺，下面有标石，标石上有一根绳子，连接到方形基石上。绳子能悬挂石头不掉下，是因为上方有力拉着。绳子断了，是下方石头拉力导致的。事物没有变，名称却改了，这是相反的情况。买，币值和谷物价格是互相制约的。币值少则谷物不贵，币值贵则谷物就不便宜。如果币值不变，而每年谷物又因丰歉有变化。结果谷价发生变化，制约每年币值也发生变化。这就好比卖儿子，所谓“尽数出价”，就不存在出售不了的原因。不存在出售不了的原因，就能进行交易。价格是否适宜在于购买者愿不愿意买，这好比战败国卖屋嫁女，失去儿子。在军中，不可能确定生死；发生战争，也同样不可能确定生死。先前并不惧怕，如今反而惧怕了。或就是知道“是”并非“此”，又知道有时候“此”，并不是“此”，这就好比说南北，是以自身为参照物，过了自身这点往北就是北，越过这一点往南就是南。一开始称这是南，虽然后来越过自身产生新的南北，也就还以原来的南来称呼现在罢了。智，讨论事物，没有知识是没有用的。所谓不同，就是异。同就好比有的人称狗，有的人称犬一样；异就好比有的人称牛，有的人称马一样。这都没有所谓对错，是不能争辩的。辩论就是或者说是，或者说不是，符合事实者是胜利者。宾主相敬的酒不能推让，这是一开始就约定好的，不能相让。石头是一个统一体，坚和白，是两种不同属性，而这正是石头本身俱有的。

故有智焉，有不智焉，可。有指：子智是，有智是吾所先举[①]，重。则子智是，而不智吾所无举也，是一。谓“有智焉，有不智焉”，可。若智之，则当指之智告我，则我智之，兼指之以二也。衡指之，参直之也[②]。若曰“必独指吾所举，毋举吾所不举”，则者固不能独指。所欲相不传，意若未校[③]。且其所智是也，所不智是也，则是智是之不智也，恶得为一？谓而“有智焉，有不智焉”。所，春也，其执固不可指也。逃臣不智其处。狗犬不智其名也。遗者，巧弗能两也[④]。

注释

①有：当作“又”。先：当作“无”。 ②参：当作“三”。直：恰当。 ③校：喜悦。 ④两：凡二物配成对者称为“两”。一说当作“网”（孙诒让说）。

译文

因此，有知道的，有不知道的，这是可以的。有指：就是你知道这个情况，但是这个情况是我以前所举过的，那么就是重复了。你知道这个情况，而不知道我以前所举例的，这才知道其中之一了。所谓“有知道的一方面，有不知道的一方面。”这是很自然的。倘若知道这个，可以告诉我，我就知道了，这样两方面的情况我就都知道了。对这些知道的情况进行权衡，就是“合二为三”，这样就得到正确的认识了。如果说“必须仅指我所认识的，不能指我所不认识的”，那么，两者都不能单独指。如果认识事物不相交流，那么不能得出令人愉快信服的结论。而且如果知道你所知道的，又知道你所不知道的，则是两知之，怎么能只知其一呢？这就是所谓的“有知道的，有不知道的”。所，冬天的蛇，藏起来，找不到在哪。逃跑的臣民不知他在什么地方，无法找到。不知名的狗犬，无法找到其主人。遗失的东西，虽手巧也不能再做一个一模一样的了。

智，智狗。重，智犬，则过。不重，则不过。通[①]，问者曰：“子知骡乎？”应之曰：“骡，何谓也？”彼曰：“施。”则智之。若不问骡何谓，径应以弗智，则过。且应必应[②]，问之时若应，长应有深浅[③]。大常中在，兵人长所[④]。室堂，所存也。其子，存者也。据在者而问室堂，恶可存也？主室堂而问存者，孰存也？是一主存者以问所存，一主所存以问存者。五合：水、土、火，火离然。火铄金，火多也。金靡炭，金多也。合之府水[⑤]，木离木[⑥]。若识麋与鱼之数，惟所利，无欲恶。伤生损寿，说以少连[⑦]，是谁爱也？尝多粟，或者欲不有能伤也，若酒之于人也。且智人利人，爱也。则唯智，弗治也。损，饱者去余，适足，不害。能害，饱。若伤麋之无脾也[⑧]。且有损而后益智者，若疟病之之于疟也。

注释

①通：沟通。 ②且应必应：当作“且问必应”。 ③长：当作“其”。 ④常：当作“堂”。兵人长所：当作“其人其所”。 ⑤合之府水：金与火相合，形成金水。 ⑥木离木：当作“木离土”，离：通“丽”，附丽。 ⑦连：当为“适”，适度节俭以符合养生之道。 ⑧脾：通“髀”，髀骨。

译文

知，知道狗又知道犬，这是相同的，正确的。知道狗却不知道犬，这是错误的。通，两人对话，问的人说：“你知道骡子吗？”回答的人说：“骡子是什么？”问话的人说：“就是施。”那么问话的人就明白了。如果不问骡子是什么，直截回答说不知道，这是错误的。而且别人发问，一定要应答，问到的时候应答，也要回答得内容有深有浅。堂室中，每个人都有自己的位置。室堂，是所存在的地方。人，是存在堂室中的人。从人的角度来说室堂，则是“人在哪”。从室堂的角度来说人，则是“谁在那”，一个是说人在什么地方，另一个是说什么人在这个地方。五行相合的是，水、土、火，火附丽于木能燃烧。火能销金，是火盛。金能灭炭，是金多。金合水则变成熔化的金水，木必须附丽于土上才能生长。这好比麋居于山，鱼居于水的道理，不过是由于条件合适罢了，无所谓愿意还是讨厌。如果身体伤害，寿命损伤，那就适度节俭以养生，但是谁节约呢？大家还是多吃粮食。或者有的欲望并不一定伤人，好比饮酒。况且了解人并且去利人，这就是爱人。仅仅了解人，还是不能做到爱人的。损，饱者去掉多余的食物，适当而无害。进食过饱伤人。好比祭祀时候，麋鹿的大腿是没有用处的一样。而且有损的去掉不但无害，还有益处，这就好比害疟病的人灭掉疟疾一样。

智以目见，而目以火见，而火不见。惟以五路智久不当。以目见，若以火见火，谓火热也，非以火之热。我有若视曰智。杂所智与所不智而问之，则必曰："是所智也，是所不智也。"取、去俱能之，是两智之也。无，若无焉，则有之而后无。无天陷[1]，则无之而无。擢疑，无谓也。臧也今死，而春也得文[2]，文死也可，且犹是也。且然，必然；且已，必已；且用工而后已者，必用工而后已。均，发均县轻重而发绝，不均也。均，其绝也莫绝。尧、霍，或以名视人[3]，或以实视人。举友富商也，是以名视人也；指是臛也，是以实视人也。尧之义也，是声也于今，所义之实处于古。若殆于城门[4]，与于臧也。狗：狗，犬也。谓之杀犬，可。若两脾[5]。使，令，使也。我使我，我不使，亦使我。殿戈亦使，殿不美，亦使殿。

注释

①无天陷：当作"无失陷"。 ②春：当作"养"，供养。③霍：同"臛"，肉羹，这里指厨师。 ④殆：接近。 ⑤脾：通"髀"，大腿部分。

译文

知觉就是凭藉眼睛看到的来认识事物，而眼睛要靠火光出现才能看到事物，而火光本身并不能看到事物。仅以五路来得知事物，很久以来就知道这是不适当的。用眼睛看见火就好比因火自现。火，说火热，不是因为我们感到它才热的。我通过视觉看物，可以说是知道了物。混杂着所知道的和所不知道的东西问他，就一定说："这是我所知道的，这是所不知道的。"能知取舍，这是两知之。无，好像是无，然而必须以“有”作为参照，才能确定无。预先告诫别人做事不要有闪失，就是依据本来没有的事说无。擢，怀疑，即没有事实做根据。奴仆今天得病而死，而得到了供养，得到供养，就抵消了死亡的损失。将要如此，就是定会如此；将要停止，就是定要停止；将用功后才完成，一定是用功后才能完成的。均，以头发悬挂东西，两边不均衡头发就要断掉。两边轻重均衡，头发就不断掉。“尧”是以名字来称呼人，“厨子”，是以实际从事的职业来称呼人。介绍朋友说是富商，这是以名字来称呼人；告知别人这个人是厨师，是以实际职业称呼人。尧的义行，是现在有名声而实际产生于古代。如果接近城门，就是奴仆一样了。狗就是犬。杀狗就是杀犬，是可以这样说的。这就好比人有两条大腿一样。使就是命令，我命令我，虽不需要命令，但其实也是自己命令自己。殿兵就使他们充当殿后的作用，即使不精锐，也要让他们来充当殿后的军队。

荆沈[①]，荆之贝也[②]。则沈浅非荆浅也，若易五之一[③]。以楹之抟也，见之，其于意也不易。先智[④]，意，相也。若楹轻于秋[⑤]，其于意也洋然[⑥]。段、椎、锥[⑦]，俱事于履，可用也。成绘屦过椎，与成椎过绘屦同[⑧]，过仵也。一，五有一焉；一有五焉；十，二焉。非斫半，进前取也。前，则中无为半。犹端也。前后取，则端中也。斫必半，毋与非半，不可斫也。可无也，已给，则当给，不可无也。久有穷无穷。正九，无所处而不中县，抟也[⑨]。伛宇不可偏举，字也[⑩]。进行者，先敷近，后敷远。行者行者，必先近而后远。远近，修也；先后，久也。民行修，必以久也。一方尽类，俱有法而异，或木或石，不害其方之相合也。尽类犹方也。物俱然。

注释

①沈：大沼泽。 ②贝：当作“具”。 ③之：当作“与”。 ④先：当作“无”。 ⑤秋：通“萩”，蒿类植物。 ⑥洋然：茫然无知的样子。 ⑦段：当为“断”。 ⑧绘：丝帛。 ⑨抟：当作“摇”。 ⑩伛：当作“区”，区域。字：当作“宇”。

译文

楚国的大沼泽，是楚国的一部分。说楚国的大沼泽浅，不等于说楚国浅。这就好像一是五的部分，一少不能说五少。以为柱子就是捆着的柴火，一见就知道不对，就是猜想也知道这是不对的。无知，就是单凭想象，臆测。倘若以为楹比艾蒿还轻，事实上是茫然无知。断、锤子和锥子都用于做鞋，可以互相运用。丝帛鞋碰到锥子和锥子碰到丝帛鞋是相同的，这是一个相互的过程。一，五多于一，是建在个位上；五少于一是建在十位上。十，就是两个五之和。不是砍掉一半，每砍掉一半，都又前进一点。砍成两半，取前一半，则没有了中点，就好像端点。前后各取一半，则中间是端点。每次必须砍掉一半，而不许砍掉的并非一半，是不可以分割的。可以不存在，但已经存在的就是存在的，不能以为它不存在。时间有穷的时候，也有无穷的时候。正圆形球体没有一处不可以作为悬挂的中心，这是因为转动不止。区域无限，不能遍举，这就是宇宙。在运动中，都是先近而后远。人们行走的，一定先近而后远。远近，即行进距离，先后即时间长久。人要走很长的距离，必须花很长的时间。所有方形物体，都有其方而不同一物，有的是木，有的是石头，但也不妨害它以方形归为一类。所有同类的东西，好比方形之类，事物都是这样归类。

牛狂与马惟异[①]。以牛有齿，马有尾，说牛之非马也，不可。是俱有，不偏有，偏无有。曰之与马不类，用牛有角，马无角，是类不同也。若举牛有角，马无角，以是为类之不同也，是狂举也。犹牛有齿、马有尾。或不非牛而非牛也，可；则或非牛或牛而牛也[②]，可。故曰：牛马非牛也未可，牛马牛也未可。则或可或不可，而曰“牛马牛也未可”亦不可。且牛不二，马不二，而牛马二。则牛不非牛，马不非马，而牛马非牛非马，无难。

注释

①狂：当作“性”。 ②或非牛或牛而牛也：当作“或非牛而牛也。

译文

牛的性质和马虽然不同，以为牛有齿，马有尾，则说牛马不同类，不可以。因为牛马都有齿，有尾巴，并不是谁有谁没有的问题。又说：“牛马不同类，因为牛有角，马无角，所以不同类。”如果说牛有角，马无角而以为其不同类，那是荒唐的说法，好比“牛有齿，马有尾”一样。或者说是牛或者说不是牛都可以，或者说不是牛或者是牛也可以。所以说“那些认为牛马不是牛的观点也不对，那些认为牛马是牛的观点也不对，当不确定对不对的时候，不能说牛马是牛这种观点不对。况且牛是个体，马是个体，而牛马是两个个体的集合。那么牛是牛，马是马，牛马不是牛不是马，就不难理解了。

彼，正名者彼、此，彼此，可。彼彼止于彼，此此止于此，彼此，不可。彼且此也，彼此亦可，彼此止于彼此，若是而彼此也，则彼亦且此此也。

唱无过[①]，无所周[②]，若粺[③]。和无过，使也，不得已。唱而不和，是不学也；智少而不学，必寡。和而不唱，是不教也；智而不教，功适息。使人夺人衣，罪或轻或重；使人予人酒，或厚或薄。

注释

①过：当作“和”，唱和。 ②周：当作“用”。 ③粺：稗子，比喻无所用。

译文

所谓正名，就是彼是彼、此是此，相对而言彼此是可以的。如果限定了彼仅限于彼，此仅限于此，则彼此不可相对而言。彼可以是此，此可以是彼，彼此可以相对而言。像这样而彼此，那么彼也可以是此了。

唱歌如果没有应合的，就达不到效果，等于没用。好比稗子对人没用。和者没有错，他只听从指挥，是不得已的。只会唱而不知道让别人和，那是不学习的原因；知识少还不去学习，那功效必然少。只知道和而不知道唱，是老师不教的结果；虽然有知识却不去教别人，功效也会慢慢消失。唆使他人去夺掠衣物，唆使者和抢夺者的罪有轻有重；派人去送给别人酒和食物，使人者和被使者，人情有厚有薄。

闻在外者所不知也。或曰：“在室者之色，若是其色。”是所不智若所智也。犹白若黑也，谁胜？是若其色也，若白者必白。今也智其色之若白也，故智其白也。夫名，以所明正所不智，不以所不智疑所明。若以尺度所不智长。外，亲智也；室中，说智也。

以诗，不可也。出入之言可[①]，是不诗，则是有可也。之人之言不可，以当，必不审。惟：谓是霍，可，而犹之非夫霍也，谓彼是是也，不可。谓者毋惟乎其谓。彼犹惟乎其谓，则吾谓不行；彼若不惟其谓，则不行也。

注释

①出入：当作“之人”（孙诒让说）。

译文

闻，就是不亲自在现场却听到不知道的东西。有人说：“室内的颜色和室外的颜色相同。”这是以所知道的推理而知道未知道的。好比白色与黑色，哪种颜色更恰当？就颜色而言，凡与白颜色相同的必定是白色。现在知道其物的颜色像白物的颜色，所以知道它是白的。名正是以它明白的去确定不明白的，以它所不知道的去质疑已经知道的。这就好比以尺子去衡量不知道的长度一样。在外的人，可以亲身知道；在室内的人，是以推理而知道。

违背常理，是不可以的。如果此人言论正确，那是合乎常理，必然有正确的言论可以依据。如果这个人言论不正确，却以为正确，这是因为没有细察这种言论。随心所欲的称呼，把不是老虎的称为老虎，可以，但那其实不是真的老虎。称谓是一定的，随心所欲的命名不可以。称谓不局限于一物，对仅限于它的称谓，那么我的称谓就不可以用。它若是不仅限其称谓，那么就没有不同类的称谓了。

无：南者有穷则可尽，无穷则不可尽。有穷、无穷未可智，则可尽、不可尽，不可尽，未可智。人之盈之否未可智，而必人之可尽，不可尽亦未可智，而必人之可尽爱也，诗。人若不盈先穷①，则人有穷也，尽有穷无难。盈无穷，则无穷尽

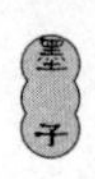

也，尽有穷无难。不二智其数[②]，恶智爱民之尽文也[③]？或者遗乎其问也？尽问人，则尽爱其所问。若不智其数，而智爱之尽文也，无难。

仁：仁爱也；义，利也。爱、利，此也；所爱、所利，彼也。爱、利不相为内、外，所爱、利亦不相为外内。其为仁内也，义外也，举爱与所利也，是狂举也，若左目出，或目入。学也以为不知学之无益也，故告之也。是使智学之无益也，是教也，以学为无益也，教，谆。

注释

①先：当作“无”。 ②二：当作“一一”。 ③文：当作“之”。

译文

无，南方有尽头就可以穷尽，如果无尽头就不可以穷尽。有限无限并不知道，因而可尽不可尽的情况，不可尽的情况都不知道。人满不满也不知道，人可尽爱和不可尽爱当然也不能知道，然而硬说人是可尽爱的，这是错误的。假使人不能充满无穷天地，那么人是有限的，对有限的人尽爱没有困难。如果人竟然充满无穷天地，那么无限就是可尽的，对可尽的无限讲兼爱也没有什么困难。不一一数出人数，怎能知道爱民是全部爱呢？或者所问的人有遗漏呢？如果问了所有的人，那就要尽爱这些所问的人。要是不知其数而知道爱全部，这是没有困难的。

仁，仁是爱，义是利。爱和利，是“此”。得到爱得到利，是“彼”。爱和利不相为内外，得到爱和利也不相为内外，仁产自于内心，义就是仁的外在表现，把爱利和得到爱利混一起，就是狂举，好比说左眼看到，右眼出去一样荒唐。学，就是因为人们不知道学习某些东西是无用处的，所以才告知他，使他知道学习这些是没有益处的，这才是教。拿学了没有益处的东西去教别人，是谬误的。

论诽：诽之可不可，以理之可诽，虽多诽，其诽是也；其理不可非，虽少诽，非也。今也谓多诽者不可，是犹以长论短。不诽[①]，非己之诽也。不非诽，非可非也。不可非也，是不非诽也。物甚长甚短，莫长于是，莫短于是。是之是也非是也者，莫甚于是。取高下，以善不善为度。不若山泽。处下善于处上，下所请上也[②]。不是，是，则是，且是焉。今是文于是[③]，而不于是，故是不文。是不文，则是而不文焉。今是不文于是，而文与是，故文与是，不文同说也。

注释

①不诽：当作“非诽，非议爱非议他人的人。 ②请：当作“谓”。 ③文：当作“之”，以下同。

译文

讨论一下批评非议，可不可以非议批评，是根据道理来的。倘若应该批评非议，即使批评非议多了，也是对的。如果不该批评非议，即使少批评，也是不对的。如今说多批评非议是不可以的，这就好比以长论短了，不考虑是否恰当。如果说非议是不对，那么你自己这种批评就不对了。不反对非议，可以非议人家的错误，不能非议的，就不应该非议，即不非议他人的非议。东西有很长的，也有很短的，没有比这长的就是很长，没有比这短的就是很短。很长很短，不是很长，不是很短，都是比较的结果。取舍高下，以好不好来衡量。不像山川和湖泽。如果处下比处上好，那么“下”就成了所谓的“上”。肯定，否定，都是做出判断，都是“是”。现在肯定这里，而否定那里，都是“是”

或者“不是”。肯定和否定，都是做出判定，而不是不做判定。现在肯定那里，而否定这里，都是有肯定、有否定。否定和肯定都有相同的意思。

大取

导读

本篇是墨家世界观、价值观以及伦理观的概括。本篇各段基本都是简单的论语，语句简练，逻辑性强，充满趣味性与哲学思辨色彩，但有些语句因缺乏上下文的联系，以及特定的知识背景，显得有些拗口难懂。“取”即“取譬”，篇中不少段落采用了比喻的说理方法。“大取”与下一篇的篇名“小取”相对而言。本篇《大取》集中论说了墨家的基本理论和主张，涉及“义利之辩”“名实之辩”“异同之辩”等逻辑概念，以及“兼爱”“节用”“节葬”等理论主张，另外还将儒家观念里的那种“亲疏有别，长幼有序”的有差别的爱和墨家一视同仁，无差别的“兼相爱”来做了对比，从而凸显出墨家学者悲天悯人的博大与公正。

天之爱人也，薄于圣人之爱人也①；其利人也，厚于圣人之利人也。大人之爱小人也，薄于小人之爱大人也；其利小人也，厚于小人之利大人也。以臧为其亲也②，而爱之，非爱其亲也；以臧为其亲也，而利之，非利其亲也。以乐为爱其子，而为其子欲之，爱其子也。以乐为利其子，而为其子求之，非利其子也。

注释

①薄：“溥”字之误，溥，大。 ②臧：葬。

译文

上天爱人，比圣人爱人还要博大；上天利人，比圣人利人还要深厚。君子爱小人，比小人爱君子博大；君子利小人，比小人利君子深厚。把厚葬当成是爱父母亲，因而喜欢厚葬，这其实并不是真爱父母亲；把厚葬当成对父母亲有利，因而以厚葬为利，这并非有利父母亲。教给儿子音乐认为是爱儿子，音乐又被儿子喜欢，这是爱儿子。教给儿子音乐认为有利于儿子，音乐反而成为儿子的欲求，这并非有利儿子。

于所体之中[①]，而权轻重之谓权[②]。权，非为是也，非非为非也。权，正也。断指以存腕，利之中取大，害之中取小也。害之中取小也，非取害也，取利也。其所取者，人之所执也。遇盗人，而断指以免身，利也；其遇盗人，害也。断指与断腕，利于天下相若，无择也。死生利若，一无择也。杀一人以存天下，非杀一人以利天下也；杀己以存天下，是杀己以利天下。于事为之中而权轻重之谓求。求为之，非也。害之中取小，求为义，非为义也。

注释

①体：事体。 ②权：权衡。

译文

在事物中，衡量它的轻重叫做“权”。权，不是对，也不是错。权，是正当的。砍断指头以保存手腕，是在利益中选取最大的，在伤害中选取最小的。在伤害中选取最小的，并不是取害，这是取利。人所选取的，正是别人拥有的。遇上强盗，砍断手指来逃生，这是利；遇上强盗，这是受害。砍断手指和砍断手腕，跟利于天下是一样的，都是没有选择的。生死选择，只要有利于天下，也都没有选择。杀一个人保全天下，并不是杀一个人以利天下；杀死自己保全天下，这是杀死自己以利天下。做事中衡量轻重叫做“求”。只衡量，是不对的。通过衡量而在伤害中选取最小的，从而符合公义，并非真正仁义。

为暴人语天之为是也而性[1]，为暴人歌天之为非也[2]。诸陈执既有所为[3]，而我为之陈执；执之所为，因吾所为也。若陈执未有所为，而我为之陈执，陈执因吾所为也。暴人为我为天之。以人非为是也，而性不可正而正之。

注释

①而：犹“尔”。 ②歌：当作“语”。 ③陈执：影响人性情的各种后天因素。

译文

给作乱的人说上天的意志叫你这样，这是天性，这就等于对作乱的人说真正的上天的意志是不对的。各种影响人性格的后天因素既然已经发挥作用了，我的行为也会影响到后面人的心性。那么，这种影响也因为我而更加发扬光大。如果这种影响没有流传天下，如果我再产生了新的影响，那么，这种影响也会因我的影响而影响后人。暴戾的人一切行为都是自私自利，却把它归结于上天的意志。理由是人们常把错误的看作是正确的，天性虽是不可改正的也要加以改正。

利之中取大，非不可得已也。害之中取小，不得已也。所未有而取焉，是利之中取大也。于所既有而弃焉，是害之中取小也。

义可厚，厚之；义可薄，薄之。谓伦列。德行、君上、老长、亲戚，此皆所厚也。为长厚，不为幼薄。亲厚，厚；亲薄，薄。亲至，薄不至。义厚亲，不称行而顾行[①]。

为天下厚禹，为禹也。为天下厚爱禹，乃为禹之爱人也。厚禹之加于天下，而厚禹不加于天下。若恶盗之为加于天下，而恶盗不加于天下。爱人不外己，己在所爱之中。己在所爱，爱加于己。伦列之爱己，爱人也。

注释

①顾：当作“类”。

译文

在利益中选取利益较大的，不是不得已而为之。在伤害中选取伤害较小的，也是不得已而为之。在没有实现的事情中选取，这是在利益中选取大的。在已有的东西中舍弃，这是伤害中选取较小的。

在义理上可以厚爱的，就厚爱；在义理上可以少爱的，就少爱。这是所谓伦常的爱。有德行的人，君主上级，长辈，亲戚之类，这都是应当厚爱的。厚爱年长的，并不是不爱年幼的。关系近的厚爱；关系远的薄爱。有至亲的爱，却没有至薄的爱。儒家的正义是厚爱至亲的人，因为人的德行而厚爱或薄爱，因为人的类别而厚爱或薄爱。

为天下人而厚爱禹，这是为禹。为天下人厚爱禹，是因为禹能爱天下人。厚爱禹的作为能加利于天下，而厚爱禹并不加利于天下。就像厌恶强盗的行为能加利于天下，而厌恶强盗并不加利于天下。爱别人并不是不爱自己，自己也在所爱的人之中。自己既在所爱的人之中，爱也加于自己。爱有伦常，区别爱自己和爱人。

圣人恶疾病，不恶危难。正体不动，欲人之利也，非恶人之害也。圣人不为其室臧之故，在于臧[1]。圣人不得为子之事。圣人之法死亡亲[2]，为天下也。厚亲，分也；以死亡之，体渴兴利。有厚薄而毋，伦列之兴利为已。

语经，语经也，非白马焉。执驹焉说求之，舞说非也，渔大之舞大[3]，非也。三物必具，然后足以生。

臧之爱己，非为爱己之人也。厚不外己，爱无厚薄。举己[4]，非贤也。义，利；不义，害。志功为辩。

有有于秦马，有有于马也，智来者之马也。爱众众世与爱寡世相若[5]。兼爱之，有相若。爱尚世与爱后世[6]，一若今之世人也。

鬼，非人也；兄之鬼，兄也。天下之利驩。"圣人有爱而无利，"伣日之言也[7]，乃客之言也。天下无人，子墨子之言也犹在。

注释

①臧：藏匿。 ②亡：通"忘"。 ③渔大之舞大：当作"杀犬之无犬"，意即"杀狗非杀犬"，也是名家学派的一个诡辩命题。 ④举：当作"誉"。 ⑤众众：后一"众"字衍。 ⑥尚：同"上"。 ⑦伣日："儒者"之误。

译文

圣人不喜欢疾病，但并不讨厌危难。保重自身，又希望人们得到利益，并不是厌恶人间祸害。圣人不以为自己的屋室可以藏身，就一意藏身。圣人不能侍奉在父母身边。圣人的丧法是父母死了，就忘掉他们，从而为天下人兴利。厚爱父母，是本分；但父母死后，忘掉他们，竭尽自己的力量为天下兴利。圣人的爱有厚而无薄，普遍地为天下人兴利。

语经是言语的常经，白马不是马，孤驹不曾有母等怪论，是舞弄口舌，杀狗不是杀犬，也是不对的。缘故、道理、类推都具备了，然后才能生言论。

奴仆爱自己，并不是爱自己的身份。厚爱别人并不是不爱自己，爱别人与爱自己，没有厚薄之分。赞誉自己，并非真贤。义，利人；不义，害人。义与不义，根据实际功效来辨别。

有人说是秦马来了，有人说是马来了，只知道来的是马。爱人口多的时世与爱人口少的时世相同。兼相爱也要一样的。爱上古的时候与爱后世，也要与爱现在一样。

鬼，不是人；哥哥死后变的鬼，是哥哥。天下的人都能蒙受利益而欢悦。“圣人有爱而没有利”，这是儒家的言论，是外人的说法，天下就算没有继承墨学的人，但墨子的学说仍然流传在世上。

不得已而欲之，非欲之也。非杀臧也。专杀盗，非杀盗也。凡学爱人。

小圜之圜，与大圜之圜同。方至尺之不至也，与不至钟之至[①]，不异。其不至同者，远近之谓也。

是璜也，是玉也。意楹，非意木也，意是楹之木也。意指之也，非意人也。意获也，乃意禽也。志功，不可以相从也。

利人也，为其人也；富人，非为其人也，有为也以富人。富人也，治人有为鬼焉。为赏誉利一人，非为赏誉利人也，亦不至无贵于人。

智亲之一利[②]，未为孝也，亦不至于智不为己之利于亲也。智是之世之有盗也，尽爱是世。智是室之有盗也，不尽是室也。智其一人之盗也，不尽是二人。虽其一人之盗，苟不智其所在，尽恶，其弱也。

注释

①钟："千里"之误。　②智：通"知"。

译文

不得已而想要它，并不是真正想要它。想杀奴仆，并不是真杀了奴仆。擅自杀盗，不是真正杀盗。大凡要学会爱人。

小圆的圆与大圆的圆相同，一尺地的不到与千里地的不到没有区别。不到是一样的，只是远近不同罢了。

璜是半璧，但也是玉。考虑柱子，不是考虑木头而是考虑做成柱子的木头。考虑人的指头，不是考虑整个人。想着猎物，却是想着禽鸟。动机和效果，不相等同。

给人好处，是为了那人；让人富有，不是为了人，而是有目的的。使人富有，这样他能够从事生产，就能祭祀鬼神。借着奖赏赞誉使人得到好处，并不是凭借着奖赏赞誉给天下人好处，奖赏赞誉虽然不能遍及于天下人，但也不能不去奖赏赞誉。

只知道有利于自己的父母亲，还不能算是孝；但也不至于明知有利于父母亲而不去做。知道这个世界上有强盗，仍然爱这个世界。知道这座房子里有强盗，不要去讨厌这座房子里的所有人。知道其中一个人是强盗，不能讨厌两个人。虽然其中有一个人是强盗，如果不知他身在何处，就讨厌所有的人，那是志气太弱了。

诸圣人所先为，人欲名实。名实不必名。苟是石也白，败是石也，尽与白同。是石也唯大，不与大同。是有便谓焉也。以形貌命者，必智是之某也，焉智某也。不可以形貌命者，唯不智是之某也，智某可也。诸以居运命者，苟人于其中者[①]，皆是也，去之因非也。诸以居运命者，若乡里、齐、荆者，皆是。诸以形貌命者，若山、丘、室、庙者，皆是也。

智与意异。重同，具同，连同，同类之同，同名之同，丘同，鲋同[②]，是之同，然之同，同根之同。有非之异，有不然之异。有其异也，为其同也，为其同也异。一曰乃是而然，二曰乃是而不然，三曰迁，四曰强。

注释

①人："入"字之误。 ②鲋：同"附"。

译文

那些圣人首先要做的，就是考核名实之辩。有名的不一定有实，有实的不一定有名。如果石头是白的，打碎它，每一小块也都同样是白的。这块石头虽然很大，不要和更大的相比，这要根据具体情况来称呼。以形貌来命名的，一定要知道它得名由来，这样才能了解它。不是用形貌来命名的，虽然不知道得名由来，只要知道它具体是什么就可以了。那些以居住和迁徙来命名的，如果还在这，就是，离开了，就不是了。那些以居住或迁徙来命名的，像乡里、齐国、楚国都是。那些以形貌来命名的，如山、丘、室、庙都是。

靠感觉知道与靠体悟意会是不同的。同的种类很多，有完全相同的，有部分相同，有连属相同的，有同类别而相同的同，有同名称而相同的同，有同在一个区域内的丘同，有同附属于一物的相同，有是之同，有然之同，另外还有同根的同。有是非不同，各执一词的异，也有不想赞成的的异。有相同的，也有相异的，正是因为相同，才显出异。是不是的关系有四种：第一种是"是而然"，第二种是"是而不然"，第三种叫"迁"，即转移论题，第四种叫"强"，即牵强附会。

子深其深，浅其浅，益其益，尊其尊[①]。次察山、比、因，至优指复。次察声端、名、因情复，匹夫辞恶者，人有以其情得焉。诸所遭执，而欲恶生者，人不必以其请得焉。圣人之附覆也[②]，仁而无利爱。利爱生于虑。昔者之虑也，非今日之虑也。昔者之爱人也，非今之爱人也。爱获之爱人也[③]，生于虑获之利。虑获之利，非虑臧之利也[④]；而爱臧之爱人也，乃爱获之爱人也。去其爱而天下利，弗能去也。昔之知啬，非今日之知啬也。贵为天子，其利人不厚于正夫。二子事亲，或遇孰，或遇凶，其亲也相若，非彼其行益也，非加也。外执无能厚吾利者。藉臧也死而天下害，吾持养臧也万倍，吾爱臧也不加厚。

注释

①尊其尊：第一个“尊”意思为减少。 ②附：当作“拊”，通“抚”安抚。覆：指天下万物。 ③获：奴婢。 ④臧：奴隶。

译文

对于墨家的学说，深奥的地方就深入探求，浅近的地方就浅近研究，该增加的东西就增加，该减少的地方就减少。其次明白根由、比附、成因，就可以掌握学说的要旨。进一步考察声教的端绪，名学的方法，证明的因果，了解墨家的实情。一个言词粗俗的人，人们也能从他的表达中了解实际情况。那些因自己的遭遇而坚持成见，感情用事的人，人们从他的言词中就不会了解实情。圣人安抚天下万物，以仁为本，没有爱人利人的区别。爱人利人产生于思虑。过去的思虑，不是今日的思虑。过去的爱人，也不是今日的爱人。爱婢女这种爱人的行为，来源于考虑婢女的利益。考虑婢女的利益，不是考虑奴仆的利益；但是，爱奴仆这种爱人，等同于爱婢女这种爱。如果去掉具体的爱而能利于天下，谁也做不到。从前讲到节用，不等于今日讲到节用。贵为天子，他带给人的利益并不一定比普通人丰厚。两个儿子侍奉父母亲，一个遇到丰年，一个遇到荒年，他们爱自己的双亲的心是相同的，不会因丰年而增多，也不会因荒年而减少。外物也不会使我爱利心加厚。假使奴仆死了会使天下受害，那我对待奴仆一定万倍的好，我对奴仆的爱心也没有加厚。

长人之异，短人之同，其貌同者也，故同。指之人也与首之人也异，人之体非一貌者也，故异。将剑与挺剑异[①]。剑，以形貌命者也，其形不一，故异。杨木之木与桃木之木也同。诸非以举量数命者，败之尽是也，故一人指，非一人也；是一人之指，乃是一人也。方之一面，非方也，方木之面，方木也。以故生，以理长，以类行也者。立辞而不明于其所生，妄也。今人非道无所行，唯有强股肱而不明于道，其困也，可立而待也。夫辞以类行者也，立辞而不明于其类，则必困矣。

注释

①将剑：扶着剑。挺剑：拔剑。

译文

高的人与矮的人相同，是因为他们的外表相同，所以就相同。人的手指与人的头是不一样的，是因为人的身体，并不是一种形貌，所以不同。扶剑和拔剑是不相同的。剑是因形貌命名的，形貌不一，所以不同。杨木的木与桃木的木相同。有些事物不是举数量来命名的，举出来的都一样，所以一个手指头，不知道哪个人的；一个人的手指，是那个人的。一面是方的，不能是方体，但方木的任何一面，都是方木。语言因事理产生，又顺着事理发展，同类的事物可以相互类推。创立语言，却不知道语言产生的原因，是空话。现在人不遵循道理，就不能成功，虽有强壮的身体，却不知道道理，也会遭到困难，行不通，这是立等可见的。语言按类别成立，创立语言却不明白它的类别，必定受困。

故浸淫之辞，其类在鼓栗[①]。圣人也，为天下也，其类在于追迷。或寿或卒，其利天下也指若，其类在誉石[②]。一日而百万生，爱不加厚，其类在恶害。爱二世有厚薄[③]，而爱二世相若，其类在蛇文。爱之相若，择而杀其一人，其类在坑下之鼠。小仁与大仁[④]，行厚相若，其类在申。凡兴利除害也，其类在漏雍。厚亲，不称行而类行，其类在江上井。“不为己”之可学也，其类在猎走。爱人非为誉也，其类在逆旅。爱人之亲，若爱其亲，其类在官苟[⑤]。兼爱相若，一爱相若。一爱相若，其类在死也[⑥]。

注释

①鼓栗：即“股栗”，因恐惧而发抖。 ②誉，疑当作“礜”，礜石可染缁。 ③二：疑为“三”字之误。 ④仁：通“人”。 ⑤官：公，公而无私。苟：即“敬”。 ⑥也：“蛇”字之误，指蛇在生命受到威胁时，会首尾相救自保。

译文

所以亲附而渐染人心的言词，终将使有些人恐惧战栗。圣人为天下，目的在于修正迷惘者。无论长寿与夭折，圣人利天下的心一样，就好像可以用礜石染出黑色一样。一天之内，万物诞生，爱没有增加，正如为天下除害的心不会变一样。对上世的爱、今世的爱和后世的爱虽有厚有薄，但爱本质上是相同的，正

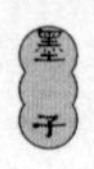

如蛇身上有文，花纹都相似一样。兼爱世人的心相同，而杀死其中一个人是为天下除害，那就好像杀死坑下的老鼠一样。一般人与天子，德行的厚薄相同，主要看能否实行。举凡兴利除害，就好像瓮漏水，堵住漏，就得便利。厚爱自己最亲的，不依个人行为而厚爱薄爱，而是根据亲疏关系而厚爱薄爱，就像江上的井一样，虽然利人，但也很有限。“不为自己”是可以学的，就像打猎时追逐、奔驰一样。爱人并非为了名誉，就像旅店一样，是为了方便别人。爱别人的亲人，好像爱自己的亲人，自己的亲人也在爱、敬之中。兼爱，和爱自己一样，能兼爱，就是自爱，就像蛇受到攻击的时候，一定首尾相救一样。

小 取

导读

这一篇与《大取》一样，都是后世所谓“墨辩”的集中阐述，所不同的是《大取》用比喻的论证方式集中阐述了墨家的政治主张。本篇则主要探讨辩论与认识事物方面的具体问题，篇中有几段以取喻的方法，解说认识事物时的“是而然”“是而不然”“不是而然”等几种情况，还逐个列举出了“辟、侔、援、推”等各种论辩技巧的定义和使用方法，并强调对它们的运用要适当、不能过火或偏执。墨家强调论辩的主要目的不是逞口舌之辩，而是要明白是非，决断迟疑，考察名实，辨别利害关系等。本篇具有极强的论辩性和逻辑性，文中涉及一系列修辞学、逻辑学方面的学说，堪称中国逻辑学的源头。

夫辩者，将以明是非之分，审治乱之纪，明同异之处，察名实之理，处利害，决嫌疑。焉摹略万物之然，论求群言之比。以名举实，以辞抒意，以说出故。以类取，以类予[①]。有诸己不非诸人，无诸己不求诸人。

或也者，不尽也。假者，今不然也。效者，为之法也，所效者，所以为之法也。故中效，则是也；不中效，则非也。此效也。辟也者，举也物而以明之也。侔也者，比辞而俱行也。援也者，曰：“子然，我奚独不可以然也？”推也者，以其所不取之同于其所取者，予之也。“是犹谓”也者，同也。“吾岂谓”也者，异也。

注释

①类：这里指以事物是否同类为标准。

译文

辩论的目的，就是要明辨是非，考察治乱的规律，搞清相同和不同的地方，考察名称与实质的道理，断决利害，解决疑难。于是要探求万事万物本质，分析、比较各种言论。用名称反映事物，用词语表达思想，用推论揭示原因。按类别归纳，按类别推论。自己有坚持的某些论点，但不非议别人的观点，自己不赞同某些观点，也不强求别人。

或，不完全是。假，现在不这样。效，是为事物立个标准，用它来评判是非。符合标准，就是对的；不符合标准，就是错的。这就是效。辟，是举例来说明事物。侔，两种命题可以同时成立。援，是说"你正确，我为什么不可以正确呢?"推，是用对方所不赞同的命题，相同于对方所赞同的命题，以此来反驳对方的论点。"是犹谓"是含义相同。"吾岂谓"，是含义不相同。

夫物有以同而不率遂同。辞之侔也，有所至而正[①]。其然也，有所以然也；其然也同，其所以然不必同。其取之也，有所以取之；其取之也同，其所以取之不必同。是故辟、侔、援、推之辞，行而异，转而危[②]，远而失，流而离本，则不可不审也，不可常用也。故言多方，殊类，异故，则不可偏观也。夫物或乃是而然，或是而不然，或一周而不一周，或一是而一不是也。不可常用也，故言多方殊类异故，则不可偏观也，非也。

注释

①正：当作“止”。 ②危：通“诡”，诡辩。

译文

各种事物有相同的方面，但不可能在各个方面都完全相同。推论的“侔”，得有一定限度才正确。事物呈现出一定的状态，有呈现出这种状态的原因，其呈现的状态虽然相同，但所以呈现这种状态的原因却不一定相同。对方赞同，有所以赞同的原因；赞同是相同的，但为什么赞同就不一定相同。所以辟、侔、援、推这些论辩的程式，运用起来不同，会转成诡辩，离太远而跑题，流转而离开本意，这就不能不审察，不能经常运用。所以，言语有多种表达方式，事物有不同类，论断的根据、理由也不同，在推论中不能偏执一点。

事物有些为“是”而正确，有些为“是”而不正确。有些事物在某一方面具有普遍性，而在另一方面却不具有普遍性。有些事物在某一方面是正确的，而在另一方面却是不正确的。不能按常理运用，所以言词有很多方面、很多类别、很多差异，在推论中不能偏执一方，这样是不正确的。

白马，马也；乘白马，乘马也。骊马[①]，马也；乘骊马，乘马也。获，人也；爱获，爱人也。臧，人也；爱臧，爱人也。此乃是而然者也。

获之亲，人也；获事其亲，非事人也。其弟，美人也；爱弟，非爱美人也。车，木也；乘车，非乘木也。船，木也；人船[②]，非人木也。盗人，人也[③]；多盗，非多人也；无盗，非无人也。奚以明之？恶多盗，非恶多人也；欲无盗，非欲无人也。世相与共是之。若若是，则虽盗人人也[④]；爱盗非爱人也；

不爱盗，非不爱人也；杀盗人[5]非杀人也，无难盗无难矣。此与彼同类，世有彼而不自非也，墨者有此而非之，无也故焉[6]，所谓内胶外闭与心毋空乎？内胶而不解也。此乃是而不然者也。

注释

①骊马：深黑色的马。 ②人："入"字之误。 ③人人：一"人"衍。 ④同③ ⑤同③。 ⑥也：当作"他"，其他。

译文

白马是马；乘白马是乘马。骊马是马；乘骊马是乘马。婢女是人；爱婢女是爱人。奴仆是人；爱奴仆也是爱人。这就是"是而然"。

婢女的双亲，是人；婢女事奉双亲，不是事奉别人。她的弟弟，是美人，爱她的弟弟，不是爱美人。车是木头做的；乘车却不是乘木头。船是木头做的；进入船，并不是进入木头。盗贼是人；盗贼多并不是人多；没有盗贼，并不是没有人。怎么弄明呢？厌恶盗贼多，并不是厌恶人多；希望没有盗贼，并不是希望没有人。这是世人都认为正确的。如果像这样，那么虽然盗贼是人，但爱盗贼却不是爱人；不爱盗贼，不意味着不爱人；杀盗贼，也不是杀人，这没有什么怀疑的。这个与那个同类。然而世人赞同那种，自己却不以为错误，墨家提出这点他们就非议，没有其他原因，不就是所谓内心固执、耳目闭塞与心不空吗？内心固执，得不到解说。这就是"是而不然"的情况。

且夫读书，非好书也。且斗鸡，非鸡也[1]；好斗鸡，好鸡也。且入井，非入井也；止且入井，止入井也。且出门，非出门也；止且出门，止出门也。若若是，且夭，非夭也；寿夭也。有命，非命也；非执有命，非命也，无难矣。此与彼同类。世有彼而不自非也，墨者有此而罪非之[②]，无也故焉[③]，所谓内胶外闭与心毋空乎？内胶而不解也。此乃是而不然者也。

注释

①非：下疑脱“好”字。 ②罪：衍字。 ③也：同“他”。

译文

读书，不能说是喜欢书。将要斗鸡，不能说是真的喜欢斗鸡；喜欢斗鸡，才是真的喜欢鸡。将要跳入井，并不是真的跳井了；阻止将要跳入井的人，就是阻止跳井。将要出门，不是真的出门；阻止将要出门的人，就是真的阻止出门了。以此类推，将要夭折，不是真的夭折了；寿终才是真的夭折。有命运，不能说就一定有命运；不认为有命运，就是没有命运，这没有什么疑难。这个与那个同类。世人赞同前面那个，却认识不到自己的错误，墨家提出这个，他们就非议，没有其他原因，不就是所谓内心固执、耳目闭塞并且内心不空吗？内心固执到不得其解的程度，这就是“不是而然”的情况。

爱人，待周爱人而后为爱人。不爱人，不待周不爱人；不周爱，因为不爱人矣。乘马，不待周乘马然后为乘马也；有乘于马，因为乘马矣。逮至不乘马，待周不乘马而后为不乘马。此一周而一不周者也。

居于国，则为居国；有一宅于国，而不为有国。桃之实，桃也；棘之实，非棘也。问人之病，问人也；恶人之病，非恶人也。人之鬼，非人也；兄之鬼，兄也。祭人之鬼，非祭人也；祭兄之鬼，乃祭兄也。之马之目盼则为之“马盼”[①]；之

马之目大，而不谓之“马大”。之牛之毛黄，则谓之“牛黄”；之牛之毛众，而不谓之“牛众”。一马，马也；二马，马也。马四足者，一马而四足也，非两马而四足也。一马，马也[②]。马或白者，二马而或白也，非一马而或白。此乃一是而一非者也。

注释

①盼：“眇”字之误，眇：一目小。 ②一马，马也：衍文。

译文

爱人，要等到爱了所有的人之后，才可以称为爱人。不爱人，不必等到不爱所有的人之后；不爱所有人，是因为不是真正的爱人。骑马，不必等到骑了所有的马之后才称为骑马；只要有马可骑，就可以称为骑马了。至于不骑马，要等到不骑所有的马之后才可以说。这是一方面具有普遍性而另一方面不具有普遍性。

居住在某个国家内，就是在国内。在某个国家内有一座房子，并不是拥有整个国家。桃子的果实，是桃子；棘树的果实，不是棘。看望人的疾病，是去看望这个人；厌恶人的疾病，不是厌恶这个人。人死后变的鬼，不是人；哥哥死后变的鬼，是哥哥。祭奠的是人死后变的鬼，而不是祭奠这个人；祭奠哥哥死后变的鬼，是祭奠哥哥。这一匹马的眼睛一边小，一边大，就称它“马盼”；这一匹马的眼睛大，却不能称“马大”。这一头牛的毛色黄，就称它是“牛黄”；这一头牛的毛多，却不能称“牛众”。一匹马，是马，两匹马，也是马。马四个蹄子，是说一匹马有四个蹄子，而不是两匹马四个蹄子。一匹马，马毛是白色的。两匹马，有的是白色的，是说两匹马中有白色的马，而不是一匹马是白色的。这就是一方面对而另一方面错的情况。

耕 柱

导读

本篇取首句“耕柱”二字作为命题，全文篇幅较长，大多由对话组成，记述墨子与弟子等人的谈话。各段之间没有必然的联系，文中尊称墨子为“子墨子”，可能是墨子的弟子记录的墨子的言行。全篇涉及的内容较广，其中以谈论“义”的言论最多，墨子认为金玉九鼎不足为宝，仁义才是天下的最珍贵的宝贝，施行仁义，可以使国家治理，百姓安居，人口繁育，社稷安定，所以他孜孜不倦地坚持施行仁义，反对背信弃义，鄙视向往高官厚禄的庸俗小人，高度赞扬弟子高石子不为利益所动而坚持自我主张的高尚行为，并鼓励受到非议的弟子不要惧怕诋毁，要像古代的贤人周公一样只要坚持真理，自会得到后人的赞誉。最后墨子还告诫弟子们要言行一致，不要信口开河，虚言妄语。从本篇的记载中我们可以看出一位循循善诱，苦口婆心的杰出师长形象。

子墨子怒耕柱子[①]。耕柱子曰：“我毋俞于人乎[②]？”子墨子曰：“我将上大行，驾骥与羊[③]，子将谁驱？”耕柱子曰：“将驱骥也。”子墨子曰：“何故驱骥也？”耕柱子曰：“骥足以责。”子墨子曰：“我亦以子为足以责。”

注释

①耕柱子：墨子学生。 ②俞：通“愈”，胜过。 ③羊：疑为“牛”之误。

译文

墨子对耕柱子发怒。耕柱子说："我没有胜过别人的吗？"墨子问道："我要去太行山，可以用骏马驾车，可以用牛驾车，你将使用哪一种呢？"耕柱子说："我将使用骏马。"墨子又问："为什么使用骏马呢？"耕柱子回答道："骏马可以担当重任。"墨子说："我也以为你能担当重任。"

巫马子谓子墨子曰①："鬼神孰与圣人明智？"子墨子曰："鬼神之明智于圣人，犹聪耳明目之与聋瞽也②。昔者夏后开使蜚廉折金于山川③，而陶铸之于昆吾④；是使翁难雉乙卜于白若之龟⑤，曰：'鼎成三足而方，不炊而自烹，不举而自臧⑥，不迁而自行。以祭于昆吾之虚⑦，上乡⑧！'乙又言兆之由曰：'飨矣！逢逢白云⑨，一南一北，一西一东，九鼎既成，迁于三国。'夏后氏失之，殷人受之；殷人失之，周人受之。夏后殷周之相受也，数百岁矣。使圣人聚其良臣，与其桀相而谋⑩，岂能智数百岁之后哉⑪？而鬼神智之。是故曰，鬼神之明智于圣人也，犹聪耳明目之与聋瞽也。"

注释

①巫马子：疑为孔子学生巫马期。 ②聋：聋子。瞽：瞎子。 ③夏后开：即夏启，汉代人避景帝（刘启）讳而改。折金：采金，指开发金属矿藏。 ④陶铸：用陶范来铸造青铜器。 ⑤翁难雉乙：雉字衍。翁难乙：卜人人名。白若之龟：犹言百灵之龟。 ⑥臧：通"藏"。 ⑦虚：同"墟"。 ⑧上乡：即"尚飨"，祭祀之辞。 ⑨逢逢：通"蓬蓬"。 ⑩桀：同"杰"。 ⑪智：通"知"。

译文

巫马子问墨子："鬼神与圣人谁更明智呢？"墨子答道："鬼神比圣人更明智，就好像耳聪目明的人比聋子、瞎子明智一样。从前夏后启派蜚廉到山川采金，在昆吾之地铸了鼎，于是叫占卜人翁难乙在百灵的龟上占卜，卜辞写道：'鼎铸成了，三只足，方形的，不用柴火它自己会烹煮，不用放东西自己就会藏东西，不用迁移它自己就会走动。用它在昆吾之地祭祀。享用。'翁难乙又解释卦兆，说：'鬼神享用了。白云蓬蓬，一会儿南北，一会儿西东。九鼎铸成，三代相传。'夏后氏失掉了它，殷人接受了；殷人失掉了，周人又接受了。夏后殷周三代相传，已经数百年了。假使一位圣人聚集他的贤臣，和他杰出的丞相共同谋划，怎么能聪明到知道几百年以后的事呢？但是，鬼神就能够知道。所以说：鬼神比圣人明智，就好像耳聪目明的人比聋子、瞎人明智一样。"

治徒娱、县子硕问于子墨子曰[①]："为义孰为大务？"子墨子曰："譬若筑墙然，能筑者筑，能实壤者实壤，能欣者欣[②]，然后墙成也。为义犹是也，能谈辩者谈辩，能说书者说书[③]，能从事者从事，然后义事成也。"

注释

①治徒娱、县子硕：墨子学生。 ②欣：通"掀"，挖土。③说书：解释书籍。

译文

治徒娱、县子硕问墨子说："施行仁义的事情，什么是最重要的呢？"墨子答道："就像筑墙一样，能筑墙的人就筑墙，能填土的人就填土，能挖土的人就挖土，这样墙就可以筑成了。施行仁义也是这样，能演说的人就演说，能解说典籍的人就解说典籍，能做事的人就做事，这样就可以做成义事。”

巫马子谓子墨子曰：“子兼爱天下，未云利也[1]；我不爱天下，未云贼也。功皆未至，子何独自是而非我哉?”子墨子曰：“今有燎者于此，一人奉水将灌之，一人掺火将益之，功皆未至，子何贵于二人?”巫马子曰：“我是彼奉水者之意，而非夫掺火者之意。”子墨子曰：“吾亦是吾意，而非子之意也。”

注释

①云：有之意。

译文

巫马子问墨子说：“你兼爱天下，没有什么利益；我不爱天下，也没有什么害处。都没有效果，你为什么只认为自己正确，而认为我不正确呢?”墨子说：“现在这里有人放火，一个人捧着水将要浇灭，另一个人拿着火苗加火，还都没有完成，这两个人，你更看重哪一个?”巫马子说：“我赞成那个捧水的人的心意，而反对拿火苗的人的心意。”墨子说：“我也赞成我兼爱天下的用意，而反对你不爱天下的用意。”

子墨子游荆耕柱子于楚[1]。二三子过之。食之三升，客之不厚。二三子复于子墨子曰：“耕柱子处楚无益矣！二三子过之，食之三升，客之不厚。”子墨子曰：“未可智也。”毋几何而遗十金于子墨子[2]，曰：“后生不敢死[3]，有十金于此，愿夫子之用也。”子墨子曰：“果未可智也。”

注释

①游：游扬其名而使之仕（毕沅说）。荆：字衍。 ②遗（wèi）：赠给，送。 ③后生不敢死：意为不敢因贪图钱财而死。

译文

墨子推荐耕柱子到楚国做官，有几个弟子经过楚，耕柱子请给他们粮食三升吃，招待不优厚。这几个人回来告诉墨子说："耕柱子在楚国没有什么好处！我们几个去探访他，只给我们吃三升米，招待我们不优厚。"墨子答道："不可知。"没有多久，耕柱子送给墨子十镒黄金，说："弟子不敢因贪图钱财而取死，这十镒黄金，请老师使用。"墨子说："果然是未可知啊！"

巫马子谓子墨子曰："子之为义也，人不见而耶[①]，鬼而不见而富[②]，而子为之，有狂疾。"子墨子曰："今使子有二臣于此，其一人者见子从事，不见子则不从事；其一人者见子亦从事，不见子亦从事，子谁贵于此二人？"巫马子曰："我贵其见我亦从事，不见我亦从事者。"子墨子曰："然则是子亦贵有狂疾也。"

注释

①耶："助"字之讹。 ②鬼：后"而"字衍。

译文

巫马子对墨子说："你施行仁义的事情，却没有看见人来帮助你，也没有看见鬼来使你富有，然而先生仍然这样做，这简直是有疯病。"墨子答道："现在假使你有两个家臣在这里工作，其中一个见到你就做事，见不到你就不做事；另外一个见到你也做事，见不到你也做事，两个人中，你看重谁？"巫马子说："我看重那个见到我做事，见不到我也做事的人。"墨子说："既然这样，你也看重有疯病的人。”

子夏之徒问于子墨子曰[①]：“君子有斗乎？”子墨子曰：“君子无斗。”子夏之徒曰：“狗豨犹有斗[②]，恶有士而无斗矣？”子墨子曰：“伤矣哉！言则称于汤文，行则譬于狗豨，伤矣哉！”

注释

①子夏：孔子的学生。 ②豨（xī）：猪。

译文

子夏的弟子问墨子道：“君子有争斗吗？”墨子说：“君子没有争斗。”子夏的弟子说：“猪狗尚且有争斗，哪有士人而没有争斗的呢？”墨子说道：“痛心啊！言谈跟商汤、文王相比，行为却与猪狗相比，痛心啊！”

巫马子谓子墨子曰：“舍今之人而誉先王，是誉槁骨也[①]。譬若匠人然，智槁木也，而不智生木。”子墨子曰：“天下之所以生者，以先王之道教也。今誉先王，是誉天下之所以生也。可誉而不誉，非仁也。”

注释

①槁：干枯。

译文

巫马子对墨子说：“舍弃现在的人却去赞誉古代的圣王，这是赞誉枯骨。好像匠人一样，只知道干枯的木头，却不知道还在生长的树木。”墨子说：“天下生存的原因，是因为先王的教导。现在赞誉先王，是赞誉天下赖以生存的先王的教导。该赞誉的却不去赞誉，这就是不仁义了。”

子墨子曰："和氏之璧、隋侯之珠、三棘六异[①]，此诸侯之所谓良宝也。可以富国家，众人民，治刑政，安社稷乎？曰：不可。所谓贵良宝者，为其可以利也。而和氏之璧、隋侯之珠、三棘六异，不可以利人，是非天下之良宝也。今用义为政于国家，人民必众，刑政必治，社稷必安。所为贵良宝者，可以利民也，而义可以利人，故曰：义，天下之良宝也。"

注释

①三棘六异：即三翮六翼，九鼎之别名。

译文

墨子说："和氏的璧玉、隋侯的珠宝、三翮六翼的九鼎，这是诸侯们所说的珍贵宝贝。它们可以使国家富足、人口增多、刑政得到治理、社稷安定吗？人们说：不能。所谓真正的珍贵宝贝，是可以使人们得到利益的。而和氏璧玉、隋侯珠宝、三翮六翼的九鼎，不能给人利益，所以这些都不是天下的珍贵宝贝。现在用仁义之道治理国家，人口必然增多，刑政必然得到治理，社稷必然安定。之所以把它看作宝贝的原因，是因为它们有利于人民，而仁义可以使人民得到利益，所以说：义是天下最珍贵的宝贝。"

叶公子高问政于仲尼曰："善为政者若之何？"仲尼对曰："善为政者，远者近之，而旧者新之。"子墨子闻之曰："叶公子高未得其问也，仲尼亦未得其所以对也。叶公子高岂不知善为政者之远者近也[①]，而旧者新是哉[②]？问所以为之若之何也。不以人之所不智告人，以所智告之，故叶公子高未得其问也，仲尼亦未得其所以对也。"

注释

①也：当作“之”。 ②是：当作“之”。

译文

叶公子高向孔子询问治理国家的道理，说：“善于治理国家的人该怎么办呢?”孔子回答道：“善于治理国家的人，对于处在远方的人，亲近他们，对待老朋友如同对待新交的朋友一样。”墨子听到了，说：“叶公子高没能得到他问题的回答，孔子也没有答对。叶公子高难道会不知道，善于治国的人，要亲近远方的人，对于老朋友，要如同新交一样。他是问怎么样去做。不把人家不知道的告诉人家，而把人家已经知道了的去告诉人家。所以说，叶公子高没能得到他问题的回答，孔子也没答对。”

子墨子谓鲁阳文君曰：“大国之攻小国，譬犹童子之为马也。童子之为马，足用而劳。今大国之攻小国也，攻者[①]，农夫不得耕，妇人不得织，以守为事；攻人者，亦农夫不得耕，妇人不得织，以攻为事。故大国之攻小国也，譬犹童子之为马也。”

注释

①攻者：“守者”之误。

译文

墨子对鲁阳文君说：“大国攻打小国，就好像小孩以两手着地学马做游戏。小孩学马做游戏，足以使自己身体劳累。现在大国攻打小国，防守的国家，农民不能耕地，妇人不能纺织，以防守为工作；攻打的国家，农民也不能耕地，妇人也不能纺织，以攻打为工作。所以大国攻打小国，就好像小孩学马做游戏一样。”

子墨子曰："言足以复行者，常之[①]；不足以举行者，勿常。不足以举行而常之，是荡口也。"

注释

①常：通"尚"。

译文

墨子说："言论可以实行的，应推崇；不可以实行的，不应推崇。不可以实行而推崇它，就是空话了。"

子墨子使管黔游高石子于卫[①]，卫君致禄甚厚，设之于卿。高石子三朝必尽言，而言无行者。去而之齐，见子墨子曰："卫君以夫子之故，致禄甚厚，设我于卿，石三朝必尽言，而言无行，是以去之也。卫君无乃以石为狂乎？[②]"子墨子曰："去之苟道，受狂何伤！古者周公旦非关叔，辞三公，东处于商盖[③]，人皆谓之狂，后世称其德，扬其名，至今不息。且翟闻之：'为义非避毁就誉。'去之苟道，受狂何伤！"高石子曰："石去之，焉敢不道也！昔者夫子有言曰：'天下无道，仁士不处厚焉。'今卫君无道，而贪其禄爵，则是我为苟陷人长也[④]。"子墨子说，而召子禽子曰："姑听此乎！夫倍义而乡禄者[⑤]，我常闻之矣；倍禄而乡义者，于高石子焉见之也。"

注释

①管黔：墨子弟子。 ②无乃：恐怕。 ③商盖：即"商奄"，古国名。 ④陷：疑为"啗"之娱，即"啖"。长："粻"之省文，米粮。 ⑤倍：通"背"。乡：通"向"。

译文

墨子让管黔到卫国去称扬推举高石子。卫国国君给高石子很优厚的俸禄，安排卿的爵位。高石子三次朝见卫君，都尽力游说，卫君却没有实行他的言论。于是高石子离开卫国而到了齐国，见了墨子说："卫国国君因为老师您的原因，给我的俸禄很优厚，安排我在卿的爵位上，我三次入朝见卫君，尽力游说，但卫君却没有实行我的意见，所以我离开了卫国。卫君会不会以为我发疯了呢？"墨子说："离开卫国，假如符合道义，发疯又如何！古时候周公旦驳斥关叔，辞去三公的职位，到东方的商奄去生活，大家都说他发狂了，后世却赞誉他的德行，颂扬他的美名，到今天还没有停止。况且我听说过：'行仁义不能怕非议而只追求赞誉。'离开卫国，假如符合道义，发疯又如何！"高石子说："我离开卫国，怎么敢不遵循道的原则！以前老师说过：'天下无道，仁义的士人不应该高官厚禄。'现在卫君无道，而贪图他的俸禄和爵位，那么，我就是只为了口粮了。"墨子听了很高兴，就把禽滑釐召来，说："姑且听听这些！违背道义而向往俸禄，我常常听到；拒绝俸禄而向往道义，从高石子这里我见到了。"

子墨子曰："世俗之君子，贫而谓之富则怒，无义而谓之有义则喜。岂不悖哉[1]！"

注释

①悖：荒谬。

译文

墨子说："世俗的君子，如果他贫穷，别人说他富有，那么他就愤怒，如果他无义，别人说他有义，那么他就高兴，这不是太荒谬了吗！"

公孟子曰："先人有，则三而已矣[1]。"子墨子曰："孰先

人而曰有，则三而已矣？子未智人之先有后生。”

注释

①三：“之”字之误。

译文

公孟子说：“先人已有的，只要实行就行了。”墨子说：“谁说先人有的，只要实行就行了。你不知道先人也有比他更先的。”

有反子墨子而反者[①]，“我岂有罪哉？吾反后。”子墨子曰：“是犹三军北，失后之人求赏也。”

注释

①反者：当为“友者”之误。

译文

有一个先与墨子做朋友而后来背叛了他的人，说：“我难道有罪吗？我背叛是在他人之后。”墨子说：“这就像军队打了败仗，落后的人还要求赏一样。”

公孟子曰：“君子不作，术而已。”子墨子曰：“不然。人之其不君子者[①]，古之善者不诛，今也善者不作[②]。其次不君子者，古之善者不遂[③]，己有善则作之，欲善之自己出也。今诛而不作，是无所异于不好遂而作者矣。吾以为古之善者则诛之，今之善者则作之，欲善之益多也。”

注释

①其：綦，极之意。 ②诛，当作“述”。也：“之”字之误。 ③遂：疑为“述”之误。

译文

公孟子说："君子不进行创作，只是阐述观点罢了。"墨子说："不是这样。极端没有君子品行的人，既不对古代的善行加以阐述，又不去做现在的善行。其次没有君子品行的人，对古代的善行既不阐述，自己有善行的就去做，想让善行出于自己，而扬名。现在只阐述而不作，与不喜欢阐述古代善行却喜欢自己去做的人，是没有什么区别的。我认为对古代善的则阐述，对现在善的则施行，希望善的东西越多越好。"

巫马子谓子墨子曰："我与子异，我不能兼爱。我爱邹人于越人，爱鲁人于邹人，爱我乡人于鲁人，爱我家人于乡人，爱我亲于我家人，爱我身于吾亲，以为近我也。击我则疾，击彼则不疾于我，我何故疾者之不拂，而不疾者之拂？故有我有杀彼以我，无杀我以利。"子墨子曰："子之义将匿邪，意将以告人乎？"巫马子曰："我何故匿我义？吾将以告人。"子墨子曰："然则一人说子[1]，一人欲杀子以利己；十人说子，十人欲杀子以利己；天下说子，天下欲杀子以利己。一人不说子，一人欲杀子，以子为施不祥言者也；十人不说子，十人欲杀子，以子为施不祥言者也；天下不说子，天下欲杀子，以子为施不祥言者也。说子亦欲杀子，不说子亦欲杀子，是所谓经者口也[2]，杀常之身者也。"子墨子曰："子之言恶利也？若无所利而不言[3]，是荡口也。"

注释

①说：通"悦"，下同。 ②经："到"之假借字。 ③不：衍文。

译文

巫马子对墨子说："我与你不一样，我不能兼爱。我爱邹国人比爱越国人深，爱鲁国人比爱邹国人深，爱我家乡的人比爱鲁国人深，爱我的家人比爱我家乡的人深，爱我的双亲比爱我的家人深，爱我自己胜过爱我双亲，这是因为亲近我的缘故。打我，我会疼痛，打别人，不会痛在我身上，我为什么不去解除自己的疼痛，却去解除别人的疼痛呢？所以我只会杀人以利于我，而不会杀自己以利人。"墨子问道："你的这种仁义，你将隐藏起来呢？还是将告诉别人。"巫马子答道："我为什么要隐藏自己的仁义，我将告诉别人。"墨子说："既然这样，那么有一个人喜欢你，这一个人就要杀你以利于自己；有十个人喜欢你，这十个人就要杀你以利于他们自己；天下的人都喜欢你，这天下的人都要杀你以利于自己。有一个人不喜欢你，这一个人就要杀你，因为你是散布不祥言论的人；有十个人不喜欢，这十个人就要杀你，因为你是散布不祥言论的人；天下的人都不喜欢你，这天下的人都要杀你，因为你是散布不祥言论的人。那么这样，喜欢你的人要杀你，不喜欢你的人也要杀你，这就是人们所说的摇动口舌，杀身之祸常至自身的道理。"墨子还说："你的话，恰恰是厌恶利益。假如没有利益而还要说，这就是空话了。"

子墨子谓鲁阳文君曰："今有一人于此，羊牛刍豢，维人但割而和之[①]，食之不可胜食也，见人之作饼，则还然窃之，曰：'舍余食[②]。'不知日月安不足乎[③]？其有窃疾乎？"鲁阳文君曰："有窃疾也。"子墨子曰："楚四竟之田[④]，旷芜而不可胜辟，评灵数千[⑤]，不可胜，见宋、郑之闲邑，则还然窃之，此与彼异乎？"鲁阳文君曰："是犹彼也，实有窃疾也。"

注释

①维人："饔人"之误，掌宰割烹调的人。 ②舍：通"舒"，宽裕、充足之意。 ③日月：疑"甘肥"之误。 ④竟：通"境"。 ⑤讶（hū）灵：疑为"泽虞"之误，"泽"：古代掌川泽之官。"虞"：掌山林之官。

译文

墨子对鲁阳文君说："现在这里有一个人，他的牛羊牲畜，任由厨师宰割、烹调，吃都吃不完，但他看见人家做饼，还心安理得地去偷窃，说：'充足我的米粮。'不知道这是他的食物不够吃呢，还是他有偷窃的毛病？"鲁阳文君说："这是有偷窃的毛病了。"墨子说："楚国四境之内的田地，空旷荒芜，开垦都开不完，掌管川泽山林的官吏就有数千人以上，数都数不过来，见到宋、郑的空城，还要心安理得地去窃取，这与那个偷窃人家饼子的人有什么两样呢？"鲁阳文君说："这就像那个人一样，确实患有偷窃病。"

子墨子曰："季孙绍与孟伯常治鲁国之政，不能相信，而祝于丛社曰，'苟使我和。'是犹弇其目而祝于丛社也[①]，'若使我皆视。'岂不缪哉[②]！"

注释

①弇（yǎn）：遮住。 ②缪：通"谬"。

译文

墨子说："季孙绍与孟伯常治理鲁国的政事，不能互相信任，就到丛林中的庙宇里祷告说，'希望我们能和好。'这就如同遮盖了自己的眼睛，而在丛林中的庙宇里祷告说：'希望我们都能看到。'岂不荒谬吗？"

子墨子谓骆滑氂曰："吾闻子好勇。"骆滑氂曰："然。我闻其乡有勇士焉，吾必从而杀之。"子墨子曰："天下莫不欲与其所好[①]，度其所恶[②]。今子闻其乡有勇士焉，必从而杀之，是非好勇也，是恶勇也。"

注释

①与：通"举"，亲附。 ②度："斥"字本字，"度"的形误，疏远的意思。

译文

墨子对骆滑氂说："我听说你喜欢勇武的人。"骆滑氂说："对了。我听说哪个乡里有勇士，我就一定要去杀他。"墨子说："天下没有人不想亲近他所喜爱的人，疏远他所憎恶的人。现在你听到哪个乡里有勇士，就一定去杀他，这不是好勇武的人，而是憎恶勇武。"

贵 义

导读

本篇选取文章的首句中的两个字“贵义”作为篇名，可见本文的主旨还是要论述仁义。墨子开篇首先提出，万事没有比正义更珍贵的了，人们的一切言论行动，都要以正义为标准，并不遗余力地从事于正义的行为事业。墨子不仅坚持自己的主张，身体力行来施行仁义之道，不以为苦，还勉励弟子们不要过分看重世俗利益，要坚持真理。他尤其批评了那些世俗君子们，嘴上虽说要施行仁义之道，实际上却不能具体实行，就好比瞎子虽有黑白的概念，却分不清黑白一样可笑悖谬。本篇各段以语录体形式记述了墨子的一些言论，应该出自于墨子的弟子之手。

子墨子曰：“万事莫贵于义。今谓人曰：‘予子冠履[①]，而断子之手足，子为之乎？’必不为。何故？则冠履不若手足之贵也。又曰：‘予子天下，而杀子之身，子为之乎？’必不为。何故？则天下不若身之贵也。争一言以相杀，是贵义于其身也。故曰：万事莫贵于义也。”

注释

①冠：帽子。履：鞋子。

译文

墨子说：“万事没有比道义更宝贵的了。现在对别人说：‘给你帽子和鞋子，但是要砍断你的手、脚，你干这件事吗？’一定不干。为什么呢？因为帽子、鞋子不如手、脚珍贵。又说：‘给你天下，但要杀死你，你干这件事吗？’一定不干。为什么呢？因为天下不如生命宝贵。因争辩一句话而互相残杀，是把道义看得比生命还宝贵。所以说：万事没有比道义更宝贵的了。”

子墨子自鲁即齐[①]，过故人。谓子墨子曰：“今天下莫为义，子独自苦而为义，子不若已。”子墨子曰：“今有人于此，有子十人，一人耕而九人处，则耕者不可以不益急矣。何故？则食者众而耕者寡也。今天下莫为义，则子如劝我者也[②]，何故止我？”

注释

①即：到。 ②如：宜。

译文

墨子从鲁国到齐国，经过故人家。故人对墨子说：“现在天下没有人施行仁义，你何必独自苦受行仁义，不如就这样算了。”墨子说：“现在这里有一个人，有十个儿子，一个儿子耕种，其他九个闲着，耕种的这一个不能不更加着急啊。为什么呢？因为吃饭的人多而耕种的人少。现在天下没有人施行仁义，你应该鼓励我，为什么还制止我呢？”

子墨子南游于楚，见楚献惠王，献惠王以老辞，使穆贺见子墨子。子墨子说穆贺，穆贺大说[①]，谓子墨子曰：“子之言，则成善矣[②]！而君王，天下之大王也，毋乃曰‘贱人之所为’，而不用乎？”子墨子曰：“唯其可行。譬若药然，草之本，天子食之，以顺其疾，岂曰‘一草之本’而不食哉？今农夫入其税于大人，大人为酒醴粢盛，以祭上帝鬼神，岂曰‘贱人之所为'，而不享哉？故虽贱人也，上比之农，下比之药，曾不若一草之本乎？且主君亦尝闻汤之说乎？昔者汤将往见伊尹，令彭氏之子御。彭氏之子半道而问曰：'君将何之？'汤曰：'将往见伊尹。'彭氏之子曰：'伊尹，天下之贱人也。若君欲见之，亦令召问焉，彼受赐矣。'汤曰：'非女所知也[3]。今有药此，食之则耳加聪，目加明，则吾必说而强食之。今夫伊尹之于我国也，譬之良医善药也，而子不欲我见伊尹，是子不欲吾善也。'因下彭氏之子，不使御。彼苟然，然后可也。"

注释

①说：通"悦"。 ②成：通"诚"，确实。 ③女：通"汝"。

译文

墨子南游到了楚国，去见楚惠王，惠王借口自己年纪大推辞了，就派穆贺去见墨子。墨子劝说穆贺，穆贺非常高兴，对墨子说："你的主张确实很好啊，但君王是天下的大王，或许会认为这是小民的主张而不用吧！"墨子答道："只要它能行就好了。好比是药，就是一把草，天子吃了它，有利于自己的康复，难道会认为这是一把草而不吃吗？现在农民缴纳租税给贵族，贵族大人们用它们来酿造美酒、制作祭品，祭祀上帝、鬼神，难道会认为这是小民做的而不享用吗？所以说虽然是小民，对上跟农民比，对下跟草药比，难道还不如一把草根吗？况且惠王也曾听说过商汤的传说吧？过去商汤去见伊尹，叫彭氏的儿子驾车。彭氏的儿子半路上问：'国君去哪儿呢？'商汤答道：'要去见伊尹。'彭氏的儿子说：'伊尹，天下的小民。如果您一定要见，只要下令召见询问就行了，这在他是很大的恩赐了！'商汤说：'这不是你所知道的。现在这里有一种药，吃了它，耳朵会更加灵敏，眼睛会更加明亮，那么我一定会喜欢并且努力去吃。现在伊尹对我的国家，就好像良医好药，而你却不想让我去见伊尹，这是你不想让我干好啊！’于是叫彭氏的儿子下去，不让他驾车了。如果惠王能这样，以后就可以成功了。”

子墨子曰：“凡言凡动[①]，利于天、鬼、百姓者为之；凡言凡动，害于天、鬼、百姓者舍之。凡言凡动，合于三代圣王尧、舜、禹、汤、文、武者为之；凡言凡动，合于三代暴王桀、纣、幽、厉者舍之。”

注释

①动：行动。

译文

墨子说：“一切言论、一切行动，只要有利于天地、鬼神、百姓的，就去做；一切言论、一切行动，只要有害于天地、鬼神、百姓的，就舍弃。一切言论、一切行动，凡是合乎三代圣王尧、舜、禹、商汤、周文王、周武王的，就去做；一切言论、行动凡是合乎三代暴君夏桀、商纣、周幽王、周厉王的，就舍弃。”

子墨子曰：“言足以迁行者，常之[①]；不足以迁行者，勿常。不足以迁行而常之，是荡口也。”

注释

①常：通“尚”，推崇。

译文

墨子说：“言论能够付之行动的，就推崇它；不能够付之行动的，就不要推崇。不能够付之行动，却要推崇它，就是空话了。”

子墨子曰："必去六辟[1]。默则思，言则诲，动则事，使三者代御，必为圣人。""必去喜，去怒，去乐，去悲，去爱[2]，而用仁义。手足口鼻耳，从事于义，必为圣人。"

注释

①辟：通"僻"，邪僻。六辟：指下文的"喜、怒、哀、乐、爱、恶"。 ②去爱：下疑脱"去恶"。

译文

墨子说："一定要去掉六种邪行，沉默时能思索，出言能教导人，行动能有效果。使这三者交替进行，一定能成为圣人。"还说："一定要去掉喜，去掉怒，去掉乐，去掉悲，去掉爱，去掉恶这六种邪行，而实行仁义。手、脚、口、鼻、耳，都用来从事仁义的事情，一定会成为圣人。"

子墨子谓二三子曰："为义而不能，必无排其道[1]。譬若匠人之斫而不能，无排其绳。"

注释

①排：诋毁。

译文

墨子对几个弟子说："施行仁义之道而不能胜任的时候，一定不要排斥学说。就好像木匠劈木材不能劈好，不能归罪于墨线一样。"

子墨子曰："世之君子，使之为一犬一彘之宰[1]，不能则辞之；使为一国之相，不能而为之。岂不悖哉！"

注释

①宰：割肉，屠夫。

译文

墨子说："世上的君子，使他做一个宰杀猪狗的屠夫，如果干不了的话就推辞；使他作一个国家的国相，干不了却照样去作，这难道不荒谬吗？"

子墨子曰："今瞽曰，'钜者白也[①]，黔者黑也。'虽明目者无以易之。兼白黑，使瞽取焉，不能知也。故我曰瞽不知白黑者，非以其名也，以其取也。今天下之君子之名仁也，虽禹、汤无以易之。兼仁与不仁，而使天下之君子取焉，不能知也。故我曰天下之君子不知仁者，非以其名也，亦以其取也。"

注释

①钜：疑"银"字之误。

译文

墨子说："现在有一个盲人说，'银是白色的，黔是黑色的。'即使眼睛明亮的人也不能更改。把白的和黑的东西放在一块儿，让盲人选择，他就不知道了。所以我说：盲人不知道白黑，不是说不出白黑的名称，而是选择不了。现在天下的君子称说'仁'，即使禹、汤也无法更改。把符合仁义和不符合仁义的事物混杂在一起，让天下的君子选取，他们就不知道了。所以我说：天下的君子，不知道'仁'，不是因为仁的名字，而是因为无法选取。"

子墨子曰："今士之用身，不若商人之用一布之慎也[①]。商人用一布布[②]，不敢继苟而雠焉[③]，必择良者。今士之用身则不然，意之所欲则为之，厚者入刑罚，薄者被毁丑，则士之用身，不若商人之用一布之慎也。”子墨子曰：“世之君子欲其义之成，而助之修其身则愠，是犹欲其墙之成，而人助之筑则愠也。岂不悖哉！”

注释

①布：古代钱币。 ②布布：后一“布”字当作“市”，购物之意。 ③继：疑“纵”字之误；雠：通“售”，以钱买物。

译文

墨子说：“现在士人们以身处世，还不如商人使用一块钱那么慎重。商人用一块钱购买东西，都不敢任意马虎地购买，一定要选择好的。现在的士人们立身处世却不是这样，随心所欲地行为。过错严重的就陷入刑罚，过错轻的就蒙受非议。士人以身处世，还不如商人使用一块钱那么慎重。”墨子说：“当代的君子们，想要实现他的道义，而帮助他立身处世却遭到怨恨。这就好比要筑成一面墙，而别人帮助他却怨恨一样，难道不荒谬吗？”

子墨子曰：“古之圣王，欲传其道于后世，是故书之竹帛，镂之金石，传遗后世子孙，欲后世子孙法之也。今闻先王之遗而不为[①]，是废先王之传也。”

注释

①遗：“道”字之误。

译文

墨子说：“古时候的圣王，想把自己的学说留传给后代，因此写在竹木、丝帛上，刻在金石上，留传给后代子孙，要后代子孙效仿它。现在听到了先王的学说却不去实行，这是在废弃先王所传的学说了。”

子墨子南游使卫，关中载书甚多[①]，弦唐子见而怪之，曰：“吾夫子教公尚过曰，‘揣曲直而已。’今夫子载书甚多，何有也?”子墨子曰：“昔者周公旦朝读书百篇，夕见漆十士[②]，故周公旦佐相天子，其修至于今。翟上无君上之事，下无耕农之难，吾安敢废此？翟闻之：‘同归之物，信有误者。’然而民听不钧[③]，是以书多也。今若过之心者，数逆于精微。同归之物，既已知其要矣，是以不教以书也。而子何怪焉?”

注释

①关中：指车上横阑之内，即车中。 ②漆：“七”之借音字。 ③钧：通“均”。

译文

墨子南游到卫国，车上装了很多书。弦唐子见了，觉得奇怪，问道：“老师您曾教导公尚过说，‘书是用来衡量是非曲直的。’现在您装这么多书，有什么用处呢?”墨子说：“过去周公旦早晨读一百篇书，晚上见七十个士人。所以周公旦辅助天子，美名传到今天。我上没有承担国君工作，下没有农民耕种艰难，我如何敢抛弃这些书！我听说过：‘汇于同类的事物，也有差错。’由于人们听到的不一致，书就多起来了。现在像公尚过这样的人，对于事理精微地洞察。对于殊途同归的事物，知道切要，因此就不用书来教育了。你为什么要奇怪呢?”

子墨子谓公良桓子曰：“卫，小国也，处于齐、晋之间，犹贫家之处于富家之间也。贫家而学富家之衣食多用，则速亡必矣。今简子之家[①]，饰车数百乘，马食菽粟者数百匹，妇人衣文绣者数百人，吾取饰车食马之费[②]，与绣衣之财，以畜士，必千人有余。若有患难，则使百人处于前，数百于后，与妇人

数百人处前后，孰安？吾以为不若畜士之安也。”

注释

①简：阅。 ②吾：“若”字之误。

译文

墨子对公良桓子说：“卫国是一个小国家，处在齐国和晋国之间，就好比穷人家处在富人家之间一样。穷人家如果学富人家的衣食用度，一定会很快破产。现在看看您的家族，以文彩装饰的车子有数百辆，吃菽、粟的马有数百匹，穿文绣衣服的妇人有数百人。如果把装饰车辆、养马的费用和做绣花衣裳的钱财用来养士人，一定可养一千多人。如果遇到危难，就命令几百人在前面，几百人在后面，这与几百个妇人站在前后，哪一个安全呢？我以为不如养士安全。”

子墨子仕人于卫，所仕者至而反[①]。子墨子曰：“何故反？”对曰：“与我言而不当。曰‘待女以千盆’，授我五百盆，故去之也。”子墨子曰：“授子过千盆，则子去之乎？”对曰：“不去。”子墨子曰：“然则非为其不审也[②]，为其寡也。”

注释

①反：通“返”。 ②审：疑为“当”字之误。

译文

墨子使人到卫国做官，去做官的人到卫国后又回来了。墨子问：“为什么回来呢？”回答说：“对我说话不讲信用。说：‘给你千盆的俸禄’，却实际给了我五百盆，所以离开。”墨子又问：“给你的俸禄超过千盆，你还离开吗？”那人答道：“不离开。”墨子说：“既然这样，不是因为不讲信用，而是因为俸禄少。”

子墨子曰："世俗之君子，视义士不若负粟者。今有人于此，负粟息于路侧，欲起而不能，君子见之，无长少贵贱，必起之。何故也？曰：义也。今为义之君子，奉承先王之道以语之，纵不说而行[①]，又从而非毁之，则是世俗之君子之视义士也，不若视负粟者也。"

注释

①纵：即使。说：同"悦"。

译文

墨子说："世俗的君子，看待行义之人还不如看待一个背粮食的人。现在这里有一个背着粮食，在路边休息，想站起来却站不起来的人。君子见了，不管他是年少、年长、富贵、贫贱，一定会扶他起来。为什么呢？说：这是仁义之道。现在施行仁义的君子，承受先王的学说来告诫他们，不喜欢这个言论也就算了，反而加以非议、诋毁。这就是世俗的君子看待行义的士人，还不如看待一个背着粮食的人。"

子墨子曰："商人之四方[①]，市贾信徙[②]，虽有关梁之难，盗贼之危，必为之。今士坐而言义，无关梁之难，盗贼之危，此为信徙，不可胜计，然而不为，则士之计利，不若商人之察也。"

注释

①之：往。　②贾：通"价"；信："倍"字之误。

译文

墨子说："商人到四方去，买卖的价钱相差一倍或数倍，即使有通过关卡的艰难，碰见盗贼的危险，也一定要去做。现在士人们坐着说道义，既没有关卡的艰难，也没有盗贼的危险，而获得的利益是不可胜数的，即使这样还不实行。那么士人们计算利益，不如商人明察了。”

子墨子北之齐，遇日者[1]。日者曰：“帝以今日杀黑龙于北方，而先生之色黑，不可以北。”子墨子不听，遂北，至淄水，不遂而反焉。日者曰：“我谓先生不可以北。”子墨子曰：“南之人不得北，北之人不得南，其色有黑者，有白者，何故皆不遂也？且帝以甲乙杀青龙于东方，以丙丁杀赤龙于南方，以庚辛杀白龙于西方，以壬癸杀黑龙于北方，若用子之言，则是禁天下之行者也。是围心而虚天下也，子之言不可用也。”

注释

①日者：古时候根据天象变化预测吉凶的人。

译文

墨子北去齐国，遇到一个占卦的人。占卦人说：“历史上的今天，黄帝在北方杀死了黑龙，先生脸色黑，不能向北去。”墨子不听，继续往北。到了淄水边，没有渡河就返了回来。占卦先生说：“我对先生说过不能往北走。”墨子说：“南边的人不能往北去，北边的人不能往南行，他们的脸色有黑的，有白的，为什么都不能渡呢？况且黄帝在甲乙日在东方杀死了青龙，在丙丁日在南方杀死了赤龙，在庚辛日在西方杀死了白龙，在壬癸日在北方杀死了黑龙，假如都听你的话，这就是禁止天下行人了。这是蒙蔽人心，使天下没有行人，所以你的言论不能用。”

子墨子曰：“吾言足用矣，舍言革思者，是犹舍获而攈粟也[1]。以其言非吾言者，是犹以卵投石也，尽天下之卵，其石犹是也，不可毁也。”

注释

①攈（jùn）：收拾。

译文

墨子说："我的言论已经足够用了！舍弃我的学说、而思虑其他主张，这就好比放弃收获而去拾遗留的谷穗一样。用别人的言论来否定我的言论，这就好比用鸡蛋去碰石头一样。用尽天下的鸡蛋，石头还是这个样子，并不能毁坏它。"

公孟

导读

本篇取首句中的“公孟”二字作为题目，记述墨子与弟子或与他人的对话，各段都是些小片断。墨子谈话的内容，主要申明他“非命”“明鬼”“节葬”“非儒”等主张。他在篇中虽然具体列举了儒家祸乱天下的四种政治主张，即与墨家观点针锋相对的“不敬天明鬼”“厚葬久丧”“命由天定”“礼乐繁复”，但针对学生的提问，他也回答到孔子也有不可改易的主张。可见墨子对儒家的态度，也有比较客观的方面。从文章中墨子和学生的论辩中我们可以看出，当时社会上有人怀疑墨子的主张，儒墨的斗争也十分激烈，而墨子总是不遗余力地论辩自己学说的正确，可谓苦口婆心，不胜辛劳。

公孟子谓子墨子曰：“君子共己以待[①]，问焉则言，不问焉则止。譬若钟然，扣则鸣，不扣则不鸣。”子墨子曰：“是言有三物焉，子乃今知其一身也[②]，又未知其所谓也。若大人行淫暴于国家，进而谏，则谓之不逊；因左右而献谏，则谓之言议。此君子之所疑惑也。若大人为政，将因于国家之难，譬若机之将发也然，君子之必以谏，然而大人之利。若此者，虽不扣必鸣者也。若大人举不义之异行，虽得大巧之经，可行于军旅之事，欲攻伐无罪之国，有之也，君得之，则必用之矣。以广辟土地，著税伪材[③]，出必见辱，所攻者不利，而攻者亦不利，是两不利也。若此者，虽不扣，必鸣者也。且子曰：‘君子共己待，问焉则言，不问焉则止，譬若钟然，扣则鸣，不扣则不鸣。'今未有扣，子而言，是子之谓不扣而鸣邪？是子之所谓非君子邪？"

注释

①共：读为"拱"。 ②一：疑作"二"；身："耳"字之误。 ③著：当读"赋"；伪：通"货"字。

译文

公孟子对墨子说："君子拱着手等待，问到，就说，不问就不说。就好像钟一样，敲一下它就响，不敲就不响。"墨子说："这话有三种情况，你现在只知道其中两种罢了，并且又不知到底是什么。如果王公大人在自己国家荒淫暴虐，君子前去劝谏他们，就会说他们不恭敬；依靠左右近臣献上意见，则又叫做私下议论，这正是君子所疑惑的。如果王公大人治理政事，国家将要发生灾难，好像弩机马上要发射一样，君子一定要及时劝谏，王公大人得到利益。如此紧急，像钟一样，虽不敲也会发出声音来。如果王公大人做不义的邪恶事情，即使得到巧妙的经书，可以用于行军打仗，想攻打无罪的国家占有土地。国君得到这样的兵书，必定会使用。通过战事来扩充领土，聚集货物、钱财，这样做出师受辱，对被攻打的国家不利，对攻打别人的国家也不利，两个都不利。像这样，如钟虽不敲，也一定会发出音来。况且你说：'君子拱着两手而等待，问就说，不问他就不说。好像钟一样，敲击它就响，不敲就不响。'现在没有人敲击你，你却说话了，这是你说的'不敲而鸣'吧？这是你说的'不是君子的行为'吧？"

公孟子谓子墨子曰："实为善，人孰不知？譬若良玉，处而不出有余糈[①]。譬若美女，处而不出，人争求之；行而自衒，人莫之取也[②]。今子遍从人而说之，何其劳也！”子墨子曰：“今夫世乱，求美女者众，美女虽不出，人多求之；今求善者寡，不强说人，人莫之知也。且有二生于此，善筮，一行为人筮者，一处而不出者，行为人筮者，与处而不出者，其糈孰多？”公孟子曰：“行为人筮者，其糈多。”子墨子曰：“仁义钧，行说人者，其功善亦多。何故不行说人也。”

注释

①糈（xǔ）：旧本作“精”，光泽。 ②取：同“娶”。

译文

公孟子对墨子说：“真正行善的人，谁不知道呢。就好像美玉隐藏着不出现，仍然有光彩。就好比美女居家不出，人们都争相追求；但如果她出来进行自我炫耀，人们就不娶她了。现在您到处跟随别人并劝说他们，多么辛苦啊！”墨子说：“现在是乱世，追求美女的人也多，美女即使居家不出，追求她们的人也多；现在追求善的人太少了，不努力劝说人们，人们就更不知道了。假如这里有两个人，都善于占卜，一个人出门去占卜，另一个人在家不出，出门给人占卜的与在家不出的，哪一个赠粮多呢？”公孟子说：“出门的赠粮多。”墨子说：“主张仁义与此相同，出门向人们劝说的，他的功德多。为什么不出来劝说人们呢？”

公孟子戴章甫，搢忽[①]，儒服，而以见子墨子，曰：“君子服然后行乎？其行然后服乎？”子墨子曰：“行不在服。”公孟子曰：“何以知其然也？”子墨子曰：“昔者齐桓公高冠博带，金剑木盾，以治其国，其国治。昔者晋文公大布之衣，牂羊之裘，韦以带剑，以治其国，其国治。昔者楚庄王鲜冠组缨，绛衣博袍，以治其国，其国治。昔者越王勾践剪发文身，以治其国，其国治。此四君者，其服不同，其行犹一也。翟以是知行之不在服也。”公孟子曰：“善！吾闻之曰：宿善者不祥[②]。请舍忽，易章甫，复见夫子，可乎？”子墨子曰：“请因以相见也。若必将舍忽、易章甫，而后相见，然则行果在服也。”

注释

①搢：插；忽：即“笏”字。 ②宿：停止。

译文

公孟子戴着礼帽，腰间插着笏板，穿着儒者的衣服，前来会见墨子，说：“君子穿戴整齐，然后就会有作为呢？还是有一定的作为，再穿戴整齐呢？”墨子说：“有作为并不在于衣服。”公孟子问道：“您怎么知道这样呢？”墨子回答说：“从前齐桓公戴着高帽子，系着大腰带，随身带着金剑木盾，治理国家，国家得到了治理。从前晋文公穿着粗布衣服，披着母羊皮的大衣，佩带着剑，治理国家，国家得到了治理。从前楚庄王戴着鲜艳的帽子，系着丝带，穿着大红长袍，治理国家，国家得到了治理。从前越王勾践剪断头发，用针文身，治理国家，国家得到了治理。这四位国君，他们的衣服不同，但作为却是一样的。我因此知道有作为不在服装。”公孟子说：“说得真好！我听人说过：‘停止做好事的人，是不吉利的。’让我丢弃笏板，换了礼帽，再来见您，可以吗？”墨子说：“就这样见你，如果一定要丢弃笏板，换了礼帽，然后再见面，那就真是有作为在于服饰了。”

公孟子曰：“君子必古言服，然后仁。”子墨子曰：“昔者商王纣卿士费仲，为天下之暴人；箕子、微子、为天下之圣人。此同言，而或仁不仁也。周公旦为天下之圣人；关叔为天下之暴人[①]，此同服，或仁或不仁。然则不在古服与古言矣。且子法周而未法夏也，子之古，非古也。”

注释

①关叔：即“管叔”。

译文

公孟子说：“君子一定要说古代的言论、穿古代的衣服，然后才称得上具有仁德修养的人。”墨子说：“从前商纣王的卿士费仲，是天下有名的暴虐之人；箕子、微子，是天下有名的圣人。这是同时代同说古言，而有的仁德，有的不仁德的例子。周公旦是天下有名的圣人；管叔是天下有名的暴虐之人，这又是同样穿古代衣服，而有的人仁德，有的人不仁德的例子。具有仁德修养的人，并不在于是否说古代的言论，穿古代衣服！况且你效法周而没有效法夏，你的古，其实并不古。”

公孟子谓子墨子曰：“昔者圣王之列也，上圣立为天子，其次立为卿大夫。今孔子博于《诗》《书》，察于礼乐，详于万物，若使孔子当圣王，则岂不以孔子为天子哉?”子墨子曰：“夫知者，必尊天事鬼，爱人节用，合焉为知矣。今子曰‘孔子博于《诗》《书》，察于礼乐，详于万物’，而曰可以为天子。是数人之齿[①]，而以为富。”

注释

①齿：契之齿，古人刻木计数，刻印好像人的牙齿。

译文

公孟子对墨子说："从前圣王排列位置，上圣立作天子，其次立作卿大夫。现在孔子博通《诗》《书》，明察礼、乐制度，知道天下万物。如果让孔子当圣王，岂不是可以让孔子作天子了吗?"墨子说："所谓有智慧的人，一定尊重上天，侍奉鬼神，爱护百姓，节约财物，合于这些才是真的智人。现在你说孔子博通《诗》《书》，明察礼、乐制度，了解天下万物，而认为他可以作天子。这就好比数着别人契据上的刻数，却自以为富裕罢了。"

公孟子曰："贫富寿夭，齰[①]然在天，不可损益。"又曰："君子必学。"子墨子曰："教人学而执有命，是犹命人葆而去其冠也[②]。"

注释

①齰（zé）：咬。一说"齰"同"错"。 ②葆：包裹头发。

译文

公孟子说："贫困、富裕、长寿、夭折，真的由天注定，不能增不能减。"又说："君子一定要学习。"墨子说："教人学习却宣扬'有命'的理论，就好像让人包裹起头发却拿掉了他的帽子一样。"

公孟子谓子墨子曰："有义不义，无祥不祥。"子墨子曰："古圣王皆以鬼神为神明，而为祸福，执有祥不祥，是以政治而国安也。自桀、纣以下，皆以鬼神为不神明，不能为祸福，执无祥不祥，是以政乱而国危也。故先王之书《子亦》有之曰[①]：'其傲也出，于子不祥。'此言为不善之有罚，为善之有赏。"

注释

①《子亦》：疑为古书《箕子》。

译文

公孟子对墨子说："有正义的，有非正义之说，没有详和不祥之说。"墨子说："古代的圣王都认为鬼神是神明的，能带来祸福，主张'有吉祥有不吉祥'的观点，因此政治清明，国家安宁。自从桀、纣以来，都认为鬼神不神明，不能带来祸福，主张'详和不详没有区别'的观点，因此政治混乱，国家灭亡。先王的书《子亦》上讲：'出言傲慢，对你不吉祥。'这话是对不善的惩罚，又是对从善的奖赏。"

子墨子谓公孟子曰："丧礼，君与父母、妻、后子死，三年丧服；伯父、叔父、兄弟期[①]；族人五月；姑、姊、舅、甥皆有数月之丧。或以不丧之间，诵《诗》三百，弦《诗》三百，歌《诗》三百，舞《诗》三百。若用子之言，则君子何日以听治？庶人何日以从事？"公孟子曰："国乱则治之，国治则为礼乐；国治则从事[②]，国富则为礼乐。"子墨子曰："国之治，治之废，则国之治亦废。国之富也，从事故富也；从事废，则国之富亦废。故虽治国，劝之无餍，然后可也。今子曰，国治则为礼乐，乱则治之，是譬犹噎而穿井也，死而求医也。古者三代暴王桀、纣、幽、厉，薾为声乐[③]，不顾其民，是以身为刑僇[④]，国为戾虚者，皆从此道也。"

注释

①期：一年。 ②治：当作"贫"（王念孙说）。 ③薾：盛大之意。 ④僇：通"戮"。

译文

墨子对公孟子说："丧礼，国君与父母、妻子、长子死了，服丧三年；伯父、叔父、兄弟死了，一年；族人死了，五个月；姑、姐、舅、甥死了，也都有几个月的服丧期。又在不办丧事的间隙，诵《诗三百》，配乐弹奏《诗三百》，歌唱《诗三百》，又配以舞蹈。如果用你的言论，那么君子哪一天可以处理政务呢？百姓又哪一天可以从事生产呢？"公孟子答道："国家混乱就处理政事，国家安宁就从事礼、乐；国家贫困就从事生产，国家富裕就从事礼、乐。"墨子说："国家安宁，政务废弃了，国家的安宁也就没有了。国家富裕，由于百姓从事生产才富裕；百姓的生产废弃了，国家的富裕也就消失了。所以治国的大事，必须勉励不停止，才可以治好。现在你说：'国家安宁就从事礼、乐，国家混乱就处理政务。'就好像吃饭噎住了才挖井，人死了才求医一样。古时候，三代的暴虐之王夏桀、商纣、周幽王、周厉王大搞声乐，不顾百姓，因而被杀，国家灭亡，都是由于这种主张造成的。"

公孟子曰："无鬼神。"又曰："君子必学祭祀[①]。"子墨子曰："执无鬼而学祭礼，是犹无客而学客礼也，是犹无鱼而为鱼罟也。"

注释

①祀："礼"字之误。（毕沅说）

译文

公孟子说："没有鬼神。"又说："君子一定要学习祭礼。"墨子说："主张没有鬼神的观点却去学习祭礼，这就像没有客人却学习待客之道，没有鱼却织鱼网一样。"

公孟子谓子墨子曰："子以三年之丧为非，子之三日之丧亦非也。"子墨子曰："子以三年之丧非三日之丧，是犹倮谓撅者不恭也[①]。"

注释

①倮：通"裸"。撅（guì）：揭起衣服。

译文

公孟子对墨子说："您认为三年守丧期是错的，那么您的三日丧期也不对。"墨子说："你用三年的守丧期攻击三日的丧期，就好像裸体的人说掀开衣服露出身体的人不恭敬一样。"

公孟子谓子墨子曰："知有贤于人[①]，则可谓知乎？"子墨子曰："愚之知有以贤于人，而愚岂可谓知矣哉？"

注释

①知：智慧。

译文

公孟子对墨子说："某方面的知识胜过别人，可以说是个智慧聪明的人吗？"墨子答道："愚笨的人的知识，也有胜过他人的地方，难道能说愚笨的人是智慧聪明的人吗？"

公孟子曰："三年之丧，学吾之慕父母[①]。"子墨子曰："夫婴儿子之知，独慕父母而已，父母不可得也，然号而不止，此其故何也？即愚之至也。然则儒者之知，岂有以贤于婴儿子哉？"

注释

①吾：后脱一"子"字，吾子：孩子。

译文

公孟子说："守三年的丧期，这是仿效孩子依恋父母。"墨子说："婴儿的智慧，唯独依恋自己的父母而已，父母不见了，就大哭不止。这是什么原因呢？这是愚笨到了极点。那么儒者的智慧，难道有胜过这小孩子的地方吗？"

子墨子曰问于儒者[①]："何故为乐？"曰："乐以为乐也。"子墨子曰："子未我应也。今我问曰：'何故为室？'曰：'冬避寒焉，夏避暑焉，室以为男女之别也。'则子告我为室之故矣。今我问曰：'何故为乐？'曰：'乐以为乐也。'是犹曰：'何故为室？'曰：'室以为室也。'"

注释

①曰：当在"问于儒者"后。

译文

墨子问一个儒家学者说："为什么从事音乐？"回答说："音乐为了快乐。"墨子说："你没有回答我。现在我问：'为什么建造房屋？'回答说：'冬天用来避寒，夏天用来避暑，建造房屋也用来区别男女。'那么，是你告诉了我制造房屋的原因。现在我问：'为什么从事音乐？'回答说：'音乐为了快乐。'如同问：'为什么建造房屋？'回答说：'建造房屋是建造房屋'一样。"

子墨子谓程子曰："儒之道足以丧天下者四政焉[①]。儒以天为不明，以鬼为不神，天、鬼不说，此足以丧天下。又厚葬久丧，重为棺椁，多为衣衾，送死若徙，三年哭泣，扶后起，杖后行，耳无闻，目无见，此足以丧天下。又弦歌鼓舞，习为声乐，此足以丧天下。又以命为有，贫富寿夭、治乱安危有极矣，不可损益也。为上者行之，必不听治矣；为下者行之，必不从事矣。此足以丧天下。”程子曰：“甚矣，先生之毁儒也!”子墨子曰：“儒固无此若四政者，而我言之，则是毁也。今儒固有此四政者，而我言之，则非毁也，告闻也。”程子无辞而出。子墨子曰：“迷之[②]!”反，后坐[③]，进复曰：“乡者先生之言有可闻者焉[④]。若先生之言，则是不誉禹，不毁桀、纣也。”子墨子曰：“不然。夫应孰辞[⑤]，称议而为之[⑥]，敏也。厚攻则厚吾，薄攻则薄吾[⑦]。应孰辞而称议，是犹荷辕而击蛾也。”

注释

①四政：四种学说。 ②迷：疑为“还”字之误。 ③后：当为“復”字之误。 ④闻：应作“间”，指责。 ⑤孰：同“熟”。 ⑥议：旧本或作“义”，当从。 ⑦吾：通“御”。

译文

墨子对程子说：“儒家的学说足以使天下丧失的有四种情况。儒家以为上天不明察，以为鬼神不神明。所以上天、鬼神不高兴，这就足以丧失天下了。又加上厚葬久丧，做多层的椁棺，制作很多的衣服、被子，送葬就像搬家一样，哭泣整整三年，人扶着才能站起来，拄了拐杖才能行走，耳朵不听其他事情，眼睛不看见其他外物，这就足以丧亡天下了。又加上弦歌、击鼓、舞蹈，沉迷于声乐之事，这就足以丧亡天下了。同时又认为有命，说贫困、富裕、长寿、夭折、治理乱世安定危难都有定数，不可增减变化。上级采用他们的学说，一定就不从事政治活动了；老百姓实行他们的学说，一定就不从事生产了，这足以丧亡天下。”程子说：“太过分了！先生这样诋毁儒家。”墨子说：“假如儒家本来就没有这四种学说，而我说有，这就是非议了。现在儒家本来就有这四种学说，而我说了出来，这就不是非议了，是将我所知道的告诉你罢了。”程子没有告辞退了出来。墨子说：“回来！”程子返了回来，又坐下了，又进言说：“从前，先生您的言论有可以听进去的地方。像先生这样的话，是不表扬，不非议桀纣。”墨子说：“不是这样。能用熟语回答，又切合事理，这是聪敏。对方攻击严重我则严词以对，对方攻击平和我则缓言相对，对付熟语也要合适，就好像拿着车辕击打蛾子一样。”

子墨子与程子辩，称于孔子①。程子曰：“非儒，何故称于孔子也？”子墨子曰：“是亦当而不可易者也。今鸟闻热旱之忧则高，鱼闻热旱之忧则下，当此，虽禹、汤为之谋，必不能易矣。鸟鱼可谓愚矣，禹、汤犹云因焉。今翟曾无称于孔子乎？”

注释

①称：称赞。

译文

墨子与程子辩论，称赞孔子。程子问：“攻击儒家，为什么又称赞孔子呢？”墨子答道：“孔子也有合理而不可改变的地方。现在鸟有热旱的灾祸就向高处飞，鱼有热旱的灾祸则向水下游，遇到这种情况，即使用禹、汤的智谋来选择，也一定这样。鸟、鱼可以说是够无知的了，禹、汤也要因循习俗。难道我还不能有称赞孔子的地方吗？”

有游于子墨子之门者，身体强良，思虑徇通①，欲使随而学。子墨子曰：“姑学乎，吾将仕子。”劝于善言而学。其年，而责仕于子墨子②。子墨子曰：“不仕子。子亦闻夫鲁语乎？

鲁有昆弟五人者，其父死，其长子嗜酒而不葬，其四弟曰：‘子与我葬，当为子沽酒。’劝于善言而葬。已葬而责酒于其四弟。四弟曰：‘吾未予子酒矣[3]。子葬子父，我葬吾父，岂独吾父哉？子不葬，则人将笑子，故劝子葬也。’今子为义，我亦为义，岂独我义也哉？子不学则人将笑子，故劝子于学。”

注释

①徇：“侚”字之误，疾速。 ②责：求。 ③未：勿。

译文

有一人来到墨子门下游学，此人身体健壮，思虑敏捷，墨子想让他跟随自己学习。墨子说：“暂且跟我学习吧，我将要让你出仕做官。”用好话勉励他而学习了。过了一年，那人向墨子求出仕做官。墨子说：“我不想让你出仕做官。你应该听过鲁国的故事吧？鲁国一家有兄弟五人，父亲死了，长子嗜酒不埋葬父亲。四个弟弟对他说：‘你和我们一起安葬父亲，我们将给你买酒喝。’用好言相劝他葬了父亲。葬后，长子向四个弟弟要酒喝。弟弟们说：‘我们不给你买酒了。你葬你的父亲，我们葬我们的父亲，难道父亲只是我们的吗？你不葬别人将笑话你，所以劝你葬。’现在你行义，我也行义，怎么能说只是我的义呢？你不学别人将要笑话你，所以劝你学习。”

有游于子墨子之门者，子墨子曰：“盍学乎？”对曰：“吾族人无学者。”子墨子曰：“不然。未好美者[1]，岂曰吾族人莫之好，故不好哉？夫欲富贵者，岂曰我族人莫之欲，故不欲哉？好美、欲富贵者，不视人犹强为之，夫义，天下之大器也，何以视人？必强为之。”

注释

①未：“夫”字之误。

译文

有一个人来到墨子门下游学，墨子说：“何不学习呢？”回答说：“我家族中没有学习的人。”墨子说：“不是这样。喜爱美的人，难道会说我家族人中没有人喜爱美，所以不喜爱吗？想要富贵的人，难道会说族人中没有人这么打算，所以不打算吗？喜欢美的人、想要富贵的人，不用看别人，仍然努力地去做。义，是天下最贵重的宝器，为什么看别人呢？一定要努力地去做。”

有游于子墨子之门者，谓子墨子曰：“先生以鬼神为明知，能为祸人哉福[①]，为善者富之[②]，为暴者祸之。今吾事先生久矣，而福不至，意者先生之言有不善乎？鬼神不明乎？我何故不得福也？”子墨子曰：“虽子不得福，吾言何遽不善[③]？而鬼神何遽不明？子亦闻乎匿徒之刑之有刑乎？”对曰：“未之得闻也。”子墨子曰：“今有人于此，什子，子能什誉之，而一自誉乎？”对曰：“不能。”“有人于此，百子，子能终身誉其善，而子无一乎？”对曰：“不能。”子墨子曰：“匿一人者犹有罪，今子所匿者若此其多，将有厚罪者也，何福之求？”

注释

①能为祸人哉福：当作“能为祸福”。 ②富：同“福”。 ③何遽（jǔ）：为何。

译文

有一个在墨子门下游学的人，对墨子说：“先生认为鬼神明智，能给人带来祸福，给从善的人好运，给施暴的人祸患。现在我侍奉先生已经很久了，但福气却还没有到来。或许先生的话有不对的地方？鬼神也许不那么明智？我为什么还得不到福气呢？”墨子说：“即使你得不到福气，我的话为什么不对呢？而鬼神又有什么不明智呢？你可听说过隐藏犯人是有罪的吗？”回答说：“没听说过。”墨子说：“现在有一个人，贤能胜你十倍，你能十倍地赞美，而只赞美自己一次吗？”回答说：“不能。”墨子又问：“现在有人的贤能胜过你百倍，你能终身赞美他的长处，而一次也不赞美自己吗？”回答说：“不能。”墨子说：“隐藏一个都有罪，现在你所隐藏如此多，将有重罪，还求什么福气？”

子墨子有疾，跌鼻进而问曰[①]：“先生以鬼神为明，能为祸福，为善者赏之，为不善者罚之。今先生圣人也，何故有疾？意者先生之言有不善乎？鬼神不明知乎？”子墨子曰：“虽使我有病，何遽不明？人之所得于病者多方，有得之寒暑，有得之劳苦。百门而闭一门焉，则盗何遽无从入？”

注释

①跌鼻：墨子的学生。

译文

墨子有病，跌鼻进来问他说：“先生认为鬼神是明智的，能给人带来祸福，从事善事的就奖赏，从事不善事的就惩罚。现在先生作为圣人，为什么还得病呢？也许先生的言论也有不对的地方？鬼神也不是明智的？”墨子答道：“即使我有病，而鬼神为什么不明智呢？人得病的原因很多，有因为寒暑而得的，有因为劳苦而得的，好比房屋有一百个门，只关上一个门，盗贼何门不能进来呢？”

二三子有复于子墨子学射者，子墨子曰：“不可。夫知者必量其力所能至而从事焉。国士战且扶人，犹不可及也[①]。今子非国士也，岂能成学又成射哉？”

注释

①及：兼。

译文

有几个弟子告诉墨子，要跟着墨子学习，又要学习射箭。墨子说：“不能。有智慧的人一定估量自己的能力所能达到的地方，然后再做。国家中杰出的人物一边作战一边去扶战友，尚且做不到。何况现在你们并非国士，怎么能够既学好学业又学好射箭呢？”

二三子复于子墨子曰：“告子曰，‘言义而行甚恶[①]。’请弃之。”子墨子曰：“不可。称我言以毁我行，愈于亡。有人于此[②]：‘翟甚不仁，尊天、事鬼、爱人，甚不仁’。犹愈于亡也。今告子言谈甚辩，言仁义而不吾毁；告子毁，犹愈亡也！”

注释

①告子：墨子学生。言：字前脱一“子”字。 ②有人于此：后应补一“曰”字。

译文

有几个弟子告诉墨子说：“告子说，‘墨子您嘴上仁义而行为恶劣，’请抛弃他。”墨子说：“不能。赞美我的言论而诽谤我的行为，总比什么也没有好。假如现在这里有一个人说：‘墨翟很不仁义，尊重上天、侍奉鬼神、爱护百姓，真不仁德。’这胜过什么都没有。现在告子讲话强词夺理，说仁义并没有毁伤我，告子的诋毁总比什么也没有强。”

二三子复于子墨子曰："告子胜为仁。"子墨子曰："未必然也。告子为仁，譬犹跂以为长，隐以为广[①]，不可久也。"

注释

①跂：踮起脚后跟。隐：疑"偃"之误，仰起。

译文

有几个弟子对墨子说："告子能胜任行仁义的事情。"墨子说："不一定。告子施行仁义，就好像踮起脚尖使身体变长，仰起身体使面积增大一样，不可以长久。"

告子谓子墨子曰："我治国为政[①]。"子墨子曰："政者，口言之，身必行之。今子口言之，而身不行，是子之身乱也。子不能治子之身，恶能治国政？子姑亡子之身乱之矣[②]！"

注释

①治：字前似当有"能"字。 ②亡："防"之音讹。

译文

告子对墨子说："我可以治理国家，处理政事。"墨子说："政务，口能称道，自身也要实行。现在你口能称道而自身却不能实行，这是你自身的言行错乱。你不能治理你的自身，哪里能治理国家？你姑且先提防你自己的行为言语错乱吧！"

鲁 问

导读

本篇以第一段的鲁国国君问政于墨子来命名，各段记载了墨子与诸侯、弟子等人的一些谈话，当出于墨子的后学者之手。本篇的篇幅较长，由多段来构成，彼此之间没有必然的联系，其中比较重要的内容有：墨子提出游说诸侯的时候，要根据国家的具体情况来决定游说的内容，要针对国家急需改变的地方对症下药，这样才能够打动人心，产生说服力。另外文中多处反复申明“兼爱”“非攻”“义”的重要性。针对公输盘的责难，墨子强调战争的非正义性，坚船利炮，机巧武器并不能增加整个社会的财富，制造武器也只能害人害己，对社会一无用处。弟子胜绰辅佐项子牛不能够坚守仁义，对于项子牛出兵攻战不加劝阻，反而跟随。墨子指责他是为了高官厚禄而出卖仁义，并派遣学生高孙子游说项子牛坚决辞退胜绰。所有这些内容，都体现出墨子向往国家富强、天下安宁、人民安居乐业的政治理想。

鲁君谓子墨子曰[①]：“吾恐齐之攻我也，可救乎？”子墨子曰：“可。昔者，三代之圣王禹、汤、文、武，百里之诸侯也，说忠行义，取天下；三代之暴王桀、纣、幽、厉，仇怨行暴，失天下。吾愿主君之上者尊天事鬼，下者爱利百姓，厚为皮币，卑辞令，亟遍礼四邻诸侯，驱国而以事齐，患可救也。非此，顾无可为者。”

注释

①鲁君：即鲁穆公。

译文

鲁国国君对墨子说："我害怕齐国攻打我国，有救吗？"墨子说："可以。从前三代的圣王禹、汤、文、武，只不过是百里小国的诸侯，喜欢忠诚，实行仁义，取得天下；三代的暴王桀、纣、幽、厉，把怨者当仇人，实行暴政，失去天下。我希望君主您对上尊重上天、敬事鬼神，对下爱护益于百姓。多准备些丰厚的皮毛、钱币，辞令要谦恭，赶快多方结交四邻的诸侯，驱使本国民众，共同抵御齐国，这样，祸患就可以解救。不这样，看来就毫无其他办法了。"

齐将伐鲁，子墨子谓项子牛曰[①]："伐鲁，齐之大过也。昔者，吴王东伐越，栖诸会稽；西伐楚，葆昭王于随[②]；北伐齐，取国子以归于吴。诸侯报其仇，百姓苦其劳，而弗为用。是以国为虚戾，身为刑戮也。昔者智伯伐范氏与中行氏，兼三晋之地。诸侯报其仇，百姓苦其劳，而弗为用。是以国为虚戾，身为刑戮，用是也。故大国之攻小国也，是交相贼也，过必反于国。"

注释

①项子牛：齐国将领。　②葆：通"保"。

译文

齐国将要攻打鲁国，墨子对项子牛说："攻伐鲁国，是齐国的大过错。从前吴王夫差向东攻打越国，困居勾践在会稽；向西攻打楚国，楚国人在随地保卫楚昭王；向北攻打齐国，俘虏国子押回吴国。后来诸侯都来报仇，百姓苦于战争，不肯为吴王效力。因此国家灭亡，吴王也被杀。从前智伯攻伐范氏与中行氏，兼并三晋。诸侯来报仇，百姓苦于战争而不肯效力。国家灭亡，自己也被杀，也是由于这个原因。所以大国攻打小国，是互相残害，灾祸必定反及自身。”

子墨子见齐大王曰：“今有刀于此，试之人头，倅然断之，可谓利乎？”大王曰：“利。”子墨子曰：“多试之人头，倅然断之，可谓利乎？”大王曰：“利。”子墨子曰：“刀则利矣，孰将受其不祥？”大王曰：“刀受其利，试者受其不祥。”子墨子曰：“并国覆军，贼敖百姓[①]，孰将受其不祥？”大王俯仰而思之，曰：“我受其不祥。”

注释

①敖：古“杀”字。

译文

墨子对齐太公说：“现在这里有一把刀，尝试着用它来砍人的头，一下子就砍断人头了，可以说是锋利吧？”太公说：“锋利。”墨子又说：“多试几个人头，一下子就断了，可以说是锋利吧？”太公说：“锋利。”墨子说：“刀确实锋利，谁将承受这种不祥的后果呢？”太公说：“刀承受锋利，被砍的人受不祥的后果。”墨子说：“兼并领土，覆灭军队，残杀百姓，谁将会遭受不吉祥的后果呢？”太公头低下又抬起，思索了一会儿，答道：“我将遭受不吉祥的后果。”

鲁阳文君将攻郑，子墨子闻而止之，谓阳文君曰：“今使鲁四境之内，大都攻其小都，大家伐其小家，杀其人民，取其牛、马、狗、豕、布、帛、米、粟、货、财，则何若？”鲁阳

文君曰："鲁四境之内，皆寡人之臣也。今大都攻其小都，大家伐其小家，夺之货、财，则寡人必将厚罚之。"子墨子曰："夫天之兼有天下也，亦犹君之有四境之内也。今举兵将以攻郑，天诛其不至乎？"鲁阳文君曰："先生何止我攻郑也？我攻郑，顺于天之志。郑人三世杀其父①，天加诛焉，使三年不全，我将助天诛也。"子墨子曰："郑人三世杀其父，而天加诛焉，使三年不全，天诛足矣。今又举兵，将以攻郑，曰：'吾攻郑也，顺于天之志。'譬有人于此，其子强梁不材②，故其父笞之，其邻家之父，举木而击之，曰：'吾击之也，顺于其父之志。'则岂不悖哉！"

注释

①三世：数代，言其多。 ②强梁：凶暴，强横。

译文

鲁阳文君将要攻打郑国，墨子听到了就阻止他，对鲁阳文君说："现在让鲁四境之内的大都城攻打小都城，大家族攻打小家族，杀害人民，掠取牛、马、狗、猪、布、帛、米、粟、货、财，怎么样？"鲁阳文君说："鲁四境之内都是我的臣民。现在大都攻打小都，大家族攻打小家族，掠夺他们的货、财，那么我将重重惩罚攻打的人。"墨子说："上天兼有天下，就像您兼有鲁国四境之内一样。现在您举兵将要攻打郑国，上天的诛伐难道不来吗？"鲁阳文君说："先生为什么阻止我攻打郑国呢？我进攻郑国，是顺应了上天的意志。郑国人数代残杀自己的君主，上天已惩罚他们，使三年年成不全。我将要帮助上天来诛伐他们。"墨子说："郑国人数代残杀君主，上天惩罚了，使三年年成不全，上天的诛伐已经够多了！现在您又发兵将要攻打郑国，说：'我进攻郑国，是顺应上天的意志。'就好比这里有一个人，他的儿子残暴、强横，不成器，所以他父亲鞭打他。邻居家的父亲，也举起木棒来击打他，说：‘我打他，是顺应了他父亲的意志。’这难道还不荒谬吗！”

子墨子谓鲁阳文君曰：“攻其邻国，杀其民人，取其牛、马、粟、米、货、财，则书之于竹、帛，镂之于金、石，以为铭于钟、鼎，传遗后世子孙，曰：‘莫若我多！’今贱人也，亦攻其邻家，杀其人民，取其狗、豕、食、粮、衣、裘，亦书之竹、帛，以为铭于席、豆[①]，以遗后世子孙，曰：‘莫若我多！’其可乎？”鲁阳文君曰：“然。吾以子之言观之，则天下之所谓可者，未必然也。”

注释

①席：同“度”，木杖。豆：器皿。

译文

墨子对鲁阳文君说：“进攻邻国，杀害百姓，掠取牛、马、粟、米、货、财，并书写在竹简、丝帛上，镂刻在金石上，铭记在钟、鼎上，传给后世子孙，说：‘没有人比我战果多！’现在小民，也进攻他的邻居，杀害邻居的家人，掠取邻居的狗、猪、食、粮、衣服、被子，也书写在竹简、丝帛上，铭记在木杖、食器上，传给后世子孙，说：‘没有人比我战果多！’难道可以吗？”鲁阳文君说：“对。我以您的言论考察，那么天下人所说的可以的事，就不一定正确了。”

子墨子为鲁阳文君曰[①]：“世俗之君子，皆知小物，而不知大物。今有人于此，窃一犬一彘，则谓之不仁；窃一国一都，则以为义。譬犹小视白谓之白，大视白则谓之黑。是故世俗之君子，知小物而不知大物者，此若言之谓也。”

注释

①为：通“谓”。

译文

墨子对鲁阳文君说：“世俗的君子，知道小事情却不知道大事情。现在这里有一个人，偷了人家的一只狗，一只猪，就被称作不仁德；窃取了一个国家一个都城，就被称作仁义。这就像看一小点白说是白，看一大片白则说是黑。因此，世俗的君子只知道小事却不知道大事，就好像这句话所讲的。”

鲁阳文君语子墨子曰：“楚之南，有啖人之国者桥，其国之长子生，则鲜而食之[①]，谓之宜弟，美则以遗其君，君喜则赏其父。岂不恶俗哉？”子墨子曰：“虽中国之俗，亦犹是也。杀其父而赏其子，何以异食其子而赏其父者哉？苟不用仁义，何以非夷人食其子也？”

注释

①鲜：“解”字之形误。

译文

鲁阳文君告诉墨子说：“楚国的南面有一个吃人的国家，名叫桥，在这个国家里，长子一出生了，就被杀死吃掉，叫做宜弟。味道鲜美就送给国君，国君喜欢了就赐赏他的父亲。这难道不是恶俗吗？”墨子说：“就是中国的风俗也像这样，父亲因攻战而死，就奖赏他的儿子，这与吃儿子奖赏他的父亲有什么不同呢？如果不实行仁义，凭什么去非议蛮夷的人吃他们的儿子呢？”

鲁君之嬖人死，鲁君为之诔，鲁人因说而用之[①]。子墨子闻之曰："诔者，道死人之志也。今因说而用之，是犹以来首从服也[②]。"

注释

①这二句当作："鲁人为之诔，鲁君因说而用之。"说：通"悦"。 ②来：即犛，牦牛；一说"来首"即"狸首"（孙诒让说）。本书从"犛首"。

译文

鲁国国君的爱妾死了，鲁国人奉承国王，为她写了一篇诔文，鲁国国君看了很高兴，就采用了。墨子听到这件事，说："诔文是用来表白死人的心志。现在因为高兴采用了它，这就像用牦牛低头来表示顺从一样。"

鲁阳文君谓子墨子曰："有语我以忠臣者，令之俯则俯，令之仰则仰，处则静，呼则应，可谓忠臣乎？"子墨子曰："令之俯则俯，令之仰则仰，是似景也[①]；处则静，呼则应，是似响也。君将何得于景与响哉？若以翟之所谓忠臣者，上有过，则微之以谏[②]；己有善，则访之上，而无敢以告。外匡其邪，而入其善。尚同而无下比，是以美善在上，而怨仇在下；安乐在上，而忧戚在臣。此翟之所谓忠臣者也。"

注释

①景：通"影"。 ②微：伺察。

译文

鲁阳文君对墨子说："有人告诉我忠臣应该这样，叫他低下头就低下头，叫他抬起来就抬起来，居处很安静，呼叫才答应，这可以叫做忠臣吗？"墨子答道："叫他低下头就低下头，叫他抬起来就抬起来，这好像是影子，居处很安静，呼叫才答应，这好像是回声，你将从影子和回声中得到什么呢？我所说的忠臣应该像这样：国君有过错，则观察机会加以劝谏；自己有好的见解，就向上报告给国君，不敢告诉别人。匡正国君的偏差，使他从善，崇尚同一，不结党营私。因此，美善归于上级，怨仇归于下面，安乐归于国君，忧戚归于臣下。这才是我所说的忠臣。”

鲁君谓子墨子曰：“我有二子，一人者好学，一人者好分人财，孰以为太子而可？”子墨子曰：“未可知也。或所为赏与为是也。钓者之恭，非为鱼赐也；饵鼠以虫，非爱之也。吾愿主君之合其志功而观焉[①]。”

注释

①志功：志向功劳。

译文

鲁国国君对墨子说：“我有两个儿子，一个爱好学习，一个喜欢仗义疏财，谁可以作为太子？”墨子答道：“这还不能确定。也许是为着赏赐和好名声而这样做的。钓鱼人躬着身子，并不是对鱼恭敬；用虫子诱惑老鼠，并不是喜爱老鼠。我希望主君把他们的志向和效果结合起来进行观察。”

鲁人有因子墨子而学其子者[①]，其子战而死，其父让子墨子[②]。子墨子曰：“子欲学子之子，今学成矣，战而死，而子愠，而犹欲粜[③]，籴雠则愠也。岂不费哉[④]！”

注释

①学：教的意思。 ②让：责备。 ③粜：卖出粮食；籴：买入粮食。雠：同“售”。 ④费：为“悖”之借字。

译文

鲁国有一个人因为认识墨子而让墨子教他儿子。他儿子战死了，父亲就责备墨子。墨子说："你要让我教你的儿子，现在学成了，因战争而死，你却发怒；这就像卖粮食一样，粮食售出去别人买走了却又生气，这难道不荒谬吗！"

鲁之南鄙人有吴虑者，冬陶夏耕，自比于舜。子墨子闻而见之。吴虑谓子墨子："义耳义耳，焉用言之哉？"子墨子曰："子之所谓义者，亦有力以劳人，有财以分人乎？"吴虑曰："有。"子墨子曰："翟尝计之矣。翟虑耕而食天下之人矣。盛，然后当一农之耕，分诸天下，不能人得一升粟。籍而以为得一升粟[①]，其不能饱天下之饥者，既可睹矣。翟虑织而衣天下之人矣，盛，然后当一妇人之织，分诸天下，不能人得尺布。籍而以为得尺布，其不能暖天下之寒者，既可睹矣。翟虑被坚执锐[②]，救诸侯之患，盛，然后当一夫之战，一夫之战，其不御三军，既可睹矣。翟以为不若诵先王之道，而求其说，通圣人之言，而察其辞，上说王公大人，次匹夫徒步之士。王公大人用吾言，国必治；匹夫徒步之士用吾言，行必修。故翟以为虽不耕而食饥，不织而衣寒，功贤于耕而食之、织而衣之者也。故翟以为虽不耕织乎，而功贤于耕织也。"吴虑谓子墨子曰："义耳义耳，焉用言之哉？"子墨子曰："籍设而天下不知耕，教人耕，与不教人耕而独耕者，其功孰多？"吴虑曰："教人耕者，其功多。"子墨子曰："籍设而攻不义之国，鼓而使众进战，与不鼓而使众进战而独进战者，其功孰多？"吴虑曰："鼓而进众者，其功多。"子墨子曰："天下匹夫徒步之士少知义，而教天下以义者，功亦多，何故弗言也？若得鼓而进于义，则吾义岂不益进哉！”

注释

①籍：通“藉”，假使。 ②被：通“披”。

译文

鲁国的南郊有一个叫吴虑的人，冬天制陶，夏天耕作，自比于舜。墨子听说了就去见他。吴虑对墨子说：“义啊义啊，何必空言呢！”墨子说：“你所谓的义，也有用力量服务别人，用财物分配别人吗？”吴虑回答说：“有。”墨子说：“我曾经思考过。我想自己耕作田地给天下人吃，十分努力，也才相当于一个农民的耕作，所得分配给天下人，每一个人还得不到一升米。假设一个人能得一升米，还不足以喂饱天下饥饿的人，这是可以看得到的。我想自己纺织给天下的人衣服穿，最大努力，也才相当于一名妇女的纺织，所得分配给天下人，每一个人还得不到一尺布。假设一个人能得一尺布，也不足以温暖天下寒冷的人，这是可以看得到的。我想身披坚固的铠甲，手执锐利的武器，去解救诸侯的战争，最大努力，也才相当于一位战士作战。一位战士的作战，不能抵挡三军的进攻，这是可以看得到的。我认为不如诵读先王的道理追求先王的学说，通晓圣人的话语，考察机辨的言谈，在上劝说王公大人，在下劝说平民百姓。王公大人采用了我的学说，国家一定能得到治理；平民百姓采用了我的学说，可以修养行为。所以我认为即使我不耕作，也可以给饥饿的人饭吃，不纺织也可以给寒冷的人衣服穿，功劳胜过耕作才给人饭吃、纺织了才给人家衣服穿的人。所以，我认为即使不耕作、不纺织，而功德胜过耕作与纺织。”吴虑对墨子说：“义啊义啊，何必空言！”墨子问道：“假设天下的人不知道耕作，教人耕作的人与不教人耕作却独自耕作的人，谁的功劳大？”吴虑答道：“教人耕作的人功劳大。”墨子又问：“假设进攻不义的国家，击鼓使大家作战的人与不击鼓使大家作战、却独自作战的人。功劳谁的大?”吴虑答道：“击鼓使大家作战的人功劳大。”墨子说：“天下平民百姓很少有人知道仁义，用仁义教天下人的人功劳也大，为什么不劝说呢？假若能鼓动大家达到仁义的要求，那么，我的仁义岂不是更加多了吗！”

子墨子游公尚过于越。公尚过说越王，越王大说，谓公尚过曰：“先生苟能使子墨子于越而教寡人，请裂故吴之地[①]，方五百里，以封子墨子。”公尚过许诺。遂为公尚过束车五十乘，以迎子墨子于鲁。曰：“吾以夫子之道说越王，越王大说，谓过曰：‘苟能使子墨子至于越而教寡人，请裂故吴之地，方五百里，以封子。’”子墨子谓公尚过曰：“子观越王之志何若？意越王将听吾言，用吾道，则翟将往，量腹而食，度身而衣，自比于群臣[②]，奚能以封为哉！抑越不听吾言，不用吾道，而吾往焉，则是我以义粜也。钧之粜，亦于中国耳，何必于越哉！”

注释

①裂：分。　②比：列。

译文

墨子推举公尚过前往越国。公尚过游说越王。越王非常高兴，对公尚过说：“先生假如真能让墨子到越国来教导我，我愿意分出过去吴国的五百里地给墨子。”公尚过答应了。于是越王给公尚过套了五十辆马车，到鲁国去迎取墨子。说：“我用老师的道术来游说越王，越王非常高兴，对我说：‘假如你能把墨子请到越国来教导我，我愿意把过去吴国的五百里封地给墨子。’”

墨子对公尚过说：“你观察越王志向如何？假如越王会听我的言论，采纳我的学说，那么我将前往，根据饭量而吃饭，根据体量而穿衣，自比于其他大臣，哪能要封地呢？假如越王不听我的言论，不采纳我的学说，如果我去了，那是我把‘义’出卖了。同样是出卖‘义’，在中原国家好了，何必到越国呢！”

子墨子游，魏越曰：“既得见四方之君，子则将先语[①]？”子墨子曰：“凡入国，必择务而从事焉。国家昏乱，则语之尚贤、尚同；国家贫，则语之节用、节葬；国家憙音湛湎[②]，则语之非乐、非命；国家淫僻无礼，则语之尊天事鬼；国家务夺侵凌，即语之兼爱、非攻。故曰：择务而从事焉。”

注释

①先：“奚”之讹。 ②憙：同“喜”。

译文

墨子出外游历，魏越问他：“如果能见各国国君，您将先说些什么呢？”墨子说：“到了一个国家，选择最重要的事情进行游说：国家政治昏乱，就告诉他们尚贤、尚同；国家贫穷落后，就告诉他们节用、节葬；国家喜好声乐、沉迷酒色，就告诉他们非乐、非命；国家荒淫、怪僻、不讲究礼节，就告诉他们尊奉鬼神；国家好欺侮、掠夺、侵略、凌辱别的国家，就告诉他们兼爱、非攻。所以说‘选择最重要的事情进行游说。’”

子墨子出曹公子而于宋[①]。三年而反，睹子墨子曰：“始吾游于子之门，短褐之衣，藜藿之羹，朝得之，则夕弗得祭祀鬼神。今而以夫子之教，家厚于始也。有家厚，谨祭祀鬼神。然而人徒多死，六畜不蕃，身湛于病。吾未知夫子之道之可用也。”子墨子曰：“不然。夫鬼神之所欲于人者多：欲人之处高爵禄，则以让贤也；多财，则以分贫也。夫鬼神，岂唯擢季拑肺之为欲哉[②]？今子处高爵禄而不以让贤，一不祥也；多财而不以分贫，二不祥也。今子事鬼神，唯祭而已矣，而曰‘病何自至哉’，是犹百门而闭一门焉，曰‘盗何从入’。若是而求福于有怪之鬼，岂可哉？”

注释

①曹公子：墨子弟子。 ②擢：“攫”之形误，攫：用手取；季：“黍”之形误；拑：“担”之形误，担：取。

译文

墨子推荐曹公子到宋国去做官。三年后返了回来，见了墨子说到：“开始我在您门下学习的时候，穿着粗布的短衣服，吃着野菜一类粗劣的羹，早晨吃了，晚上就没有祭祀鬼神的了。现在因为你的教育培养，家当比当初殷实多了。家里富有了，就能够谨慎地祭祀鬼神。但是反而家里死人多，六畜繁育不多，身体又困于病患之中。我还不知道老师的学说是不是可以用的。”墨子说：“不对。鬼神希望人做的事情很多：希望人在得到高官厚禄的时候可以让贤；财物多了可以分人。鬼神难道仅仅是想食物祭品吗？现在你处在高官厚禄的位置上却不知道让贤，这是第一种不吉祥；财物多却不分人，这是第二种不吉祥。现在你这样侍奉鬼神，只是简单的祭祀罢了，却说：病从那里来的呢？这就好像一百扇大门却只关了一扇大门，却问：盗贼从哪里进来？向对你不满的鬼神求福，难道可以求得来吗？”

鲁祝以一豚祭[①]，而求百福于鬼神。子墨子闻之曰：“是不可。今施人薄而望人厚，则人唯恐其有赐于己也。今以一豚祭，而求百福于鬼神，唯恐其以牛羊祀也。古者圣王事鬼神，祭而已矣。今以豚祭而求百福，则其富不如其贫也。”

注释

①祝：司祭人。豚：小猪。

译文

鲁国的祭人用一头小猪来祭祀鬼神，并且向鬼神祈求百样福运。墨子听到了说：“这不行。现在你施给别人的这样少，却希望人家给你的那么多，那么，别人就怕你有东西赐给他们了。现在你用一头小猪来祭祀鬼神，却向鬼神祈求百样福运，鬼神就怕你用牛羊祭祀了。从前圣王侍奉鬼神，只是祭祀罢了。现在你用小猪祭祀鬼神，却向鬼神祈求百样福运，与其祭品如此丰富，还不如少的好。”

彭轻生子曰：“往者可知，来者不可知。”子墨子曰：“籍设而亲在百里之外，则遇难焉，期以一日也，及之则生，不及则死。今有固车良马于此，又有奴马四隅之轮于此①，使子择焉，子将何乘？”对曰：“乘良马固车，可以速至。”子墨子曰：“焉在矣来②！”

注释

①奴马：驽马。 ②焉在矣来：此句应作“焉在不知来”。

译文

彭轻生子说：“过去的事情可以知道，未来的事情不可以预见。”墨子说：“假设你的父母亲在百里之外的地方，即将遇到灾祸，如果以一天为期限，到达那里就可以活，到不了就死。现在有一辆坚固的车子和骏马在这里，同时又有劣马和四方形轮子的车在这里，让你选择，你会选择哪一种呢？”彭轻生子回答说：

“乘坐骏马拉的坚固的车子，可以很快到达。”墨子说：“那么怎能说未来的事情不可预知呢？”

孟山誉王子闾曰：“昔白公之祸，执王子闾，斧钺钩要[1]，直兵当心，谓之曰，‘为王则生，不为王则死！’王子闾曰：‘何其侮我也！杀我亲，而喜我以楚国[2]。我得天下而不义，不为也，又况于楚国乎？’遂而不为。王子闾岂不仁哉？”子墨子曰：“难则难矣，然而未仁也。若以王为无道，则何故不受而治也？若以白公为不义，何故不受王，诛白公然而反王？故曰：难则难矣，然而未仁也。”

注释

①要：古“腰”字。 ②喜：“嬉”之假借字，作弄。

译文

孟山赞扬王子闾说：“从前白公作乱，抓住了王子闾，用斧钺钩着他的腰，用直的兵器对着他的心窝，并对他说，‘做楚王就活，不做楚王就死。’王子闾回答道：‘怎么这样侮辱戏弄我呢！杀害我的亲人，却把楚国给我来戏弄我。用不义来得到天下，我不做；又何况楚国呢？’他终究不做。王子闾难道还不仁义吗？”墨子说：“难是够难的了，但还没有达到仁义。如果他认为楚王无道，那么为什么不接受王位来治理国家呢？如果认为白公不义，为什么不接受王位，诛杀白公再把王位交还给王呢？所以说：难是够难的了，但还是没有达到仁义。”

子墨子使胜绰事项子牛。项子牛三侵鲁地，而胜绰三从。子墨子闻之，使高孙子请而退之，曰：“我使绰也，将以济骄而正嬖也[1]。今绰也禄厚而谲夫子，夫子三侵鲁而绰三从，是鼓鞭于马靳也[②]。翟闻之，言义而弗行，是犯明也。绰非弗之知也，禄胜义也。"

注释

①济：止；嬖：同"僻"。 ②靳：马当胸的皮带，这里代指马胸。

译文

墨子推荐弟子胜绰去项子牛那里做官。项子牛三次侵略鲁国，胜绰三次跟从。墨子听到了，派高孙子让项子牛辞退胜绰，说："我派胜绰来，是让他来阻止您的骄气，改正邪僻。然而现在胜绰得到了厚禄，却欺骗您，您三次入侵鲁国，胜绰三次跟从，这是在战马的胸前鼓鞭。我听说：'口称仁义却不实行，这是明知故犯。'胜绰不是不知道，而是把俸禄看得比仁义还要重要。"

昔者楚人与越人舟战于江，楚人顺流而进，迎流而退，见利而进，见不利则其退难。越人迎流而进，顺流而退，见利而进，见不利则其退速。越人因此若势，亟败楚人[①]。公输子自鲁南游楚，焉始为舟战之器，作为钩强之备[②]，退者钩之，进者强之，量其钩强之长，而制为之兵。楚之兵节[③]，越之兵不节，楚人因此若势，亟败越人。公输子善其巧，以语子墨子曰："我舟战有钩强，不知子之义亦有钩强乎？"子墨子曰："我义之钩强，贤于子舟战之钩强。我钩强我[④]，钩之以爱，揣之以恭[⑤]。弗钩以爱则不亲，弗揣以恭则速狎，狎而不亲则速离。故交相爱，交相恭，犹若相利也。今子钩而止人，人亦钩而止子，子强而距人，人亦强而距子，交相钩，交相强，犹若相害也。故我义之钩强，贤子舟战之钩强。"

注释

①亟：屡次。 ②钩强：即钩、镶，古兵器。 ③节：义同“适”。 ④我钩强我：后一个“我”字，为“义”之假借字。 ⑤揣：推拒之意。

译文

从前楚国人跟越国人在长江上水战，楚国人顺流时就前进，逆流时就后退，见到有利于自己的时候就进攻，见到不利于自己的时候想要退却就很难。越国人逆流时也前进，顺流时则后退，见到对自己有利的时候就进攻，见到对自己不利的时候能很快地退却。越国人凭着优势，屡次打败楚国人。公输盘从鲁国向南游历到了楚国，于是开始制造水战用的各种武器，他造了钩、镶这两种兵器，敌船后退时候就用钩子钩住它，敌船进攻时候就用镶来推拒它。公输盘计算钩与镶的长度，制造了合适的兵器。楚国人的兵器很适用，越国人的兵器不适用。楚国人凭着这种优势，又屡次打败了越国人。公输盘夸赞他制造的钩、镶的灵巧，他告诉墨子说：“我水战有自己制造的钩、镶兵器，不知道您的义是不是也有钩、镶？”墨子回答说：“我仁义的钩、镶，胜过你水战的钩、镶。我以‘义’为钩、镶，以爱钩，以恭敬推拒。不用爱钩就不会亲，不用恭敬推拒就容易狎戏，狎戏不恭就会很快离散。所以，互相爱，互相恭敬，如此互相有利。现在你用钩来阻止别人，别人也会用钩来阻止你，你用镶来推拒别人，别人也会用镶来推拒你，互相钩，互相推拒，如此互相残害。所以说，我仁义的钩、镶，胜过你水战的钩、镶。”

公输子削竹木以为鹊，成而飞之，三日不下。公输子自以为至巧。子墨子谓公输子曰：“子之为鹊也，不如匠之为车辖，须臾刘三寸之木[1]，而任五十石之重。故所为功，利于人谓之巧，不利于人谓之拙。”

注释

①刘：“斲”之形误。

译文

公输盘削竹、木做成大鸟鹊，做好了就让它飞了起来，飞了三天也不从天上落下来。公输盘认为很精巧绝伦。墨子对公输盘说：“你做的大鸟鹊，还不如匠人做的车轴上的销子，一会儿削成一块三寸的木头，可以担当五十石重的东西。所以，平常所做的事，有利于人的，可称作精巧；不利于人的，那就叫作拙劣了。”

公输子谓子墨子曰：“吾未得见之时，我欲得宋。自我得见之后，予我宋而不义，我不为。”子墨子曰：“翟之未得见之时也，子欲得宋，自翟得见子之后，予子宋而不义，子弗为，是我予子宋也[1]。子务为义，翟又将予子天下。”

注释

①是我予子宋也：这句话是说仁义可以得到民心，就好比我把宋国送给了你。

译文

公输盘对墨子说：“我没有见到你的时候，我想要得到宋国。自从我见了你之后，给我宋国，假如是不仁义的，我也不要。”墨子说：“我没有见你的时候，你想得到宋国。自从我见了你之后，给你宋国，假如是不义的，你不会要，这是我把宋国送给你了。你努力实行仁，我又将送给你天下。”

公 输

导读

本篇记述公输盘制造了云梯，楚国国王准备利用云梯去出兵进攻宋国，墨子听到消息后，不辞劳苦地从齐国起身，到楚国制止公输盘、游说楚王停止进攻宋国的故事。全文生动地再现了墨子“兼爱”“非攻”的主张。从故事中，我们不难看出墨子不辞辛苦维护正义的品格和机智、果敢的才能，特别是文章最后一段的细节描写，保全了整个宋国的伟人墨子却遭到宋国守门兵士的拒绝，不得入内避雨。这真让人喟叹：世人都被抛头露面，光鲜伟岸的人物所欺骗，而那些身在暗处，真正做出巨大贡献的智者却默默无闻，甚至被世人所遗忘。

公输盘为楚造云梯之械①，成，将以攻宋。子墨子闻之，起于齐，行十日十夜而至于郢②，见公输盘。

注释

①公输盘：鲁班，鲁国巧匠。 ②郢：楚国都城，在今湖北江陵东南。

译文

公输盘为楚国制造了极高的攻城梯子“云梯”，造成后，将用它来攻打宋国。墨子听说了之后就赶忙从齐国动身，行走了十天十夜才到楚国都城郢，会见公输盘。

公输盘曰："夫子何命焉为？"子墨子曰："北方有侮臣者，愿藉子杀之。"公输盘不说。子墨子曰："请献十金。"公输盘曰："吾义固不杀人。"子墨子起，再拜曰："请说之。吾从北方闻子为梯，将以攻宋。宋何罪之有？荆国有余于地[①]，而不足于民，杀所不足，而争所有余，不可谓智。宋无罪而攻之，不可谓仁。知而不争，不可谓忠。争而不得，不可谓强。义不杀少而杀众，不可谓知类。"公输盘服。子墨子曰："然，乎不已乎[②]？"公输盘曰："不可，吾既已言之王矣。"子墨子曰："胡不见我于王？"公输盘曰："诺。"

注释

①荆国：即楚国。　②乎不已乎：第一个"乎"为"胡"之误，胡：何。

译文

公输盘说："您将对我有什么教诲呢？"墨子说："北方有一个欺负我的人，想借助你来杀了他。"公输盘不高兴。墨子说："献给你十镒黄金。"公输盘说："我行义决不杀人。"墨子站起来，再拜一次，说："那就来让我说说。我在北方听说你制造了云梯，要用它来攻打宋国。宋国有什么罪过呢？楚国土地多余，人口却还不足。现在牺牲不足的人口，去争夺多余的土地，不是智慧的行为。宋国没有罪却攻打它，不能说是仁义。知道这些却不去争辩，不能称作忠诚。争辩了却没有结果，不能算是努力了。奉行义杀人少却因战争又多杀人，不能说是明智。"公输盘服了他的话。墨子又问他："那么，为什么不取消进攻？"公输盘说："不能了。我已经对楚王说了。"墨子说："为什么不向楚王引见我呢？"公输盘说："行。"

子墨子见王，曰：“今有人于此，舍其文轩[①]，邻有敝舆[②]，而欲窃之；舍其锦绣，邻有短褐，而欲窃之；舍其粱肉，邻有糠糟，而欲窃之。此为何若人?”王曰：“必为窃疾矣。”子墨子曰：“荆之地，方五千里，宋之地，方五百里，此犹文轩之与敝舆也；荆有云梦，犀兕麋鹿满之[③]，江汉之鱼鳖鼋鼍为天下富[④]，宋所为无雉兔狐狸者也，此犹粱肉之与糠糟也；荆有长松、文梓、楩、枬、楠、豫章[⑤]，宋无长木，此犹锦绣之与短褐也。臣以三事之攻宋也，为与此同类。臣见大王之必伤义而不得。”王曰：“善哉！虽然，公输盘为我为云梯，必取宋。”

注释

①文轩：彩车。 ②敝舆：破败的车子。 ③云梦：楚国境内大湖。犀（xī）：犀牛。兕（sì）：雌性犀牛。麋（mí）：鹿的一种，角大尾短。 ④鼋（yuán）；鳖类，俗称“赖头鼋”。鼍（tuó）：扬子鳄，俗名猪婆龙。 ⑤文梓：梓树，因其纹理细腻，故名。楩（pián）：黄楩木，南方大木。豫章：樟树。

译文

墨子见了楚王，说：“现在这里有一个人，舍弃他家华丽的彩车，想去偷窃邻居家一辆破败的旧车；舍弃他家华丽的丝织服装，打算去偷盗邻居家一件粗布短衣；舍弃他家的美食佳肴，却打算去偷窃邻居家的糟糠粗粮。这是怎么样的一个人呢?”楚王回答说：“这个人一定是患了偷窃成瘾的病。”墨子说：“楚国的地方，方圆五千里，宋国的地方，方圆才五百里，这就像彩车与破车相比；楚国有云梦大泽，犀牛、麋鹿充满，长江、汉水中的鱼、鳖、鼋、鼍富甲天下，宋国却连野鸡、兔子、狐狸、都没有，这就像美食佳肴与粗粮糟糠相比；楚国有高大的松树、梓树、枬木、楠木、樟树等名贵木材，宋国却连棵大树都没有，这就像华丽的丝织服装与粗布短衣相比。从这三方面来说，我认为楚国进攻宋国，我看与偷窃病的人同类。我认为大王您这样做，一定会伤害了道义，也得不到宋国。”楚王说：“好啊！即使这样，公输盘已经给我造了云梯，我也一定要攻取宋国。”

于是见公输盘。子墨子解带为城[①]，以牒为械[②]，公输盘九设攻城之机变[③]，子墨子九距之[④]。公输盘之攻械尽，子墨子之守圉有余[⑤]。公输盘诎[⑥]，而曰：“吾知所以距子矣，吾不言。”子墨子亦曰：“吾知子之所以距我，吾不言。”楚王问其故，子墨子曰：“公输子之意，不过欲杀臣，杀臣，宋莫能守，可攻也。然臣之弟子禽滑釐等三百人，已持臣守圉之器，在宋城上而待楚寇矣。虽杀臣，不能绝也。”楚王曰：“善哉！吾请无攻宋矣。”

注释

①带：腰带。 ②牒：小木片。 ③九：言多。 ④距：通“拒”。 ⑤圉：御。 ⑥诎：屈。

译文

于是见公输盘。墨子解下腰带作为城，用小木片作为守城的器械。公输盘多次陈设攻城用的机巧多变的器械，墨子多次抵抗了他的进攻。公输盘攻战用的器械用尽了，墨子的守城战术还有余。公输盘屈服了，却说：“我知道用什么办法对付你了，但我不说。”子墨子也说：“我已知道了你用什么办法抵抗我，我也不说。”楚王问原因。墨子回答说：“公输盘的意思，不过是杀了我。杀了我，宋国就不能防守了，就可以进攻。但是，我的弟子禽滑釐等三百多人，已经手持守城用的器械，在宋国的都城上等待楚国的侵略军呢。即使杀了我，守城的人也是杀不尽的。”楚王说：“好啊！我不攻打宋国了。”

子墨子归，过宋。天雨，庇其闾中，守闾者不内也[①]。故曰：“治于神者，众人不知其功；争于明者，众人知之。”

注释

①内：通“纳”。

译文

墨子从楚国归来，经过宋国，天下着雨，他到闾门内去避雨，守门的人却不让他进。所以说：“建立神功的人，众人不知道他的功劳；而在明处争功的，众人却都知晓。”

备城门

导读

《备城门》是墨子讲述防御战略战术的第一篇，本篇篇幅较长，主要讲解中小国家如何巧妙地利用城池的部署和武器的装备来防御大国的进攻。文章开头首先总结了当时常见的十二种攻城方法，但墨子并未给出具体的破解答案，而是站在战略的高度总结出十四条成功防御的前提，如：上下和睦、赏罚分明、粮食充裕等。在这一基础上，墨子才进一步地详细说明各种防御工事、武器装备的制造和使用以及守城人员的队伍编制和职司安排等等。先秦战国时期，兵家们谈论军事，多是从宏观的角度来论及用兵之道，对具体的武器、工事和战术则语焉不详。墨子的《备城门》可以说是墨家学者针对当时实际需要而做出的具体研究成果之一，为我国早期军事史留下了宝贵的资料。春秋无义战，由于诸侯各自割据分裂，互相兼并，天下战争频繁，人口伤亡惨重。墨子虽反对战争，但也无力改变这种征伐的局面，一些中小国家在面临大国的进攻和威胁时，就只能是利用高城深池，在劣势的情况下以抵御敌人的进攻，保护自己的城邑和国家。因此墨子研究战争中的战略战术正是当时社会的迫切需要，也是墨家学者悲天悯人情怀的驱使。

禽滑釐问于子墨子曰："由圣人之言，凤鸟之不出，诸侯畔殷周之国[①]，甲兵方起于天下，大攻小，强执弱，吾欲守小国，为之奈何？"子墨子曰："何攻之守？"禽滑釐对曰："今之世常所以攻者：临、钩、冲、梯、堙、水、穴、突、空洞、蚁傅、轒辒、轩车[2]，敢问守此十二者奈何？”子墨子曰：“我城池修，守器具，推粟足[3]，上下相亲，又得四邻诸侯之救，此所以持也。且守者虽善[4]，则犹若不可以守也。若君用之守者，又必能乎守者，不能而君用之，则犹若不可以守也。然则守者必善而君尊用之，然后可以守也。”

注释

①畔：通“叛”。　②临：修筑土山从上往下进攻。钩：用钩梯牵引登爬城墙。冲：用冲车撞击城门。梯：用云梯攻城。堙：填塞护城河。水：放水灌城。穴：挖掘隧道。突：穿破城墙。空洞：打洞。蚁傅：兵士像蚂蚁一样多地不断地爬墙。轒辒：蒙着牛皮的四轮车。轩车：高大的楼车。　③推：应作“樵”。　④且守者虽善：下应加“而君不用之”五字。

译文

禽滑釐问墨子说：“以圣人的言论来看，现在凤鸟还没有出现，诸侯国背叛周王朝，天下战争四起，大国攻打小国，强国攻打弱国。我想为小国防守，应该怎么办呢？”墨子说：“防御什么样的进攻呢？”禽滑釐回答说：“现在世上常用的进攻方法有：修筑土山从上往下进攻、用钩梯牵引登爬城墙、用冲车撞击城门、用云梯攻城、填塞护城沟、决水淹城、挖隧道攻城、穿破城墙攻城、给城墙打洞攻城、士兵像蚂蚁一般密集地爬城、使用蒙上牛皮的四轮车、使用高耸的楼车。请问防守这十二种攻城方式应怎么办？”墨子说：“我方城池修好，守城器具备好，柴禾粮草充足，上下相亲，又取得四邻诸侯的帮助，这样就能长久守城。而且，就算守城的人再有本事，而国君不信任，那么仍然不可防守。如果国君用来防守的人，一定是有能力防守的人；如果他没有能力而国君信任他，也是不能防守的。所以守城的人必须有能力，而国君又信任他，这样才可以防守得住。”

凡守围城之法，厚以高；壕池深以广；楼撕揗[①]；守备缮利；薪食足以支三月以上；人众以选；吏民和；大臣有功劳于上者多；主信以义；万民乐之无穷；不然，父母坟墓在焉；不然，山林草泽之饶足利；不然，地形之难攻而易守也；不然，则有深怨于适而有大功于上；不然，则赏明可信而罚严足畏也。此十四者具，则民亦不宜上矣[②]，然后城可守。十四者无一，则虽善者不能守矣。

注释

①撕揗：城墙上用于瞭望的高楼。　②宜：犹“疑”，怀疑。

译文

凡守城的方法共有：城墙要厚而且高；濠沟要深而且宽；瞭望敌情的高楼要修好，防守的器械要修缮精良；粮食柴草足够维持三个月以上；防守的人多而且经过严格挑选；守城官吏和老百姓相互和睦；为国家建立功劳的大臣多；国君讲信用仁义；老百姓安乐无穷；或者，父母的坟墓就在这里；或者，山林草泽富饶；或者，地形难攻易守；或者，守城的人对敌人有深仇大恨而对君主有大功；或者，奖赏明确可信，惩罚严厉可怕。这十四个条件都具备，民众就不会怀疑君主，然后城池才可以守住。这十四个条件一个也没有，那么即使再善于防守的人也防守不住。

故凡守城之法，备城门为县门，沉机长二丈[①]，广八尺，为之两相如；门扇数合相接三寸。施土扇上，无过二寸。堑中深丈五，广比扇，堑长以力为度[②]，堑之末为之县，可容一人所。客至，诸门户皆令凿而慕孔[3]。孔之，各为二慕二[4]，一凿而系绳，长四尺。城四面四隅皆为高磨撕[5]，使重室子居其上候适，视其态状与其进左右所移处，失候斩。适人为穴而来，我亟使穴师选本[6]，迎而穴之，为之且内弩以应之[7]。

注释

①县：通“悬”。沉机：设置机关。 ②力：当为“方”，指城的周长、见方。 ③慕：同“幕”，遮挡在门前的幕布。 ④二幕二：后一个“二”字是衍文。 ⑤高磨撕：城墙上瞭望的高楼。 ⑥选本：当作“选士”。 ⑦且：应作“具”。

译文

所以凡守城的方法：在城门上准备好悬门，并设置好机关。悬门长二丈，宽八尺，两扇相同，有三寸重叠衔接使两扇间无缝；门扇上涂上泥土，厚度不要超于二寸。濠沟有一丈五尺深，宽度跟门扇相当，长短以城的大小为标准，濠沟末修一悬门，大概可以容纳一人。敌兵到了，各个门都叫人凿开小洞，挖两个小洞并用幕布遮上；每个洞上都系上绳子，绳子长四尺。城墙的四边和四角都建立高高的望敌楼，使贵家子弟在楼上瞭望敌情，观察敌人的状态，进退及左右移动的地方。失职的要处以斩刑。敌兵从隧道来进攻，我方立即派穴地之师确定士兵，面对穴地等待，准备好短弩射击敌人。

民室杵木瓦石[1]，可以盖城之备者[2]，尽上之。不从令者斩。昔筑[3]，七尺一居属[4]，五步一垒。五筑有锑。长斧，柄长八尺。十步一长镰，柄长八尺。十步一斗[5]，长椎，柄长六尺，头长尺，斧其两端。三步一大铤[6]，前长尺，蚤长五寸。两铤交之，置如平，不如平不利，兑其两末。穴队若冲队，必

审如攻队之广狭，而令邪穿其穴，令其广必夷客队。

注释

①杵：应作“材”，木材。②盖：应作“益”。③昔：应作“皆”。④居属：类似斧头的挖掘工具。⑤斗：应作“斫”。⑥鋌：短矛。

译文

百姓的木材瓦石，凡可用来增加守备的，全部上缴。不服从命令的处斩。准备各种筑城工具：七尺放一把锄头，隔五步放一个筐子，每五筑有一把铁锄，一把柄长八尺的斧头，每十步放一把柄长八尺的长镰刀。每十步放一把斫，一把长锥，柄长六尺，头长一尺，用斧子削尖两端。每三步放一把短矛，长一尺，刀尖五寸。每两只矛尖交叉安上，放得很平，不平不方便，削尖两头。用打隧道的方法来抵御敌方的隧道进攻，观测敌方隧道的宽窄，让它能斜穿敌方隧道，使之可以填平敌方的隧道。

疏束树木，令足以为柴抟[①]，毋前面树[②]，长丈七尺一，以为外面，以柴抟从横施之，外面以强涂，毋令土漏。令其广厚，能任三丈五尺之城以上，以柴木土稍杜之，以急为故。前面之长短，豫蚤接之[③]，令能任涂，足以为堞[④]，善涂其外，令毋可烧拔也。

大城丈五为闺门[⑤]，广四尺。为郭门，郭门在外，为衡，以两木当门，凿其木维敷上堞。为斩县梁，令穿断城，以板桥邪穿外，以板次之，倚杀如城报[⑥]。城内有傅壤[⑦]，因以内壤为外。凿其间，深丈五尺，室以樵，可烧之以待适。

注释

①柴抟：捆绑木料。 ②毋：用绳索贯穿。 ③豫蚤：提前。 ④堞：城头锯齿状的防御墙。 ⑤闺门：小门。 ⑥倚杀：倾斜。报：应作“势”。 ⑦壤：应作“堞”。傅堞：辅助性的女墙。

译文

把砍伐好的木柴捆扎起来，并制作成为一捆捆的柴抟，用绳子把前面的大树穿连起来，长要一丈七尺一，作为外层，再把柴抟横放在内层，外面涂上粘土，不要让土脱漏下来。柴抟的宽度和厚度，要可以作为三丈五尺高的城墙的屏障，用柴抟、树木、泥土来加固以应对紧急。柴抟前面的长短，要提前接好，以便涂上泥土，可充当城堞，妥善地涂好外层，使敌人无法烧掉或者拔掉。

一丈五尺的大城之外要做个宽四尺的小门，在小门之外，做好两根横木，以关闭小门。横木上凿小孔，系上绳子，牵到城堞上。用木板做成悬梁，让它从城坎处向外斜着伸出。悬梁的斜度，要符合城墙的形势。城墙内修傅堞，作为外堞的辅助。在中间挖穴，深一丈五尺，在里边放柴草，可以焚烧抗敌。

令耳属城[①]，为再重楼。下凿城外堞，内深丈五，广丈二。楼若令耳，皆令有力者主敌，善射者主发，佐皆广矢[②]。

治裾诸[③]。延堞高六尺，部广四尺，皆为兵弩简格[④]。转射机[⑤]，机长六尺，貍一尺[⑥]。两材合而为之辒[⑦]，辒长二尺，中凿夫之为道臂，臂长至桓[⑧]。二十步一，令善射之者[⑨]，佐一人，皆勿离。

城上百步一楼，楼四植，植皆为通舄[⑩]，下高丈，上九尺，

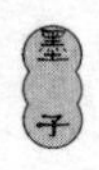

广、丧各丈六尺[11]，皆为宁[12]。三十步一突，九尺，广十尺，高八尺，凿广三尺，表二尺[13]，为宁。城上为攒火，夫长以城高下为度，置火其末。城上九尺一弩、一戟、一椎、一斧、一艾，皆积参石、蒺藜。

渠长丈六尺，夫长丈二尺[14]，臂长六尺，其貍者三尺，树渠毋傅堞五寸。藉莫长八尺[15]，广七尺，其木也广五尺，中藉苴为之桥[16]，索其端；适攻[17]，令一人下上之，勿离。

注释

①令耳：一种防御设施。 ②广：应作“历”。 ③裾诸：樊篱。 ④简格：放置弩的装置。 ⑤转射机：一种能旋转的机弩。 ⑥貍：同“埋”。 ⑦辒：能承重的大车轮。 ⑧桓：同“垣”，城墙。 ⑨者：后应加“主之”二字。 ⑩通舄：柱下基石。 ⑪丧：应为“袤”之误。 ⑫宁：当为“亭”。 ⑬表：应为“袤”之误，指长度。 ⑭夫：为“矢”字之误。 ⑮藉莫：即“藉幕”，悬放在城墙的幕布，用来防止对墙体的破坏。 ⑯藉苴：同“藉莫”。 ⑰适：犹“敌”。

译文

沿着城墙修筑令耳，以及两重的高楼。在城墙外堞下凿壕沟，深一丈五尺，宽一丈二尺。城楼与令耳，都派有力气的人去杀敌，善于射箭的人来放箭，辅佐的人也要勇敢。

制作樊篱，与城堞相连，高六尺，各宽四尺，都设置兵弩弓箭。转射机，机身长六尺，埋入地下一尺。用两根木头合为大车辒，辒长二尺，中间凿孔，插入横臂，臂长至车足。每隔二十步放一个，令善射的人掌控，派一个人辅助，都不要离开。

城上每百步修筑一楼，植四根柱子，柱子安放在基石上。下面高一丈，上面高九尺，长宽都一丈六尺，上面都建亭子。每三十步设置一个突门，长九尺，宽十尺，高八尺，凿一个宽三尺，长二尺的亭子。城上安放火把，火把长短以城墙的高低为标准，末端放上火。城上每隔九尺放置一个弩机、一把戟、一把椎子、一把斧头、一把镰刀。各处都储备好石头、蒺藜。

渠长一丈六尺，箭长一丈二尺，臂长六尺，埋在地下三尺，立渠柱时不要贴着城堞，要离开五寸。藉幕长八尺，宽七尺。用来撑起藉幕的木架宽五尺。在藉幕中部，设立一桥，桥端系上绳子。敌军来攻，派一人上下牵拉，不要离开。

城上二十步一藉车，当队者不用此数。城上三十步一垄灶。持水者必以布麻斗、革盆，十步一。柄长八尺，斗大容二斗以上到三斗。敝裕[①]、新布长六尺，中拙柄，长丈，十步一。必以大绳为箭[②]。城上十步一钦[③]。水瓴，容三石以上，小大相杂。盆、蠡各二财[④]。

注释

①裕：同“绤（xì）”，粗葛布。 ②必以大绳为箭：此句未详。 ③钦（chén）：挖掘工具。 ④蠡：一种容器，即下文的“奚蠡”。财：具。

译文

城上每隔二十步安置一辆藉车，攻隧道时可不用这数。城上每三十步设置一垄灶。必须用布麻斗、皮盆作为取水工具，每隔十步放一个。斗柄长八尺，斗的大小可以容纳两斗到三斗水。将长六尺的旧葛布、新布弄湿；中间安上长一丈的柄，每隔十步放一个。必以粗大的绳子为箭。城上每隔十步有一支钦。水缸要能装三石水以上，大小错开。盆、蠡各准备两个。

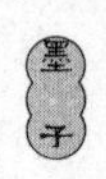

为卒干饭，人二斗，以备阴雨，面使积燥处[1]。令使守为城内堞外行餐。置器备，杀沙砾、铁[2]。皆为坯斗。令陶者为薄瓯，大容一斗以上至二斗，即用取，三秘合束[3]。坚为斗城上隔。栈高丈二，剡其一末。为闺门，闺门两扇，令可以各自闭也。

救闉池者，以火与争，鼓橐[4]，冯埴外内，以柴为燔。灵丁[5]，三丈一，火耳施之[6]。十步一人，居柴，内弩；弩半，为狗犀者环之。墙七步而一。

救车火[7]，为烟矢射火城门上，凿扇上为栈，涂之，持水麻斗、革盆救之。门扇薄植，皆凿半尺一寸，一涿弋[8]，弋长二寸，见一寸相去七寸，厚涂之以备火。城门上所凿以救门火者，各一垂水，火三石以上[9]，小大相杂。

门植关必环锢，以锢金若铁鍱之[10]。门关再重，鍱之以铁，必坚。梳关，关二尺，梳关一苋[11]，封以守印，时令人行貌封[12]，及视关入桓浅深。门者皆无得挟斧、斤、凿、锯、椎。

注释

①面：应作“而”。 ②杀：散。 ③三秘：即为“垒施”之误，意思为堆放。 ④橐：风箱。 ⑤灵丁：长矛的名字。⑥火耳：应作“犬牙”。 ⑦车：应作“熏”。 ⑧弋：小木桩。⑨垂：瓮。火：应作“水”。 ⑩锢：通“铜”。鍱（yè）：包裹住。 ⑪苋：通“管”，锁。 ⑫貌：察看。

译文

为士卒准备好干粮，每人二斗，用来防备阴雨天，储存在干燥的地方。派士卒为内外城堞的人送餐。设置器备，撒放沙砾、铁屑。准备好粗制陶斗。使陶工做小罐，大小装一斗至二斗水，随时取用，垒着放在一起。做好斗城上的隔栈，栈高一丈二尺，砍去末端。造好闺门，闺门两扇，令可各自关闭。

抢救填濠沟，用火攻方法抗衡，鼓动风箱，在墙内外堆放木柴，焚烧。隔三丈安放一个长矛灵丁，犬牙交错放置。每十步有一个人来管理柴抟和弩箭，弩边用“狗犀”环绕。每七步设一面墙。

救薰火，当燃着烟火的箭射到城门上，就要凿开门扇，装好木栈，涂上泥，拿盛水的麻斗、皮盆救火。门扇上安木桩的地方都凿上半尺长的穴，每穴安一根木钉，木钉长两寸，有一寸露在外面。木钉间隔七寸，厚厚地涂上泥巴来防火。城门上凿开以救火的地方，各准备一缸水，装三石以上，大小错开。

城门的直木和横栓，一定要坚固，用坚韧的铜、铁包裹好。横栓要两根，用铁包裹，必须坚固。门楗长两尺，锁一把，加上封条。经常派人察看封条，并视察门楗插入的深浅。守门的人都不得挟带斧、凿、锯和椎子。

城上二步一渠，渠立程[①]，丈三尺，冠长十丈，辟长六尺[②]。二步一荅，广九尺，袤十二尺。二步置连梃、长斧、长椎各一物、枪二十枚，周置二步中。二步一木弩，必射五十步以上。及多为矢，节毋以竹箭[③]，楛、赵、榶、榆，可。盖求齐铁夫[④]，播以射冲及栊枞[⑤]。

二步积石，石重千钧以上者，五百枚。毋百以亢，疾犁、壁皆可善方。二步积苙[⑥]，大一围，长丈，二十枚。五步一罂[⑦]，盛水。有奚[⑧]，奚蠡大容一斗。五步积狗尸五百枚[⑨]，狗尸长三尺，丧以弟[⑩]，瓮其端，坚约弋。十步积抟，大二围以上，长八尺者二十枚。

注释

①程：应作“桯”。 ②十丈：当为“十尺”。辟：当为“臂”。 ③节：应作“即”。 ④盖：当为“益”，增加。夫：应作“矢”。 ⑤枕枞：用以冲击敌人的工具。 ⑥苙：应作“苣”，捆束茅草的火炬。 ⑦罂：盛水工具。 ⑧奚：葫芦瓢。 ⑨狗尸：即“钩矢”，带钩子的短箭。 ⑩衷：覆盖。弟：当为“茅”，茅草。

译文

城上每隔两步设立一个渠柱。渠是立着的木柱。高一丈三尺，顶长十尺，臂长六尺。每两步设立一排竹蒺藜，宽九尺，长一丈二尺。每隔两步设立连梃、长斧、长椎各一件，枪二十支，分开放置在两步内。每隔两步设一木弩，射程在五十步以上。多做箭。如果没有竹箭，楛木、挑木、柘木、榆木也可以。再多找些铁箭头。分布在城上，用以射冲梯和枕枞。

每隔二步堆积石头，石头重达千钧以上的，共五百块。没有石头抗敌，蒺藜、砖瓦也可用使用。每隔二步堆积火炬，大一围，长一丈，共二十根。每五步放一坛子盛水。坛子旁有瓢，瓢可盛一斗水。每五步堆积钩矢五百个。钩矢长三尺，用茅草覆盖，削其尖端，牢牢捆好。每十步堆积柴抟，大二围以上，长八尺，共二十捆。

二十五步一灶，灶有铁鐕容石以上者一[①]，戒以为汤。及持沙，毋下千石。三十步置坐候楼。楼出于堞四尺，广三尺，广四尺，板周三面，密傅之，夏盖其上。五十步一藉车[②]，藉车必为铁纂[③]。五十步一井屏[④]，周垣之，高八尺。五十步一方[⑤]，方尚必为关籥守之。五十步积薪，毋下三百石，善蒙涂，毋令外火能伤也。百步一栊枞，起地高五丈，三层，下广前面八尺，后十三尺，其上称议衰杀之。

百步一木楼，楼广前面九尺，高七尺，楼物居坫[6]，出城十二尺。百步一井，井十瓮，以木为系连。水器容四斗到六斗者百。百步一积杂秆，大二围以上者五十枚。百步为橹，橹广四尺，高八尺，为冲术。百步为幽牍[7]，广三尺高四尺者千[8]。二百步一立楼，城中广二丈五尺二[9]，长二丈，出枢五尺。城上广三步到四步，乃可以为使斗。

注释

①铁鐕（zān）：铁锅。 ②藉车：用来巡城的大战车。③纂：车轴。 ④井屏：有遮蔽的厕所。 ⑤方：供士兵休息的小房子。 ⑥物：窗户。坫：屏墙。 ⑦幽牍：暗沟。 ⑧千：应作“一”。 ⑨五尺二：“二”是衍文。

译文

每隔二十五步修一座灶，灶上有容纳一石以上的铁锅一个，准备着烧热水。还要储备沙石，不下一千石。每隔三十步建一座候楼。楼高出城墙四尺，宽三尺，长四尺，三面围上木板，密密涂泥，夏天盖住上面。每五十步设一个藉车，藉车必用铁作车轴。每隔五十步建一座厕所，高八尺的围墙围住。每五十步建一个休息房，房上必须安置门柱和铁锁，以便防守。每五十步堆积柴火，不下于三百石，好好用泥土密封，使城外放的火不能燃毁。每隔百步建一栊枞，高于地面五丈，起三层，下层前面宽八尺，后面十三尺，上层按比例衰减。

每隔百步建一座木楼，楼宽前面九尺，高七尺，楼窗安在城墙上，伸出城墙外十二尺。每隔百步挖一口井，放十只大瓮，用木制造桔槔。准备一百个可容纳四斗到六斗水的容器。每隔百步

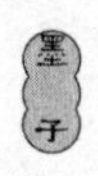

堆积禾秆，大于二围以上的五十捆。每隔百步树立一块盾牌，宽四尺，高八尺，用来抵抗冲锋。每隔百步要挖宽三尺高四尺的一条暗沟。每隔两百步建一座立楼，宽二丈五尺，长二丈，五尺伸到墙外。城墙上宽三步到四步，才可以使士兵战斗。

俾倪广三尺①，高二尺五寸。陛高二尺五②，广长各三尺，远广各六尺③。城上四隅童异④，高五尺，四尉舍焉。城上七尺一渠，长丈五尺，貍三尺，去堞五寸；夫长丈二尺，臂长六尺，半植一凿，内后长五寸⑤。夫两凿，渠夫前端下堞四寸而适。貍渠、凿渠、凿坎，覆以瓦，冬日以马夫寒⑥，皆待命，若以瓦为坎。

城上千步一表，长丈，弃水者操表摇之。五十步一厕，与下同圂⑦。之厕者不得操。城上三十步一藉车，当队者不用。城上五十步一道陛，高二尺五寸，长十步。城上五十步一楼撕，撕勇勇必重⑧。土楼百步一，外门发楼，左右渠之。为楼加藉幕，栈上出之以救外。城上皆毋得有室，若也可依匿者，尽除去之。城下州道内百步一积薪，毋下三千石以上，善涂之。城上十人一什长，属一吏士、一帛尉。百步一亭，高垣丈四尺，厚四尺，为闺门两扇，令各可以自闭。亭一尉，尉必取有重厚忠信可任事者。二舍共一井爨，灰、康、秕、杯、马矢，皆谨收藏之。

注释

①俾倪：城上带孔的矮墙。 ②陛：台阶。 ③远：应作“道”。 ④童异：当为“重廙”，意为筑起城楼。 ⑤后：应作“经”，长：字疑衍。 ⑥夫：当为“矢”，屎。寒：当作“塞”，覆盖。 ⑦圂：茅坑。 ⑧撕勇勇必重：应作“楼撕必再”。楼

撕：栏槛。

译文

俾倪宽三尺，高二尺五寸。台阶高二尺五，宽和长各三尺，道路宽六尺。城上四角设置城楼，高五尺，四个尉官驻扎。城上每七尺建一渠柱，长一丈五尺，埋在地下三尺，离开城堞五寸；露在外面的长一丈二尺，臂长六尺，在中部凿一孔，内径长五寸。外露部分凿两孔，渠柱顶端比墙低四寸合适。埋渠、凿渠、凿坎，用瓦覆盖，冬天用马粪便填塞。都待命而用，或以瓦为坎。

城上每隔千步设置一表，长一丈，倒废水的人，拿表摇动。每隔五十步建一个厕所，与城下的厕所通到同一粪坑。上厕所的人手里不准拿武器。城上每隔三十步设置一辆藉车，当攻打隧道时不用藉车。城上每五十步建一道台阶，高二尺五寸，长十步。城上每隔五十步建一栏槛，栏槛要多层。每隔百步建一座土楼，外面开门，左右开渠。楼上加藉幕，有栈道出城救援外面。城墙上一律不得盖房间，或其他可隐匿的处所，必须全部拆除。城下环路每百步堆积柴火，不少于三千石以上，好好用泥土涂上。城上每十人任命一名什长，受辖于一名吏士、一名帛尉。每隔百步建一座亭子，墙高一丈四尺，厚四尺，做两扇闺门，可以各自开关。每亭设立一个尉士，尉士必须选择忠厚老实能胜任的人。两舍共用一座井灶。灰、糠、秕谷、谷皮、马烘或尿都要小心收藏。

城上之备：渠谵[①]、藉车、行栈、行楼、到[②]、颉皋、连梃、长斧、长椎、长兹、距、飞冲、县梁、批屈。楼五十步一，堞下为爵穴，三尺而一为薪皋，二围，长四尺半，必有絜[③]。瓦石重二升以上[④]，上城上。沙，五十步一积。灶置铁错焉，与沙同处。木大二围，长丈二尺以上，善耿其本[⑤]，名曰长从，五十步三十。木桥长三丈，毋下五十。复使卒急为垒壁，以盖瓦复之。用瓦木罂，容十升以上者，五十步而十，盛水且用之。五十二者十步而二[⑥]。

城下里中家人，各葆其左右前后，如城上。城小人众，葆离乡老弱国中及他大城。寇至，度必攻，主人先削城编[⑦]，唯勿烧。寇在城下，时换吏卒署，而毋换其养，养毋得上城。寇在城下，收诸盆瓮耕，积之城下，百步一积，积五百。城门内不得有室，为周官桓吏[⑧]，四尺为倪。行栈内闭，二关一堞。

除城场外，去池百步，墙垣树木小大俱坏伐，除去之。寇所从来，若眤道、傒近[⑨]若城场，皆为扈楼，立竹箭天中[⑩]。

注释

①谵：应作“襜”，即上文所说的“藉幕”。 ②到：应作“斫”，一种挖掘工具。 ③絜：同“挈”，提拉。 ④升：应作“斤”。 ⑤耿：当作“联”，捆扎在一起。 ⑥十二：应作“斗以上”。 ⑦城编：城外的附属建筑。 ⑧官：应作“宫”。桓：应作“植”。 ⑨傒近：应作“近傒”，指近路。 ⑩天：应作“水”。

译文

城上的守备工具：渠、藉幕、籍车、行栈、行楼、斫、桔槔、连梃、长斧、长椎、长锄、钩钜、飞冲、悬梁、批屈。楼五十步一座，在城堞下挖掘“爵穴”。每隔三尺设立一个桔槔，大二围，长四尺半，必须有提拉的作用。瓦石重二斤以上，搬上城。沙土，每隔五十步积上一堆。灶上安放铁锅，和沙堆放在一起。大木粗二围，长一丈二尺以上的，底部好好地连接起来，叫作“长从”。每五十步放三十个。木桥长三丈，不下五十个。再派士兵快速修建垒壁，以瓦覆盖起来。能装十升以上的陶制或木制的坛子，每五十步放十个，盛水时要用它们。每隔十步放两个盛水五斗的容器。

城内里巷中的人家，各保卫其左右前后，跟城上士兵一样。城小人众，就保护老弱到国中其他大城去。敌人来了，预计他们必定进攻，主人先拆除城外附属物，不要烧毁。敌人在城下，时时更换吏卒防守，不要换给养人员，给养人员不能上城。敌方在城下，收集盆、罐，耕作的物资堆放城下，每隔百步一堆，堆五百堆。城门内不能有房子，只筑周宫派吏驻守。四尺为倪，行栈从内部关闭，每一处城堞设置两个关碍。

清除城外离开护城河百步内的墙垣，大小树木都伐毁。敌人所到之处，如便道、近道，或城场，都修建扈楼，并在水中插上竹箭。

守堂下为大楼，高临城，堂下周散道；中应客，客待见。时召三老在葆宫中者，与计事得先[①]。行德计谋合，乃入葆。葆人守，无行城，无离舍。诸守者审知卑城浅池，而错守焉。晨暮卒歌以为度，用人少易守。守法：五十步丈夫十人、丁女二十人、老小十人，计之五十步四十人。城下楼卒，率一步一人，二十步二十人。城小大以此率之，乃足以守圉。

客冯面而蛾傅之[②]，主人则先之知，主人利，客适[③]。客攻以遂，十万物之众，攻无过四队者，上术广五百步，中术三百步，下术五十步。诸不尽百五步者，主人利而客病。广五百步之队，丈夫千人，丁女子二千人，老小千人，凡四千人，而足以应之，此守术之数也。使老小不事者，守于城上不当术者。

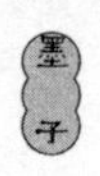

城持出必为明填[④]，令吏民皆智知之[⑤]。从一人百人以上，持出不操填章，从人非其故人乃其稹章也[⑥]，千人之将以上止之，勿令得行。行及吏卒从之，皆斩，具以闻于上。此守城之重禁之[⑦]。夫奸之所生也，不可不审也。

注释

①先：应作“失”。 ②面：字衍。 ③适：应作“病”。④持：应作“将”。 ⑤智：应作“习”。 ⑥稹：应作“填”。 ⑦之：应作“也”。

译文

守堂下建造大楼，临视全城。堂下四周道路通畅。堂中应客，客等待接见。不时召见住在葆宫中的三老，与他们商量战事得失。行事有得，计谋相合，就回到葆宫。入城避难的人安排好房屋，不要走动，不要离开。各个担负守卫的人要详细知道城防高低，城池深浅，而分开防守。早晨和傍晚士卒以鼓声行动，人员少有变换。守卫之法：每隔五十步男子十人，成年女子二十人，老小十人，共计五十步四十人。城下守楼士卒，一步一人，计二十步二十人。按城的大小以此为标准，才足以守御。

敌人附城如蛾子般进攻，主人预先知道，主人有利，敌人不利。敌方列队进攻，十万之众，不超过四队，最大队列五百步，中等三百步，下等五十步。凡是不到百五十步宽的，主人有利而敌人不利。五百步的队伍，男子一千人，成年女子二千人，老小千人，共四千人，就足以应付，这是阻止道路之数。如果老小不能胜任，就在城上不正对敌人的地方防守。

出城必须持“明填”，这点必须使官民都充分了解。率一人到百人以上出城，不带“明填”的，或不是本人持有“明填”的，千夫长以上的官员可以制止，不让通行。如果出行或吏卒放纵，都要杀头，并报告上级。这是守城的重大禁令。奸细出在这里，不能不详细审问。

城上为爵穴，下堞三尺，广其外，五步一。爵穴大容苴[①]，高者六尺，下者三尺，疏数自适为之。塞外堑[②]，去格七尺，为县梁。城狭陕不可堑者勿堑。城上三十步一聋灶[③]。人擅苣，长五节。寇在城下，闻鼓音，燔苣，复鼓，内苣爵穴中，照外。诸藉车皆铁什。藉车之柱长丈七尺，其貍者四尺；夫长三丈以上至三丈五尺，马颊长二尺八寸，试藉车之力而为之困，失四分之三在上[④]。藉车，夫长三尺[⑤]，四二三在上[⑥]，马颊在三分中。马颊长二尺八寸，夫长二十四尺，以下不用。治困以大车轮。藉车桓长丈二尺半。诸藉车皆铁什，复车者在之[⑦]。寇闉池来，为作水甬[⑧]，深四尺，坚慕貍之[⑨]。十尺一，覆以瓦而待令。以木大围长二尺四分而早凿之[⑩]，置炭火其中合慕之，而以藉车投之。为疾犁投，长二尺五寸，大二围以上。涿弋，弋长七寸，弋间六寸，剡其末。狗走[⑪]，广七寸，长尺八寸，蚤长四寸[⑫]，犬耳施之[⑬]。

注释

①苴：应作“苣”，火炬。 ②塞：应作“穿”，挖掘。③聋：应作“垄”。 ④失：应作“夫”，指藉车的底座。⑤尺：应作“丈”。 ⑥二：应作“之”。 ⑦复：当为“后”。⑧闉：填塞。水甬：漏水装置。 ⑨慕：应作“幕”，封。⑩分：应作“寸”。早：应作“中”。 ⑪狗走：即前文所说的“狗尸”，一种短矛。 ⑫蚤：通“爪”，尖钩。 ⑬耳：应作“牙”。

译文

城上建爵穴，在城堞下三尺的地方，外口要宽大，每隔五步设一个。爵穴的大小要放得下火炬，高的有六尺，低的有三尺，密度根据情况而定。城外挖壕沟，距离栅栏七尺远，悬放吊桥。城外狭窄不能挖壕沟的地方可以不挖。城上每隔三十步建一个垒灶。人人都会用，五个竹节长的火把。敌人到了城下，听到鼓声点燃火炬；再听到鼓声，把火炬放入爵穴中，照亮城外。每辆藉车都用铁作轴。藉车的柱子长一丈七尺，埋在地下部分长四尺；车底座长三丈至三丈五尺，“马颊”长二尺八寸，根据籍车的力度制作车轮，底座四分之三在地面上。籍车，底座长三丈，四分之三在地上，马颊在三分之一处。马颊长二尺八寸，车座长二丈四尺，更短的不用。用大车轮作车困。藉车车桓长一丈二尺半。各种藉车都用铁包裹，后面的车辅助它。敌人填塞护城河，我方制作漏水装置，深四尺，封牢埋在地下。每隔十尺埋一个，盖上瓦等待命令。把围长二尺四寸的木头中间凿空，放进去炭火再封上，然后用藉车投出。制作“疾犁投”，长为二尺五寸，粗两围以上。涿弋长七寸，间距为六寸，末端削尖。“狗走”宽七寸，长一尺八寸，钩长四寸，犬牙交错地安放。

子墨子曰：“守城之法，必数城中之木，十人之所举为十挈，五人之所举为五挈，凡轻重以挈为人数。为薪樵挈，壮者有挈，弱者有挈，皆称其任。凡挈轻重所为，吏人各得其任[①]。”城中无食则为大杀。去城门五步大堑之，高地三丈[②]，下地至[③]，施贼其中[④]，上为发梁，而机巧之，比传薪土[⑤]，使可道行，旁有沟垒，毋可逾越，而出佻且比[⑥]，适人遂入[⑦]，引机发梁，适人可禽。适人恐惧而有疑心，因而离。

注释

①吏：应作“使”。 ②三：疑衍；丈：后应加“五尺”二字。 ③下地至：后应加“泉三尺”三字。 ④贼：应作“栈”。 ⑤传：应作“傅”。 ⑥比：应作“北”。 ⑦适：当为“敌”，下同。

译文

墨子说：“守城的方法，一定要弄清楚城中的木头，十人所能举起的便是十挈，五人所能举起的便是五挈，挈的轻重与人数相符。把木柴捆成挈，强壮的人有挈，弱小的人也有挈，要与他们的力量相应。挈的轻重应该使每个人胜任。”城中没有粮食就大大减轻。在离城门五步远的地方挖沟，高的地方挖一丈五尺深，低的地方挖到有地下水之后再向下挖三尺。沟上架设栈板，设置悬梁，装置机关，铺上草木泥土，使人可以行走，两旁有沟墙不能翻越。然后派出士兵出城挑战败北，引诱敌人进入，开动机关，敌人便可以擒到。如果敌人害怕生疑，就会因此撤离。

备高临

导读

《备高临》是墨子研究城池防守战术的篇章之一。主要阐述如何对付敌人采用居高临下攻城方法的战术。本文以对话形式展开，禽子提问如何对付来势汹汹，手持武器，占据有利地形位置的敌军来犯。墨子首先否定了占据高处，冲击而下的作战方法，认为这是一种愚笨的作战方法，接着详细论述了只要建筑高城，准备强弩，将精巧的防御机关和多种武器结合好就可以防备敌人的进攻。

禽子再拜再拜曰："敢问适人积土为高①，以临吾城，薪土俱上，以为羊黔②，蒙橹俱前③，遂属之城，兵弩俱上，为之奈何?"

子墨子曰：子问羊黔之守邪？羊黔者，将之拙者也，足以劳卒，不足以害城。守为台城，以临羊黔，左右出巨④，各二十尺，行城三十尺，强弩之，技机藉之，奇器□□之，然则羊黔之攻败矣。

注释

①适：当为"敌"，下同。 ②羊黔：古代攻城的一种工具。 ③橹：大盾牌。 ④巨：通"距"，指用来支撑台城的大木头。

译文

禽滑釐一拜再拜后说："如果敌人用土堆积筑成高台，居高临下我城，柴火石头一齐上，构筑成名叫羊黔的土山，兵士用大盾牌做掩护一齐冲过来，迅速就接近城头，刀箭一齐杀来，该怎么对付这种局面呢?”

墨子先生回答说：你问的是防守“羊黔”的方法吗？“羊黔”，是带兵打仗者的蠢办法，只会使自己的士兵疲劳不堪，不足以造成危胁。守城的一方做成“台城”，对羊黔居高临下，台城左右用大木头编连起来，各横出二十尺。行城高度为三十尺。在上面用强劲的弓箭射击敌人，凭借各种精妙的机关和武器对付敌人，这样一来，羊黔就失败了。

备临以连弩之车，材大方一方一尺[①]，长称城之薄厚。两轴三轮，轮居筐中，重下上筐。左右旁二植，左右有衡植[②]，衡植左右皆圜内[③]，内径四寸。左右缚弩皆于植[④]，以弦钩弦，至于大弦。弩臂前后与筐齐，筐高八尺，弩轴去下筐三尺五寸。连弩机郭同铜[⑤]，一石三十钧。引弦鹿长奴[⑥]。筐大三围半，左右有钩距，方三寸，轮厚尺二寸，钩距臂博尺四寸，厚七寸，长六尺。横臂齐筐外，蚤尺五寸，有距，博六寸，厚三寸，长如筐有仪，有诎胜，可上下，为武重一石，以材大围五寸。矢长十尺，以绳□□矢端，如如戈射[⑦]，以磨鹿卷收[⑧]。矢高弩臂三尺，用弩无数，出人六十枚[⑨]，用小矢无留。十人主此车。遂具寇，为高楼以射道[⑩]，城上以荅罗矢。

注释

①尺：前疑重“方一”二字。 ②衡植：木横梁。 ③圜：圆。内：榫头。 ④缚：应作“缚”。 ⑤同：应作“用”。⑥鹿长奴：应作“鹿卢”，辘轳。 ⑦如如：第二个如是衍文。戈：应作“弋”。 ⑧磨鹿：应作“磿鹿”，辘轳。 ⑨人：应作

"入"。 ⑩道：应作"适"，敌人。

译文

可以使用一种连弩车对付居高临下的攻击。造这种车的木材，要大小一尺见方，长度与城墙厚度相等。两根车轴，三个轮子，轮子装在车箱当中，车箱上下两个，左右各做两根立柱，还有两根横梁，横梁的左右都是圆的榫头，榫头直径四寸，把所有的箭都捆在柱子上，弓弦相钩，连到大弦上。弩臂前后与车箱齐平，车箱高八尺，弓轴距下面车箱三尺五寸。连弩的"机括"用铜制成，重一石三十钧。用辘轳拉弓弦。车箱周长为三围半，左右两边有"钩距"，"钩距"三寸见方，车轮厚一尺二寸，钩距臂宽一尺四寸，厚七寸，长六尺。横臂与车箱外齐平，臂端一尺五寸的地方装有横柄，柄宽六寸，厚三寸，长度与车箱相应。还装有一种瞄准仪，可以上下调整。再用一围五寸的木料做弩床，重一石。箭长十尺，用绳子栓住箭尾，就像用细丝绳系住射飞鸟用的箭一样，用辘轳把箭收回。箭高出弩臂三尺，用箭没有固定数，出入有六十枚，小箭就不必收回了。十人掌管使用一辆。为了抵距敌人的进攻，筑了高楼射击敌人，还得在城上用皮革编成厚厚的遮掩物来遮挡和收取敌方的箭。

备梯

导读

《备梯》是墨子研究城池防守战术的篇章之一。主要讲如何对付敌人以云梯攻城的战术方法。在此篇中，墨子指出守城的战术方法固然重要，但更重要的还是外交战略。本篇可以和《公输》篇对照而看，公输盘为楚王造云梯，自以为十分精巧，想要出兵攻打宋国，被墨子以道义和防守技巧所制止。另外《公输》篇中提到墨子已经派弟子禽滑釐等三百人在宋城做好防御战备，但具体防御方法并未提及。从《备梯》篇中我们可以详细了解墨子的破解方法。云梯虽是攻城的利器，但墨子却认为它是笨重的器械，只要做好防御工事就可破解云梯攻法。从本篇对防御云梯攻城的具体工事和战术的详细描写中，我们可以看出古代战争的激烈程度以及随着战争的发展，武器装备、战略战术的日渐成熟。

禽滑釐子事子墨子三年，手足胼胝[①]，面目黧黑，役身给使，不敢问欲。子墨子其哀之[②]，乃管酒块脯，寄于大山[③]，昧葇坐之[④]，以樵禽子[⑤]。禽子再拜而叹。子墨子曰："亦何欲乎?"禽子再拜再拜曰："敢问守道?"子墨子曰："姑亡，姑亡。古有其术者，内不亲民，外不约治，以少间众[⑥]，以弱轻强，身死国亡，为天下笑。子其慎之，恐为身姜[⑦]。"

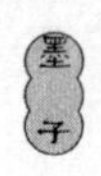

注释

①胼胝（piānzhī）：皮肤因摩擦而生长出的老茧。 ②其：应作“甚”。 ③大山：泰山。 ④昧菜（mièmào）：在地上铺设茅草。 ⑤樵：通“醮”（jiǎo），这里指用酒肉犒劳禽子。⑥间：挑拨。 ⑦姜：通“僵”，死亡。

译文

禽滑釐事奉墨子三年，手脚起了老茧，面容晒得黑黑的，像个仆役一样的听墨子使唤，却不敢问自己想要问的事。墨子先生可怜他，于是准备了一罐酒和一些干肉，来到泰山，铺些茅草坐下，用酒菜酬劳禽滑釐。禽子再拜了之后，叹了口气。墨子问他：“你想知道什么吗?”禽滑釐又拜了两次，说道：“请问守城的方法。”墨子回答说：“先不要问，先不要问。古代也有懂得守城方法的，对内不亲近百姓，对外不结交盟友，自己兵力少却挑拨兵力多的国家，自己力量弱却轻视强大的，结果送命而且亡国，被天下人耻笑。你可要慎重，弄不好，反而招来杀身之祸。”

禽子再拜顿首，愿遂问守道。曰：“敢问客众而勇，烟资吾池[①]，军卒并进，云梯既施，攻备已具，武士又多，争上吾城，为之奈何?”

子墨子曰：问云梯之守邪？云梯者重器也，其动移甚难。守为行城，杂楼相见[②]，以环其中。以适广陕为度[③]，环中藉幕[④]，毋广其处。行城之法，高城二十尺，上加堞，广十尺，左右出巨各二十尺，高、广如行城之法。

为爵穴、辉鼠[⑤]，施荅其外，机、冲、钱[⑥]、城，广与队等，杂其间以镌剑，持冲十人，执剑五人，皆以有力者。令案目者视适，以鼓发之，夹而射之，重而射[⑦]，披机藉之[⑧]，城上繫下矢、石、沙、炭以雨之[9]，薪火、水汤以济之，审赏行罚，以静为故，从之以急，毋使生虑。若此，则云梯之攻败矣。

注释

①烟资：应作“堙茨”（yīncī），堙：用土填埋。茨：用茅草覆盖。 ②见：通“间”，间隔。 ③陕：通“狭”，广狭，指宽窄。 ④藉幕：设置遮幕。 ⑤辉鼠：指小的洞穴，以仅够老鼠容身来形容其小。 ⑥钱：应作“栈”，指城上架设的栈道。 ⑦射：字后疑漏一“之”字。 ⑧披：应作“技”。 ⑨炭：应作“灰”。

译文

禽滑釐行再拜礼叩头，愿弄清防守的办法，说：“敢问攻城一方兵士众多又勇敢，堵塞了我方护城河，军士们一齐进攻，云梯架起来了，武器都已安排好，士兵又多，争先恐后爬上我方城墙，该如何对付呢？”墨子回答说：你问的是防守云梯吗？云梯是笨重的器械，移动十分困难。守城一方筑起“行城”和“杂楼”，将自己的士兵环绕起来。根据城的宽窄，拉上防护用的遮幕，距离不宜过宽。筑行城的方法是：行城高出原城墙二十尺，上面加矮墙，宽十尺，左右两边加上大木横出各二十尺，高度和宽度与行城一致。

矮墙下边开“爵穴”“辉鼠”的小孔，孔外用皮革遮挡。还要准备好技机，冲撞车，行栈，行城等器械，宽度与敌人进攻的广度相等。各器械之间挟进持剑的士兵，其中控制冲车的十人，拿剑的五人，都应挑选孔武有力的。用视力好的兵士观察敌人，用鼓声发布号令，从两边向敌人夹射，或重点集射，或借助工具向敌人投掷，从城上雨点般地将箭、砂石、灰土倾泄，加上往下投掷火把、倾倒滚烫的开水。同时赏罚严明，处事镇静，但又要当机立断，不致发生疑虑。像这样防守，云梯攻法就被打败了。

守为行堞，堞高六尺而一等，施剑其面，以机发之，冲至则去之，不至则施之。爵穴，三尺而一。蒺藜投必遂而立，以车推引之。裾城外[①]，去城十尺，裾厚十尺。伐裾[②]，小大尽本断之，以十尺为传[③]，杂而深埋之，坚筑，毋使可拔。二十步一杀[④]，杀有一鬲[⑤]，鬲厚十尺。杀有两门，门广五尺。裾门一，施浅埋，弗筑，令易拔。城希裾门而直桀[⑥]。

县火，四尺一钩樴[⑦]。五步一灶，灶门有炉炭。令适人尽入，辉火烧门，县火次之。出载而立，其广终队。两载之间一火，皆立而待鼓而然火，即具发之。适人除火而复攻，县火复下，适人甚病，故引兵而去，则令我死士左右出穴门击遗师，令贲士、主将皆听城鼓之音而出，即"诸产得宜"，又听城鼓之音而入。因素出兵施伏[⑧]，夜半城上四面鼓噪，适人必或[⑨]，有此必破军杀将。以白衣为服，以号相得，若此，则云梯之攻败矣。

注释

①裾城外：三字前疑漏一"置"字。 ②伐裾：后疑漏"之法"。 ③传：应作"断"。 ④杀：用来伏兵，必要时突击的建筑物。 ⑤鬲：与外界隔离，藏兵的空间。 ⑥城：后漏一"上"字。直：放置。桀：带标记的小木桩。 ⑦钩樴：带绳子的挂钩。 ⑧素：当作"故"，照例。 ⑨或：通"惑"。

译文

守城一方筑起矮墙，都要高六尺，墙外安装剑，用机械发射，冲车来了就撤走，没来就使用它。"爵穴"每隔三尺一个。

“蒺藜投”一定要针对敌方进攻的范围摆放，用车来推拉。城外十尺远安置断树，厚度为十尺。采伐断树无论大小，一律连根拔起，锯成十尺一段，错杂地深埋于地中，要埋牢实，不能被拔出来。每隔二十步设置一个“杀”，备有一“鬲”，鬲厚十尺。“杀”有两个门，门宽五尺。裾有门，要浅埋，不要埋牢实，要容易拔出来。城上对着裾门的地方放置小木桩。

城上悬挂火具，每隔四尺设置一个挂火具的绳钩。每隔五步设一口灶，灶上有炉炭。等敌人全部进入就放火烧门，接着投掷悬火。根据敌人队伍排置武器。两个作战器械之间设置一个悬火，鼓声一响就点悬火，敌人接近随即投放。敌人灭掉悬火，就再次投放。如此反复多次，敌人痛苦不堪，因此领兵离去。敌人一旦退出，就命令敢死队从左右出穴门追击溃逃之敌，命令勇士和主将听从城上的鼓声出入。再趁着反击时出兵埋伏，半夜三更时城上四面击鼓呐喊，敌人必定疑惑，如此就能攻破敌军，擒杀首领。不过要用白衣做军服，凭口令相互联络。如此一来，云梯之法就失败了。

备水

导读

《备水》是墨子研究城池防守战术的篇章之一。主要讲如何防备敌人以水攻城的战术方法，主要方法有城内要根据地形，挖井开渠，做好排水系统，防止敌军引水灌城，城外则主动并船出击，冲破堤防，并安排城上孔武有力的健儿用弩机射击，双管齐下来打退敌军。

城内堑外周道，广八步。备水谨度四旁高下。城地中偏下①，令耳其内②，及下地，地深穿之，令漏泉。置则瓦井中，视外水深丈以上，凿城内水耳③。

并船以为十临，临三十人，人擅弩，计四有方④，必善以船为轒辒⑤。二十船为一队，选材士有力者三十人共船，其二十人擅有方，剑甲鞮瞀⑥，十人，人擅苗。

先养材士，为异舍食其父母妻子以为质，视水可决，以临轒辒，决外堤，城上为射机，疾佐之。

注释

①地中：应作“中地”；偏：应作“偏”。 ②耳：应作“巨”，即“渠”之省。 ③耳：同②。 ④计四：当为“十四”。方：锄头。 ⑤轒辒：蒙着牛皮的冲车。 ⑥剑甲：厚甲。鞮瞀：头盔。

译文

在城内壕沟外设宽八步的周道。备水必须仔细审视四周的环境。城中地势低的，要开挖渠道，至于地势更低的挖成深井，互相贯通，以便引水。在井中放置“则瓦”，如发现城外水深一丈以上，就凿开城内水渠。

合并船只组成“十临”，每一临三十人，人人擅长射箭，每十个人中四个携带锄头。必须善于使用这种船，作为“犊辒”。每二十只船编为一队，挑选勇武有力的兵士三十人共乘一条船，其中二十人每人备有一把锄头，穿戴盔甲，其余十人擅使长矛。

预先供养勇武有力的人，安排吃住给他们的父母、妻子儿女，并作为人质。发现可以决开水堤时，并联组成“犊辒”冲决外堤，同时城上安排射击机，以掩护船队。

备突

导读

《备突》是墨子研究城池防守战术的篇章之一，主要讲如何防备敌人从城墙“突门”攻入的战术方法，本篇篇幅较为短小，内容也较单薄，可能是原文有所脱漏，原貌已不存。本篇讲到的主要防御技术是在突门上设置机关，安放窑灶，用放火烟熏的方法来阻退敌军。

城百步一突门①，突门各为窑灶②。窦入门四五尺③。为其门上瓦屋，毋令水潦能入门中。吏主塞突门，用车两轮，以木束之，涂其上，维置突门内④，使度门广狭，令之入门中四五尺。置窑灶，门旁为橐，充灶伏柴艾⑤。寇即入，下轮而塞之，鼓橐而熏之⑥。

注释

①突门：用于防御的门。　②窑灶：类似瓦窑的灶。③窦：当为“灶”。　④维：用绳索牵引住。　⑤伏：应作“狀”。　⑥橐：风箱。

译文

城内每百步设置一个“突门”，“突门”内都砌有窑灶。灶砌在门内四五尺处。突门上装瓦，不让雨水流入门内。军吏掌管堵塞突门，用木头捆住两个车轮，涂上泥巴，用绳索悬挂在突门内，根据门的宽窄，使车轮挂在门中四五尺的地方。设置窑灶，门旁装上皮风箱，灶中堆满柴禾艾叶。敌人进来，就放下车轮堵塞通道，鼓动风箱，用烟熏烤敌人。

备穴

导读

《备穴》是墨子研究城池防守战术的重要篇章之一。主要讲述如何防备敌人用挖掘隧道来攻城的战术方法。本篇先以学生禽子的提问开篇，接着墨子讲述了如何观测判断敌人通过挖隧道的方法来攻城，并举出挖掘相应隧道来迎敌的具体方法，这些方法主要有在隧道内埋设瓮坛来侦听敌情，制作并铺设贯穿隧道的瓦筒，设置炉灶烧火来烟熏等，另外文中还详细介绍了各种适用工具、武器的形状、尺寸等。本篇篇幅较长，内容详尽，从中可以窥得古代隧道作战的基本情形。

禽子再拜再拜曰："敢问古人有善攻者，穴土而入，缚柱施火，以坏吾城，城坏，或中人为之奈何[①]？"子墨子曰：问穴土之守邪？备穴者城内为高楼，以谨候望适人。适人为变筑垣聚土非常者，若彭有水浊非常者[②]，此穴土也。急堑城内，穴其土直之。穿井城内，五步一井，傅城足。高地，丈五尺，下地，得泉三尺而止。令陶者为罂，容四十斗以上，固顺之以薄輅革[③]，置井中，使聪耳者伏罂而听之，审知穴之所在，凿穴迎之。

注释

①或：应作"城"。 ②彭：犹"暴"，突然。 ③顺：应作"幎"，覆盖。輅：皮革。

译文

禽滑釐拜了又拜说："请问古代有善于攻战的人，挖隧道进入，捆在支柱上放火，这样来塌毁城墙，城墙毁坏，城中的人该怎么办呢?"墨子回答说：问的是防御隧道攻城的方法吗？对付隧道攻城的方法是要在城内修建高楼，用来密切观察敌情。敌方修筑墙体而积聚土石就不同往常，如果四周发现有异常浑浊泥水，这便是敌人在挖隧道。赶快在城内打隧道抗拒它。城内挖井，每隔五步挖一井，要靠近城墙墙基。地势高的掘深一丈五尺，地势低的打到出水，三尺深就停止。命令陶匠烧制大坛子，能容纳四十斗以上，用薄的皮革蒙紧坛口放入井内，派听觉好的人伏在坛口上听声音，弄清楚敌方隧道的方位，然后挖隧道迎击。

令陶者为月明[①]，长二尺五寸，六围，中判之，合而施之穴中，偃一，覆一。柱之外善周涂，其傅柱者勿烧。柱者勿烧。柱善涂其窦际，勿令泄。两旁皆如此，与穴俱前。下迫地，置康若灰其中[②]，勿满。灰康长五窦[③]，左右俱杂，相如也。穴内口为灶令如窑，令容七八员艾[④]，左右窦皆如此，灶用四橐。穴且遇，以颉皋冲之，疾鼓橐熏之，必令明习橐事者，勿令离灶口。连版，以穴高下、广陕为度，令穴者与版俱前，凿其版令容矛，参分其疏数[⑤]，令可以救窦。穴则遇，以版当之，以矛救窦，勿令塞窦；窦则塞，引版而却，过一窦而塞之，凿其窦，通其烟，烟通，疾鼓橐以熏之。从穴内听穴之左右，急绝其前，勿令得行。若集客穴，塞之以柴，涂，令无可烧版也。然则穴土之攻败矣。

注释

①月明：应作“瓦窦”，指陶制的大圆筒。 ②康：同“糠”。 ③五：应作“亘” ④员：圆。 ⑤参：通“三”。数：细密。疏：疏离。

译文

命令陶匠烧制瓦筒，每根长二尺五寸，粗六围，从中剖开，合起来安装在隧道里，上一块，下一块。在圆柱的外面妥善地用泥涂好，贴着柱子的不要烧，已合成圆柱的不要烧。柱子接口处四面涂泥，不要漏烟。隧道的两边都安装这种瓦筒，随隧道前伸，瓦管紧贴地面。瓦管中装糠和炭灰，不能装满，沿管道一路装下去，左右都有，调放均匀。隧道口砌灶，形状与窑差不多，能装下七八团艾草，两边的筒口都是这样。灶装备四个皮风箱。双方隧道相接时，就用“颉皋”冲破间隔，快速鼓动风箱，用烟熏敌。一定要派遣能熟练地操作风箱的人，不能让他离开灶口。拼接木板，以隧道的高度和宽度为标准，命令打隧道的士兵带着木板向前，在拼板上打眼使长矛通过，疏密相间，以便抢救瓦筒。隧道一旦打通，就用木板阻挡敌人，用长矛抢救瓦筒，不让通道堵塞；瓦筒被堵，就拉着木板退后一节瓦筒阻挡敌人，凿开被堵的瓦筒，让烟气畅通，烟一通，就迅速鼓动风箱熏敌。在隧道内辩听左右声音，一旦发现情况，立即阻挡敌人前进。如若冲到敌方隧道，就用涂了泥的木柴堵住敌人，不让敌人烧我木板。这样一来，隧道攻城的方法就失败了。

寇至吾城，急非常也，谨备穴。穴疑有，应寇，急穴。穴未得，慎毋追。凡杀以穴攻者，二十步一置穴，穴高十尺，凿十尺，凿如前，步下三尺，十步拥穴，左右横行，高广各十

尺。杀，俚两罂[1]，深平城，置板其上，𦛸板以井听[2]。五步一密[3]，用梓若松为穴户[4]，户穴有两蒺藜[5]，皆长极其户，户为环，垒石外郭，高七尺，加堞其上。勿为陛与石，以县陛上下出入。具炉橐，橐以牛皮，炉有两瓴[6]，以桥鼓之[7]，百十[8]每亦熏四十什[9]，然炭杜之，满炉而盖之，毋令气出。适人疾近五百穴[10]，穴高若下，不至吾穴，即以伯凿而求通之[11]。穴中与适人遇，则皆圉而毋逐，且战北，以须炉火之然也，即去而入壅穴[12]。杀，有鼠穴，为之户及关籥独顺[13]，得往来行其中。穴垒之中各一狗，狗吠即有人也。

注释

①俚：同"埋"。 ②𦛸：当作"联"。 ③密：井。 ④梓：梓木。 ⑤穴：应作"内"。 ⑥瓴：容量为一石的大瓦缶。 ⑦桥：用来鼓风的杠杆机关。 ⑧百：字前漏一"重"字；"十"应作"斤"。 ⑨什：应作"斤"。 ⑩五百：应作"吾"。 ⑪伯：应作"倚"。 ⑫壅：应作"拥"。 ⑬独顺：应作"绳愪"。

译文

敌人兵临城下，军情紧急，要谨防隧道攻城。一有挖隧道的迹象，立即抗衡。敌人隧道方位还不确定，我方勿追赶。凡是对付以隧道进攻的敌人，每隔二十步挖一隧道，隧道高十尺、宽十尺，向前开挖时，每步向下倾斜三尺，深入十步就左右横向开挖支道"拥穴"，高和宽也分别为十尺。"杀"埋两个坛子，深度与地面平齐，盖上木板，用来测量地下声响。每五步挖一个井。用梓木和松木做成隧道门，门内安上两捆蒺藜，蒺藜的长度与门的高度一致。门上装铁环。门外用石头垒成高七尺的围墙，围墙上加砌矮墙，围墙内不要修建阶梯和垒石块，用吊梯上下出入。准备炉灶风箱，风箱用牛皮制做，炉上有两只大缸。用杠杆鼓动风箱，鼓动一百下，炉中装备重四十斤的煤；用燃烧着的木炭塞进去给煤助燃，装满炉灶盖好盖子，不让烟气出来。敌人隧道接近我方时，根据穴的高下情况若不到我穴，向上或向下开挖以求开通。在隧道与敌人相遇，只抵抗而不要追逐，假装败退，等待炉火燃烧，炉火一燃，就立即离开敌人，进入壅穴。“杀”有“鼠穴”，设置门和锁，往来其中。每个隧道中放一条狗，狗叫就说明有人来了。

斩艾与柴长尺，乃置窑灶中。先垒窑壁，迎穴为连[①]。凿井傅城足，三丈一，视外之广陕而为凿井，慎勿失。城卑穴高从穴难。凿井城上[②]，为三四井，内新甀井中[③]，伏而听之。审之知穴之所在，穴而迎之。穴且遇，为颉皋，必以坚材为夫[④]，以利斧施之，命有力者三人用颉皋冲之，灌以不洁十余石。趣伏此井中，置艾其上，七分[⑤]，盆盖井口，毋令烟上泄，旁其橐口[⑥]，疾鼓之。以车轮辒[⑦]。束樵，染麻索涂中以束之。铁锁县正当寇穴口。铁锁长三丈，端环，一端钩。

注释

①连：字后疑漏一“版”字。 ②上：应作“下”。 ③内：应作“纳”。甀：一种瓦器。 ④夫：指桔槔杆。 ⑤分：应作“八员”，即七八团。 ⑥其：应作“立”。 ⑦辒：前疑漏一“为”字，轮辒：一种冲撞的轮车。

译文

把艾草与木柴砍成一尺一段放置在炉灶中。先垒石头砌成灶壁，迎着隧道把木板拼好。紧靠城墙根打井，每三丈掘一口井，要根据地形的宽窄打井，谨慎不要失误。城低穴高，穴难开凿。

在城墙下掘井三四口，把蒙着皮革的坛子装入井中，贴在坛口静听声音。确切弄清了敌人隧道的方位后，打隧道迎敌。敌我隧道快要接通时，一定要用坚硬的木头做成桔槔，装上有锋刺的斧头，命令三个力气大的人使用桔槔冲击将十几担不干净的东西灌入。我方埋伏在隧道井中，在上面堆放七八团艾草，用大盆盖上井口，不要叫烟上冒，在旁边装上风箱，迅速鼓动。用车轮做成“辒辒”。连接木头，麻绳涂上泥巴捆扎车轮。用铁链将辒辒悬挂在敌人隧道口。铁链长三丈，一端是铁环，一端是挂钩。

鼠穴高七尺五寸，广柱间也尺①，二尺一柱，柱下傅舄，二柱共一员十一②。两柱同质，横员士③。柱大二围半，必固其员士④，无柱与柱交者。穴二窑，皆为穴月屋⑤，为置吏、舍人各一人，必置水。塞穴门，以车两走为蒀，涂其上，以穴高下广陕为度，令人穴中四五尺，维置之。当穴者客争伏门，转而塞之。为窑容三员艾者，令其突入伏⑥。伏傅突一旁，以二橐守之勿离。穴矛以铁，长四尺半，大如铁服，说即刃之二矛。内去窦尺⑦，邪凿之，上穴当心，其矛长七尺。穴中为环利率，穴二。

注释

①也：应作“七”。 ②员十一：应作“负土”。 ③员士：应作“负土”。 ④同③。 ⑤月屋：应作“门上瓦屋”。 ⑥伏：后疑掉一“尺”字。 ⑦内：应作“穴”。

译文

鼠穴高七尺五寸，支柱间横宽七尺，纵长二尺。支柱垫石块，两个支柱上端共用一块顶板，名叫“负土”。柱子下垫石块，“负土”横放。柱子粗二围半，一定要将顶板装牢，柱与柱不要

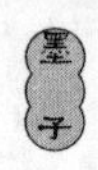

相交。隧道口设两个灶，门上做一瓦屋，安排小吏和亲信各一人掌管，一定要备足了水。阻塞隧道口，用两个车轮扎成辘辒涂上泥，根据隧道的宽窄，悬挂在隧道中四五尺处的地方。当攻打隧道的敌人攻入我方伏门时，就转动辘辒堵住敌人。砌筑能容下三大团艾草的炉灶，直伸入到伏穴。我方隐伏在突门一旁，带着两只风箱不可离开。隧道中使用的短矛用铁铸造，长四尺半，大小与“铁服”相同，两边磨锋利。在离隧道口一尺处掘进时，要倾斜着，一直打到地心，所用矛长七尺。隧道中装置环索供上下牵引，每条隧道安装两条。

凿井城上[①]，俟其身井且通[②]，居版上，而凿其一偏，已而移版，凿一偏。颉皋为两夫，而旁貍其植，而数钩其两端[③]。诸作穴者五十人，男女相半。五十人[④]。攻内为传士之口[⑤]，受六参[⑥]，约枲绳以牛其下[⑦]，可提而与投[⑧]。已则穴七人守退垒之中，为大庑一，藏穴具其中。难穴，取城外池唇木月散之什[⑨]，斩其穴[⑩]，深到泉，难近穴，为铁鈇，金与扶林长四尺，财自足。客即穴，亦穴而应之。

注释

①上：应作“下”。　②身：应作“穿”。　③数：应作“敷”。　④五十人：衍文。　⑤内：应作“穴”。士：应作“土”。口：应作“具”，一种盛土的工具。　⑥参：一种盛土的筐。　⑦枲绳：就是麻绳。牛：应作“绊”　⑧与：应作“举”。投：投土。　⑨月：应作“瓦”。什：应作“外”。　⑩穴：应作“内”。

译文

在城下掘井，等到井快要挖通时，就站到木板上，向旁边斜凿，凿完以后，移动木板，开凿另一边。桔槔做成两端，旁边植立柱，把钩子安装在两头。打隧道的人每队五十人，男女各半。打隧道要用一种传土工具，每条隧道用六个，用绳子兜住底部，可以提起将土倒出去。隧道中止后，每七人退守洞垒中。建大屋一间，专藏隧道工具。捡取护城河边的木石瓦砾撒在城墙外，再在城内开挖壕沟，深度到地下水。在快要接通敌方隧道时，要制造铁斧，斧头连同斧柄共长四尺，数量够用即可。如果敌人挖通隧道，我就以相对的隧道来应战。

为铁钩钜长四尺者，财自足。穴彻，以钩客穴者。为短矛、短戟、短弩、虻矢[①]，财自足，穴彻以斗。以金剑为难，长五尺，为銎、木𪨊[②]；𪨊有虑枚[③]，以左客穴。

戒持罂[④]，容三十斗以上，貍穴中，丈一，以听穴者声。

为穴，高八尺，广[⑤]，善为傅置[⑥]。具全、牛交稾皮及坛[⑦]，卫穴二[⑧]，盖陈靃及艾，穴彻熏之[⑨]。斧金为斫[⑩]，𪨊长三尺，卫穴四。为垒，卫穴四十，属四。为斤、斧、锯、凿、馒[⑪]，财自足。为铁校，卫穴四。为中橹，高十丈半[⑫]，广四尺。为横穴八橹盖[⑬]。具稾、枲，财自足，以烛穴中。盖持醯[⑭]，客即熏，以救目。救目分方醯[⑮]穴，以益盛醯置穴中[⑯]，文盆毋少四斗[⑰]。即熏，以自临醯上及以洒目[⑱]。”

注释

①虻矢：短箭。 ②銎（qióng）：刀剑斧头等带孔用来装柄的地方。𪨊：即“柄”。 ③虑枚：同“辘轳”。 ④戒持：制备。 ⑤广：字后漏了“八尺”二字。 ⑥傅置：立起支柱。

⑦全：应作“炉”；交：应作“皮”；橐：应作“橐”；皮及㼜：应作“及瓦缶”。 ⑧卫：应作“每”。 ⑨熏：前疑漏一“以”字。 ⑩金：前疑漏一“以”字。 ⑪钁；应作“镬”，大锄头。 ⑫丈：应作“尺”。 ⑬八：应作“大”。 ⑭醯：醋。 ⑮醯：应作“凿” ⑯益：应作“盆” ⑰文：应作“大”。 ⑱自：应作“目”；“洒”应作“洗”。

译文

要制作长四尺的铁钩钜，够用就行。隧道与敌方接通时，用这种武器钩打敌方士兵。短矛、短戟、短弓、短箭够用就行。敌我隧道一旦接通立即战斗。“金剑”长五尺有装柄的孔眼，木材做柄，木柄上有辘轳，是用来打败敌人的好武器。

再准备一些容量在三十斗以上的大坛子，埋放在井洞中，每丈一个，用来听取敌人挖隧道的声音。

挖掘隧道，高宽各为八尺，妥善安好支柱。准备好炉灶、牛皮风箱以及瓦钵等物，每条隧道备有两套。炉灶中装满藿香、艾草等，隧道打通，就立刻烧烟薰敌。用金属制作斧子，木柄三尺长，每条隧道准备上四把。制备盛土用的筐子，每条隧道配备四十个，挖土工具锄头之类四把。制作斧头、锯子、凿子、大锄，够用就行。配备大剪刀，每个隧道四把。制做中等大小的盾牌，高十尺半，宽四尺。准备横放在隧道内的大木板。再预备禾杆，麻梗够用即可，用来照明。还要配备“醯”，烟薰，可以救护眼睛。眼睛的薰伤一解除，我方兵士就赶紧向各方开挖隧道。用盆装上醋放在隧道里，大盆不要少于四斗，假如烟薰了，就低头靠近盆中的醋，冲洗眼睛以保护眼睛。

备蛾傅

导读

《备蛾傅》是墨子研究城池防守战术的篇章之一。“蛾傅”就是《备城门》篇中讲的“蚁傅”，这种攻城方法就是敌军凭借人多势众，驱赶士兵像蚂蚁一样强行爬城进行硬攻。针对这种进攻方法，墨子首先从战略上藐视它，认为这只不过是敌军将帅在恼羞成怒之下做出的不理智行为，这种攻城的方法靠的是人多势众，容易威慑对方，但是只要防守得当，就可以打破敌人密集的进攻。接着墨子举出的主要防守方法有城内加筑行楼、城上设置悬车、沙石、悬火等设备，城外埋设木桩、设立屏障等。最后墨子指出如果敌军退却，追击溃军时我军要统一着装，注重号令引导等。由本篇可以看出，面对强大的敌人不能惊慌，做好一系列战争的防御措施，才能将人多势众的敌军击溃。

禽子再拜再拜曰：“敢问适人强弱[①]，遂以傅城，后上先断，以为湼程；斩城为基，掘下为室。前上不止，后射既疾，为之奈何？”

子墨子曰：子问蛾傅之守邪？蛾傅者，将之忿者也。守为行临射之，校机藉之，擢之，太氾迫之[②]，烧荅覆之，沙石雨之，然则蛾傅之攻败矣。

备蛾傅为县脾[③]，以木板厚二寸，前后三尺，旁广五尺，高五尺，而折为下磨车[④]，转径尺六寸[⑤]，令一人操二丈四方[⑥]，刃其两端，居县脾中，以铁璅[⑦]敷县二脾上衡，为之机，令有力四人下上之，弗离。施县脾，大数二十步一，攻队所在六步一。

注释

①弱：应作“梁”。 ②太氾：应作“火汤”。 ③县脾：即悬郫，以铁锁悬挂的方形木箱。 ④磨车：滑车。 ⑤转：应作“轮”。 ⑥方：应作“矛”。 ⑦铁璅：铁链。

译文

禽滑釐拜了又拜，说：“请问，如果敌兵强悍，强行攀爬城墙，后上者当场斩首作为军法，挖城墙筑土山，掘隧道进入。前面敌兵不止，后面的弓箭手猛射，如何对付这种情况呢?”

墨子回答说：你问的是蛾傅的防守战法吗？蛾傅不过是敌将发怒罢了，守城一方只须加高城垛射击，用机器投掷重物，拔掉敌方器具，倾倒火把、开水，点燃“荅”从城上投下来罩住敌人，把雨点般的沙石投去，这样一来，蛾傅的攻城法就失败了。

为防备蛾傅，可制做悬滑车，二寸厚的木板制成，前后各三尺宽，两旁宽五尺，高五尺，下方是悬滑车箱，辘轳直径为一尺六寸，派一个士兵拿一支长二丈四，两端削尖的矛站在车箱中，用两条铁链套住横梁，装上辘轳，派四个强壮有力的兵士转动辘轳上升下降，不要停留。这种悬滑车每隔二十步设置一架，在敌人所攻击的范围里，每六步设立一架。

为累荅，广从丈各二尺[①]，以木为上衡，以麻索大遍之[②]，染其索涂中。为铁锁，钩其两端之县。客则蛾傅城，烧荅以覆之。连筤、抄大皆救之[③]。以车两走，轴间广大，以圉犯之，融其两端以束轮[④]，徧徧涂其上，室中以榆若蒸[⑤]，以棘为旁，命曰火捽，一曰传汤，以当队。客则乘队，烧传汤，斩维而下之，令勇士随而击之，以为勇士前行，城上辄塞坏城。

城下足为下说镵杙[⑥]，长五尺，大圉半以上[⑦]，皆剡其末，为五行，行间广三尺，貍三尺，大耳树之[⑧]。为连殳，长五尺，大十尺。梃长二尺，大六寸，索长二尺。椎，柄长六尺，首长尺五寸。斧，柄长六尺，刃必利，皆葬其一后[⑨]。苔广丈二尺，□□丈六尺，垂前衡四寸，两端接尺相覆，勿令鱼鳞三，著其后行中央[⑩]木绳一[⑪]，长二丈六尺。苔楼不会者以牒塞，数暴干，苔为格，令风上下。

堞恶疑坏者，先貍木十尺一枚一[⑫]，节坏[⑬]，斲植，以押虑卢薄于木[⑭]，卢薄表八尺[⑮]，广七寸，经尺一[⑯]，数施一击而下之，为上下钙而斲之[⑰]。

注释

①丈各：应作“各丈”。 ②遍：应作“编”。以麻索大遍之：应为“以大麻索编之”。 ③连筵：用来打击爬墙敌人的工具。抄大：应作“沙火”。 ④触：应作“融”。 ⑤徧徧：密密地。室：应作“窒”，填塞。 ⑥说：应作“锐”。镵（chán）：锋利。杙（yì）：木桩。 ⑦圉：应作“围”。 ⑧大耳：应作“犬牙”。 ⑨皆羿其一后：当作“皆著其后衡”。 ⑩行：应作“衡”。 ⑪木：应作“大”。 ⑫一：疑衍，误在此。 ⑬节：应作“即”。 ⑭虑：衍文。卢薄：柱上横木。 ⑮表：应作“长”。 ⑯经尺一：应作“径一尺”。 ⑰钙：钉子。

译文

制做“累苔”，长和宽各一丈二尺，上面的横梁用木制成，用大麻绳全面捆缚，麻绳在泥水中泡过。装备铁链，钩住两头的吊环。敌人蛾傅城墙，就点燃“苔”从上往下罩敌人。此外，“连筵”、沙火等都可供解救。配备两个车轮，让轴距要长，用

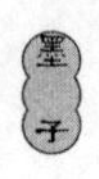

"围"固定，并将两头熔合使两轮连成一体，到处涂上泥，里面塞满榆树枝叶和麻梗，两边布满荆棘，这个被叫作"火捽"，或"传汤"，用来正面对抗敌人。敌人排队登城，就点燃"传汤"，砍断吊绳让它滚落，引导勇士跟随反击。城墙一有破坏就迅速填塞抢修。

城外墙根埋下长五尺，大一围半以上的锋利木桩，末端都要削尖，共埋五行，行距三尺，深埋地下三尺，犬牙交错安放。制造长五尺，宽十尺的"连殳"。制造长二尺，宽六寸的"梃"，系它的绳索长二尺。制作椎，柄长六尺，头部长一尺五寸。制作柄长六尺的斧子，斧口一定要锋利。这些都放在后面横木上。制作宽一丈二尺，长一丈六尺的"荅"，悬挂在前面横梁四寸的地方，两头衔接的地方要相互相接一尺左右，不要像鱼鳞那样交错。在后横梁的中间系上一根长二丈六尺的大绳。荅楼密合不好就用小木桩填塞，要多曝晒，使其干燥，"荅"要制成格栅，能使空气流通。

城上矮墙快倒塌的地方，要预先埋下木桩，每十尺一枚。城墙倒塌了，就钉紧木桩，在木桩上压上横木，横木长八尺，宽七寸，侧高一尺，一锤又一锤打下去，然后用马钉钉牢。

经一。钓①、禾楼②、罗石③。县荅植内，毋植外。杜格④，貍四尺，高者十尺，木长短相杂，兑其上，而外内厚涂之。为前行行栈，县荅。隅为楼，楼必曲里⑤。土五步一，毋其二十晶⑥。爵穴十尺一，下堞三尺，广其外。转腩城上⑦，楼及散与池，革盆。若转，攻卒击其后，煖失⑧，治。车革火。

凡杀蛾傅而攻者之法，置薄城外，去城十尺，薄厚十尺，伐操之法⑨，大小尽木断之⑩，以十尺为断，离而深貍坚筑之，毋使可拔。二十步一杀，有鬲，厚十尺。杀有两门，门广五步[11]，薄门板梯貍之，勿筑，令易拔。城上希薄门而置捣[12]。县火。四尺一椅[13]，五步一灶，灶门有炉炭。传令敌人尽入，车火烧门[14]，县火次之，出载而立，其广终队，两载之间一火，皆立而待鼓音而然，即俱发之。敌人辟火而复攻，县火复下，敌人甚病。

敌引哭而榆[15]，则令吾死士左右出穴门击遗师[16]，令贲士、主将皆听城鼓之音而出，又听城鼓之音而入。因素出兵将施伏，夜半而城上四面鼓噪，敌人必或[17]，破军杀将。以白衣为服，以号相得。

注释

①经一：衍文。钓：应作"钩"。 ②禾：应作"木"。 ③罗石：应作"纍石"。 ④杜格：应作"柞格"，一种阻碍行军的设施。 ⑤曲里：应作"再重"。 ⑥其：应作"下"。 ⑦转腷城上：此句不详。 ⑧煖：应作"缓"。 ⑨操：应作"薄"。 ⑩尽木：即"连根"。木：当为"本"。 ⑪步：应作"尺"。 ⑫捣：应作"楬"。 ⑬椅：应作"橶"，挂悬火的钩子。 ⑭车：应作"熏"，熏灼。 ⑮哭：应作"师"；榆：应作"逃"。 ⑯遗：当作"溃"。 ⑰或：当作"惑"。

译文

钩、木楼、纍石都要准备好。"苔"悬挂在柱子内面，不要悬挂在柱子外面。"柞格"，埋入地下四尺，高出地面十尺，木头长短要互相交错，头部削尖，里外厚厚抹泥。制做前进的行栈，悬挂烧苔。城角建楼，楼要多层。每五步土一堆，每堆不少于二十笼筐。每十尺打一个小洞，开在矮墙下部三尺的地方，外面的口要大。转腷城上，准备好行楼，杀，水池和盛水用的皮盆。敌兵转向，而担负攻击任务的士兵不能及时出击，贻误战机军法处置。用车辆装载薰火。

阻止敌人爬城硬攻，城外设置木桩做成屏障，屏障离城墙十尺，高十尺，采伐办法是不分大小连根拔起，锯成十尺长一段，互相间隔深埋压紧，不能让人拔出来。每二十步设置一个“杀”，杀中设“鬲”，鬲厚十尺。杀装有两扇门，门宽五尺。木桩屏障门户要浅埋，不要埋得太牢实；以便拔出。城上对着木桩屏障处，相应设置“楬”。悬挂火具。每隔四尺装一个钩樴，五步建一口炉灶，炉灶门堆放炉炭。等敌人全部进入放火烧门，接着抛扔悬火。摆放作战器具，宽度与敌人队列相应。每两个作战器具之间设置一个悬火，派士兵站立在旁边，等待鼓声一响就点火。敌人若避开悬火再度进攻，悬火也就再次往下投，如此反复，敌人必定十分苦恼。

敌人引兵逃走，就命令我方敢死队从左右出穴门而追击溃敌，但要严令勇士和将帅以鼓声为令出入。趁着多次出击时还可设下埋伏，半夜三更城墙上四面鼓噪，敌兵一定慌乱，伏兵便可乘机攻破敌营，擒杀首领。不过要以白衣服作为军服，凭口号互相联络。

迎敌祠

导读

《迎敌祠》是墨子探讨城池防守方法的篇章之一。主要讲述迎敌前的各种祭祀规则，对巫师卜师的态度，誓师的具体形式和内容以及各级各类官吏、将士的职守和有关城防部署问题。文中有一些内容涉及古代的巫祝之术，对于这些我们今天不能一概否定为封建迷信，而应将其视为了解上古巫祝文化的重要资料，从中我们可以看出战争前祭祀的种种细节，颇为有趣。本篇虽然讲的是战前祭祀鬼神，祝告宗庙，但我们还是可以从中看出墨子并不是完全将战争的成败归结于天意和气数，而是客观地描述战前祭祀的仪式。这种必要的仪式在古代社会是十分重要，也是十分必要的，它有利于战前官民的团结，以及士兵情绪的调动。字里行间我们还是可以看出墨子将战争胜利的与否落实在人事上，巫师通过望气，占卜来预知未来，是为了稳定民心，如果巫师随便发布不实消息，扰乱民心，就会被处斩。墨子强调百官要各司其事，做好战前的各种准备，如准备好钱粮供应，修缮好各类工事，布置好各类城防等。所以无论什么条件下，只有做好充分的战前准备，同仇敌忾才能立于不败之地。

敌以东方来，迎之东坛，坛高八尺，堂密八[①]；年八十者八人，主祭；青旗、青神长八尺者八[②]，弩八，八发而止；将服必青，其牲以鸡。敌以南方来，迎之南坛，坛高七尺，堂密七；年七十者七人，主祭；赤旗、赤神长七尺者七，弩七，七

发而止；将服必赤，其牲以狗。敌以西方来，迎之西坛，坛高九尺，堂密九；年九十者九人，主祭；白旗、素神长九尺者九，弩九，九发而止；将服必白，其牲以羊。敌以北方来，迎之北坛，坛高六尺，堂密六；年六十者六人，主祭；墨旗、黑神长六尺者六，弩六，六发而止；将服必黑，其牲以彘。从外宅诸名大祠，灵巫或祷焉，给祷牲。

注释

①密：指长、宽、高三者。　②青神：指穿着青色衣服，充当神体的祭祀者，下“赤神”“素神”“黑神”同。

译文

如果敌人从东方来，就在东方的祭坛上祭祀神灵，坛高八尺，宽深也各八尺；由八个八十岁的老人主持祭青旗的仪式，安排八个身高八尺的人充当八位东方神，设置八个弓箭手，每个弓箭手射出八支箭；将领们的服装一定要是青色的，还要用鸡作祭品。如果敌人从南方来，就在南方的祭坛上祭祀神灵，坛高七尺，宽深也各七尺；安排七个七十岁的老人主持祭赤旗的仪式；准备七个七尺高的人来做七尊南方赤神，安排弓箭手七个，每人发射七支箭；将领的军服一定要赤色的，用狗作祭品。敌人从西方来，就在西边的祭坛祭祀，神坛高九尺，宽深也各为九尺；九个九十岁的老人主持祭白旗的仪式；九个身高九尺的人作九尊西方白神，安排九个弓箭手每人发射九支箭；将领的军服一定要白色的，用羊作祭品。敌人从北方来，就在北方的祭坛上祭祀神灵，祭坛高六尺，宽深各为六尺；由六位六十岁的老人主持祭黑旗的仪式；身高六尺的六个人充当六尊北方黑神，安排六个弓箭手每人各发六支箭；将领的军服一律黑色，用猪作祭品。城外面所有有名的大祠堂里，灵验的巫师在那里祈祷神灵，要供给他们祭品。

凡望气，有大将气，有小将气，有往气，有来气，有败气，能得明此者可知成败、吉凶。举巫、医、卜有所长，具药，宫之[①]，善为舍。巫必近公社[②]，必敬神之。巫、卜以请守[③]，守独智巫、卜望气之请而已。其出入为流言，惊骇恐吏民，谨微察之，断罪不赦。望气舍近守官。牧贤大夫及有方技者若工[④]，弟之[⑤]。举屠、酤者置厨给事，弟之。

注释

①宫：字后疑掉一“养”字。 ②公社：官方祭祀土地神的地方。 ③请：通“情”，实情。守：字前疑漏一“报”字。 ④牧：应作“收”，集合。 ⑤弟：划分等级次序。

译文

凡占望气，有大将气，有小将气，有往气，来气、败气，能懂得这些的人可预知成败，吉凶。推举有专长的巫师、医师和卜人，根据特长，配备药物，提供住房，妥善安排住宿。巫师住的地方一定要靠近公社，像神灵一样敬重。巫师和卜师将实情报告守将，只有守将知道占望的结果，如果巫师卜师制造流言，官民惊恐，要谨慎地暗中侦察，处罚，罪不容赦。望气的地方要接近长官住的地方。将贤大夫和有专长的技师集中起来，给予相应的等级。挑选屠夫，酿酒人安排到厨房工作，给予职务等级。

凡守城之法，县师受事出葆[①]，循沟防[②]，筑荐通涂[③]，修城。百官共财[④]，百工即事，司马视城修卒伍。设守门，二人掌右阖[⑤]，二人掌左阖，四人掌闭，百甲坐之。城上步一甲、一戟，其赞三人[⑥]。五步有五长，十步有什长，百步有百长，

旁有大率，中有大将，皆有司吏卒长。城上当阶，有司守之。移中中处[⑦]，泽急而奏之[⑧]。士皆有职。

注释

①县师：军队中职官名称。葆：堡垒。 ②循：巡查。 ③荐：用以堵塞道路的障碍物。涂：通“途”，道路。 ④共：犹“供”。 ⑤阉：同“掩”，门扇。 ⑥赞：辅助人员。 ⑦移中中处：古人称薄书为“中”。中处：恰当的地方。 ⑧泽：当作“择”，择取。

译文

一般守城的方法是县师负责视察堡垒，巡视河沟城防，在路上设置障碍物，修缮城墙。所有官员负责供应财用，有手艺的人要努力做事。司马根据城防情况布置士兵。守门，两个人掌管右边门扇，两个人掌管左边门扇，四人掌管开关城门，百名士兵坐守城门。城墙上每隔一步派一个带甲的士兵，一个握戟的士兵，另外加三个帮手。每隔五步配备一个伍长，每隔十步安排一名什长，每隔百步委任一名佰长。在城的四面，分别派有一个大帅；城的中央有大将。这样逐级都有首领和各自的职责。在上城墙的阶梯处，派专职的官兵把守。将文书转移到合适的地方，选取紧急部分上报。军士们也都有各自的职守。

城之外，矢之所遝[①]，坏其墙，无以为客菌[②]。三十里之内，薪蒸、水皆入内。狗、彘、豚、鸡食其肉，敛其骸以为醢，腹病者以起。城之内，薪蒸庐室，矢之所遝，皆为之涂菌。令命昏纬狗纂马，掔纬[③]。静夜闻鼓声而噪，所以阉客之气也[④]，所以固民之意也，故时噪则民不疾矣。祝、史乃告于四望、山川、社稷，先于戎，乃退。公素服誓于太庙，曰：

"其人为不道，不修义详[5]，唯乃是王[6]，曰：'予必怀亡尔社稷，灭尔百姓。'二参子尚夜自厦[7]，以勤寡人，和心比力兼左右，各死而守。"既誓，公乃退食。舍于中太庙之右，祝、史舍于社。百官具御，乃斗[8]，鼓于门，右置旗，左置旌于隅练名。射参发，告胜，五兵咸备，乃下，出挨[9]，升望我郊。乃命鼓，俄升，役司马射自门右，蓬矢射之，茅参发[10]，弓弩继之；校自门左，先以挥，木石继之。祝、史、宗人告社，覆之以甑。

注释

①逻：意思为"及"，这里指箭矢到达的地方。 ②菌：掩体。 ③擊：束紧套牢。 ④阁：犹"掩"，压制。 ⑤详：当作"祥"。 ⑥乃：应作"力"；王：应作"正"。 ⑦参：同"叁"。厦：应作"厉"，勉励。 ⑧斗：应作"升"。 ⑨挨：应作"俟"，等待。 ⑩茅：应作"矛"。

译文

城外箭能射得到的墙要统统推倒，以免被敌人利用。三十里以内，所有柴草树木一律运进城内。狗，猪，鸡，吃掉肉，收集骨头制成酱，用来治肠胃病。城内，凡是箭能射到的地方，一切柴草和房屋都要抹上泥。黄昏之后，命令城内人拴紧狗，套住马。夜深人静之时一旦听到鼓声就一齐呐喊，用来压制敌人气焰，同时稳定民心，不致使老百姓惊扰。太祝和太史官战前祭告四望山川和宗庙，祈祷战胜外敌，然后退出。国君穿白色祭服在太庙前誓师。说："这些人无道，不修仁义，只知道使用暴力，还口口声声说'我一定要灭掉你的国家，消灭你的百姓'。大臣们尚且自我勉励，努力辅助我，左右部下们齐心协力，誓死保守国家。"誓师结束，诸侯退下用餐。临时住在中太庙的右边房舍中，太祝和太史住在社庙里。其它官员各司职守，于是上庙，在庙门前击鼓，门的右边插上旗，左边插上旌，旌上有标志，发射三支箭，祈祷胜利，各军种齐备。走下太庙，出外等候，登上城台观望城郊。接着命令击鼓，一会儿登上门台，役司马从门的右边射箭，拿矛的兵士刺三下，接着弓箭手发射；军校从门的左边挥动武器，然后木头擂石一齐抛下。太祝、太史，礼官向社庙祭告，然后把祭品用盛饭的陶器盖起来。

旗帜

导读

《旗帜》是墨子研究城池防守战术的篇章之一。主要说明守城时用旗帜联络的种种方法。自古及今，旗帜一直是军队中不可替代的重要标识符号。在本篇中墨子详细列举了各种旗帜的颜色、图案、尺寸以及数量等，如不同图案代表着不同兵种，不同颜色代表着不同军需物资的需求，不同的尺寸规格代表着不同等级的将领等。所有这一切都使我们颇觉生动有趣，从而了解到我国古代战争中旗语的丰富多彩。

守城之法，木为苍旗，火为赤旗，薪樵为黄旗，石为白旗，水为黑旗，食为菌旗①，死士为仓英之旗②，竞士为雩旗③，多卒为双兔之旗，五尺童子为童旗，女子为梯末之旗④，弩为狗旗，戟为萑旗⑤，剑盾为羽旗，车为龙旗，骑为鸟旗。凡所求索旗名不在书者，皆以其形名为旗。城上举旗，备具之官致财物，之足而下旗⑥。

注释

①菌旗：绘有食用菌一类图案的旗帜。 ②仓英：当做“苍鹰”。 ③雩：应作“虎”。 ④梯末：当作“姊妹”。 ⑤萑旗：绘有鹰一类图案的旗帜。 ⑥之：应作“物”。

译文

守城之法：挂青色旗需木，挂红旗需火，挂黄旗需柴禾，挂

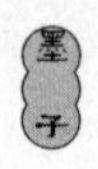

白旗需石头，挂黑旗时需要水，挂绘有食用菌的旗需粮食，挂绘有苍鹰的旗是征调敢死队，挂虎旗是征调最有战斗力的兵，挂双兔旗征调多余兵力，挂童旗征调童军，挂姊妹旗征调女兵，挂狗旗需弓箭，挂鹰旗需戟，挂羽旗需剑和盾，挂龙旗需车，挂鸟旗需马。凡是需要征调的物质旗帜无法说明的，就将所需物质的形状描画在相应的旗帜上。城上悬挂旗帜是军需官在联络征集调用财物，一旦满足，就把旗帜降下。

凡守城之法：石有积，樵薪有积，菅茅有积[①]，藋苇有积[②]，木有积，炭有积，沙有积，松柏有积，蓬艾有积，麻脂有积，金铁有积，粟米有积；井灶有处；重质有居；五兵各有旗；节各有辨；法令各有贞；轻重分数各有请[③]；主慎道路者有经[④]。

亭尉各为帜，竿长二丈五，帛长丈五、广半幅者大[⑤]。寇傅攻前池外廉[⑥]，城上当队鼓三，举一帜；到水中周[⑦]，鼓四，举二帜；到藩，鼓五，举三帜；到冯垣[⑧]，鼓六，举四帜；到女垣[⑨]，鼓七，举五帜；到大城，鼓八，举六帜；乘大城半以上，鼓无休。夜以火，如此数。寇却解，辄部帜如进数，而无鼓。

注释

①菅：一种光滑的茅草。　②藋：应作“萑”，芦苇。③请：通“情”，实际情况。　④有经：巡视道路者各自有自己负责的区域。　⑤大：应作“六”。　⑥廉：边。　⑦周：通“洲”，水中陆地。　⑧冯垣：城堞之外的外圈矮墙。　⑨女垣：即城堞，也叫“女墙”。

译文

按守城的法则，擂石、柴薪、茅草、芦苇、木材、炭、沙、松柏、蓬艾、麻秆、油脂、铜铁和粮食积聚充分；水井、炊灶放置妥当；重要人质安排住处；各路兵种都有旗帜；号令详加辨别；法令定制清楚；轻重等级根据实际情况而定；主持巡查道路的官吏有各自划定的范围。

各个亭尉都有自己的旗帜，旗竿长二丈五尺，帛长一丈五尺，宽半幅，共六面。当敌人进攻到护城河外边时，正面迎敌的守军击三下鼓，挂一面旗；当敌人进攻到河道中间时就击四下鼓，挂两面旗；当敌人攻到护城河的藩篱边时，就击鼓五下，挂四面旗，当敌人进入第一道矮墙时，就击鼓五下，挂三面旗；当敌人深入到女墙时，就击七下鼓，挂五面旗；当敌人深入到大城墙下时，就击八下鼓，挂六面旗；当敌人爬上大半个城墙时，就擂鼓不停。如果是在夜晚，就以举火把来代替挂旗，举火把的数目与白天挂旗的数目一样。敌人退却，悬挂旗的数目同敌进攻时的数目不变，但不击鼓。

城为隆[①]，长五十尺，四面四门将，长四十尺，其次三十尺，其次二十五尺，其次二十尺，其次十五尺，高无下四十五尺[②]。

城中吏卒、民男女皆辩异衣章徽。

城上吏卒置之背，卒于头上；城下吏、卒置之肩，左军于左肩，右军于右肩，中军置之胸，各一。鼓，中军一三[③]，每鼓三、十击之，诸有鼓之吏，谨以次应之；当应鼓而不应，不当应而应鼓，主者斩。

道广三十步，于城下夹阶者各二其井，置铁瓮。于道之外为屏，三十步而为之圜，高丈。为民圂[4]，垣高十二尺以上。巷术周道者[5]，必为之门，门二人守之；非有信符，勿行，不从令者斩。

诸守牲格者[6]，三出却适[7]，守以令召赐食前，予大旗，署百户邑，若他人财物[8]，建旗其署，令皆明白知之，曰某子旗。牲格内广二十五步，外广十步，表以地形为度[9]。

靳卒中教[10]，解前后、左右，卒劳者更休之。

注释

①城：后疑漏一“将”字；“隆”应作“绛帜”，即红色旗（孙诒让说）。 ②四十五：疑作“十五”。 ③一：疑衍误在此。 ④圂：厕所。 ⑤术：城中的道路。 ⑥牲格：应作“柞格”，木桩筑成的樊篱。 ⑦适：当作“敌”。 ⑧若：或。 ⑨表：应作“袤”。 ⑩靳：应作“勒”，部署。

译文

城中大将悬挂绛旗，高五十尺，东西南北四门守将的旗帜各长四十尺，其次三十尺，再次二十五尺，依次为二十尺，十五尺，不过将旗的高度没有低于十五尺的了。

城里的军官、士兵、男女百姓都通过衣服上的徽章区别。城上小吏的徽章戴在衣背上，士兵的徽章戴在头上；城下的士兵、小吏徽章都戴在衣肩上，左军的徽章都戴在左肩上，右军的徽章戴在右肩，中军的徽章戴在胸前，一人一个徽章。中军有一个号鼓，每次击鼓三至十下，其余有鼓的官吏要仔细按等第击鼓。应当击鼓回应却没有回应，不当击鼓回应时却胡乱回应，要处斩主管人。

道路三十步宽，城下夹阶的大道各有两口井，井边设置铁罐。在道路外边设立屏障，每三十步就砌成一个圆圈，高一丈。

建修公共厕所，墙高十二尺以上。城中的大街小巷都一定要安上门，每个门派两人把守，没有通行凭证不许通行，不服从命令的处斩。

各个据守柞格的兵将，三次出战击退敌兵的，守将主帅传令到官署领赏食物，授予大旗，并赐给百户的城邑或财物，把赏赐的大旗竖在营署中，使人们都明白此兵将立了大功，此种大旗称为“某人旗”。柞格内宽二十五步，外宽十步，长度根据地形决定。

要按照教令带兵，知道前进后退，向左向右，还要让疲劳的士兵能轮流休整。

号令

导读

《号令》是墨子研究城池防守方法的重要篇章之一。全篇带有综合性质。但主要讲述军纪、法规、禁令、人员布防和处置的种种具体原则和方法。本篇开篇先从地理环境谈起，一个国家只有合理利用自然条件构筑防御工事，才能够保护城池安全，从而国家安定，百姓丰足。由此引出“人”是决定战争胜负的重要因素。只有军民同心，同仇敌忾才能够取得战争的绝对胜利。那么如何凝聚战争中的民心呢，墨子详细列举了严格的军事纪律，这些军纪看起来有些严苛，但只有这样才能在战时有效地保证军民步调一致，从而形成一个高效的战斗体，来取得防御战的最后胜利。当然，在严明的军纪之外，还应有丰厚的激励机制，这不仅包括战前要给各级各类官长和普通士兵本人及其家属提供相应等级的住房和饮食，使他们无后顾之忧，还包括在战争结束之后的论功行赏，以及对战争遗属的慰问和安抚。在墨家学者看来，安民心，得民望，奖罚分明、恩威并重，是取得战争胜利的重要保障。

安国之道，道任地始，地得其任则功成，地不得其任则劳而无功。人亦如此，备不先具者无以安主，吏卒民多心不一者，皆在其将长，诸行赏罚及有治者，必出于王公。数使人行劳赐守边城关塞、备蛮夷之劳苦者，举其守率之财用有余、不足，地形之当守边者，其器备常多者。边县邑视其树木恶则少用，田不辟，少食，无大屋草盖，少用桑。多财，民好食。为内牒①，内行栈，置器备其上，城上吏、卒、养②，皆为舍道内，各当其隔部③。养什二人④，为符者曰养吏一人⑤，辨护诸门。门者及有守禁者皆无令无事者得稽留止其旁，不从令者戮。敌人但至，千丈之城，必郭迎之，主人利。不尽千丈者勿迎也，视敌之居曲众少而应之，此守城之大体也。其不在此中者，皆心术与人事参之。凡守城者以亟伤敌为上，其延日持久以待救之至，不明于守者也。不能此⑥，乃能守城。

注释

①牒：应作“堞”。 ②养：提供给养的炊事员。 ③隔部：负责把守的分区。 ④养什：每十个人安排两名炊事员。 ⑤养吏：掌管信符的人。 ⑥不：当作“必”。

译文

安邦治国的途径，从利用地理条件开始，地理条件利用得好就能成功，地理条件利用得不好就会徒劳无功。人也是这样，不预先做好准备就无法使国君安定，官吏、士兵和百姓人心不一致，责任在于将领和上级，所有的赏赐和处罚，都应出自王公大人。必须多次派人慰问赏赐镇守边城关塞、防备蛮夷的辛劳将士，并报告镇守将帅军费是否够用，险要地形是否该守，武器装备是否充足。边境城市，树木生长不好就要少用，土地没有开垦就少吃，没有大屋和草屋少砍桑树。经济富裕，老百姓喜欢吃喝。城内建矮墙和行栈，上面装备武器，守城的头目、士兵、炊事人员在城内各自的所属区域负责，每十个人两个炊事员，掌管符信凭证的养吏一人，监察守护各城门。守门人和守禁人不要让无关人员逗留身边，不听从命令的人杀掉。敌人来犯，千丈以上的大城，一定要在郊区迎战敌人，守城一方有利。城邑不够千丈

的，不要出城，根据敌人多少灵活应战，是防守城池的大体原则。没有提到的，就根据心术和人事参照处理。守城一方以迅速歼灭敌人为上策，拖延太久，等到敌人的援兵到来，这是不懂得守城的方法。能懂得这些道理才能守城。

守城之法，敌去邑百里以上，城将如今尽召五官及百长①，以富人重室之亲，舍之官府，谨令信人守卫之，谨密为故。及傅城，守将营无下三百人。四面四门之将，必选择之有功劳之臣及死事之后重者，从卒各百人。门将并守他门，他门之上，必夹为高楼，使善射者居焉。女郭冯垣一人一人守之②，使重室子。五十步一击③。因城中里为八部，部一吏，吏各从四人，以行冲术及里中。里中父老小不举守之事及会计者④，分里以为四部，部一长，以苛往来不以时行、行而又他异者，以得其奸。吏从卒四人以上有分者，大将必与为信符；大将使人行守操信符，信不合及号不相应者，伯长以上辄止之，以闻大将。当止不止及从吏卒纵之，皆斩。诸有罪自死罪以上，皆逮父母、妻子、同产⑤。诸男女有守于城上者，什六弩、四兵。丁女子⑥、老、少，人一矛。

注释

①五官及百长：泛指城中大小官吏。 ②女郭：即“女垣”，城头矮墙。一人一人：当作“一人”。 ③击：应作“楼”。④会计：掌管财务支出的人。 ⑤同产：同胞兄弟姐妹。 ⑥丁女子：成年女子。

译文

守城的方法：敌人离城百里之外，守城将领要把大小官员以及富人、贵族的亲眷集中起来安排到官府，派可靠的部下小心保护，越谨慎机密越好。敌人爬墙，守城将领所在兵营不得少于三百人。四个城门的将领一定要选择立过军功，或为君主出过死力的忠臣之后担任，每人带兵一百人。门将如果兼守其他城门，就必须在另一城门上建立高楼，派善于射箭的士兵守住，城上矮墙、冯垣一个一个排列起士兵守护，让贵族子弟来守护。每隔五十步建一个楼。城中街巷分为八部，每部设置一个官吏，每个官吏带四个人，在要道和街巷巡逻。街巷中老年人、少年人等没有参与守城的人和管理财物出入的人，按街巷分为四部，每部设一首领，盘查来往行人中那些不按规定时间来往或行为异常的人，以便捉拿奸细。带士兵四人以上的官吏去执行守城任务，大将一定要发放信符；大将派人巡查守卫也要发放信符，信符不合及口号不对的人，伯和长以上官吏可以阻止，并报告大将。应当阻止而不阻止，或者官吏私自放人，一律斩首。凡是有罪以及死罪以上的，父母、妻子儿女和兄弟都要抓起来。在城上防守的男子，每十人中，六人拿弓箭，其余四人拿兵器；参加防卫的成年女子、老人和少年每人拿一把矛。

卒有惊事①，中军疾击鼓者三，城上道路、里中巷街，皆无得行，行者斩。女子到大军，令行者男子行左，女子行右，无并行。皆就其守，不从令者斩。离守者三日而一徇②，而所以备奸也。里正与皆守宿里门③，吏行其部，至里门，正与开门内吏，与行父老之守及穷巷幽间无人之处。奸民之所谋为外心，罪车裂。正与父老及吏主部者，不得，皆斩；得之，除，又赏之黄金，人二镒。大将使使人行守④，长夜五循行，短夜三循行。四面之吏亦皆自行其守，如大将之行，不从令者斩。

注释

①卒：同“猝”，突然，仓猝。 ②徇：查询。 ③与：后脱“父老”二字。 ④使人：应作“信人”。

译文

有紧急事情，中军赶快击鼓三下，城上道路、城内街巷禁止通行，擅自通行的人杀掉。女子参与大军时，男子走左边，女子走右边，不许并排行走。坚守各自岗位，不听从命令的要杀掉。三天检查一次到岗情况，以防止作弊。里正和年长的人守护里门，官吏巡查到他的区片，到里门，里正开门迎接官吏，陪同巡查各居民父老所守的岗位和偏僻无人的地方。图谋通敌的奸民，处以车裂之刑。里正和父老以及主管官吏，没有发现内奸，斩首，发现的免罪并赏给黄金一人二镒。大将派亲信巡视，夜长时巡查五次，夜短时巡查三次。四方将领要像大将一样也巡查各自的区域，不执行命令的斩首。

诸灶必为屏，火突高出屋四尺[①]。慎无敢失火，失火者斩其端，失火以为事者车裂。伍人不得，斩；得之，除。救火者无敢讙哗，及离守绝巷救火者斩。其正及父老有守此巷中部吏，皆得救之，部吏亟令人谒之大将，大将使信人将左右救之，部吏失不言者斩。诸女子有死罪及坐失火皆无有所失，逮其以火为乱事者如法。

注释

①火突：烟囱。

译文

所有炉灶一定要有保护装置，烟囱要高出屋顶四尺，小心谨慎不要失火，失火的责任人要杀掉，故意放火的车裂。邻居不举报，杀掉；如果抓住就免于处罚。救火的人不许喊叫，喊叫者及擅离本岗去街巷救火的，也要杀掉。失火地区的里正和父老，以及主管官吏都要救火，官吏要迅速派人报告大将火情，大将派遣亲信率领部下去救火。部吏隐瞒不报告处斩。女子犯有死罪，以及失火犯罪但并没有损失的，一律逮捕，故意纵火捣乱的依法论处。

围城之重禁：敌人卒而至，严令吏命无敢讙嚣[①]、三最[②]、并行、相视坐泣、流涕若视、举手相探、相指、相呼、相麾、相踵、相投、相击、相靡[③]以身及衣、讼驳言语，及非令也而视敌动移者，斩。伍人不得，斩；得之，除。伍人逾城归敌，伍人不得，斩；与伯归敌[④]，队吏斩；与吏归敌，队将斩。归敌者父母、妻子、同产，皆车裂。先觉之，除。当术需敌离地[⑤]，斩。伍人不得，斩；得之，除。

注释

①命：应作“民”。 ②三最：三人以上聚集。最：当作“聚”。 ③相靡：相摩擦。 ④伯：伯长，即“百夫长”，一百人的小队伍的首领。 ⑤当术：面对敌人来犯的道路。术：道路。需：怯懦。离地：逃离阵地。

译文

城邑被围困，最重要的禁令是：敌人突然来到，严厉禁止官吏和百姓大声喊叫，三人以上聚集，两人并行、面对面坐着哭泣、流泪相望、打手势探问、互相指手划脚、互相呼唤、你拉我扯、脚跟相互碰撞互相斗殴撕烂衣物、互相争辩，以及没有接到命令擅自察看敌人动静，一律处以死刑。同伍的人不能制止，斩首；能制止的，免罪。同伍中有人翻越城墙投敌，同伴没有抓住，斩首；伯长叛变投敌，队吏要斩首；队吏叛变投敌，队将斩首。叛变投敌者的父母、妻子、儿女、兄弟都要处以车裂之刑。事先发觉并报告上级的，免罪。害怕敌人临阵脱逃的，斩首；同伍的人没有发现制止的，斩首；发现和制止的，免罪。

其疾斗却敌于术①，敌下终不能复上，疾斗者队二人，赐上奉②。而胜围，城周里以上，封城将三十里地为关内侯，辅将如令赐上卿，丞及吏比于丞者，赐爵五大夫，官吏、豪杰与计坚守者，十人及城上吏比五官者③，皆赐公乘④。男子有守者爵，人二级，女子赐钱五千，男女老小先分守者，人赐钱千，复之三岁，无有所与，不租税。此所以劝吏民坚守胜围也。卒侍大门中者，曹无过二人。勇敢为前行，伍坐，令各知其左右前后。擅离署，戮。门尉昼三阅之，莫，鼓击门闭一阅，守时令人参之，上逋者名⑤。铺食皆于署⑥，不得外食。守必谨微察视谒者、执盾、中涓及妇人侍前者志意、颜色、使令、言语之请⑦。及上饮食，必令人尝。皆非请也⑧，击而请故⑨。守有所不说谒者、执盾、中涓及妇人侍前者，守曰断之、冲之若缚之，不如令及后缚者，皆断。必时素诫之。诸门下朝夕立若坐，各令以年少长相次，旦夕就位，先佑有功有能⑩，其余皆以次立。五日，官各上喜戏、居处不庄、好侵侮人者一⑪。

注释

①术：战场。　②奉：同“俸”，俸禄。　③十：应作“士”。　④公乘：一种爵位，有权利乘坐公家的车。故名。⑤逋者：擅离职守的人。　⑥铺食：当作“哺食”，饮食。⑦请：当为“情”，实际情况，下同。　⑧皆：应作“若”。

⑨击：应作“系”。 ⑩佑：同“右”，以右为尊。 ⑪一：当作“名”。

译文

在战场上迅速击溃了敌人，并使敌人败退后不能再攻的队伍，选出两名士兵，给予最高的俸禄。冲破敌人围城的队伍，并使敌人离开城邑一里以上的，封守城将为关内侯，赏赐土地三十里；副将按规定赐给上卿的官职，丞、吏以及原来官职相当于丞的人赐给五大夫的官爵，其他官吏、豪杰参与谋划坚守城池的、士人和城上相当于五官的小吏，都赐给公乘官位。参与守城的男子赐给爵位，每人升二级，女子赏钱五千，男女老少参与防守的，不赐予官爵，每人赏钱一千，免除三年租税。这些都是用以鼓励官吏和百姓坚守城池，打败敌人围困的措施。守卫大门的士兵，不要超过两人，勇敢的在前，根据队、伍排列，让他们知道各自的左右前后是谁。擅自离开官署的，杀掉。门尉每天白天点名三次，晚上击鼓关门后再点名一次，守将随时派人检查，记上擅自离开岗位人的姓名。早晚两餐都在官署吃，不许在外面吃。守将一定要谨慎、细致地暗中观察谒者、执盾、中涓以及料理日常生活的妇人们思想、心理、脸色、动作和言语的情况。每次端上饮食，一定要叫人先尝。有异常情况，就立即抓起来询问。守城主将对谒者、执盾、中涓及料理日常生活的妇人有不满意的，就可下令杀掉，殴打或者捆绑，其他不执行命令的或行动迟缓的，都要给予处罚。这些务必时时告诫他们。所有官署门前负责早晚警卫的人员，有的站，有的坐，分别按年龄大小排序，早晚值勤时，有功劳和能力的，居先站上位或坐上座，其余则按次序站坐。官长每隔五天，上报那些嬉戏不庄重，喜欢侵犯欺负别人的卫兵名字。

诸人士外使者来，必令有以执[①]。将出而还若行县，必使信人先戒舍，室乃出迎，门守[②]，乃入舍。为人下者常司上之，随而行，松上不随下[③]。必须□□随[④]。客卒守主人，及其为守卫，主人亦守客卒。城中戍卒，其邑或以下寇[⑤]，谨备之，数录其署，同邑者弗令共所守。与阶门吏为符，符合入，劳[⑥]；符不合，牧[⑦]，守言[⑧]。若城上者，衣服，他不如令者[⑨]……

注释

①执：凭证。 ②门：应作“闻”。 ③松：当作“从”，顺从。 ④必须□□随：缺字不详。 ⑤下寇：已被敌军攻陷。。 ⑥劳：慰劳。 ⑦牧：应作“收”，扣留。 ⑧守言：应作“言守”。 ⑨他不如令者：此下应有脱文，不详。

译文

所有人士、外来使者进城，一定要拿出凭证。将领外出归来或巡逻回来，一定要先派亲信通知家属，家属出来迎接，报告守城主将后才返回自家。作为下级要经常观察上级，随时跟随。上级不必跟从下级。外来士卒为主人防守以及担任守卫工作的，主人也要防备这些外来士卒。担负城中防卫任务的外来兵卒，假如他们原来所在城池已被敌人攻陷，尤其要防备他们，要反复核查名单，不要让同属一个城的人共同防守。城上负责守护台阶的守卫军吏要严格检查凭证，凭证相合才能进入，加以慰劳；凭证不合者，就将其扣留，并报告守城主将。擅自跑到城上的，不按规定着装的，其他不按规定的……

宿鼓在守大门中。莫令骑若使者操节闭城者[①]，皆以执毚[②]。昏鼓，鼓十，诸门亭皆闭之。行者断，必击问行故[③]，乃行其罪。晨见，掌文鼓[④]，纵行者，诸城门吏各入请籥[⑤]，开门已，辄复上籥。有符节不用此令。寇至，楼鼓五，有周鼓，杂小鼓乃应之。小鼓五后从军，断。命必足畏，赏必足利，令必行，令出辄人随，省其可行、不行。号，夕有号，失号，断。为守备程而署之曰某程⑥，置署街街衢阶若门，令往来者皆视而放。诸吏卒民有谋杀伤其将长者，与谋反同罪，有能捕告，赐黄金二十斤，谨罪。非其分职而擅取之，若非其所当治而擅治为之，断。诸吏卒民非其部界而擅入他部界，辄收以属都司空若侯，侯以闻守，不收而擅纵之，断。能捕得谋反、卖城、逾城敌者一人⑦。以令为除死罪二人，城旦四人。反城事父母去者⑧，去者之父母妻子⑨……

注释

①莫：同“暮”。　②执毚（chán）：一种职守的名字。③击：应作“系”。　④文鼓：八尺长的大鼓。　⑤籥（yuè）：钥匙。　⑥守备程：守城的章法。　⑦敌：前脱一“归”字。⑧反：同“翻”，翻越。事：当作“弃”，抛弃。　⑨去者之父母妻子：此下有脱文。

译文

晚上时，大鼓设置在主将的大门中。在黄昏时，派出骑兵和使者拿着信符关闭城门，使者必须手执令牌。黄昏时，击鼓十下，所有城门路亭一律关闭。对要通行的人要先抓起来明确要通行的原因，再按罪行事。早晨，敲响大鼓放行，所有管城门的官吏从官署中拿出钥匙，开完门后再交还钥匙。有特别符信的人不在禁令中。敌人来到，城楼上要击鼓五次，又向四周击鼓，有小鼓相应和。小鼓响了五下之后才集合的，斩首。令要足够让人生畏，赏要足够让人生利。有令必行，号令一发出，立即派人随着检查号令的可行与否。口号，夜晚有联络的口号，口号不符合

的，处斩。为制定戒严章程题上标题就称“某某章程”，在街道，大路的台阶和城门上张贴公布，使往来行人都能看到从而执行。所有那些小吏士卒平民谋杀和伤害自己上级的，一律按谋反罪处理，有告发并捉到谋杀长官的人，赏金二十斤，并可免除处罚。越出职权范围擅自拿取钱物，滥用职权非法办事的，都要砍头。一切擅自闯入其它区域的官吏、士兵和百姓，都要由所在地的都司空和侯将其拘留，由侯报告守将，不拘留而擅自放人的，杀头。能捉拿一个谋反、出卖本城军事机密或翻越城墙投敌的人，可以赦免死罪二人或城旦罪四人。翻越城墙抛弃父母离开的，该人的父母、妻子、儿女……

悉举民室材木、瓦若蔺石数，署长短小大。当举不举，吏有罪。诸卒民居城上者各葆其左右[①]，左右有罪而不智也[②]，其次伍有罪。若能身捕罪人若告之吏，皆构之[③]。若非伍而先知他伍之罪，皆倍其构赏。

城外令任，城内守任。令、丞、尉亡得人当，满十人以上，令、丞、尉夺爵各二级；百人以上，令、丞、尉免，以卒戍。诸取当者，必取寇虏，乃听之。募民欲财物粟米以贸易凡器者[④]，卒以贾予[⑤]。邑人知识、昆弟有罪，虽不在县中而欲为赎，若以粟米、钱金、布帛、他财物免出者，令许之。传言者十步一人，稽留言及乏传者，断。诸可以便事者，亟以疏传言守。吏卒民欲言事者，亟为传言请之吏，稽留不言诸者[⑥]，断。县各上其县中豪杰若谋士、居大夫重厚[⑦]，口数多少。官府城下吏、卒、民家前后左右相传保火[⑧]。火发自燔，燔曼延燔人，断。诸以众强凌弱少及强奸人妇女，以讙哗者，皆断。

注释

①卒民：前脱字“吏”。 ②智：同“知”。 ③构：赏。 ④欲：后脱“以”字；粟米：后衍出一个“以”字。 ⑤卒以：应作“以平”。 ⑥诸：应作“请”。 ⑦重厚：富厚。 ⑧家：应作“皆”。

译文

彻底清查百姓家的木材、砖瓦、石头，登记长短大小。应清查而没有清查的，官吏要问罪。所有居住在城里的官吏、士兵和百姓，互相保护，邻居犯罪而不举报也有罪。如能亲自捉拿住罪犯或报告给官府的，都予以奖赏。不是同伍的却了解到该伍的犯罪活动而报告的，加倍给予奖赏。

“令”负责城外守卫，守城主将负责城内的防守。令、丞、尉部下逃兵人数超过所俘敌兵数十个的，令、丞、尉各减爵位两级；逃兵数超过所俘敌兵数一百的，令、丞、尉就要撤职罢官，充作士兵。抓来抵挡罪过的一定要是从敌军抓来的俘虏才算数。征募百姓财物和粟米的，如百姓想交换种种器具，可按平价予以交换。城里居民的朋友或相识、兄弟有罪的，即便不在本城但想用粟米物财赎罪出去的，法令都许可。上下传话的，每隔十步派一人，怠慢或失职没传到话的，杀头。凡是可以便利办的事情应赶紧用书面向守城主将报告。官吏、士兵和百姓有要向上进言的，紧急通过传令人报知，怠慢或不代为传达的，处死。各县的豪杰、谋士、在家居住的大夫官员及家境富裕的大户人家，各县都要统计上报。官府、城下官吏、士兵和百姓都要联防火灾。失火烧了自家或漫延到了别人的家，都要处死。凡是仗势以强凌弱和强奸妇女的，喧哗打闹的，一律处死。

诸城门若亭，谨侯视往来行者符[①]。符传疑若无符，皆诣县廷言，请问其所使。其有符传者，善舍官府。其有知识、兄弟欲见之，为召，勿令里巷中[②]。三老、守闾令厉缮夫为答[③]。若他以事者、微者，不得入里中。三老不得入家人。传令里中有以羽[④]，羽者三所差[⑤]，家人各令其官中[⑥]，失令若稽留令者，断。家有守者治食。吏、卒、民无符节而擅入里巷、官府，吏、三老、守闾者失苛止。皆断。诸盗守器械、财物及相盗者，直一钱以上，皆断。吏、卒、民各自大书于杰[⑦]，著之其署同[⑧]，守案其署，擅入者，断。城上日壹废席蓐[⑨]，令相错发。有匿不言人所挟藏在禁中者，断。

注释

①侯：应作“候”。 ②里巷：前脱一“入”字。 ③守闾：守卫里中之门者。缮夫：厨师，代指一般奴仆。 ④有：应作“者”。 ⑤羽者三所差：应作“羽在三老所”。 ⑥官：应作“家”。 ⑦杰：通“楬”，揭帖。 ⑧同：应作“隔”。 ⑨废：应作“发”。

译文

在各个城门和路亭，严格检查往来行人的凭证。凭证有问题和没有凭证的，都送到县廷，查问是谁派来。往来人中有凭证的要妥善安排他们住在官府。他们想要会见兄弟朋友，就替他们传呼召来，不能让他们自己进入城中街巷。如果他们想见城中三老、守闾就先让仆人代为传答。其他有事的人及职位低下者都不得擅自进入街巷之中。三老不能进入一般老百姓家里。须向街巷传令就用羽书，羽书收在三老家中。一般民众直接传到家中，失职没有传送或延迟命令的，要砍头。三老家中有仆役准备饭食。官吏、兵士和百姓没有凭证而擅自进入里巷和官府的，官吏、三老以及守门者没有及时盘问和制止，都要定罪。所有偷盗守城器械、财物以及私人财物的，价值在一钱以上就要判罪。官员、士兵和百姓将自己姓名写在帖上并张贴在各自办事的墙头上，守城主将视察时如发现有擅自进入的，要问罪。城上每天换发草席，草席可互相交换使用。若有知道他人私藏禁品却隐瞒不报者，也要判罪。

吏、卒民死者，辄召其人，与次司空葬之，勿令得坐泣。伤甚者令归治病家善养，予医给药，赐酒日二升、肉二斤，令吏数行闾，视病有瘳，辄造事上。诈为自贼伤以辟事者[①]，族之。事已，守使吏身行死伤家，临户而悲哀之。

寇去事已，塞祷[②]。守以令益邑中豪杰力斗诸有功者，必身行死伤者家以吊哀之，身见死事之后[③]。城围罢，主亟发使者往劳，举有功及死伤者数使爵禄，守身尊宠，明白贵之，令其怨结于敌。

注释

①辟事：逃避战事。辟：通“避”，逃避。　②塞祷：一种酬谢神灵的祭祀仪式。塞：通“赛”。　③死事之后：牺牲者遗属。

译文

官员、兵士和百姓战死了，要召集家属，同司空一道将死者埋葬，不要久坐哭泣。受伤很重的让回家疗养，妥善照料，供给医药，每天赏两升酒，两斤肉，并经常派官员慰问，病情好转，就赶紧归队效力。假如是自己故意致伤以逃避战斗的，就罪连三族。战死者埋葬以后，守城主将要派官员亲自到死者家中，表示悲伤和哀悼。

当敌人退走，战争结束，全城举行赛神仪式，守城主将下令奖赏城中豪杰拼死战斗的有功之人，并亲自到死伤者家中慰问哀悼，接见为守城而牺牲的遗属。城池解围之后，守城主将应迅速派使者慰劳将士，守城主将本人要以身示范，使有功者和死伤者得到爵禄，光宗耀祖，使大家对敌人结下仇恨。

城上卒若吏各保其左右。若欲以城为外谋者，父母、妻子、同产皆断。左右知不捕告，皆与同罪。城下里中家人皆相葆，若城上之数。有能捕告之者，封之以千家之邑；若非其左右及他伍捕告者，封之二千家之邑。

城禁：使[①]、卒、民不欲寇微职[②]、和旌者，断；不从令者，断；非擅出令者[③]，断；失令者，断；倚戟县下城[④]，上下不与众等者，断；无应而妄喧呼者，断；总失者[⑤]，断；誉客内毁者，断；离署而聚语者，断；闻城鼓声而伍后上署者，断；人自大书版，著之其署隔，守必自谋其先后[⑥]，非其署而妄入之者，断；离署左右，共入他署，左右不捕，挟私书，行请谒及为行书者，释守事而治私家事，卒民相盗家室、婴儿，皆断，无赦，人举而藉之[⑦]；无符节而横行军中者，断；客在城下，因数易其署而无易其养；誉敌，少以为众，乱以为治，敌攻拙以为巧者，断；客、主人无得相与言及相藉，客射以书，无得誉[⑧]，外示内以善，无得应，不从令者，皆断；禁无得举矢书若以书射寇，犯令者父母、妻子皆断，身枭城上；有能捕告之者，赏之黄金二十斤。非时而行者，唯守及操太守之节而使者。

注释

①使：应作“吏”。 ②不欲：应作“下效”。微：当作“徽”，徽章。职：当作“识”，标识。 ③非擅：应作“擅”。 ④倚戟县下城：下城不走台阶，而靠着武器跳下城，是一种无纪律的行为。 ⑤总：应作“纵”，放走。 ⑥谋：应作“课”。 ⑦藉：抓捕家属，抄没家产。 ⑧誉：作“举”。

译文

城上士兵和官吏也要互相联保。如果在城内替敌人出谋划策，其父母、妻子、儿女、兄弟都要杀头。左邻右舍知情不报，同犯罪人一样处死。城内的街巷居民互相联保，奖惩同城上一样。捉拿罪犯并报告上级的，封给一千家的食邑；如果举报的是别的联防联保组的，就封给二千家的食邑。

守城的禁令：官吏、兵士和百姓仿效敌人的标识和军旗帜的，杀；不服从军令的，杀；擅自发号施令的，杀；延误军令的，杀；靠着战戟悬身下城，上城下城不与众人一起的，杀；不响应号令而胡叫乱喊的，杀；放走罪犯的，杀；赞美敌人毁伤自我的，杀；擅离职守，聚众聊天的，杀；听到鼓声却在应鼓五次之后才赶往办公室的，杀；每个人都要把自己的姓名写在板上，挂在各自的办公地点，守城主将必须亲自检查先后情况，擅自进入他人办公地点的，杀；离开自己的办事处进入别人的办事处，左右人员不予捉拿；挟拿私人书信，替人请托成私的；弃防守去干私事的；偷盗他人妻子婴儿的，统统杀头，不予赦免。被人举报按法籍没。没有凭证却在军中横行的，杀；敌人兵临城下可以多次交换办公人员，但不要更换炊事人员；故意美化敌人，敌人少而说成多，混乱却说严格，进攻办法愚蠢却说巧妙的，杀；主人不得与陌生人交谈并借东西；敌人用箭射来书信，不得去捡

拿；敌人向城内示好，不得响应，不从禁令的，杀；禁令规定不得捡拿敌人射来的信物，不得将书信射给敌人，触犯禁令的，父母，妻子、儿女都要杀头，尸体挂城示众。抓获并报告的，赏金二十斤。只有守城主将和有凭证干公差的人，才能在禁止通行的时间行走。

守入临城，必谨问父老、吏大夫、请有怨仇雠不相解者[①]，召其人，明白为之解之。守必自异其人而藉之，孤之，有以私怨害城若吏事者，父母、妻子皆断。其以城为外谋者，三族。有能得若捕告者，以其所守邑小大封之，守还授其印，尊宠官之，令吏大夫及卒民皆明知之。豪杰之外多交诸侯者，常请之，令上通知之，善属之，所居之吏上数选具之，令无得擅出入，连质之[②]。术乡长者[③]、父老、豪杰之亲戚父母、妻子，必尊宠之，若贫人食不能自给食者[④]，上食之。及勇士父母、亲戚、妻子，皆时酒肉[⑤]，必敬之，舍之必近太守。守楼临质宫而善周，必密涂楼，令下无见上，上见下，下无知上有人无人。

注释

①请：应作“诸”。 ②质之：扣押为人质。 ③术乡：等同于今天的乡镇。 ④人：后衍出一“食”字。 ⑤酒肉：前漏脱一“赐”字。

译文

守城主将守城，务必谨慎地查询城中父老、官吏和大夫，以及互相有仇怨且不相和解的人，召见双方，讲明道理和解，守城主将定要将他们的名字记下，孤立双方。因私仇而妨碍守城公务的，父母、妻子和儿女统统杀掉。身在城内却为城外敌军出谋划策的，灭三族。事先发觉或捉拿罪人上报的，赏封他所守城邑一样大小的城邑，守城主将还要授他官印，给他尊宠的官职，并让官吏、士人百姓都知晓。要经常召集请那些与诸侯有广泛结交的豪杰，使上级官吏都认识他们，妥善安抚他们，所在地方官要经常宴请他们，叫他们不得擅自出入并把他们作为人质。乡镇中的长老、父老、豪杰之士的亲戚、妻子儿女一定要尊重和爱护。对于比较贫苦，难以维持生活的穷人，官长要给予吃用。对于那些勇士的父母、亲戚、妻子、儿女，要经常赐给酒肉，敬重他们，安排住宿靠近守城主将。守城主将的楼居高临下对着人质居住的房舍，要严密防卫，务必密密地涂上泥，使得楼上看得清楼下，而楼下却看不见楼上，不知道楼上是否有人。

守之所亲，举吏贞廉、忠信、无害、可任事者，其饮食酒肉勿禁，钱金、布帛、财物各自守之，慎勿相盗。葆宫之墙必三重，墙之垣，守者皆累瓦釜墙上。门有吏，主者门里，筦闭[①]，必须太守之节。葆卫必取戍卒有重厚者。请择吏之忠信者[②]、无害可任事者。令将卫，自筑十尺之垣，周还墙，门、闺者非令卫司马门[③]。

望气者舍必近太守，巫舍必近公社，必敬神之。巫祝史与望气者必以善言告民，以请上报守[④]，守独知其请而已。无与望气妄为不善言惊恐民[⑤]，断弗赦。

注释

①筦：同”管”，钥匙。 ②请：应作“谨”，谨慎。③非：应作“并”。司马门：守将官署中最靠近内部的一道门。 ④请：应作“情”实情，下情同。 ⑤无：应作“巫”。

译文

守城主将身边的人，一定要选正直廉洁，忠诚可靠，对人无害，并且有工作能力的。不要限制他们的饮食酒肉，金钱、布匹等财物各自保管，谨防盗窃。葆宫的围墙一定要修三重，在围墙的外垣上守卫应堆放破瓦烂锅。城门要设主管官员，负责城门和里巷的门，开锁和上锁都必须有守城主将所给的凭证。葆宫的守卫一定要选忠厚的，官吏也须挑选忠诚可靠、公正而又力能胜任的人。令、将一级的官长要自己保护好自己，在官署和住处四周建筑十尺高的围墙，卫兵守上大门和闺门，同时一并守卫司马门。

供占望吉凶的巫师卜师居住地务必要靠近守城主将，巫师所住一定要靠近神社，必须当神灵一样敬重。他们务必将吉利的话告诉全城百姓，把占得的实际情形报告给守城主将，让守城主将一人知道就够了。如若巫师和卜师说不吉利的话使百姓惊恐不安，就杀无赦。

度食不足，食民各自占家五种石升数①，为期，其在莼害②，吏与杂訾。期尽匿不占，占不悉，令吏卒微得③，皆断。有能捕告，赐什三。收粟米、布帛、钱金，出内畜产，皆为平直其贾，与主券人书之。事已，皆各以其贾倍偿之。又用其贾贵贱、多少赐爵，欲为吏者许之，其不欲为吏而欲以受赐赏爵禄，若赎出亲戚、所知罪人者，以令许之。其受构赏者令葆宫见，以与其亲。欲以复佐上者，皆倍其爵赏。某县某里某子家食口二人，积粟六百石，某里某子家食口十人，积粟百石。出粟米有期日，过期不出者王公有之，有能得若告之，赏之什三。慎无令民知吾粟米多少。

注释

①食：应作“令”。 ②莼害：应作“薄书”。 ③微得：秘密侦查。

译文

估计粮食不够，就让百姓自己估计还能缴纳多少五谷充作军粮，规定日期，登记在账本上、官吏支付相当价格的钱物。若过了期限还隐藏不缴，或者还没交清，就派官员和士兵秘密搜查，查出的，就要依法判罪。有能知情举报的，官府就赏给所藏粮食的十分之三。征收好的粟米、布帛、金钱、牲畜，都要公正估价，写明数量价值。战争结束，一律按原来价值的双倍偿付。可根据应征财物价格和数量赐给相应的官爵，不愿做官的人，依法还可准允其接受爵位，或赎出犯罪的亲戚，朋友。那些接受赏赐的人，在葆宫接受上级的接见，表示亲信爱护，能把偿付征收品的财物再度捐献帮助长官的，就要加倍赐予爵禄。缴纳单的格式如下：某县某里某人家里人口两个，存积粟米六百石；或某里某人人口十个，积存粟米百石。缴纳粟米财物有确定的日期，过期不缴的没收为王公所有。如把别人隐藏不交的实情上报给官府的，就将查出隐粮的十分之三赏给他。要小心谨慎，不要让百姓弄清我军存积多少粮食。

守入城，先以侯为始[①]，得辄宫养之，勿令知吾守卫之备。侯者为异宫，父母妻子皆同其宫，赐衣食酒肉，信吏善待之。侯来若复，就间[②]。守宫三难[③]，外环隅为之楼，内环为楼，楼入葆宫丈五尺为复道。葆不得有室，三日一发席蓐，略视之，布茅宫中，厚三尺以上。发侯，必使乡邑忠信、善重士，有亲戚、妻子，厚奉资之。必重发侯，为养其亲若妻子，为异

舍，无与员同所，给食之酒肉。遣他侯，奉资之如前侯，反，相参审信，厚赐之。侯三发三信，重赐之。不欲受赐而欲为吏者，许之二百石之吏，守珮授之印④。其不欲为吏而欲受构赏，禄皆如前⑤。有能入深至主国者，问之审信，赏之倍他侯。其不欲受赏而欲为吏者，许之三百石之吏者。扞士受赏赐者⑥，守必身自致之其亲之所，见其见守之任⑦。其次复以佐上者⑧，其构赏、爵禄、罪人倍之⑨。

注释

①侯：应作“候”，谍报人员。 ②间：当作“问”。③难：应作“杂”。 ④珮：同“佩”。 ⑤禄：前疑脱一“爵”字。 ⑥扞士：捍卫城池有功的人。 ⑦见其：应作“令其”。 ⑧次：应作“欲”。 ⑨罪人：前脱“赎出”二字。

译文

守城主将一入城，就要开始挑选侦探，挑好就接到宫里养起来，但万不可让他了解我方守卫的设施装备。侦探们不住在一起，他们的父母、妻子儿女同他们本人住在一块，赐给衣服、食物、酒肉，派人好好招待。侦探回来交差，要接受问询。守城主将的住房有三道围墙，在外围墙的四角筑楼，内围墙也要建楼，楼与葆宫相接一丈五尺修成复道。葆宫内不修建内室。每隔三天发放一次褥席，大略检查一下，把茅草铺在宫中，厚三尺以上。派侦探出城，一定要选那些县乡中忠实可靠的厚重的人，家里有亲戚妻儿，并供给足够的钱。一定要反复地派遣侦探，供养好他们的家人，侦探们要隔离居住，不要与其他侦探同住一间房子，供给他们酒肉。派遣别处的侦探，所给予的钱物与前一个侦探相同，侦探回来后，情报要对照核实，并优厚地奖励他们。派出的人三次侦察，所获得的情报确实可信的，就要加重奖赏他。不愿受赏而愿做官的，给予二百石的官阶，守城主将授给官印。不愿做官而愿受赏的，爵禄同先前一样。有能力深入到敌国，情报确实可信，对于该侦探的赏赐要加倍。若他不愿受赏而愿做官，就赐三百石的官阶。对于那些保卫城池功劳卓著的勇士，守城主将一定要亲自将赏赐品送往家中，叫他们亲眼目睹主将对他的恩宠。对那些把赏赐再度捐献辅助长官的，所给的奖赏、爵禄或赎出罪人的数量都要加倍。

出候无过十里[1]，居高便所树表，表三人守之，比至城者三表，与城上烽燧相望。昼则举烽，夜则举火。闻寇所从来，审知寇形必攻，论小城不自守通者[2]，尽葆其老弱、粟米、畜产。遣卒候者无过五十人，客至堞，去之，慎无厌建[3]。候者曹无过三百人，日暮出之，为微职[4]。空队[5]、要塞之人所往来者[6]，令可口迹者[7]，无下里三人，平而迹[8]，各立其表，城上应之。候出越陈表，遮坐郭门之外内[9]，立其表，令卒之半居门内，令其少多无可知也。即有惊，见寇越陈去[10]，城上以麾指之，迹坐击正期[11]，以战备从麾所指。望见寇，举一垂[12]；入竟，举二垂；狎郭，举三垂；入郭，举四垂；狎城；举五垂。夜以火，皆如此。

注释

①候：巡逻兵。　②论：考虑。守通：守住交通要冲。③建：应作“逮”。　④微职：徽章标志。　⑤空队：当作“空隧”，偏僻小道。　⑥之人：应作“人之”。　⑦口：应作“以”。迹者：查勘行人踪迹的巡逻兵。　⑧平：后脱一“明”字。平明：清晨。　⑨遮：当作“斥”，留守警戒的士兵。⑩去：应作“表”。　⑪迹坐击正期：应作“遮击鼓整旗”。

⑫垂：通“燧”，烽烟。

译文

派出警戒兵不要超出十里，在地势较高而又方便的地方树立标识，每个标识派三个人看守。从最远的地方到城墙共树立三个标识，同城上烽火遥遥相望。白天举烽，晚上举火。弄清了敌人从哪来后，分析敌人必来进犯，考虑到城池太小难以守住交通要道，就要将老人小孩、粟米、牲畜等全部保护起来。一次派出的警戒兵不要超过五十个，当敌人到外城矮墙时，警戒兵撤回，不得滞留城外。警戒兵的总数不超过三百人，天黑时派出城，戴好标识。要派人到偏僻小路和重要关塞去察看敌人路过所留下的踪迹，一般一里地不少于三个人，清晨勘查，树立标识，城上根据情况作出反应。出城侦察的警戒兵用标识向城内报告情况，城内的警戒兵则坐守在郭门内外，也树立标识，命令士兵一半在郭门内，一半在郭门外，使敌人无法知道我军人数。一旦有紧急军情，看见敌兵已越过田表，城上就用旗号指挥警戒兵，击鼓，整旗，预备战斗，一切都按照城上的指挥行事。看见敌军，就点一堆烽烟；敌军进入我方境界，点两堆烽烟；当敌军接近外城，点三堆烽烟；敌军进入外城内，点燃四堆烽烟；敌军逼近城墙，点五堆烽烟。夜晚时就点烽火，数目相同。

去郭百步，墙垣、树木小大尽伐除之。外空井尽窒之[①]，无令可得汲也。外空室尽发之[②]，木尽伐之。诸可以攻城者尽内城中，令其人各有以记之，事以[③]，各以其记取之。事为之券[④]，书其枚数。当遂材木不能尽内[⑤]，即烧之，无令客得而用之。

人自大书版，著之其署忠[⑥]。有司出其所治，则从淫之法[⑦]，其罪射[⑧]。务色谩正[⑨]，淫嚣不静，当路尼众[⑩]舍事后就，逾时不宁，其罪射。喧嚣骇众，其罪杀。非上不谏，次主凶言[⑪]，其罪杀。无敢有乐器、弊骐军中[⑫]，有则其罪射。非有司之令，无敢有车驰、人趋，有则其罪射。无敢散牛马军中，有则其罪射。饮食不时，其罪射。无敢歌哭于军中，有则其罪射。令各执罚尽杀，有司见有罪而不诛，同罚。若或逃之，亦杀。凡将率斗其众失法，杀。凡有司不使去卒、吏民闻誓令[⑬]，代之服罪。凡戮人于市，死上目行[⑭]。

注释

①空：应作“宅”字，下同。 ②发：同“废”，废弃。 ③事以：战争结束。 ④事：应作“吏”。 ⑤当遂：当路。 ⑥忠：应作“中”。 ⑦从：同“纵”，放纵。 ⑧射：军中以箭射穿耳朵的刑罚。 ⑨务色：矜色。 ⑩尼：阻挡。 ⑪次主：当作“恣出”，恣意妄说。 ⑫弊骐：弈棋。 ⑬去：应作“士”。 ⑭上目行：应作“三日徇”，指陈尸示众三日。

译文

离外城一百步的范围内，所有的墙体和树木，不分高低大小全部拆除砍掉。城外的井全部填塞，使敌人无法打水。城外的空屋子全部拆毁，树木尽伐。一切可以用来攻城的东西都运进城内，令人登记在册。战事结束之后，再按所记数目各自领取。官员要写清件数，发放收条。那些当路木材、不能运的就地烧掉，不致落入敌军手里供其使用。

每个人写好名字，贴在官署。官员公布条例：凡放纵淫欲的，用箭射穿他的耳朵；蛮骄无理欺负正派人的，吵吵闹闹不休不止的，在道路上有意阻碍过往行人，分派工作拖拖拉拉的，不按时就班，又不请假的，也用箭射穿他的耳朵。狂呼乱叫惊忧百姓，判处死罪。不向上级进谏却背后非议，任意发表不利言论的，判死罪。军伍中不准有乐器，不准有棋牌、违令者判罚用箭射穿耳朵。没有上级命令，不准驾车或奔跑，犯罪的则用箭射穿耳朵。不准在军中放纵牛马，违者就用箭射穿耳朵。不按时吃饭的，判用箭射穿耳朵。不准在军中唱歌、号哭，违令判用箭射穿耳朵。传令各级官吏切实执行刑罚条规，该杀的一律杀掉。官吏见到有罪的却不处罚，官吏一同处罚。走失罪犯的，也杀。凡是不能使兵士按规定作战的将官，杀。如果官吏没有使士兵和老百姓明确知晓军中禁令，一旦有人犯法，官吏就代为服罪。凡是在街上被斩首的，一律陈尸三天。

谒者侍令门外①，为二曹，夹门坐，铺食更②，无空。门下谒者一长③，守数令入中，视其亡者，以督门尉与其官长，及亡者入中报。四人夹令门内坐④，二人夹散门外坐。客见，持兵立前，铺食更，上侍者名。守室下高楼候者⑤，望见乘车若骑卒道外来者，及城中非常者，辄言之守。守以须城上候城门及邑吏来告其事者以验之，楼下人受候者言，以报守。

注释

①谒者：卫兵。 ②铺：应作“餔”，饮食。下同。 ③长：后疑脱一“者”字。 ④令门：守将官署之门。 ⑤室：应作“堂”。

译文

安排两排士兵守卫在守城主将的门外，夹门而坐，早晚餐时换班，中间不得空缺。门卫设置一名头领，守城主将应经常派他检查逃离的士兵，以此督促门尉和官长，并报告逃脱者的姓名。安排四个士兵分别在守城主将门内的两边夹坐，另两个士兵在散门外夹坐。客人来，卫兵应立即拿起武器迎上前去盘查。早晚开饭时换人接替，报告卫兵的姓名。守城主将堂下或高楼中都安排有观察情况的人，望见有乘车和骑兵从道外到来，以及城中有异常情况，应立即上报给主将知道，守城主将等候城门上的观察兵和县邑官吏的报告参看了解。楼下的人听取楼上观察员的话并传报给主将本人。

中涓二人，夹散门内坐，门常闭，铺食更；中涓一长者。环守宫之术衢[①]，置屯道，各垣其两旁，高丈，为埤垸[②]，立初鸡足置[③]，夹挟视葆食[④]。而札书得必谨案视参食者[⑤]，节不法[⑥]，正请之[⑦]。屯陈、垣外术衢街皆楼[⑧]，高临里中，楼一鼓，聋灶[⑨]；即有物故，鼓，吏至而止。夜以火指鼓所。城下五十步一厕，厕与上同圂[⑩]，请有罪过而可无断者[⑪]，令杼厕利之[⑫]。

注释

①术：道路。 ②埤垸（pìní）：女墙上的窥视孔。 ③初：应作“勿”。 ④食：当为“舍”。 ⑤参食：应作“参验”，参证检验。 ⑥节：应作“即”。 ⑦请：应作“诘”，询问。 ⑧楼：前疑脱一“为”字。 ⑨聋灶：当为“垄灶”。 ⑩圂：粪坑。 ⑪请：应作“诸”。 ⑫杼：应作“抒”，清扫；利：应作“罚”。

译文

中涓有两名，夹着散门内坐，门要经常关闭着，早晚开饭时间轮换。中涓中要设置长官。环绕守城主将宫室的大道上要修筑夹道，两边分别筑起一丈高的墙，设置一个观察台，但不要像安鸡脚架那样，以便监视葆官。收到信件文书都一定要谨慎地参验，确实不合军法的就要询问或修正。在夹道、墙外大路、街道上都要建起高楼，居高临下地立在城巷中。楼上备有一面鼓和垄灶；如有急事就击鼓，等到官吏赶到时才停止。夜晚用火光指明鼓所在的地点。城下每五十步建一个厕所，上下厕所共用一个茅坑，安排所有有过失却又不至于杀头的人去打扫卫生，以示惩罚。

杂守

导读

《杂守》是墨子研究城池防守战术的篇章之一。主要说明前文所述各种具体防守战术之外的其它方法和注意事项。比较复杂，但也具有综论性质。本篇内容丰富多彩，细节描写精当有趣，给人一种身临其境的感觉，仿佛正置身于敌我双方的酣战之中。本文以师生对话的形式展开论述，弟子禽问墨子敌方占据优势地理位置，以各种方式对我方城池展开进攻，我方该如何应付。墨子则详细论述了如何安排侦查部队，如何根据敌军动向燃放烽火，如何疏散安置城内百姓，如何安排城内口粮，以及如何收集存放战争物资等。除了这些细节描写之外，文中还体现了墨子独特的民本思想。墨子总结出只有军民各尽所能、各司其职才能取得战争的绝对胜利。这些具体措施主要有官家要收留安置逃难的百姓，收集民用物质要一概按市价进行，并登记在册，以便战后归还。任命官吏要选贤举能，安排职事要公平公正等。

禽子问曰："客众而勇，轻意见威，以骇主人；薪土俱上，以为羊坽[①]，积土为高，以临民[②]，蒙橹俱前[③]，遂属之城，兵弩俱上，为之奈何？"

子墨子曰：子问羊坽之守邪？羊坽者，攻之拙者也，足以劳卒，不足以害城。羊坽之政[④]，远攻则远害，近城则近害[⑤]，不至城[⑥]。矢石无休，左右趣射，兰为柱后[⑦]，望以固。厉吾锐卒，慎无使顾，守者重下，攻者轻去。养勇高奋，民心百倍，多执数少[⑧]，卒乃不怠。作士不休[⑨]，不能禁御，遂属之城，以御云梯之法应之。凡待烟[⑩]冲、云梯、临之法，必应城以御之[⑪]，曰不足，则以木椁之[⑫]。左百步，右百步，繁下矢、石、沙、炭[⑬]，以雨之，薪火、水汤以济之。选厉锐卒，慎无使顾，审赏行罚，以静为故，从之以急，无使生虑。恚瘪高愤[⑭]，民心百倍，多执数赏，卒乃不怠。冲、临、梯皆以冲冲之。

注释

①羊坽：用薪土堆积成的高地。 ②民：前疑脱一“吾”字。 ③蒙橹：大盾牌。 ④政：应作“攻”。 ⑤城：应作“攻”。 ⑥不至城：前疑脱“害”。 ⑦兰：应作“蔺”。蔺石：大石头。柱：即“拄”，支撑。意思为碎石头之后，大石头殿后。 ⑧少：应作“赏”。 ⑨士：应作“土”。 ⑩烟：应作“堙”。 ⑪应：应作“广”。 ⑫椁：打木桩。 ⑬炭：应作“灰”。 ⑭瘪：意为“勇”。

译文

禽滑釐问道：“敌人人多势众而且勇猛，骄横跋扈，威吓我方守军；木头土石一起用上，筑成名叫‘羊坽’的土山，堆积土石筑成高台，居高临下，并且用大盾牌为掩护从高台冲下来，一下子就接近了我方城头之上，刀箭一齐上来，这时候我方该怎么对付呢？”

墨子先生回答说：你问的是对付“羊坽”进攻的防守办法吗？羊坽是进攻的愚蠢方法，这种方法只会导致进攻一方士兵的疲劳，并不足以对守城一方构成危害。敌人用羊坽进攻，远攻就用远攻的办法对付它，近攻就用近攻的方法对抗它，不会对守城一方造成危害。箭矢和擂石要不停地从左右两边快速地发射，投掷小石头之后，接着投掷大石头，以此来加固城防。激励我方精锐的士兵，要他们谨慎而又没有顾虑，守城的士兵个个敬重打退敌人的英雄，攻击敌人的士兵鄙视那些轻易离开战斗岗位的人。要培养士兵们高昂的士气，激励民心百倍加强，捉拿敌人多的士兵就多加奖赏，这样士兵们作战就不会松懈。假若敌兵堆土不停，不能阻挡，一下子到了城头，这时我方就用防御云梯攻城的办法予以对付。对于敌人填塞护城河、冲车攻城、云梯爬城、加筑高台兵临城下的多种进攻方法，必须要临时在城上加筑高墙对付，如果厚度、高度不够或时间来不及，就用木材来加高加固，木椁尺寸为左边百步，右边百步。用弓箭、石头、沙子、土灰像雨点一样频繁地抛下，又用火把、开水助战，再挑选精锐的士兵，增强他们的士气，不要让士兵有所顾虑，赏罚要分明，沉着镇静，又当机立断，没有顾虑。培养高昂的士气，使民心百倍增强，对俘虏抓得多的人多给奖赏，这样士兵们不会松气。冲车、高临、云梯都可以用冲机撞击它们。

渠长丈五尺[①]，其埋者三尺，矢长丈二尺[②]。渠广丈六尺，其弟丈二尺[③]，渠之垂者四尺。树渠无傅叶五寸[④]，梯渠十丈一梯，渠、荅大数，里二百五十八[⑤]，渠、荅百二十九。诸外道可要塞以难寇，其甚害者为筑三亭，亭三隅，织女之，令能相救。诸距阜、山林、沟渎、丘陵、阡陌、郭门若阎术[⑥]，可要塞及为微职[⑦]，可以迹知往来者少多即所伏藏之处。

注释

①渠：一种以金木做成的守城工具。 ②矢：应作“夫”，渠露出地面的部分。 ③弟：应作“梯”。 ④叶：应作“堞”，城上如牙齿状的矮墙。 ⑤二百五十八：后脱一“步”字。

⑥距：通“钜”，大。阎术：这里指里巷街道。 ⑦微职：徽章标识。

译文

渠柱长一丈五尺，埋在地下三尺处，地表以上长一丈二尺。渠宽一丈六尺，梯长一丈二尺，渠下垂部分四尺。渠树立时不要靠在矮墙上，要离开五寸，梯渠每隔十丈设立一梯，渠和荅的范围大约是一里二百五十八步，渠、荅共一百二十九具。城外各种交通路口，可以筑起要塞阻挡敌人，在极为要害的地方筑三个瞭望亭，三个亭子的位置按照织女三星的样子构成三角形，使三个亭之间可以互相救援。在每处大土山、山林、河沟、丘陵田野、城郭门户和里门要道，可以筑建要塞并设立标志，根据踪迹推知敌军人数和埋伏的地点。

葆民[①]，先举城中官府、民宅、室署，大小调处。葆者或欲从兄弟、知识者，许之[②]。外宅粟米、畜产、财物诸可以佐城者，送入城中，事即急，则使积门内。民献粟米、布帛、金钱、牛马、畜产，皆为置平贾，与主券书之。

使人各得其所长，天下事当；钧其分职，天下事得；皆其所喜，天下事备；强弱有数，天下事具矣。

注释

①葆民：给从城外进入城内的百姓安置住处。 ②知识：相识的人。

译文

妥善安置民众，先找出城中官府、民房、内室、外厅，按大小分派安置。被安置的人如果想和兄弟朋友住在一起，也准许。外面的粮食、牲畜等所有可以辅助守城的财物，全部送入城里，如情况紧急，就堆在城门内。百姓缴纳的粮食、布匹、金钱、牛马牲畜，一律公平核价，写清收据。

让人们都能充分发挥自己的特长，天下的事情就能办妥当；职责分配均衡，各个负好自己的责任，天下的事情就办得合理；分派的工作都是各人喜爱做的，天下的事情就完备了；强弱虽有定数，天下的事情就万事俱备了。

筑邮亭者圜之，高三丈以上，令侍杀①。为辟梯②，梯两臂，长三尺，连门三尺③，报以绳连之。椠再杂④，为县梁，聋灶⑤，亭一鼓。寇烽、惊烽、乱烽，传火以次应之，至主国止，其事急者引而上下之。烽火以举⑥，辄五鼓传，又以火属之，言寇所从来者少多，旦弇还去来属次⑦，烽勿罢。望见寇，举一烽；入境，举二烽；射妻⑧，举三烽一蓝⑨；郭会，举四烽二蓝；城会，举五烽五蓝；夜以火，如此数。守烽者事急。

候无过五十⑩，寇至叶⑪，随去之，唯弇逮⑫。日暮出之，令皆为微职。距阜、山林皆令可以迹，平明而迹，无，迹各立其表，下城之应⑬。候出置田表，斥坐郭内外⑭，立旗帜，卒半在内，令多少无可知。即有惊，举孔表⑮，见寇，举牧表⑯。城上以麾指之，斥步鼓整旗，旗以备战从麾所指⑰。田者男子以战备从斥，女子亟走入。即见放⑱，到⑲，传到城止。守表者三人，更立捶表而望⑳，守数令骑若吏行旁视，有以知为所为㉑。其曹一鼓。望见寇，鼓，传到城止。

注释

①侍：应作“倚”。 ②辟：通“臂”。 ③门：应作“版”。 ④椠：应作“堑”。 ⑤聋：应作“垄”。 ⑥以：通“已”。 ⑦旦：应作“毋”。弇：同“淹”，淹滞。还：应作

“逮”，通“怠”，怠慢。⑧射妻：应作“射要”，意为敌军快速进攻紧要之地。⑨蓝：系“鼓”之误，谓击鼓，下同。⑩候：侦察兵。⑪叶：应作“堞”，城上矮墙。⑫唯弇逮：应作“无厌逮”。逮：通“怠”。⑬平明而迹，无，迹各立其表，下城之应：应作“平明而迹，迹者，无下里三人，立其表，城上应之。”（王引之说）⑭斥：警戒兵。⑮孔：应作“外”。⑯牧表：应作“次表”。⑰旗：衍误在此。备战：应为“战备”。⑱放：应作“冠”。⑲到：应作“鼓”。⑳捶表：即“邮表”，烽燧守望之所。㉑为所为：应作“其所为”。

译文

建造邮亭要做成圆形的，高度在三丈以上，顶部呈斜尖形状。设置双边扶梯，宽三尺，梯板间距三尺，并用绳子连起来。濠沟要修成内外两圈，架上悬梁，再安置垄灶，每个亭子备一面鼓。报告敌人来进攻的寇烽，情况十分紧急的惊烽，战时混乱的乱烽，依次传送，直到传到国都为止。军情紧急，则上下牵引烽火。烽火点燃后，击鼓五次，接着以烽火报告敌人的来向和多少，不要淹滞误事。敌人来了又去，去了又来，烽火不要熄灭。望见敌兵，燃一堆烽烟；入境，就烧两堆烽烟；距离外城只一箭之地，烧三堆烽烟，敲一通鼓；敌人聚集在外城，烧四堆烽烟，擂两通鼓；敌人若聚集到城墙下，则烧五堆烽烟，擂五通鼓。夜晚时就用烽火代替烽烟，数目同上。守护烽火的士兵事情很紧急。

警戒兵不要超过五十名，若敌人到达外围矮墙，就应赶紧离开，不要滞留。天黑派兵出城，务必佩戴好徽章标志。一切可以探察敌人踪迹的地方如大土山，山林等地都要侦察，天亮时都要派人查看要探察的地段，每里派出的侦查人员不少于三人，各自树立标志向城上报告，城上看到标记则作出反应。警戒兵出城，在野外设立标志，城内警戒兵坐在郭内外，竖起旗帜，一半在郭内，使警戒兵的数目别人无法得知。一旦有紧急情况，就举起野外的标志，看得见敌人就举更近的标志。城上用旗号指挥，警戒兵击鼓竖旗、预备战斗，听从城上的指挥。田野里劳动的男子跟随警戒兵一起作战，女人赶紧入城躲避。见到敌人就赶紧击鼓，传到城上为止。护守联络标志的要三个人，还要设立更多的守望烽火、观察标志的地方。守城的主将要不断地派出骑兵和官吏四处巡检，了解他们的行动。守标志的警戒兵备有一面鼓，望见敌人，依次出鼓报告，直到城上为止。

斗食，终岁三十六石；参食，终岁二十四石；四食，终岁十八石；五食，终岁十四石四斗；六食，终岁十二石。斗食食五升，参食食参升小半，四食食二升半，五食食二升，六食食一升大半，日再食。救死之时，日二升者二十日，日三升者三十日，日四升者四十日，如是而民免于九十日之约矣。

寇近，亟收诸杂乡金器若铜铁及他可以左守事者[①]。先举县官室居、官府不急者，材之大小长短及凡数，即急先发。寇薄[②]，发屋[③]，伐木，虽有请谒，勿听。入柴，勿积鱼鳞簪[④]，当队[⑤]，令易取也。材木不能尽入者，燔之，无令寇得用之。积木，各以长短、大小、恶美形相从。城四面外各积其内，诸木大者皆以为关鼻[⑥]，乃积聚之。

注释

①杂：应作“离”。左：通“佐”，帮助。 ②薄：逼近。③发：通“废”，废弃。 ④积鱼鳞簪：像鱼鳞一样平面放置。⑤当队：当路。 ⑥关鼻：可以穿绳子而拉的环钮。

译文

每天吃一斗粮食，一年吃三十六石；每天吃三分之二斗，一年吃二十四石；每天吃四分之二斗，一年吃十八石；每天吃五分之二斗，一年吃十四石四斗；每天吃六分之二斗，一年吃十二石；每天吃一斗，每餐吃五升；每天吃三分之二斗，每餐吃三升又一小半升；每天吃四分之二斗，每餐吃二升半；每天吃五分之二斗，每餐吃二升；每天吃六分之二斗，每餐吃一升加大半升；每日吃两餐。粮食紧缺，每人每天按二升吃二十天，每天三升吃三十天，每天四升吃四十天，照这样，靠着这九十天的节约，老百姓就不致饿死。

敌兵逼近，加紧征收各乡的金器，铜铁及其它可以帮助守城的物品。先收取县中官吏、官府中不急需用的物品、合计木材大小、长短及总数，赶紧先发往城中。敌人一接近，就摧毁房舍，砍伐树木，即使有人求情也不能依从。运进城里的柴草，不要像鱼鳞一样放，要堆到当路的地方，便于拿取。不能全数运进城的木材就地烧掉，不留给敌人使用。堆放木材，分别按长短、大小、好坏和曲直来堆放。城外四面运来的财物仍各按四面堆放在城内，所有大木头都要凿好孔穴，安好环纽，以便搬运到一起。

城守，司马以上父母、昆弟、妻子有质在主所，乃可以坚守。署都司空，大城四人，候二人，县候面一。亭尉、次司空、亭一人。吏侍守所者财足廉信[①]，父母、昆弟、妻子有在葆宫中者，乃得为侍吏。诸吏必有质，乃得任事。守大门者二人，夹门而立，令行者趣其外[②]。各四戟，夹门立，而其人坐其下。吏日五阅之，上逋者名。

池外廉有要有害[③]，必为疑人，令往来行夜者射之，谋其疏者[4]。墙外水中为竹箭，箭尺广二步，箭下于水五寸，杂长短，前外廉三行，外外乡[5]，内亦内乡。三十步一弩庐，庐广十尺，袤丈二尺。

队有急，极发其近者往佐[6]，其次袭其处[7]。

守节：出入使，主节必疏书，署其情，令若其事，而须其还报以剑验之[8]。节出：使所出门者，辄言节出时、掺者名[9]。

百步一队。

阁通守舍[10]，相错穿室。治复道，为筑墉[11]，墉善其上。

注释

①财：通“才”，才能。 ②趣：催促。 ③池外廉：护城河外沿，靠近敌军的一侧。 ④谋：应作“诛”。 ⑤乡：通“向”。 ⑥极：通“亟”，急。 ⑦袭：接替。 ⑧剑验：应作“参验”，考查验证。 ⑨掺：通“操”。 ⑩阁：旁门。 ⑪墉：墙。

译文

守卫城池的官吏，司马以上的，父母、兄弟、妻子和儿女都要有人质留在主帅府，这样才可以坚守。大的城池任命都司空四人，候二人，城的四面各任命一人作县候。每亭设置一名亭尉，一名次司空。在守城主将中的官吏，要选择有才能的，足以任事，廉洁而诚实，父母、兄弟、妻子、儿女有在葆宫中的人，担任侍吏。所有官吏都要留有人质，才能让他承担职务。守卫城防大门的两名卫士，要夹门站立着，催促行人离开。每个城门还要配备四名持戟的卫兵夹门站立，人就坐在戟的下面。巡城头目每天巡检五次，报告逃离卫兵的姓名。

壕池外边岸上的要害之处，发现可疑之人，则命令往来巡夜的士兵射箭，对疏忽大意者，斩首。城外的水中插上竹箭，插竹箭的范围为宽二步，箭插入水下五寸，长短错杂，前排外边三行，外边的竹箭尖向外斜，里边的竹箭尖向里斜。每隔三十步修建藏弓箭的房子，宽十尺，长一丈二尺。

部队有紧急情况，就立即派就近部队前去增援，又派次近的部队去接替防务。

守城主将发放符节：出入使节，掌管凭证的官吏一定要书写记录在案，记载详情，等人回报时予以检查验证。凭证发出：使者凭证出门，上报告凭证出门的时间和拿凭证人的姓名。

每一百步远布置一支队伍。

主将衙门的边门与守城主将的房舍相通，旁门互相交错穿插；修建上下复道，筑好墙，修缮好墙顶。

取疏[①]：令民家有三年畜蔬食，以备湛、旱、岁不为[②]。常令边县豫种畜芫、芸[③]、乌喙、祩叶[④]，外宅沟井可填塞，不可，置此其中，安则示以危，危示以安。

寇至，诸门户令皆凿而类窍之，各为二类，一凿而属绳，绳长四尺，大如指。寇至，先杀牛、羊、鸡、狗、乌[⑤]、雁，收其皮革、筋、角、脂、葪、羽。彘皆剥之。吏樿桐肩[⑥]，为铁錍[⑦]，厚简为衡枉[⑧]。事急，卒不可远，令掘外宅林。谋多少[⑨]，若治城□为击，三隅之。重五斤已上，诸林木[⑩]，渥水中，无过一茷[⑪]。涂茅屋若积薪者，厚五寸已上。吏各举其步界中财物可以左守备者上。

注释

①疏：通“蔬”，蔬菜。 ②湛：水灾。岁不为：收成不好。 ③芸：应作“芒”。 ④祩：应作“椒”。 ⑤乌：应作“凫”。 ⑥樿：应作“樌”，樌木。 ⑦铁錍（pī）：铁制的长而

宽、薄而锋利的箭。 ⑧杜：应作“柱”。 ⑨谋：应作“课”，征用。 ⑩林：应作“材”。 ⑪一茷：一排。

译文

贮存蔬菜：使老百姓家贮存的蔬菜粮食够供三年吃，用来防备水旱天灾和没有收成的荒年。要经常让边远县乡预先种植一些芫华、莽草、乌头、椒叶等有毒性的植物，外宅的水沟、水井可以填掉的就填掉，不能填掉的就将有毒植物投入其中。和平安定时告诉老百姓战争的危险，战乱时告诉老百姓安定，不能慌乱。

敌人到了，所有的门户都要凿上两种孔，一种孔用来穿绳子。绳子长四尺，指头般粗。敌人来了，就先杀掉牛、羊、鸡、狗、凫、雁，收集这些牲畜的皮革，筋骨、角、油脂、脑、羽毛。猪都要剥下皮。官吏们选取槚木，桐木等制成铁錍，厚的木料就选做横柱。情况紧急，仓猝之间无法从远的地方弄来，就挖掘外宅的林木，按修缮城墙和攻敌所需的三倍量征收。将重五斤以上的木材浸入水中，不要超过一排。用泥涂抹房屋的顶和堆积的柴草，厚度要有五寸以上。各级地方官吏们都要调查和征收区域内可以辅助打仗的财物，并上交。

有谗人，有利人，有恶人，有善人，有长人，有谋士，有勇士，有巧士，有使士，有内人者，外人者，有善人者，有善门人者①，守必察其所以然者，应名乃内之。民相恶若议吏，吏所解，皆札书藏之，以须告之至以参验之②。睨者小五尺③，不可卒者，为署吏，令给事官府若舍。

蔺石、厉矢诸材器用皆谨部，各有积分数。为解车以枱④，城矣⑤，以轺车，轮轱广十尺，辕长丈，为三辐，广六尺。为板箱，长与辕等，高四尺，善盖上治，中令可载矢。

子墨子曰：凡不守者有五：城大人少，一不守也；城小人众，二不守也；人众食寡，三不守也；市去城远，四不守也；畜积在外，富人在虚，五不守也。率万家而城方三里[6]。

注释

①门：当为“斗。 ②告：后脱一“者”字。 ③睨者：身材矮小的人。 ④解：应作“轺”。 ⑤城矣：应作“盛矢”。⑥率：大概。

译文

世界上有谗佞的人，有喜好利益的人，有凶恶的人，有善良的人，有具有专长的人，有能谋划的士人，有有勇力的士人，有心灵手巧的士人，有会役使他人的士人，有能容人的人，有不能容纳别人的人，有善于待人的人，有好勇斗狠的人，守城主将务必要考察他们为何具有这种品性，名符其实的就使用。百姓们彼此仇恨或向官吏提出的控告、及官吏的辩护调解，都要记录并保存，以备控告双方参考验证。身高仅五尺不能当兵的矮小的人，就让他们在官府中当差或者让他们在官府和个人家里帮忙。

所有防守用的器材如擂石，利箭都要小心安放，分别有序地记录数目。用柗木制造轺车，用轺车装载弓箭，轮轱宽十尺车辕长一丈，有轮子三个，轮与轮之间的宽度为六尺。以木板拼造车箱，车箱的长度与车辕的长度一致，高度都为四尺，要好好地给车箱加上盖子，并修治整齐好多装弓箭。

墨子说：不能防守的情况有五种：城太大而守城人数太少，这是第一种不能防守的情况；城太小而城内军民却太多，这是第二种不能防守的情况；人口多而粮食少，这是第三种不能防守的情形；集市离城太远，这是第四种不能防守的情况；储备屯积的守城物质在城外，富裕的百姓也不在城中，而在郊外，这是第五种不能防守的情况。大概说起来，城中居民一万家，方圆三里，这种情况比较好坚守。